中国老年学和老年医学学会

新时代积极应对
人口老龄化发展报告

中国老龄化社会20年

成就·挑战与展望

杜 鹏｜主编

刘维林｜执行主编

人民出版社

责任编辑：侯　春
封面设计：姚　菲

图书在版编目（CIP）数据

中国老龄化社会 20 年:成就·挑战与展望/杜鹏主编;刘维林执行主编 . —北京：
　人民出版社,2021.12
ISBN 978－7－01－023983－5

Ⅰ.①中…　　Ⅱ.①杜…②刘…　　Ⅲ.①人口老龄化-研究-中国
　Ⅳ.①C924.24

中国版本图书馆 CIP 数据核字（2021）第 230198 号

中国老龄化社会 20 年:成就·挑战与展望
ZHONGGUO LAOLINGHUA SHEHUI 20 NIAN CHENGJIU TIAOZHAN YU ZHANWANG

杜　鹏　主编　刘维林　执行主编

人 民 出 版 社 出版发行
（100706　北京市东城区隆福寺街 99 号）

中煤（北京）印务有限公司印刷　新华书店经销

2021 年 12 月第 1 版　2021 年 12 月北京第 1 次印刷
开本:787 毫米×1092 毫米 1/16　印张:25
字数:296 千字

ISBN 978－7－01－023983－5　定价:96.00 元

邮购地址 100706　北京市东城区隆福寺街 99 号
人民东方图书销售中心　电话（010）65250042　65289539

目　　录

序言一

邬沧萍

中国老年学和老年医学学会(下称学会)的智库专家和学者,编写了《中国老龄化社会 20 年:成就、挑战与展望》。这是学会继 2020 年出版《写给中国人的健康百岁书——健康长寿专家共识》(下称《百岁书》)后,又一部有里程碑意义的学术著作。可以说,这两部著作是学会对我国积极应对人口老龄化的智力支持的姊妹篇。本书的出版具有重要的学术价值,也是非常必要和及时的。从第七次全国人口普查公布的资料来看,老年人口的规模、增长速度和老龄化程度对中国发展提出挑战的严峻性是空前的,但机遇也是前所未有的。

根据中国第七次全国人口普查公布的数据,2020 年,60 岁及以上的人口达 2.64 亿,占全国总人口的 18.7%,比国内外各种人口预测数据高出上千万。原因是明显的,因为专家和学者在预测我国人口的时候,都没有估计到中国全面建成小康社会和脱贫攻坚所取得的成就以及民生各方面的改善来得这么快,人的寿命也延长了,从而低估了中国老年人口的规模。现在,一些学者预计到 2050 年,中国老年人口将接近 5 亿是完全可能的。到那时,中国老年人口会超过所有发达国家老年人口的总和,占世界老年人口的 1/4。从老龄化的速度来看,现阶段,中国是世界上人口老龄化最快的国家。这是因为,中国在 20 世纪 60 年代初的高出生人口,平均每年以 2500 万人的速度持续 15 年增长,形成一个 3 亿多人的队列。这个队列存活到现在,形成年增长千万以上的老年人口。这个时候,发达国家的婴儿潮已经到了尾声,而中国老年人口老龄化正方兴未艾。在未来 20 年左右,中国老龄化的程度将进入世界最高之列,与欧洲人口老龄化程度高的瑞士、葡萄牙、西班牙、意大利等国并驾齐驱。到 2050 年前后,中国老年人口将达到全国总人口的 35% 左右,仅略低于日本和韩国。从自然资源的禀赋来看,中国耕地只占世界耕地的 9%,人均淡水资源只达到世界平均水平的 1/4,需要养活世界 1/5 的人口以及近 1/4 的老年人口,对我国的发展是个严峻挑战。

中国从改革开放以来创造了两个人间奇迹:经济持续高速增长,社会长期安定团结。中国已经从站起来、富起来到强起来。成为世界第二大经济体、第一大贸易国,制造业增加值连续 11 年位居世界第一。中国的国内生产总值超过 100 万亿元人民币,人均国内生产总值超过 1 万美元,达到世界中高收入国家的水平,有 4 亿人达到中高收入水平,其中有相当一部分是老年人。中国人均可支配收入在新中国成立初期(1956 年)为 98 元,改革开放之初(1980 年)达到 171 元,2020 年达到 32189 元。旧中国的人口预期寿命只有 35 岁,到 2019 年达到 77.3 岁。改革开放初期,15 岁以上人口的平均教育水平为 5.3 年;到 2020 年达到 9.91 年;1980 年,高等教育水平毛入学率为 2.22%,到 2020 年已达 54.4%。老年人的文化教育水平也大大提高了。通过时空的对比,中国应对人口老龄化的良好机遇是前所未有的,但仍有短板和弱项。化危为机,需要各方面统筹协调解决问题来共同应对。

《百岁书》是针对我国老年人口长寿但不够健康这块短板。本书则是针对我国的弱项,即老年人在城乡之间、地区之间和阶层之间等方面存在不平衡、不充分问题,而提供智力支持。

人类认识人口老龄化和长寿时代是在第二次世界大战以后。人类早在 20 世纪以前就已经认识到人的寿命是有限的,不能长生不老,认为逢老必衰、逢老必病,老年人长寿给子孙后代和全社会带来沉重的负担,从而产生悲观思想。马克思和恩格斯所在的时代,欧洲人的平均寿命还不到 50 岁,对人口老龄化并不认识,但对人口高增长有一定的认识。恩格斯提出两种生产(人的生产和物的生产)必须相互协调,并认为在未来的社会是可以协调好的。马克思对人类社会进入长寿时代以及人口老龄化等问题并没有专门的论述,但是,他认为未来的社会能够实现人自由和全面地发展、社会全面进步的乐观的前景,实际上也包含对人口老龄化的乐观预期。马克思所说自由,首先是指人要在经济上不受剥削、政治上不受奴役,有生存权和发展权,不受困于经济和生活压力的自由。邓小平曾言简意赅地指出:"社会主义的本质是解放生产力,发展生产力,消灭剥削,消除两极分化,最终达到共同富裕。"改革开放以来,随着中国经济发展的水平提高,对于共同富裕是积极应对人口老龄化根本保证的认识越来越深刻,体现了我国马克思主义中国化和时代化的认识不断深化。

在中国历史上就强调"大同社会",孙中山提出"天下为公"的思想,中国传统上就有"老吾老以及人之老"的古训、"不患寡而患不均"等传统美德。"共同富裕"是马克思主义与中国优秀传统文化的结合。在20世纪80年代初,联合国第一次老龄问题世界大会提出人道主义和人权的原则;20世纪90年代,联合国提出老年人原则:"独立、照顾、实现、尊严";1999年,国际老年人年提出:"建设一个不分年龄人人共享的社会";2002年,联合国第二次老龄问题世界大会提出:"健康、参与、保障三根支柱"……以上都是对人口老龄化前景的乐观指引。因此,可以认为共同富裕是长寿时代积极应对人口老龄化的乐观前景预期。中央财经委员会会议强调,在高质量发展中促进共同富裕;中央支持浙江高质量发展建设共同富裕示范区。所有这些,对我国积极应对人口老龄化有深远的理论意义和实践价值,也体现了我国马克思主义的时代化。

共同富裕作为长寿时代应对人口老龄化乐观预期的理论根据如下。

其一,共同富裕是建筑在发展生产力的基础上,保证有更多的物质储备和对客观世界(包括人的生命科学)的认识来应对人口老龄化。

其二,共同富裕并不仅仅指老年期的富裕,而是指在全生命周期中,不断发展和积累,实现终生健康、终生参与、终生学习、终生福祉。共同富裕不是养懒汉的平均主义,它要求人人参与、群策群力。

其三,共同富裕不仅仅是经济上的富裕,还应该包括社会的公平公正、身心健康、美丽的生态环境以及优越的人文环境等。

其四,共同富裕包括家庭、社区、社会有良好的道德风尚,建立对老年人有支助性、友好型的社会环境。本书在社会保障体系、健康维护体系和社会服务保障等方面提供智力支持,是经过深入研究的。

认识中国应对人口老龄化面临的困难是人的寿命延长,不健康是短板。全面建成小康社会使贫困人口实现"两不愁三保障",贫困是健康长寿的最大障碍。从第四次中国城乡老年人生活状况抽样调查得知,中国失能和半失能的老年人口有4000多万,现在可能已大大超过。2019年,中国人口的平均预期寿命和健康预期寿命有10年的差距,说明我国老年人至少有10年不够健康,而是带病存活的。《百岁书》主要从生命科学、生物医学等角度强调,为应对人口老龄化提供自然、生物、心理等方面的基础性智力支持是前提条件。本书则从哲学社会科学的角度主张,在物质、经济和文化等方面,为全方位应对人口老龄化的战略决策提供智力支持。

健康长寿加共同富裕的模式是我国应对人口老龄化的必然选择,我完全赞同并全力支持,欣然命笔,是为序。

序言二

刘维林

2021 年,是我们党和国家发展史上具有十分特殊重要意义的一年:"十四五"规划开局之年;打赢脱贫攻坚战,全面建成小康社会,向第二个百年奋斗目标迈进的起步之年;中国共产党建党 100 周年。我们已迈向一个新的时代、新的发展阶段,站在一个新的历史发展起点上。

与此同时,我们已进入老龄化社会发展的新阶段。2000 年第五次全国人口普查数据显示,截至 2000 年 11 月 1 日,中国 60 岁及以上老年人口占到当时全国总人口的 10.2%,65 岁及以上老年人口占当时全国总人口的 6.96%。这意味着从 2000 年起,我国进入了老龄化社会,迄今已超过 20 年。

2021 年 5 月发布的第七次全国人口普查数据显示,截至 2020 年 11 月 1 日,我国 60 岁及以上老年人口达到 2.64 亿,占全国总人口的 18.7%;65 岁及以上老年人口达到 1.91 亿,占全国总人口的 13.5%。"十四五"期间,中国将迈入中度老龄化社会。

与先期进入老龄化社会的国家或地区相比,中国的人口老龄化总量大、速度快、基础差、不平衡,并将朝着程度持续加深加重方向发展,成为 21 世纪中国的基本国情和发展趋势,将对中国经济社会的发展带来全面、深刻、广泛的影响。同时,老龄社会形态变化,老年人群需求释放,健康长寿红利显现,产业结构调整升级,将为中国经济社会发展注入新的动力,拓展新的空间,带来新的前景。

如何应对人口老龄化,事关国家发展全局和亿万人民福祉。党中央对此高度重视,特别是自党的十八大以来,系统谋划,顶层设计,统筹兼顾,作出一系列决策部署。党的十九届五中全会将积极应对人口老龄化上升为国家战略,为"十四五"乃至更长时期应对人口老龄化指明了方向。

2021 年 10 月 13 日,即重阳节、老年节前夕,习近平总书记代表党中央向全国的老年人致以节日问候,并对老龄工作作出重要指示。他指出并强调,各级党委和政府要高度重视并切实做好老龄工作,贯彻落实积极应对人口老龄化国家战略,把积极老龄观、健康老龄化理念融入经济社会发展全过程,加大制度创新、政策供给、财政投入力度,健全完善老龄工作体系,强化基层力量配备,加快健全社会保障体系、养老服务体系、健康支撑体系。要大力弘扬孝亲敬老传统美德,落实好老年优待政策,维护好老年人合法权益,发挥好老年人积极作用,让老年人共享改革发展成果、安享幸福晚年。10 月 14 日,全国老龄工作会议在京召开,李克强总理对老龄工作作出重要批示,韩正副总理、孙春兰副总理出席会议并讲话。会议强调,要深入学习领会习近平总书记关于老龄工作的重要讲话和指示批示精神,从全局和战略高度,深刻认识做好老龄工作的重要性、紧迫性,全面落实老龄工作重点任务,推动新时代老龄事业发展不断迈上新台阶。11 月 18 日,中共中央、国务院制定《关于加强新时代老龄工作的意见》,对实施积极应对人口老龄化国家战略和加强新时代老龄工作提出新要求、作出新部署。这必将产生重大深远的影响,推动我国老龄事业和产业高质量发展进入快车道。

积极应对人口老龄化,推动我国老龄事业健康快速发展,是一项具有战略性、全局性、长远性、艰巨性、复杂性的系统工程。认识是行动的先导,理论是实践的指南,思想、认识、理论的准备和应对是一切工作的基础与前提。践行好积极应对人口老龄化国家战略,必须对人口老龄化的基本国情和发展趋势有清醒的思想认识,对人口老龄化的发展规律和应对策略有科学的研究把握,对政府、市场、社会、家庭、个人各个主体履行好各自职责有清晰的认识、高度的自觉和积极的行动。但现实是,虽然我们进入老龄化社会已经 20 多年了,很多人仍然以固有的惯性思维看待和对待老龄化社会与老龄问题。很多研究不系统、不全面、不深入,甚至简单照搬,炒作概念,标新立异。思想认识、理论研究滞后于老龄化社会的发展,是我们"未备先老"的一个重要方面和工作中的突出短板,这是当前需要抓紧解决的。

中国老年学和老年医学学会是专注于老龄问题研究的社会学术团体,研究范围涵盖社会老年学和老年医学各个领域,涉及老年个体、群体、社会,老年生理、心理、经济、政治、文化、法律、环境等各个方面,具有专家荟萃,熟悉国情,了解老年,深耕学术,从多学科、跨学科、交叉学科综合系统深入研究老龄问题的特点和优势。30 多年来,特别是近年来,学会注重发挥老龄领域专家学者的作用,加强重大老龄现实理论问题研究,取得了一些可喜进步和积极成果。在当前新的形势下,学会更有责任和义务主动承担起研究老龄问题与老龄化社会问题的重要任务,通过深入研究,为党和国家老龄决策、政策的制定,为积极应对人口老龄化国家战略的实施,建言献策,当好参谋,发挥新型智库作用,贡献智慧和力量。

中国迈入老龄化社会20多年了,这是一个带有标志性的重要时间节点,也是一个重要的转折点。我们认为,很有必要对中国老龄化社会20多年来的基本情况,包括人口老龄化的进展,应对人口老龄化取得的成就、存在的矛盾和问题、遇到的困难和挑战等,作出全面系统的回顾总结、分析梳理,提炼出经验模式,把握其特点规律,并对当前和今后的发展路径与重点工作,提出意见和建议。这是一项很有意义的工作,我们应该做起来并把它做好。为此,我们邀请学会副会长兼老龄智库专家委员会主任、中国人民大学副校长、我国著名老年学家杜鹏教授担纲,组织我国老龄领域一批学术造诣深厚、研究成果丰硕的专家学者负责相关章节内容的撰写,共同完成这样一项具有开创性的任务。

让我们深受鼓舞鼓励的是,学会第二届会长,现任名誉会长,中国人口学、老年学的开拓者与奠基人,中国人民大学一级荣誉教授,已近百岁的邬沧萍先生依然爽快地答应为本书作序,就像他这几年为学会组织出版的国情报告和专题著作作序一样。邬先生尽管已至期颐之年,但仍密切观察跟踪中国老龄问题的发展变化,聚焦主题,研究深入,见解深刻,提出具有前瞻性、针对性、指导性、建设性的观点和论述。这为本书增色添彩,我们受益良多,深感荣幸。

当然,由于时间紧张等因素,本书难免有一些疏漏、瑕疵、不尽如人意之处,敬请广大读者批评指正,不吝赐教。

总　论　中国老龄化社会 20 年：
成就、挑战与展望

自 2000 年以来，中国走过了老龄化社会的前 20 年。这 20 年间，中国对人口老龄化进程的认识不断深化，积极应对战略逐步形成，由初步认识人口老龄化的探索期迈入老龄化社会迅速发展的积极应对期。2021 年 10 月，习近平总书记对老龄工作作出重要指示强调："贯彻落实积极应对人口老龄化国家战略，让老年人共享改革发展成果安享幸福晚年"，为新发展阶段的老龄工作明确了方向。

尚未进入老龄化社会之前，我国政府、社会和学术界就对人口老龄化有诸多研究与探索。在中国共产党的全面领导下，20 年来，我国的经济、社会、文化等事业飞速发展，人口老龄化进程和实施积极应对人口老龄化国家战略进程也在迅速推进。在我国进入老龄化社会 20 年之际，对我国积极应对人口老龄化的历程和经验进行系统的回顾总结，分析当初人们对于老龄化社会的看法和预期，哪些经过国家的发展和老龄事业的进步已经得到了解决，而哪些依然是未来人口老龄化发展过程中要面临的问题和挑战，对于更好地实施积极应对人口老龄化国家战略，在建设社会主义现代化强国进程中更加积极地应对人口老龄化挑战，会有借鉴意义。

首先，本章梳理我国人口老龄化 20 年的总体变化及特征，分析人口老龄化程度与特征的变化。其次，本章在梳理与老龄相关法律和政策文件、学术文献以及相关媒体报道的基础之上，提炼归纳了 20 年前我国政府、学界和社会对于人口老龄化关注与探索的重点方面，并对这些重点方面在 20 年间的发展变化进行总结与分析。通过对比分析可以看到，20 年间，我国老龄化社会在老龄相关政策体系建设、老龄法律法规体系建设、养老保险体系建设、养老服务体系建设、医疗保障体系建设、医养结合与长期护理体系建设、老年人精神文明建设、老龄产业及消费、年龄友好型社会环境建设以及社会救助与福利等方面取得的成就，已经缓和或解决了许多难题，也消解了大众当初对人口老龄化的许多担忧。

经过 20 年的发展,中国老龄事业发展已经取得显著成效。与此同时,老龄化社会当下仍面临着许多问题和挑战。一方面,在过去 20 年中仍然存在尚未完全解决的问题,需要进一步推进解决;另一方面,人民对美好生活的需要日益广泛,对于老年生活产生了更高层次的需求,也对老龄化社会建设提出了更高要求。习近平总书记指出:"各级党委和政府要高度重视并切实做好老龄工作,贯彻落实积极应对人口老龄化国家战略,把积极老龄观、健康老龄化理念融入经济社会发展全过程,加大制度创新、政策供给、财政投入力度,健全完善老龄工作体系,强化基层力量配备,加快健全社会保障体系、养老服务体系、健康支撑体系。"[1]这些关于老龄事业发展的新任务及新举措,必将推动中国的老龄政策与实践随社会发展而不断丰富。

未来我国老年人口增速加快,2050 年后,老年人口峰值将接近 5 亿,人口老龄化水平将超过发达国家平均水平,高龄化特征愈发凸显,失能老人增加。同时,老年人口受教育水平提高,老年人力资源禀赋提升,老年人口的经济收入更有保障、消费观念不断升级。2021 年 10 月 14 日,中共中央政治局常委、国务院总理李克强对全国老龄工作会议作出重要批示:"老龄工作事关亿万老年人家庭福祉和国家发展全局","要坚持以习近平新时代中国特色社会主义思想为指导,认真贯彻党中央、国务院决策部署,实施积极应对人口老龄化国家战略,聚焦广大老年人在社会保障、养老、医疗等民生问题上的'急难愁盼',深化相关改革,健全老龄工作政策、制度和工作机制,推动老龄事业和产业高质量发展,积极发展社区养老,更好发挥社会力量作用,满足老年人多层次、多样化需求。加强老年病预防和早期干预,构建失能老人照护体系。各级政府要认真履职,尽力而为、量力而行,注重改善老年人居住生活环境,丰富老年人精神文化生活,维护老年人尊严和权益,营造养老孝老敬老社会氛围,不断提升广大老年人的获得感、幸福感、安全感"[2]。中共中央、国务院于 2021 年 11 月 18 日制定的《关于加强新时代老龄工作的意见》,明确了加强新时代老龄工作必须坚持的指导思想、基本原则,部署了健全养老服务体系、完善老年人健康支撑体系、促进老年人社会参与、着力构建老年友好社会、强化老龄工作保障、加强组织实施等重点任务。这是指导我们做好新时代老龄工作的一份纲领性文件。

面对将来的老龄社会与老年人的新特点,如何积极应对这一趋势并促进即将到

---

[1] 《人民日报》2021 年 10 月 14 日。

[2] 《人民日报》2021 年 10 月 15 日。

来的老龄社会和超老龄社会可持续发展? 这与未来中国人口与发展息息相关,更与中国未来积极应对人口老龄化的政策和实践密不可分。通过科学的人口预测和风险预判,可以对中国老龄社会建设进行展望,促进老龄领域的探索和分析更加科学化、系统化。构建我国老龄社会的新要求,包括共建共享的社会环境、包容友好的居住环境、全生命历程的健康支持政策。以此引导未来战略的构建与实施,落实积极应对人口老龄化国家战略。尤其要坚持党的全面领导,促进老龄社会治理体系和治理能力现代化;践行积极应对理念,统筹协调老龄社会发展;弘扬与发展中国特色老龄文化,彰显大国担当;倡导科技先行、质量优先,提升老龄社会经济发展新动能,以此推动形成适合中国国情的积极应对人口老龄化国家战略体系。

第一节　我国老年人口总体特征及变化

2021 年是中国共产党成立 100 周年,也是"十四五"开局之年和开启全面建成社会主义现代化强国新征程的起步之年。在这个特殊的时间节点,对于之前 20 年中国人口老龄化的发展历程进行梳理和阶段性经验总结,以期更好实施积极应对人口老龄化的国家战略,推动实现老龄社会高质量发展的战略新格局。本节主要结合第五次和第七次全国人口普查的数据,对 20 年来我国人口老龄化的发展状况进行梳理总结。

一、20 年间老年人口数量翻倍、占比提升,我国即将步入老龄社会

2020 年,我国老年人口数量比 2000 年翻了一番,预计我国在 2021 年底进入老龄社会阶段。根据第七次全国人口普查(以下简称"七普")的数据,2020 年,我国 60 岁及以上人口超过 2.64 亿人,占比 18.7%;65 岁及以上人口超过 1.9 亿人,占比 13.5%。结合 2000 年第五次全国人口普查(以下简称"五普")的数据,60 岁及以上人口 20 年间的增长超过 1.34 亿人,增长率为 103.13%,占比上涨 8.5 个百分点;65 岁及以上人口 20 年间的增长超过 1.02 亿人,增长率为 115.96%,占比上涨 6.54 个百分点。

按照联合国在 1956 年出版的《人口老龄化及其社会经济后果》中的划分标准,65 岁及以上人口占总人口比例超过 7% 的国家(地区)被称为老年型国家或地区。2000 年,中国 65 岁及以上人口占比达到 7%,60 岁及以上人口占比达到 10%。当时在学术界和媒体上,称中国进入了老龄社会。但随着过去 20 年人口老龄化的持续发

展,人们越来越认识到,老龄社会的不同阶段也有各不相同的特点和应对重点,所以,又对老龄社会进行了分阶段的划分。参考国际上对人口老龄化不同阶段的划分,本章将65岁及以上的人口比例达到7%(或60岁及以上人口比例超过10%),称为进入"老龄化社会"(Ageing Society);当这一比例翻番时,即65岁及以上的人口比例超过14%(或60岁及以上人口比例超过20%),称为进入"老龄社会"(Aged Society);65岁及以上的人口比例超过20%,为进入"超老龄社会"(Super-aged Society)。近5年来,中国65岁及以上老年人口占比的年增幅均高于0.5%,预计到2021年底,我国65岁及以上老年人口的比例将达到14%,进入老龄社会阶段。2033年前后,我国65岁及以上老年人口的比例将达到20%,进入超老龄社会阶段。

二、人口老龄化的地区差异增大,进入老龄化社会的省份增多

2020年底,我国绝大多数地区已经进入老龄化社会,但东中西部地区之间的人口老龄化水平存在较大差异。老年人口的分布与总人口分布基本一致,老年人口主要集中在东部地区①。2020年,东部地区60岁及以上人口超过1个亿,占全国老年人总数的39.17%,比2000年上升1.47个百分点;中部地区②60岁及以上人口为6866万,占比26.01%,比2000年降低1.21个百分点;西部地区③60岁及以上人口超过6800万,占比25.8%,比2000年降低1.11个百分点;东北地区④老年人口为2390万,占比9.1%,比2000年上升0.86个百分点。从20年的发展来看,中西部地区老年人口在全部老年人中的占比呈下降趋势,东部和东北地区占比上涨,但幅度较小,总体格局维持稳定,地区差距则有所扩大。

20年间,我国进入老龄化社会的省份数量增加一倍。2000年,我国31个省区市中,60岁及以上人口占比超过10%的有14个。2020年,31个省区市中,仅有西藏的人口老龄化程度小于10%,尚未进入老龄化社会。与此同时,达到全国人口老龄化程度平均水平及以上的省区市有18个。总体上来看,我国各地区的人口老龄化水平普遍提高,地区分布特征从2000年"东部沿海地区水平较高,中西部地区较低"的形态,发展为2020年"以东三省和川渝为两个高点,东高西低,北高南低"的分布形态。

---

① 东部地区,指河北省、北京市、天津市、山东省、江苏省、上海市、浙江省、福建省、广东省、海南省。
② 中部地区,指山西省、河南省、安徽省、湖北省、江西省、湖南省。
③ 西部地区,指重庆市、四川省、陕西省、云南省、贵州省、广西壮族自治区、甘肃省、青海省、宁夏回族自治区、西藏自治区、新疆维吾尔自治区、内蒙古自治区。
④ 东北地区,指黑龙江省、吉林省、辽宁省。

三、城市老年人口超过农村老年人口,城乡倒置现象加剧

2020 年,我国的城市老年人数超过农村老年人数,但城乡倒置现象仍然十分明显。2000 年,我国老年人口(60 岁及以上)中,4440 万生活在城镇,占老年人口的 34.16%;8556 万生活在农村,占老年人口的 65.84%。20 年来,我国城镇化迅速发展。到 2020 年,我国的城镇老年人口(1.43 亿)首次超过农村老年人口(1.21 亿)。农村地区 60 岁、65 岁及以上老人的比重分别高出城镇 7.99 个、6.61 个百分点,与 2010 年相比,城乡差距分别扩大 4.99 个、4.35 个百分点。当农村老年人口比例高于城镇时,人口老龄化便被视为"城乡倒置"[1],人口老龄化城乡倒置现象进一步加剧,凸显了应对农村人口老龄化的紧迫性。当前,农村的经济发展水平、社会服务水平严重滞后,农村人口老龄化必将面临更为严峻的挑战,将严重影响脱贫攻坚成果巩固和乡村振兴战略实施[2]。

四、老年人口高龄化趋势逐渐显现,失能风险增加照护压力

20 年来,我国 80 岁以上的高龄老年人口数量与占比都显著增加。2020 年的数据显示,我国老年人口中 60—69 岁的低龄老年人占比 55.83%,仍为最主要的群体。70 岁以上的老年人占比逐年提高,由 2000 年的 41.16% 上升到 2020 年的 44.17%;绝对数量也不断增多,由 2000 年的 5350 万提高为 2020 年的 1.17 亿。而 80 岁及以上的高龄老年人占比逐年提高,由 2000 年的 9.23% 上升到 2020 年的 13.56%;绝对数量增加了两倍,由 2000 年的 1199 万提高为 2020 年的 3580 万。老年人口整体呈现出高龄化发展趋势。伴随高龄化而来的将是失能半失能风险水平的指数式增加,且老年群体内部的健康问题较为复杂,这将给为医疗卫生服务体系和老年照护服务体系带来较大压力[3]。

五、老年人口文盲率明显降低,促进老年教育体系发展

随着 1949 年以后我国教育事业的持续发展,过去 20 年间,我国老年文盲占比由原来的近五成下降到一成,老年教育体系建设发挥了重要作用。2020 年,60 岁及以上人口中,具高中及以上文化程度的有 3669 万人,占比为 13.90%,相比 2000 年增加

---

① 杜鹏、王武林:《论人口老龄化程度城乡差异的转变》,《人口研究》2010 年第 2 期。
② 林宝:《积极应对人口老龄化:内涵、目标和任务》,《中国人口科学》2021 年第 3 期。
③ 葛延风等:《我国健康人口老龄化的挑战与策略选择》,《管理世界》2020 年第 4 期。

了约 2866 万人,占比提高了 7.72 个百分点。2000 年,我国 60 岁及以上老年人口的文盲、半文盲比重是 48.31%[①]。2020 年,全国文盲人口数为 3775 万人,假定其中 80% 是老年人,即 3020 万文盲人口是老年人,则 2020 年的老年人口文盲率为 11.44%,比 2000 年降低了 36.87 个百分点,老年人口文盲率下降明显。老年人口文盲率下降,既是我国义务教育持续发展的结果,也为今后老年教育发展创造了有利条件。我国的老年教育经过多年建设与发展,目前形成了以政府承办的老年大学为代表的正规教育和以社区老年大学、网络老年大学、老年社团等为代表的非正规教育两种模式[②]。发展老年教育不仅可以丰富老年人生活,陶冶情操,还可以提升老年人的工作技能,为其参与社会发展、老有所为提供基础。

第二节 我国老龄化社会发展历程与成就

自 2000 年以来,中国走过了老龄化社会的前 20 年。本节梳理了进入老龄化社会之前,我国政府、学界和社会对人口老龄化问题关注与探索的重点方面,在此基础上,对这些重点方面在进入人口老龄化社会后 20 年间的发展变化进行总结与分析。过去 20 年,我国老龄化社会在老龄相关政策体系建设、老龄法律法规和工作体系建设、养老保险体系建设、养老服务体系建设、医疗保障体系建设、医养结合与长期护理体系建设、老年人精神文明建设、老龄产业及消费、年龄友好型社会环境建设、社会救助与福利等几个方面取得了诸多成就,得益于这些领域的全方位进步。许多 20 年前看起来棘手的问题得到缓和或是解决,也消解了当初大众对于人口老龄化的诸多担忧。

一、进入老龄化社会前的探索(2000 年之前)

中国于 2000 年进入老龄化社会。在此之前,各界对人口老龄化涉及的诸多领域进行了广泛的媒体报道、学术探讨和政策实践。与现在相比,2000 年之前的探索期对于人口老龄化的认识和实践是逐步深化的,为进入 21 世纪后我国老龄事业的研究与发展打下了扎实基础。

---

① 穆光宗等:《中国老年人口的受教育水平》,《市场与人口分析》2005 年第 3 期。
② 杨庆芳、邬沧萍:《老年教育是中国积极应对人口老龄化不可或缺的》,《兰州学刊》2014 年第 1 期。

（一）初步建设老龄法律法规、政策规划和工作体系

2000 年以前，党和政府在与老龄相关的法律法规、政策规划和工作体系建设方面做了大量工作，为之后的工作奠定了良好基础。除新中国成立初期对于老干部、"三无"老人实行保障政策外，20 世纪 80 年代是我国现代意义上老龄工作的奠基时期。1982 年设立的中国老龄问题全国委员会是新中国最早的老龄工作机构。同一时期，随着人口老龄化趋势的显现，1994 年，我国第一部老龄工作中长期规划——《中国老龄工作七年发展纲要（1994—2000）》出台，对推动老龄事业全面发展具有重要意义。1996 年，标志着我国老龄政策正式迈向法治化新道路的《中华人民共和国老年人权益保障法》出台。1999 年，全国老龄工作委员会正式成立。2000 年，全国老龄工作会议结束后，《人民日报》刊载的题为《高度重视老龄问题，切实加强老龄工作》的社论指出，重视老龄问题、加强老龄工作意义重大，是一项重要而紧迫的战略任务[1]。

（二）养老保障体系的覆盖面与保障水平亟待加强

2000 年以前，我国尚未进入老龄化社会，各界对于老龄事务的关注有限，如何"养老"是被提及的最广泛的话题。1980 年，《中共中央关于控制我国人口增长问题致全体共产党员、共青团员的公开信》中提出"老有所养"，未来中国的社会福利和社会保险将不断完善，使老年人的生活更有保障。学者也提出应扩大老年社会保障范围，改革老年社会保障制度[2]。在这一时期，我国养老保障体系尚不完善，诸多问题并存。一是"未富先老"特点突出，物质准备不充分。1999 年，《人民日报》刊登的《人口老龄化与可持续发展》一文，阐述了我国人口老龄化的趋势和特点，明确指出"未富先老"，建议建立健全老年社会保障制度，并指出当时部分城市老年人的生活水平有所下降[3]。此外，有学者就人口老龄化与经济社会可持续发展的关系问题进行了分析[4]。二是家庭养老功能弱化。随着妇女终身生育率持续下降，生育独生子女的老年人和独身老年人增多，依靠子女解决养老服务问题的难度越来越大，养老服务社会化是社会发展和进步的必然结果[5]；养老对家庭的依赖性增强[6]，要尽可能地

---

① 《人民日报》2000 年 8 月 29 日。
② 田雪原：《建立具有中国特点的老年保障体系》，《人口学刊》1989 年第 4 期。
③ 《人民日报》1999 年 3 月 11 日。
④ 穆光宗：《人口老龄化与经济社会的可持续发展》，《科技导报》1997 年第 2 期。
⑤ 刘长茂：《建立具有中国特色的养老机制》，《人口研究》1991 年第 4 期。
⑥ 梁鸿、彭希哲：《城市养老社会事业发展的矛盾与对策》，《探索与争鸣》1998 年第 1 期。

解决老年人的保障问题,提供非家庭的老年风险缓解机制[1];家庭供养逐渐向社会保障转化势在必行,但并不意味社会化养老能完全取代家庭养老[2]。三是城乡养老保障差距较大。人口老龄化造成的社会问题,如家庭小型化的趋势使家庭保障功能弱化、老有所养问题突出等,在农村将更为明显[3]。当时,我国农村生产力水平还相当低,农民收入水平不高,特别需要保险保障的群体连温饱问题都没有解决,但自身又缺乏能力参与保险[4]。

（三）重视老年人的健康状况,接纳"健康老龄化"理念

老年人的健康状况一直是各界关注的话题。随年龄增加,人体会出现一系列的衰老征象,心脑血管疾病、肿瘤等的患病率也出现增高趋势。20世纪80年代初,有学者建议设立为老年人服务的专门设施,适当增加老年人的卫生费用[5];老年人易患慢性病易出现体力、知觉障碍,生活能否自理及灵活性大小是社会适应性的重要决定因素,所以,老年病人护理的基本原则是要正确认识其社会需求[6]。20世纪90年代,有学者提出为了做好老年保健工作,应采取逐步建立老年门诊、老年病院和老人家庭病床,开展对老年人的巡回治疗,定期组织老年人健康检查等措施[7]。世界卫生组织在20世纪90年代为应对人口老龄化挑战提出"健康老龄化",其核心理念是生理健康、心理健康、适应社会良好。老年人的心理健康逐渐成为学术研究热点。老年人心理、机能的一系列衰老变化,引起情绪、意志的变化,容易产生垂暮感、忧郁感和恐惧感等不良心理状态[8]。老年人的婚姻状况、性别、子女数、家庭类型、经济满意程度以及个人身体健康状况等,都在不同程度上影响着他们的心理健康[9]。1999年,《人民日报》发表的《重视人口老龄化问题》一文,提出营造健康老龄化的环境、提高老年人的生活质量[10]。

（四）探索建立更加全面和公平的医疗保障体系,解决"看病难"问题

2000年前,老年人"看病难"是一个普遍问题,引起了各界的关注与讨论。早在

① 彭希哲、戴星翼:《试论老年生活保障与农村人口控制》,《中国人口科学》1992年第5期。
② 郭志刚:《对子女数在老年人家庭供养中作用的再检验——兼评老年经济供给"填补"理论》,《人口研究》1996年第2期。
③ 王彦善等:《山东省建立农村社会保障制度研究》,《社会工作研究》1994年第1期。
④ 周建国等:《农村社会养老保险的艰难现状与出路》,《社会工作研究》1994年第6期。
⑤ 刘训正:《江村老年病及老年人健康状况调查》,《农村卫生事业管理研究》1983年第2期。
⑥ 吴长林等:《人口老化的社会及政治问题》,《医学与哲学》1985年第8期。
⑦ 郑世明等:《四川人口老龄化的预测及老年人保健对策》,《预防医学情报杂志》1990年第1期。
⑧ 许改玲等:《论老年人口的心理健康》,《社会科学研究》1990年第3期。
⑨ 李建新等:《城市老年人心理健康及其相关因素研究》,《中国人口科学》1997年第3期。
⑩ 《人民日报》1999年3月10日。

20 世纪 80 年代,就有学者提出老年医疗不仅是医疗问题,而且是社会问题,必须充分发挥医院和社会的共同力量来解决①。在这种情况下,探索老年医疗保险制度,可以在经济上保障"老有所医",减轻社会及家庭的负担②。我国医疗保险制度存在着巨大的城乡差别,对乡村老年人口来说,无钱看病、缺医少药、医疗保障系数小还是一个比较尖锐的问题,需尽快解决③。与此同时,享受公费医疗和劳保医疗的老年人分担医疗费用的比例较小,医疗服务费用的迅猛上升使城乡居民对医疗风险的承受能力降低④。

(五)养老服务供需矛盾有待解决

养老服务体系的建设与完善,同养老保障的落实效果密切相关。新中国成立后,民政部门接收了救济院、慈善堂、教养院等机构,并改制转换为社会主义性质的社会福利院。1956 年,《高级农业生产合作社示范章程》提出建立"五保"制度并在各地建立敬老院,成为最初提供养老服务的设施。2000 年前,随着社会养老保险事业的广泛发展、老年人经济保障问题的逐步解决,老年人的服务保障和生活照顾问题愈来愈突出,我国以政府为主导的养老服务体系出现供给不足的情况⑤;存在养老供给与养老需求不均衡和不匹配的矛盾、资源拥有与有效配置及利用的矛盾⑥;敬老院作为社会化养老的主要服务和活动场所与敬老院数量少、容量小的矛盾突出,老人们日益增长的物质文化需要与敬老院设施简陋、资金缺乏的矛盾突出⑦。

(六)强调老年人精神文明建设的重要性,"老有所为"得到关注

早在 20 世纪 80 年代,我国对于老年人精神文明建设与"老有所为"便十分重视。传统观念和西方学者早期提出的老龄理论认为,人们进入老年期后应该脱离社会,不事生产,靠社会、家庭提供生活供养,属于较为消极的老龄观。我国学界和政府早在 20 世纪 80 年代便提出"老有所为"的理念,重视老年人精神文明建设。1983年,随着干部制度的改革和老年人精神文化需求的增长,我国第一所老年大学于山东成立。邬沧萍指出,除了"老有所养",还要重视老年人参与社会经济发展,即"老有

---

① 陈少炎:《采用医院与社会结合的方法解决老年医疗问题》,《国外医学(卫生经济分册)》1984 年第 3 期。

② 吴永松:《老年保健制度刍议》,《老年学杂志》1986 年第 2 期。

③ 田雪原:《中国老年人口宏观——1987 年全国 60 岁以上老年人口抽样调查分析》,《中国人口科学》1988 年第 5 期。

④ 辜胜阻等:《老年人对医疗服务的利用及中国医疗制度的改革》,《社会学研究》1993 年第 6 期。

⑤ 桂世勋:《中国老年社会保障与人口控制》,《西北人口》1992 年第 1 期。

⑥ 梁鸿、彭希哲:《城市养老社会事业发展的矛盾与对策》,《探索与争鸣》1998 年第 1 期。

⑦ 张华云:《建立健全农村社会化养老服务体系》,《民政论坛》1999 年第 3 期。

所为"的问题①。"老有所为"不仅能满足老年人的基本生活需要,还能满足他们高级的社会需要,发挥他们的创造潜能,不仅能为社会创造物质财富,而且也能为社会创造精神财富②。从更基础的视角,穆光宗提出老年人需要精神赡养③。1999年,时任民政部部长、全国老龄工作委员会副主任多吉才让接受《人民日报》采访时指出,加强和丰富老年人的精神文化生活是社会主义精神文明建设的重要内容④。

(七)老龄产业和老龄消费初露峥嵘

老龄产业与老龄消费的发展潜力受到关注。2000年前后,老龄产业尚属极新鲜甚至尚未萌芽的事物,媒体上鲜见报道。不过,学界很早就对此给予关注。有学者前瞻性地提出,产业结构和消费品结构要适应人口年龄结构老化带来的变化⑤。生理衰老引致的老龄消费需求构成老衰老龄者市场,退休后老人的社会经济生活引致的老龄消费需求构成退休老龄者市场,老年龄人兴趣爱好引致的消费需求构成兴趣老龄者市场,这三类市场的消费需求都随着老龄化进程而扩大⑥。运用社会主义市场经济的原理,发展老龄产业、开拓老年市场,是解决老龄问题的一种途径。在遵循经济规律的同时,也要分析老年人的实际情况及其变化,方能使经济效益和社会效益同步增长⑦。种种研究结果都表明,老龄产业的发展是极具潜力的⑧。

表1　2000年及以前对老龄化社会的关注点

主要关注点	内容
老有所养、老有所为	社会福利和社会保险将不断改善。老有所养,使老年人的生活有保障。除了"老有所养",也要重视老年人参与社会经济发展,即"老有所为"的问题。老有所为不仅能满足老年人的基本生活需要,还能满足他们高级的社会需要,发挥他们的创造潜能,不仅能为社会创造物质财富,而且也能为社会创造精神财富。
养老保障和未富先老	应扩大老年社会保障范围,改革老年社会保障制度;我国人口老龄化速度快于世界平均水平;未富先老特点突出;人口老龄化对退休金的负面影响是较为明显的。

① 邬沧萍:《从"老有所为"到"大有作为"》,《群言》1985年第2期。
② 肖毓秀:《"老有所为"问题初探》,《心理科学通讯》1987年第5期。
③ 穆光宗:《老年人需要精神赡养》,《社会》1995年第4期。
④ 《人民日报》1999年12月3日。
⑤ 陆杰华:《社会主义初级阶段的老年问题特点》,《辽宁大学学报(哲学社会科学版)》1989年第3期。
⑥ 任远:《老龄消费市场初探》,《市场与人口分析》1995年第3期。
⑦ 张一华:《漫谈老年人的消费特点和消费心态》,《市场与人口分析》1997年第3期。
⑧ 穆光宗:《老龄产业发展三题》,《中国经济信息》2000年第1期。

主要关注点	内容
医疗保障和"看病难"	老年医疗不仅是医疗问题,而且是社会问题,必须充分发挥医院和社会的共同力量来解决。探索老年医疗保险制度,可以在经济上保障"老有所医",减轻社会及家庭的负担。我国医疗保险制度存在着巨大的城乡差别,医疗服务费用的迅猛上升使城乡居民对医疗风险的承受能力降低。
养老服务的供应数量与质量	随着社会养老保险事业的广泛发展,老年人经济保障问题的逐步解决,老年人的服务保障和生活照顾问题将会愈来愈突出;存在养老供给与养老需求不均衡和不匹配的矛盾、资源拥有与有效配置及利用的矛盾;敬老院将成为农村社会化养老主要服务和活动场所与现有敬老院数量少、容量小的矛盾突出,老人们日益增长的物质文化需要与敬老院设施简陋、资金贫乏的矛盾突出。
城乡养老保障差距大	对乡村老年人口来说,无钱看病、缺医少药、医疗保障系数小是比较尖锐的问题,需尽快解决;人口老龄化造成的社会问题,如家庭小型化的趋势使家庭保障功能弱化、老有所养问题突出等,在农村将更为明显;由于我国农村生产力水平还相当低,农民收入水平不高,特别需要保险的群体连温饱问题都没有解决,自身又缺乏能力参与保险。
保健护理与老龄健康	随着年龄增加,人体会出现一系列的衰老征象,心脑血管疾病、肿瘤等也出现增多的趋势。建议设立为老年人服务的专门设施,适当增加老年人的卫生费用。老年人易患慢性病,易出现体力、知觉障碍,生活能否自理及灵活性大小是社会适应性的重要决定因素。老年病人护理的基本原则是要正确认识其社会需求。为做好老年保健工作,应采取逐步建立老年门诊、老年病院和老人家庭病床,开展对老年人的巡回治疗,定期组织老年人健康检查等措施。
家庭与代际支持	随着妇女终身生育率持续下降,生育独生子女的老年人和独身老年人增多,依靠子女解决养老服务问题的难度越来越大,养老服务社会化是社会发展和进步的必然结果;从家庭供养逐渐向社会保障转化势在必行,但不意味社会化养老能完全取代家庭养老;家庭的养老功能弱化,养老对家庭的依赖性增强。
心理健康及精神文明建设	老年人心理、机能的一系列衰老变化,引起情绪、意志的变化,容易产生垂暮感、忧郁感和恐惧感等不良心理状态;老年人需要精神赡养;老年人的婚姻状况、性别、子女数、家庭类型、经济满意程度以及个人身体健康状况等,都在不同的程度上影响着他们的心理健康。
老龄产业建设和老龄消费	产业结构和消费品结构要适应人口年龄结构老化带来的变化;生理衰老引致的老龄消费需求构成老衰老龄者市场,退休后老人的社会经济生活引致的老龄消费需求构成退休老龄者市场,老年人兴趣爱好引致的消费需求构成兴趣老龄者市场,这三类市场的消费需求都随着老龄化进程而扩大;运用社会主义市场经济的原理,发展老龄产业、开拓老年市场,是解决老龄问题的一种途径;在遵循经济规律的同时,也要分析老年人的实际情况及其变化,方能使经济效益和社会效益同步增长。

资料来源:本书作者收集整理。

在进入老龄化社会之前,我国各界对于人口老龄化有诸多研究与设想。随着国情教育的普及和现实情况的变化,各界对于人口老龄化这一经济社会发展必经阶段的认识逐渐深化。与此同时,在党和政府的领导下,20 年来,我国的经济、社会、文化等飞速发展,在许多方面取得了长足进步。

二、进入老龄化社会后的发展变化（2000 年至今）

过去 20 年是我国现代化进程中波澜壮阔的 20 年,是中华民族伟大复兴征程上披荆斩棘的 20 年,亦是伴随着人口老龄化不断发展的 20 年。站在达成第一个百年奋斗目标的时间节点上,回顾过去 20 年来中国老龄化社会的发展历程与成就,是为了总结经验、汲取教训、继往开来、整装待发,以更好的姿态向着第二个百年奋斗目标迈进。

（一）积极应对人口老龄化,从局部政策上升为全面覆盖、全面建设的国家战略

进入 21 世纪,党和政府在老龄工作顶层设计上向体系化、制度化、规范化、战略化的布局转变。党和政府对老龄工作的认识,从面向老年人群的局部特定方针转变为关乎国家发展大局的国家战略。积极应对人口老龄化,成为实现高质量发展、达成"两个一百年"奋斗目标的重要组成部分。

2000 年印发的《中共中央、国务院关于加强老龄工作的决定》明确提出,老龄问题是关系国计民生和国家长治久安的一个重大社会问题。2006 年,国家"十一五"规划纲要首次提及积极应对人口老龄化,具体政策内容聚焦老年人群的权益和生活质量。随后的"十二五"和"十三五"规划,均对积极应对人口老龄化作出安排。随着人口老龄化程度的提升,党和政府意识到必须从更长远规划、更全面领域对积极应对人口老龄化作出战略安排。2019 年,《国家积极应对人口老龄化中长期规划》出台,从社会财富储备、劳动力有效供给、养老服务和产品供给体系、科技创新能力以及社会环境 5 个方面,部署应对人口老龄化的具体任务。2020 年,党的十九届五中全会正式将积极应对人口老龄化上升为国家战略,标志着在我国全面建设社会主义现代化国家的新征程中,人口老龄化不断发展是基本国情,事关国家发展全局和亿万人民福祉。未来我国老龄相关政策规划,必将在此战略思维指导下生根发芽、茁壮成长。

（二）老龄法律体系与老龄工作体系不断完善

法律保护是维护老年人合法权益最为有效的手段。经过 20 年的发展,我国目前形成了以宪法为纲领性法律、老年人权益保障法为专门法、民法典为主,与其他相关法律法规共同组成的老年人权益保障法律体系。宪法作为根本大法对老年人的权利作出规定,成为我国老年人权益保护的纲领性法律。老年人权益保障法从 1996 年起实施,并先后于 2012 年、2015 年和 2018 年进行了 3 次修订,保障范围更加全面,条文也与时俱进。2021 年实施的民法典从完善意定监护制度、增设居住权规定、尊重个

性化继承、扩大遗赠扶养范围等方面,将老年人权益保护进行了全方位的提升。

20 年来,我国老龄工作体系进行了多次改革,覆盖部门更加广泛,职能重点和工作领域更加明确。原有的以民政系统为依托的老龄工作体系,转型为以卫健系统为主干、民政系统发挥重要作用的老龄工作体系。全国老龄工作委员会成员从成立之初的 22 个发展为 33 个。2018 年国务院机构改革后,保留全国老龄工作委员会;国家卫健委下设老龄健康司,承担全国老龄工作委员会的具体工作。

(三)基本建成全覆盖、多层次的社会保障制度

20 年来,我国社会经济高速发展,物质储备逐渐丰厚。党和政府为实现全面小康发起脱贫攻坚战,以养老保险作为老年人扶贫的重要手段,立足城镇职工养老保险,逐步建立覆盖全民、保障水平不断提升的基本养老保险体系。我国参加基本养老保险的人数,从 2000 年的 1.35 亿[1]增长到 2020 年的 9.99 亿[2]。从 2005 年将企业职工最低养老金上调至 714 元,到 2021 年基本养老金上调 4.5%,养老金实现十七连增。参保人数的快速增长得益于制度全覆盖。2009 年,新型农村社会养老保险制度出台;2011 年,城镇居民社会养老保险出台;2012 年,基本实现城乡居民养老保险制度全覆盖。解决了覆盖问题后,党和政府在统一城乡、机关事业单位与企业养老保险待遇和推动养老保障三支柱协同发展上发力。目前,我国已经建立了包括基本养老保险、企业补充养老保险、个人储蓄性养老保险和商业保险在内的多层次养老保险体系,这是党和政府在提高养老保障水平、均衡待遇差异方面持续不断努力取得的成果。

推动基本医保全覆盖、提升医保待遇和改善城乡二元待遇差异,是社会保障体系发展的另一重要目标。过去 20 年中,我国相继建立并发展新型农村合作医疗、城镇居民医保和城乡居民医保等制度,推动完善医保统筹和筹资制度,不断提高医保补贴水平,建立大病医保。目前,一个包括城乡居民基本医疗保险、大病保险、职工补充医疗保险、商业健康保险等多层次的医疗保障制度已经基本建成,过去老年人欠缺医疗保障、"看病难"的问题得到有效解决。我国参加基本医疗保险的人数从 2000 年的 4332 万[3]增长到 2020 年的 13.61 亿[4],参保覆盖面稳定在 95% 以上[5]。2009 年开始的医保补助从最初的 120 元,提升至 2021 年的 580 元。

---

① 国家统计局:《中华人民共和国 2000 年国民经济和社会发展统计公报》。
② 国家统计局:《中华人民共和国 2020 年国民经济和社会发展统计公报》。
③ 国家统计局:《中华人民共和国 2000 年国民经济和社会发展统计公报》。
④ 国家统计局:《中华人民共和国 2020 年国民经济和社会发展统计公报》。
⑤ 李培林等:《社会蓝皮书:2021 年中国社会形势分析与预测》,社会科学文献出版社 2020 年版。

在建立健全基本养老保险和医疗保险制度的同时,党和政府持续建设社会福利和社会救助制度,上下齐发力。一方面通过津贴补贴和优待政策提升老年人福利待遇,促进社会公平;另一方面,建设收入、医疗和住房安全网,发展特困人员救助制度,维持老年人最低生活保障,构建立体化的社会保障体系。2020 年,全国共支出老年福利经费 385.7 亿元,共有 3853.7 万老年人享受各类老年人补贴①;供养特困人员477.5 万人,供养资金达 468.6 亿元。2000 年②到 2020 年③,全国低保支出从 34.5亿元增长到 1963.6 亿元;其中,农村保障人数从 300.2 万人增长到 3620.8 万人,支出从 7.3 亿元增长到 537.3 亿元。

(四)初步建成居家社区机构相协调、医养康养相结合的养老服务体系

20 年来,我国养老服务事业实现数量上的飞速提升,同时,从注重数量的增长转向重视服务质量的提升,逐渐推进养老服务的标准化、精准化、质量化建设,构建多元参与、共建共享、居家社区机构相协调的养老服务体系,不断满足人民群众新时期的新需求、新期待。2020 年,全国共有各类提供住宿的养老机构 3.8 万个,养老服务床位从 2000 年末的 112 万张④增长到 2020 年的 823.8 万张⑤。前 10 年,为了补齐养老服务短板,在政府主导和市场积极参与下,养老机构和床位数量迅速增长。为解决新出现的空床率高、服务质量参差不齐等问题,后 10 年,构建城市与农村均衡发展、居家社区机构相协调的养老服务体系成为政策重点,同时注重养老服务设施建设规划科学化、养老服务标准化、养老服务人员专业化。

随着人均预期寿命的增加、高龄老人占比的增多,老年群体的医养叠加需求和照料护理需求日益增长。党和政府通过推动医养结合发展,采取长期护理保险试点等措施,加强医疗和养老机构协调发展,提升资源利用效率,有效降低家庭护理负担,为未来建立稳定可持续的高质量养老保障服务体系做好准备。同时,为解决养老和医疗机构互相独立、不相协调的问题,医养结合应运而生。2011 年,后多项政策提出医养结合。2016 年"健康中国"战略提出后,医养结合迎来快速发展阶段。到 2020年底,全国共有两证齐全的医养结合机构 5857 家、床位 158.5 万张,医疗与养老服务机构建立合作关系 7.2 万对⑥。针对以老年人为主的失能失智群体,国家于 2016 年在

---

① 民政部:《2020 年民政事业发展统计公报》。
② 民政部:《2000 年民政事业发展统计报告》。
③ 民政部:《2020 年民政事业发展统计公报》。
④ 国家统计局:《中华人民共和国 2000 年国民经济和社会发展统计公报》。
⑤ 国家统计局:《中华人民共和国 2020 年国民经济和社会发展统计公报》。
⑥ 国家卫健委:《卫生健康委新闻发布会介绍医养结合工作进展成效有关情况》。

15 个城市开展长期护理保险试点,2020 年新增 14 个试点城市,探索建立社保"第六险",旨在确保需要长期护理的人员能够得到及时、有效且专业的护理,对于减轻家庭负担、有效利用医疗护理资源、增进国民福祉、降低社会风险具有重要意义①。

(五)稳步加强老年精神文明建设,大力推动老有所为发展

20 年来,随着社会经济的发展,人民从追求物质生活满足转向更高层次的精神文明富足。为满足老年人群体的精神文化需求,党和政府将加强和丰富老年人的精神文化生活作为社会主义精神文明建设的重要内容,大力发展老年教育和文化事业,推动老年大学建设,出台老年文化建设和教育发展政策,保障老有所为、老有所乐,同时也为开发老龄人力资源、积极应对人口老龄化提供助力。

2000 年我国步入老龄化社会后,随着干部离退休制度改革发展起来的老年大学成为保障老年人精神文化需求的重要抓手。2005 年,西藏老年大学建成,老年大学在全国各省市区实现全覆盖。2010 年后,老年人的文化教育事业向体系化、规范化发展,建设终身教育体系成为重要目标。近些年,中国老年教育机构无论在数量上还是在办学质量上均得到了空前发展。截至 2019 年末,中国共有老年大学(学校)76296 所,在校学员共计 1088.2 万人,网络数字化教育逐渐成为老年教育的重要形式②。

20 年来,党和政府对于老年人社会参与的重视程度不断提高,从老龄事业发展"十五"规划到"十三五"规划均提及老年人社会参与。我国老年人社会参与主体不断扩大,从原先以老干部、医生和教师等群体为主扩大为全体老年人。社会参与的领域不断丰富,老年人广泛参与到基层社区治理、社会公益和娱乐文化等活动中。老年人社会组织茁壮发展,老龄事业发展"十三五"规划提出城乡社区基层老年协会覆盖率达 90% 以上。

(六)借力科技创新,积极培育老龄经济和老龄产业

20 年来,随着国家经济实力的提升,人均可支配收入大幅提高,养老保障的逐渐完善极大增强了老年人的经济能力,老龄消费和老龄产业成为推动经济发展的重要组成部分。党和政府通过政策扶持、产业规划等措施,合理引导老龄产业发展,繁荣老龄消费市场,拓宽投融资渠道,培育老龄产业集群,通过科技创新助推老龄经济发展。2020 年,国家统计局出台《养老产业统计分类(2020)》,科学界定养老产业统计

---

① 肖友平、任小红:《中国实行长期护理保险的意义》,《中华现代护理杂志》2007 年第 34 期。
② 《中国老年教育发展报告(2019—2020)》发布,见 http://world.people.com.cn/gb/n1/2021/1018/c1002-32256692.html。

范围,准确反映养老产业发展状况,加快推进养老产业发展。根据中国老龄协会的估计,2020 年我国老龄消费市场规模达 3.79 万亿元[①]。这是我国经济实力提升、养老保障体系发展、政府积极引导老龄产业发展、培育老龄消费能力的共同成果。

(七)积极推动年龄友好型社会环境建设,孝老、亲老、敬老社会文化范围基本形成

2016 年,世界卫生组织在《关于老龄化与健康全球报告》中提出,保证功能发挥对于维护老年人健康至关重要。维持老年人功能发挥的核心是通过社会环境的多方面保障,创造身体有残疾或其他问题的老年人能够正常、独立生活的社会环境。随着人口老龄化的发展,在做好基本社会保障工作的同时,党和政府充分重视年龄友好型社会环境建设,密切关注老年人随时代发展产生的新需求,坚持以人为本的理念,加快适老化改造,保障老年人功能发挥,促进老年群体的社会参与和社会融合,从多方面积极构建老年友好型社会。

修订后的老年人权益保障法将宜居环境视为国家要保障的老年人权益。党和政府通过财政补贴的方式推动老旧小区改造,通过发布设计规范的方式推动互联网的适老化建设,通过专门政策解决老年人使用互联网的困难,弥合"数字鸿沟",最大程度保障老年人功能发挥,共享社会发展成果。

20 年来,党和政府将孝亲敬老作为精神文明建设和老龄工作的重要内容,"老年节""老年月"等活动在全国各地广泛开展,"敬老文明号"创建工作积极开展,孝亲敬老成为中小学教育的重要内容和媒体宣传的常态化内容,孝老、亲老、敬老的社会风尚基本形成。

第三节　我国老龄化社会发展 仍面临的主要挑战

人口老龄化对经济运行全领域、社会建设各环节、社会文化多方面乃至国家综合实力和国际竞争力,都具有深远影响,挑战和机遇并存。我国老龄化社会经过 20 年的发展,从顶层设计到服务体系的构建,取得了一系列成就,但依旧存在一些问题有待解决。在今后的老龄事业发展过程中,要按照习近平总书记的重要指示要求,把积极老龄观、健康老龄化理念融入经济社会发展全过程,加大制度创新、政策供给、财政

---

① 《2020 年老年消费市场将达 3.79 万亿供给失衡问题待解》,《经济日报》2019 年 4 月 19 日。

投入力度,健全完善老龄工作体系,强化基层力量配备,加快健全社会保障体系、养老服务体系、健康支撑体系。本节将从发展理念、上层建筑、社会保障体系、养老服务体系以及经济社会发展的适应性五方面展开论述。

一、老龄社会积极发展的理念有待深化

(一)积极应对人口老龄化的理念仍需贯彻和深化

我国进入老龄化社会已有20年,但全社会对人口老龄化的国情、老龄社会和老年人都还存在一定的认识误区,积极应对人口老龄化的理念需要进一步贯彻和深化。理念是行动的先导,只有澄清认识、统一思想,才能凝聚起实施积极应对人口老龄化国家战略的强大思想和行动合力。应该认识到,人口老龄化是经济社会发展的成就,并非负面结果;人口老龄化不只是老年人问题和养老问题,还是重大经济社会问题和重大民生问题;老年人不是包袱,而是社会经济发展的一支重要力量[1]。中老年人口将会形成庞大的老龄经济需求和市场,成为推动我国经济社会发展的重要力量。根据生命历程理论,老龄问题并非仅是老年人的问题,而是应该将个体生命发展各阶段结合起来,采取全生命周期的理念加以考虑。只有贯彻和深化积极的人口老龄化理念,普及人口老龄化国情教育,才能重塑老龄化社会的新思维和治理思路,完善老龄化社会治理格局。

(二)老年人的价值有待进一步挖掘和发挥

传统观念往往将老年人看作"退休者""照料接受者",这使得老年人对家庭和社区的贡献很容易被忽视;而且,由于缺少政策支持,老年人充分发挥"余热"仍然受到很多限制甚至歧视。应当看到,当今的老年人已经不同于昨日的老年人。随着寿命不断延长、健康状况不断改善,老年人不仅能够不依赖他人,而且还有意愿继续发挥能力和价值。在家庭和社会领域,依然有很多老人在发挥重要作用,甚至作出难以替代的贡献。

二、积极应对人口老龄化国家战略的落实步骤有待廓清

(一)需打造适应国家治理现代化的中国老龄社会治理体系

在进入老龄化社会的新国情下,国家治理范式需要改革。探寻落实积极应对人

---

[1]　吴玉韶:《应对人口老龄化,要义在"积极"》,《健康报》2021年4月13日。

口老龄化国家战略的体制再构,必须从国家治理现代化的基本立场和主要方法中去挖掘①。如何厘清中国老龄化社会治理的内涵实质、优化老龄化社会治理路径、提升老龄化社会治理效能,成为政府和社会共同关注的重大理论与现实问题②。

一是需要进一步推行多元主体共享共建的共同体理念③。从认识老龄化、宣传老龄化、解决老龄化到应对老龄化,积极应对人口老龄化国家战略的推进与实践,离不开政府、市场、社会、家庭和老年人等各方面行动主体的共同参与④。

二是有必要重新审视当代中国人口治理格局。人口治理是国家与社会治理的重要主题及核心领域之一,但中国的人口治理路径仍然囿于"以人口适应制度"模式,存在若干治理惯性且治理效能趋于衰减,人口系统的传统政策调节空间萎缩,治理实践中的逻辑矛盾显现。治理理念跃迁也对治理路径提出了新的要求,要求在更加重视人的全面发展基础上实现人口与社会经济发展的动态均衡⑤。

三是当前我国老龄化社会治理效率仍然有待提升。首先,人口老龄化认知的科学性有待提高;其次,要明确各治理主体职责,解决治理的层级、城乡和区域差异明显问题;再次,老龄法律和政策要进一步完善,提高政策的执行效力;另外,要破除体制机制壁垒,形成全社会协同共治的局面;最后,要改变重投入、轻绩效的治理倾向,提高决策的科学化水平⑥。

(二)积极应对人口老龄化的政策体系有待完善

我国积极应对人口老龄化的政策总体上依旧滞后于人口老龄化发展速度,存在总量有限、质量有待提高、结构有待优化等问题。

一是积极应对人口老龄化的政策领域有待进一步拓宽。对老龄产业、老龄科技、老龄教育、老龄健康等方面的政策支持有待加强,发挥老龄群体主观能动性、满足其多元需求的老龄政策领域尚待开发与完善。

二是从全生命周期角度考虑我国老年健康问题的政策不足。个体生命历程中经

① 朱荟、陆杰华:《积极应对老龄化国家战略的理念突破、脉络演进与体制再构》,《中国特色社会主义研究》2021 年第 2 期。

② 周学馨:《面向国家治理现代化的中国老龄社会治理》,《探索》2021 年第 2 期。

③ 朱荟、陆杰华:《积极应对老龄化国家战略的理念突破、脉络演进与体制再构》,《中国特色社会主义研究》2021 年第 2 期。

④ 吴玉韶:《实施积极应对人口老龄化国家战略尽快形成"六个共识"》,《中国社会工作》2020 年第 35 期。

⑤ 胡湛、彭希哲:《治理转型背景下的中国人口治理格局》,《人口研究》2021 年第 4 期。

⑥ 杜鹏、王永梅:《改革开放 40 年我国人口老龄化的社会治理——成就、问题与现代化路径》,《中国社会工作》2018 年第 35 期。

历的重大事件会逐渐累积，影响其老年阶段的健康水平和幸福感。当前，全社会还未形成疾病早期预防理念，从全生命周期角度对老年群体与其他年龄群体的身体、心理等常见疾病进行干预的政策较少。

三是增权赋能型政策仍需进一步完善。目前的积极应对人口老龄化政策仍旧以保障类政策为主，涉及老年人健康、老年人参与和能力提升的政策相对较少。当前的社会服务供给模式难以满足老年人社会参与、共享社会发展成果的需求，提升老年人个人能力、进一步促进其人生价值实现的政策较少①。

三、老年社会保障体系建设仍需完善

（一）养老保险制度的均衡性有待提升

目前，我国三支柱养老保险制度体系基本实现了保障老年人生活的目标，但仍然存在失衡问题，人群分割、区域分割和城乡分割等特征，制约了养老保障等功能有效发挥②。伴随人口老龄化和高龄化进程加速，未来我国养老保险制度体系将面临不小的压力。首先，基本养老保险基金和企业年金基金有结余，而个人养老金仍处于起步阶段，难以发挥养老保障作用③。其次，老年抚养比快速下降，向我国养老金支付比重和规模提出更高要求，给现收现付制的社会养老保险带来不小压力④⑤。同时，由于我国省际人口结构差异大，社会保险基金"南部有结余、北部有缺口"的问题已经呈现。再次，数量庞大的灵活就业人群参加社会保险面临一系列问题⑥。最后，我国养老金融发展尚处于初级阶段，相关金融产品的养老特征不明显，产品结构单一、同质化严重，可供居民选择的养老金融产品屈指可数，导致养老金融难以发挥导向作用。

（二）积极应对医疗保险基金面临的可持续发展压力

在人口老龄化程度持续加深的背景下，我国医疗保险基金的可持续发展面临巨

① 杜鹏、陈民强：《积极应对人口老龄化：政策演进与国家战略实施》，《新疆师范大学学报（哲学社会科学版）》2021 年 8 月 5 日网络首发，见 https://doi.org/10.14100/j.cnki.65-1039/g4.20210804.001。
② 王笑啸、刘婧娇：《中国共产党推进养老保障的百年探索：发展历程、基本经验与未来方向》，《西北人口》2021 年第 4 期。
③ 郑伟、吕有吉：《公共养老金与居民养老财富储备关系探析——基于文献述评的方法》，《社会科学辑刊》2021 年第 2 期。
④ 贾若：《人口老龄化对社会养老、长期护理保险的挑战》，《中国银行保险报》2021 年 5 月 21 日。
⑤ 陆杰华、林嘉琪：《中国人口新国情的特征、影响及应对方略——基于"七普"数据分析》，《中国特色社会主义研究》2021 年第 3 期。
⑥ 杨燕绥、妥宏武：《中国社会保障的百年实践》，《中国人力资源社会保障》2021 年第 7 期。

大风险。退休人员与缴纳医保基金人口的比例(负担率)逐渐增大,同时,老年人发病率高、住院率高、医保基金使用占比高,给医保基金支出带来巨大压力并导致医保基金面临赤字危机①。发达国家在面对日益严重的人口老龄化现象时,大都出现了医疗费用负担过重的情况,而我国处在相同人口老龄化阶段时的财政储备远不及发达国家。这意味着我国人口老龄化与政府财政支付能力之间的矛盾将更加突出,医保制度也将面临更大的挑战与压力②。

(三)长期护理保险制度建设仍面临挑战

总体上看,我国当前的长期护理保险制度的效率仍需提高③,在政策落地和试点过程中,在分配基础、分配内容、提供策略和资金来源等方面仍面临一些挑战。一是失能老年人口的基础数据信息不一致,可能造成对老年人口失能失智变动趋势预测不准,同时可能由于在分配基础上政策主体模糊,使得真正有照护需求的老年人得不到服务。二是各地区的长期照护服务体系在机构建设、人才培养以及制度准备等方面发展不均衡,城市多于农村、东部多于中西部,且发展水平和服务质量有较大差异。三是医疗资源和服务资源分散错配,机构设施结构配置不当,由旨在减轻医保压力、减少医疗资源占用变为对医疗资源的浪费④。四是长期护理保险筹资可持续性较差。考虑到企业和社会的承受力,试点城市的护理保险资金主要从医保基金中划转而非单独征费,但不少地区的医保基金已经面临较大的收支平衡压力,持续性存在较大问题⑤。五是失智症长期护理服务体系面临严峻挑战。一方面,相关保障政策呈现碎片化,缺乏专项国家规划,难以有效统筹规划体系建设,服务资源整合程度低;另一方面,不充分、不平衡的长期护理服务供给严重滞后于持续增长的失智老人服务需求。

四、养老服务体系建设的短板仍待补足

(一)社会养老服务体系发展存在供给不平衡、不充分的矛盾

我国养老服务发展,面临人民日益增长的多样化、多层次养老服务需要与养老服

---

① 孙茂升:《医保基金如何应对人口老龄化的挑战思考》,《产业创新研究》2020 年第 16 期。

② 戈艳霞、王添翼:《人口老龄化背景下医保基金可持续发展的风险分析》,《中国医疗保险》2021 年第 2 期。

③ 杜鹏、王永梅:《全面小康社会与老年长期照护:问题与对策》,《中国民政》2016 年第 17 期。

④ 杜鹏、纪竞垚:《中国长期照护政策体系建设的进展、挑战与发展方向》,《中国卫生政策研究》2019 年第 1 期。

⑤ 葛延风等:《我国健康人口老龄化的挑战与策略选择》,《管理世界》2020 年第 4 期。

务供给发展不平衡、不充分之间的矛盾。目前,我国养老服务的均衡发展,需要面对有效市场和有为政府结合不够充分、医养服务资源整合深度不足、居家养老服务缺口大以及农村养老服务发展明显滞后等问题。充分发展需要精准摸清老年人的新需求,但个体需求层次多元多样,难以做到精准识别;对群体需求缺少综合评估,难以摸清有效需求;养老需求呈动态变化,对优化供给提出更高要求。健康发展需要营造良好的发展环境,我国当前还需解决专业服务人才短缺、科技支撑作用发挥不足、养老服务监管体系建设滞后和数据资源利用不够充分 4 个关键问题①。

(二)城乡统筹水平有待提高,农村养老服务体系建设亟待加强

农村已成为我国应对养老挑战的重点和难点②。我国乡村养老服务体系建设面临四方面挑战:第一,发展理念并未充分融入积极应对人口老龄化思想,对为什么发展、发展什么服务、由谁来发展等问题,尚需作进一步明确。第二,农村养老服务体系历史欠账太多,且现实任务巨大。第三,乡村振兴战略并未从服务体系建设的角度加以布局,提及的有利因素碎片化严重。第四,各地农村发展差异巨大,农村养老服务发展参差不齐,如何构建与当地经济社会发展相适应的养老服务体系的挑战巨大。另外,对于农村老龄社会的预见性不足、如何与其他社会服务相融合、如何与经济社会发展相适应以及如何实现可持续发展等,也都是农村养老服务体系建设面临的新挑战。

五、人口老龄化与经济社会发展的适应性亟须加强

(一)人口老龄化给经济增长带来巨大压力

人口老龄化会给我国经济增长带来一些不利影响。一方面,潜在的经济增长率会逐步降低;另一方面,人口增长速度趋缓也会影响消费需求增长,从需求侧给经济增长带来影响。应对人口老龄化的社会财富储备仍需夯实,并健全与经济发展水平相适应的收入分配、社会保障和公共服务制度,解除家庭消费的后顾之忧③。

随着人口峰值的临近,中国的人口老龄化将以总量效应、结构效应和分配效应,对社会总需求特别是消费需求产生不利影响。第一是总量效应。在其他条件不变的假设下,人口增长减速就意味着消费增长减速,而人口总量减少自然就意味着消费者人数减少。第二是结构效应。在人口老龄化加速的进程中,一个国家通常由于老年

---

① 陈功等:《"十四五"时期养老服务高质量发展的机遇和挑战》,《行政管理改革》2021 年第 3 期。
② 杜鹏:《中国农村养老服务现状与发展方向》,《中国社会工作》2018 年第 26 期。
③ 蔡昉:《有力有效应对人口老龄化挑战》,《人民日报》2021 年 6 月 15 日。

群体的人口特征影响,使社会总需求受到抑制。随着年龄的增长,劳动参与率趋于下降,劳动收入逐渐减少乃至消失,加上中国城乡养老保险尚处于低水平、广覆盖的阶段,老年人的消费力会有明显下降。第三是分配效应。在经济增长速度减慢的情况下,做大"蛋糕"的速度放慢,一方面对分好"蛋糕"提出了更高的要求;另一方面,分好"蛋糕"的难度也在加大。如果收入差距过大,则高收入家庭的边际消费倾向较低,因而具有较高的储蓄率,低收入家庭的边际消费倾向高而收入不足,甚至还要进行预防性储蓄,将会造成社会整体的储蓄过度和消费不足①。

(二)年龄友好型社会建设仍待加强

不断增加的老年人口数量,加大了对社区文化活动参与和老年人无障碍出行等设施的现实需要,对我国社区适老化改造提出迫切要求②。基于年轻型或成年型社会建立的交通、教育和医疗等系统,需要向满足社会上老年人口特别是高龄人口的养老及生活需要转变③。

老年人的社会融入境况仍需进一步改善。随着信息技术革命的不断深入,以计算机技术、通信技术、人工智能技术等为代表的互联网技术成为人们参与社会的重要手段。新技术的出现,打破了传统的就业模式和生活方式,给互联网应用技能差、接受新鲜事物能力弱的老年人增加了困难,导致了"银色数字鸿沟"现象,老年人被逐渐边缘化④。老年人的数字融入困难现象,反映出我国社会整体的数字包容程度较低。一方面,互联网深入日常生活,成为个体获得各种服务的"先决技能条件",与老年人适应数字生活的能力存在差距;另一方面,互联网应用的开发理念对老年人的特殊性考虑不足。因此,构建数字包容的老龄社会将是一个长期持续的动态过程⑤。此外,随着广大老年人的生活观念和消费观念逐渐改变,老年人对高质量、多层次、发展型消费品的需求越来越多。未来,如何开发在文化、体育、教育等方面的为老年人服务供给,营造无障碍的社会氛围,成为扩大老年人社会参与、丰富老年人精神世界的关键⑥。

---

① 蔡昉:《中国老龄化挑战的供给侧和需求侧视角》,《经济学动态》2021 年第 1 期。
② 杜鹏、陈民强:《积极应对人口老龄化:政策演进与国家战略实施》,《新疆师范大学学报(哲学社会科学版)》2021 年 8 月 5 日网络首发,见 https://doi.org/10.14100/j.cnki.65-1039/g4.20210804.001。
③ 陆杰华、汪斌:《长寿社会下全球公共治理新动向研究》,《中国特色社会主义研究》2019 年第 6 期。
④ 王笑啸、刘婧娇:《中国共产党推进养老保障的百年探索:发展历程、基本经验与未来方向》,《西北人口》2021 年第 4 期。
⑤ 杜鹏、韩文婷:《互联网与老年生活:挑战与机遇》,《人口研究》2021 年第 3 期。
⑥ 王笑啸、刘婧娇:《中国共产党推进养老保障的百年探索:发展历程、基本经验与未来方向》,《西北人口》2021 年第 4 期。

（三）老年教育制度尚不完备

当前，我国老年教育形成了很多成功的经验和做法，但仍然存在制度不完备、地区间发展不平衡、教育对象差异大等问题。首先，我国尚未出台专门的老年教育法律规制，基本上是各种政策性文件，政策制度缺乏明确统一的发展定位，对于制度的公平性、规范性都产生影响①。法规制度的缺乏，导致政府对于老年教育的管理也不统一。文化部门、老龄委、教育部门和民政部门虽然都对老年大学或老年教育有所规划，但定位不统一、政策较为分散②。其次，我国目前的老年教育内容较为单薄，普遍以针对中低龄老年人的安全教育为主，缺乏健康医疗教育、文化知识教育、自我认识教育等内容，对相对弱势的留守、"空巢"、"失独"等老年群体的支援体系不完善。最后，地区发展水平与推进老年教育发展的进程和速度存在较大差异，农村老年教育发展薄弱③。

第四节　对我国老龄社会发展的展望

中国进入老龄化社会 20 年来，党和政府在应对人口老龄化方面已实现了从积极应对概念提出到积极政策体系形成再到正式实施积极应对人口老龄化国家战略的重大突破④。站在开启全面建成社会主义现代化强国新征程的历史节点，我们有必要基于人口预测，分析未来我国老龄社会将具有哪些新特征，思考这些新特征以及人民群众日益增长的美好生活需求将给未来老龄社会发展提出哪些新要求，同时还需要思考积极应对人口老龄化国家战略应当如何落实。

本节首先分析未来我国人口老龄化的发展趋势，然后结合我国进入老龄化社会20 年来取得的经验、成就与将来老龄社会的新特征、新要求，以实施积极应对人口老龄化国家战略为目标，展望我国老龄社会未来 20—30 年的发展方向。

一、未来我国老龄社会的新特征

（一）老年人口增速加快，峰值将接近 5 亿

伴随第二次和第三次出生高峰的人口队列相继步入老年期，从现在起至 2035 年

① 刘亚娜、谭晓婷：《探索老年教育的"中国方案"——核心议题、体系设计及发展路径研究》，《山东行政学院学报》2021 年第 4 期。

② 王英、谭琳：《赋权增能：中国老年教育的发展与反思》，《人口学刊》2011 年第 1 期。

③ 刘亚娜、谭晓婷：《探索老年教育的"中国方案"——核心议题、体系设计及发展路径研究》，《山东行政学院学报》2021 年第 4 期。

④ 杜鹏、陈民强：《积极应对人口老龄化：政策演进与国家战略实施》，《新疆师范大学学报（哲学社会科学版）》2021 年 8 月 5 日网络首发，见 https://doi.org/10.14100/j.cnki.65-1039/g4.20210804.001。

基本实现社会主义现代化再到 2050 年建成社会主义现代化强国两个时间节点期间，将是我国人口老龄化持续快速推进期。从"十四五"时期开始，我国 60 岁及以上老年人口将由相对缓慢的增长状态转变为快速增长，预计将在 2025 年及 2035 年前后分别突破 3 亿人和 4 亿人；2050 年后的几年内，老年人口总量预计将超过 4.8 亿人，接近 5 亿人，达到峰值水平。65 岁及以上老年人口的总体规模亦不容小觑，预计将在 2035 年前后突破 3 亿人，在 2040 年前后达到 3.4 亿左右[1]，超过所有发达国家 65 岁及以上老年人口数的总和。庞大的老年人口规模，将给社会经济发展带来无法避免的变革与不可忽视的挑战。

（二）人口老龄化程度深，将超过发达国家平均水平

人口预测结果显示，2021 年底，我国 65 岁及以上老年人口占总人口的比例将达到 14%，进入老龄社会；到 2033 年前后，该比例将超过 20%，进入超老龄社会；从老龄社会到超老龄社会，预计仅用时 12 年左右。进入超老龄社会后，65 岁及以上人口总量将继续增长，老年人口占比还将继续上升，在 2050 年前后可能超过 28%，在 2055 年预计将突破 30%，高于同期发达国家的平均水平[2]，也就意味着未来 30 年间中国可能面临比多数发达国家更大的人口老龄化压力。

（三）高龄化特征愈发凸显，失能人数增加

随着平均预期寿命的延长，老年人口中高龄人口的数量和占比也不断提高。预计到 2035 年，80 岁及以上老年人口可达到约 6100 万人，约占老年人口的 14.8%；到 2050 年，80 岁及以上老年人口将突破 1 亿人，占老年人口的 23.1%[3]。高龄化特征在未来我国老龄社会中会越发凸显。随着老年人口年龄的提升，失能风险也随之增加[4][5]。相关预测显示，到 2030 年和 2050 年，我国的失能老人将分别达到 6168 万人和 9750 万人[6]，与 2019 年失能老人超过 4000 万人[7]这一数字相比大大提高。可以预见，高龄化和失能人数增长将给医疗卫生服务体系和老年照护服务体系带来较大压力。

---

[1] 杜鹏、李龙：《新时代中国人口老龄化长期趋势预测》，《中国人民大学学报》2021 年第 1 期。
[2] 杜鹏、李龙：《新时代中国人口老龄化长期趋势预测》，《中国人民大学学报》2021 年第 1 期。
[3] 杜鹏、李龙：《新时代中国人口老龄化长期趋势预测》，《中国人民大学学报》2021 年第 1 期。
[4] 曾毅等：《中国健康老龄发展趋势和影响因素研究》，科学出版社 2018 年版。
[5] 张文娟等：《中国高龄老年人的生活自理能力变化轨迹及队列差异——基于固定年龄与动态年龄指标的测算》，《人口研究》2019 年第 3 期。
[6] 总报告起草组：《国家应对人口老龄化战略研究总报告》，《老龄科学研究》2015 年第 3 期。
[7] 央广网：《卫健委发文聚焦 4000 万失能和半失能老年人护理需求》，2019 年 8 月 27 日，见 https://baijiahao.baidu.com/s? id = 1643002440515250552&wfr = spider&for = pchttps://baijiahao.baidu.com/s? id=1643002440515250552&wfr=spider&for=pc。

（四）老年人口受教育水平高，老年人力资源禀赋提升

通过 2015 年全国 1% 人口抽样调查中时年 40—59 岁年龄组的受教育水平比较可以发现，40—49 岁（1975—1966 年出生）年龄组中，初中教育程度占比超过一半，达 52.11%；高中及以上教育程度占比也达到 23.92%。50—59 岁（1965—1956 年出生）年龄组中，初中教育程度占比 41.57%，高中及以上教育程度占比 22.03%[①]。当 2035 年这两个出生队列进入老年期时，其受教育水平应当维持在该水平甚至还有所提高。最新的"七普"结果也表明，我国 16—59 岁劳动年龄人口平均受教育年限从 2010 年的 9.67 年提高至 10.75 年[②]。可以预见的是，未来 20 年的老年人群体受教育水平将高于过去 20 年，更高受教育水平也意味着未来老年人在发挥老年人力资本作用时具有更好的基础。

（五）老年人口的经济收入更有保障，消费观念不断升级

"十四五"规划制定了到 2025 年养老金覆盖率达 95% 的发展目标。随着覆盖城乡的社会保障体系不断建设与完善，未来老年人口的收入将更有保障。从人口出生队列来看，即将进入老年期的 20 世纪 60 年代出生队列在个人发展阶段恰逢中国经济高速增长时期，其个人收入应当经历了快速攀升阶段，个人积累的财富也将普遍高于前几个代际的老年人口[③]。消费观念方面，中国的恩格尔系数于 2016 年下降至 30% 以下。随着供给侧结构性改革的推进以及老年人经济收入和自身需求层次的提高，可以预见，未来老年人的消费观念也将不断升级。

二、对我国老龄社会发展的展望

《国家积极应对人口老龄化中长期规划》（以下简称《中长期规划》），确定了国家积极应对人口老龄化在 2022 年、2035 年及 2050 年各个时间节点的分阶段发展目标。实施积极应对人口老龄化国家战略首先必须全局统筹，立足中国特色社会主义事业"五位一体"的总体布局进行谋划[④]。其次，需要在这个国家战略指导下综合协调，从社会治理体系建设、民生保障体系建设等多方面，将积极应对人口老龄化国家战略融入实践中。

---

① 数据参见国家统计局人口和就业统计司编：《2015 年全国 1% 人口抽样调查资料》，中国统计出版社 2016 年版。

② 光明网：《七普数据公布：十年间，我国人口发生了这些重要变化》，2021 年 5 月 12 日，见 https://m.gmw.cn/baijia/2021-05/12/1302288199.html。

③ 原新：《银发消费趋向享乐型、智能化》，《人民论坛》2021 年第 4 期。

④ 李志宏：《"十四五"时期我国人口老龄化的新特征》，《中国老年报》2020 年 11 月 18 日。

（一）坚持党对老龄事业的全面领导

新中国成立以来，老龄事业经历了从新中国成立初期的探索发展到 20 世纪八九十年代的全面发展再到党的十八大以来的重点发展，不同的时期都体现了中国共产党对老龄事业、老龄化社会的全面领导和与时俱进的发展理念。党的十九届五中全会正式提出"实施积极应对人口老龄化国家战略"。"十四五"规划纲要对实施积极应对人口老龄化国家战略作出具体部署，其内涵之一就是全面加强党对老龄工作的领导，进一步在全社会树立起积极应对人口老龄化的观念，并且要将创新、协调、绿色、开放、共享的新发展理念贯穿到积极应对人口老龄化的全过程和各项工作中①。

（二）实现老龄社会治理体系现代化

老龄社会治理作为一项系统工程，在国家层面做好顶层设计及统筹协调的同时，还需要国家与地方各级部门的相互配合，治理能力才能达到最优。人口老龄化给社会带来的影响是深远而全面的，可能会对社会保障体制、劳动力市场、储蓄、税收、投资消费和产业结构等形成冲击，还会向公共卫生与医疗保健体系发出新的挑战②。因此，老龄社会治理需要继续强化全局意识和整体意识，根据实践探索不断完善我国的老龄社会治理架构，将受部门工作划分、体制机制影响形成的"碎片化"管理化为"整体化"治理，才能避免治理能力出现"层级递减"。同时，还需秉持超前公共治理理念，使得政策规划先于人口转变，通过预估未来人口结构变化，前瞻性地整合并构建适合于老龄社会的公共政策和管理体系③。

（三）积极应对人口老龄化的理念更加深入人心

"积极应对"不仅意味着以往老年工作主要围绕"老有所养、老有所依、老有所乐、老有所安"仅针对老年人的局面应当扩展到全方位、全人群，也意味着必须在全社会形成对人口老龄化的科学认识。同时，"积极应对"还意味着从政府到社会、家庭、个人等各方主体都要充分调动和发挥自身的能动性④，积极主动地认识和适应人口老龄化规律及老龄社会形态，并且以积极的态度承担各自相应地责任，进而使得各方能力得到最大化发挥。强化人口老龄化国情教育，尤其要突出对三类重点人群的教育。一是党政干部。要以人口老龄化形势教育、法律法规教育、相关政策教育为重点，让国情教育课程进党校、进行政学院、进各级党政领导班子理论学习中心组，解决

---

① 杜鹏：《科学认识人口老龄化国家战略》，《经济日报》2021 年 3 月 26 日。
② 胡湛、彭希哲：《应对中国人口老龄化的治理选择》，《中国社会科学》2018 年第 12 期。
③ 陆杰华、刘芹：《从理念到实践：国际应对人口老龄化的经验与启示》，《中国党政干部论坛》2020 年第 1 期。
④ 李志宏：《国家应对人口老龄化战略的理论基础探析》，《老龄科学研究》2015 年第 11 期。

领导干部"做到,想不到"的问题。二是青少年。对青少年的国情教育要进课堂、进学校、进教材,除了孝亲敬老的优秀传统文化教育以外,还要进行全生命周期的教育。三是老年人。要对老年人进行积极健康老龄观教育,让他们意识到老年是生命历程的重要阶段,在老年期不必与社会隔离开来,依然可以有作为、有进步、有快乐①。

（四）强化老龄社会的经济发展新动能

"十四五"规划中明确指出,要积极开发老龄人力资源,发展银发经济。随着新一批老年人收入保障水平和消费观念的提升,银发经济将为经济社会发展带来的新动能应当受到重视。从技术层面而言,充分引导"人工智能+""物联网+""大数据+""互联网+"等高新科技手段与相关老龄产业相结合,引导供给侧结构性改革与需求侧精准匹配;充分做好相关产业人力资源培养与开发等,都将为老龄社会经济发展提供新动能。从实践层面而言,伴随老龄社会的发展,除新一代老年人自身拥有更加个性化的需求以外,其家属、亲朋甚至是其他各年龄段的人也可能有各类相关需求。因此,未来老龄产业发展还应该认识到老龄社会背景下多样化的服务需求,围绕"老"但并不局限于"老",化"养老服务"为"为老服务",满足老年人及其家属的多种需求,实现老龄产业的进一步升级。

（五）健全均衡、普惠、共享的民生保障体系

未来较长时间内,我国城乡及地区间发展不均衡、家庭养老功能弱化、养老服务供给与需求匹配不足、少子化与人口老龄化并存等社会特征依然存在,同时伴随而来的是新一代老年人的多样化养老需求。因而,在高质量发展中促进共同富裕,就要从全方位、全生命历程、全人群的角度出发,设计并落实均衡、普惠、共享的民生保障体系。未来发展中,需要抓牢乡村振兴这个契机,努力促进城乡融合发展;促进居家、社区和机构养老协调发展;完善综合医疗服务体系;健全基本养老服务体系,构建均衡、普惠、共享的民生保障体系,以满足老年人从生存需要到实现自我价值的不同层次需求。

（六）促进优质养老服务资源的供需平衡

"十四五"规划纲要将"推动高质量发展",确定为"十四五"时期我国经济社会发展的指导方针和主要目标。"十四五"时期是我国进入新发展阶段的关键时期,亦

---

① 吴玉韶:《应对人口老龄化,要义在"积极"》,《健康报》2021年4月13日。

是积极应对人口老龄化的关键"窗口期"①。在外部环境错综复杂的"百年未有之大变局"背景之下,人口老龄化不仅仅是人口结构变化,也同样关乎到经济、政治、文化、社会及生态文明等各个方面。结合新时代养老服务面临的新机遇和发展挑战,需要进一步提高治理现代化水平,充分发挥体制机制优势,构建新时代的养老服务体系,推动各方力量参与,作为积极应对人口老龄化国家战略的重要组成部分,统筹谋划、集中推动,切实推进养老服务高质量发展。促进养老服务业快速发展,推动养老服务治理体系与治理能力现代化,要从供给—需求侧双向发力,一方面着力提升需求开发和服务水平,另一方面继续深化供给侧结构性改革,为老年人提供更多、更优质的养老服务资源。

(七)建立全生命历程的健康支持政策

2016 年 5 月 27 日,习近平总书记在主持中共中央政治局第三十二次集体学习时表示:"老年是人的生命的重要阶段,是仍然可以有作为、有进步、有快乐的重要人生阶段。"②随着将来老龄社会高龄化趋势的凸显,老年人的健康问题将是在老年阶段依然能保持快乐的重要条件之一。未来需要以"健康中国"行动计划为契机,从生命历程早期开始就干预健康行为,促进个体健康生活习惯的养成,从而使个体在老年期的健康预期寿命得以延长。与此同时,客观存在的不断增长的老年长期护理需求也应受到重视。目前,包括德国、日本、韩国、新加坡等国在内的发达国家已经建立了长期护理保险制度,一些发展中国家例如泰国也已经开始了长期护理保险的试点工作。我国自 2016 年开展首批长期护理保险制度试点以来,截至 2021 年 3 月,已在全国 49 个城市开展了试点工作,报销水平达到 70%左右③。从将来人口高龄化和带残存活时间变长的趋势出发,建立健全长期护理保险制度将有效填补现行保险制度的空缺,缓解医保支付压力,满足失能老人的照护需求,保障老年个体持续快乐高质量地生活与发展。

(八)科学开发利用老龄服务人力资源

发达国家以及正处于人口老龄化进程中的发展中国家的经验都表明,老龄服务人力资源短缺是限制老年服务发展的最重要因素之一。随着全球人口老龄化趋势的演进,可以预见老龄服务人力资源短缺问题将成为全世界共同面临的难题。虽然目

---

① 杜鹏:《科学认识人口老龄化国家战略》,《经济日报》2021 年 3 月 26 日。
② 《人民日报》2016 年 5 月 29 日。
③ 《全国已有 49 个城市试点长期护理保险》,《新浪财经》2021 年 3 月 4 日,见 https://baijiahao.baidu.com/s? id=1693286489867012223&wfr=spider&for=pc。

前一些国家采取引进外国照护人才的政策在短时间内缓解了这个问题，但长期来看，加强老龄服务人力资源的创新利用与开发才能解决这一难题。具体而言，包括开发照护机器人和辅助设备以减轻工作负担并提高照护质量、加大老龄服务人才培养力度等，应当在实践过程中受到重视。另外，在提高服务数量的同时，还要遵循高质量的要求，在建立健全服务监管机制、加强岗前岗中培训、建立专门评价指标体系、提高从业人员待遇等方面，都应当采取更加有效的措施。

（九）推动城乡、区域养老服务体系协同发展

2017年，党的十九大将区域协调发展上升为国家战略。2021年，"十四五"规划纲要再次强调推进城乡、区域以及城市内部的协调发展，同时也提出"实施积极应对人口老龄化国家战略"。养老服务作为社会发展的重要方面，推进城乡、区域养老服务协调发展，促进养老服务资源整合，能够实现优势互补，并推动基本公共服务均衡化发展，因此，要发挥大城市在养老模式建设方面的示范作用，着重培养基层力量对农村养老模式进行有益探索。在人口老龄化以及社会经济发展存在差异的背景下，应加强不同区域间的老龄科学研究与合作，做好老龄政策制度的顶层设计和系统性。还要促进区域养老一体化发展，有效整合各方优势，提高养老资源的配置效率。

（十）建设包容友好的居住环境

宜居友好的老年生活环境，将有助于老年人口自理状态预期寿命的延长[①]。从国际经验来看，包括日本、法国、巴西在内的多个国家都开展了"老年友好城市"的建设，从城市环境、社区建设、社会文化等多方面着手为老年人打造适老宜居的环境。2020年，国家卫生健康委和全国老龄办联合发布《关于开展示范性全国老年友好型社区创建工作的通知》，要求围绕更好地满足老年人在居住环境、日常出行、健康服务、养老服务、社会参与、精神文化生活等方面的需要，探索打造老年宜居环境的长效机制。2021年，通过专家评审，国家卫生健康委、全国老龄办在全国范围内命名了993个全国示范性老年友好型社区，为全国老年友好型社区建设树立了标杆。借鉴国际经验，未来在老年友好型社区建设的基础上，还应当进一步拓展到街道、城市、环境一级的老年宜居环境建设，对包括社区基础设施、公共交通工具、公共服务设施、智慧网络设备在内的各项设施服务进行年龄友好改造，确保老年人在所居住环境中能独立生活的能力，保障老年人社会参与的可能性，延长老年人自理状态预期寿命以及

---

① 翟振武等：《中国人口老龄化的大趋势、新特点及相应养老政策》，《山东大学学报（哲学社会科学版）》2016年第3期。

老年人在家庭、社区养老的时间。

（十一）营造共建共享的社会环境

1999 年是联合国确定的国际老年人年,国际老年人年的主题为"建设一个不分年龄、人人共享的社会"①。随着我国老年人口数量和占比的不断提高,建设一个更加包容、共建共享的社会是必然要求。未来应当将老年人口同其他年龄人口一样共同享受经济社会发展的成果,作为共同富裕的老龄社会建设目标。从法律保障层面而言,横向对比西方国家以及东亚日韩两国的发展经验可以看出,建立健全应对人口老龄化的法律法规体系、依法积极应对是各国基本遵循的应对方法②。随着积极应对人口老龄化被确定为国家战略,未来需要出台更多专门应对人口老龄化的系列法规准则,保障老龄社会建设有法可依。从认识层面而言,党的十九大报告提出要构建养老、孝老、敬老的社会环境,未来应当营造尊重老年人价值的社会环境。不仅要通过老龄化国情教育宣传引导社会大众形成"不分年龄"的共识,还要通过学历教育、继续教育、职业技能培训等公共服务供给,帮助老年人发现并提高自身社会参与的价值与能力。同时,还要鼓励市场创造适合不同年龄人群的岗位,鼓励灵活就业,杜绝年龄歧视。

（十二）利用科技与大数据促进智慧健康养老发展

充分发挥科技力量、提高综合应对能力是不可或缺的一环。智慧助老通过科技和设备的辅助,在传统养老服务基础上方便老年人的生活,减轻工作人员的劳动强度,使老年人更有尊严地生活,具有节约人力、提高效率、降低成本、克服时空约束等优势③。随着科技的不断变革,更多的高新技术将会用于老年人服务,全面提高养老服务质量和效率,拓展养老服务范围,为老年人提供高效专业的健康保障、生活照料、紧急救助等服务。除了要继续开展服务推广工作之外,政府与社会力量还需投入更多精力,增大智慧健康养老平台建设和网络建设力度,鼓励关键技术产品的开发研究和智慧健康养老标准的发布,让老年人享受到更便利周全的服务,最终提升老年人融入信息社会后的获得感、幸福感和安全感。

（十三）弘扬与发展中国特色老龄文化

老龄社会与一些发达国家已相伴几十年,也是世界各国未来都将面对的必然趋

---

① 联合国人口老龄化议题网站,见 https://www.un.org/chinese/esa/ageing/society.htm。
② 吴玉韶:《实施积极应对人口老龄化国家战略尽快形成"六个共识"》,《中国社会工作》2020 年第 35 期。
③ 见本书第十二章《智慧养老与智慧助老》。

势,但基于各国基本国情与文化传统的不同,各国必然有各自的老龄社会文化特点。中国优秀传统文化中百善孝为先的宝贵思想、中国人对于家庭的传统观念等中国特色的老龄文化,不仅为我国应对人口老龄化提供了更为多样和持久的模式选择①,而且也为发展中国特色老龄文化提供了文化自信的基础。中国有世界上规模最大的老年人口,同时也具有最为深远的老龄文化传统,在积极应对人口老龄化国家战略的指引下,在弘扬和继承孝文化、家庭养老文化的同时,还需要重构长寿、老龄甚至死亡观念的意义,最终在全社会形成积极向上的、根植于中国优秀文化传统的中国特色老龄文化。

(十四)以多元主体共同促进老年社会参与

老年社会参与是积极应对人口老龄化的三大支柱之一,与健康、保障状况一样,都是反映老年人生活质量的主要内容。积极的社会参与,对于老年人自身及其家庭、社区和社会的发展具有重要的现实意义,对于促进我国老龄事业发展和积极应对人口老龄化具有重要的战略意义。要完善老年社会参与的政策制定,用具体可行的政策引导老年人参与社会发展。建立积极的老龄观和老年人形象,正确认识老年人的价值。加强年龄友好环境建设,为老年参与社会发展创造条件。积极引导社会力量推动老年人社会参与,发挥政府的主体作用,发挥市场和社会组织的补充作用。积极开发老年人力资源,促进老年人再就业。加强基层社会组织建设,鼓励老年人参与基层社会治理。加强老年志愿服务的组织建设,开展多样化的志愿活动。

(十五)加强老龄事业的国际交流与合作

人口老龄化是社会发展的重要趋势,是人类文明进步的体现。发达国家进入老龄化社会比较早,经过多年政策调整与实践发展,在应对人口老龄化方面已经积累了丰富的经验。各国根据社会、经济与文化背景的差异,采取了不同战略以应对人口老龄化。不同国家在差异性国情下存在着某些共同的趋势,我国可借鉴国际经验,从而提前谋划应对人口老龄化中长期制度框架,最终实现老龄社会高质量发展的战略新格局。未来需进一步加强对于国际社会应对人口老龄化战略的借鉴,总结其有效经验和现实成效。在此基础上,针对我国现实国情提出可操作性建议,引导积极应对人口老龄化国家战略的构建与实施,推动形成适合中国国情的积极应对人口老龄化国家战略体系和中国经验。

---

① 彭希哲:《应对人口老龄化要有中国思考》,《中国社会工作》2018 年第 8 期。

第一章　老龄理论和思想研究

　　自 2000 年我国进入老龄化社会以来,党和国家领导人高度重视积极应对人口老龄化,关心老龄事业发展,关注老年群体福祉改善,围绕群众热切关心、理论亟待回答、工作亟须破解的重大老龄问题,提出了一系列新理念、新思想、新战略,形成了内涵丰富、体系完整、逻辑严密的理论体系。特别是习近平总书记关于老龄工作的重要论述,站在国家发展全局和战略的高度,科学回答了当前和今后一个时期老龄问题怎么看、老龄工作怎么办等一系列重大理论和实践课题,体现了对老龄问题发展规律的深刻把握,具有鲜明的科学性、时代性、前瞻性、系统性、针对性,是马克思主义基本原理与中国老龄工作实践相结合的最新成果,是习近平新时代中国特色社会主义思想的重要组成部分,是党的十八大以来我国老龄工作最重大、最根本的成就。近 20 年来,我国学术理论界在老龄理论和思想研究方面取得了丰硕成果,老龄问题界定、研究价值取向、研究选题、研究视角、学科建设、研究维度、研究话语权以及应对战略理念等方面都发生了明显的迭代升级和转向;但总体上,老龄理论滞后于积极应对人口老龄化实践的问题还比较突出。为更好服务积极应对人口老龄化、发展老龄事业和老龄产业、保障和改善老年群体民生的现实迫切需要,当前和今后的老龄理论研究,无论是在基础理论研究方面,还是在为应用研究提供理论支撑方面,都需要实现若干突破。

第一节　党和国家历来高度重视老龄工作

　　回顾百年党史,中国共产党领导人在不同时期都有关于老龄工作的重要论述。这些重要论述始终贯彻着积极老龄观的基本理念,不仅强调老有所养,给予老年群体关爱照顾;也强调老有所为,将老年群体视为革命、建设、改革的积极力量,引导其发挥正能量、作出新贡献。早在土地革命战争时期,对于被没收土地的重新分配问题,由毛泽东起草的《井冈山土地法》和《兴国县土地法》都规定"以人口为标准,男女老幼平均分配"。1940年,中共中央在延安中央大礼堂为吴玉章举行了60寿辰庆祝会。毛泽东出席并在祝词中指出:"中国的青年人受封建家庭封建社会的苦太大了。但是现在世界是变了,青年人欢喜老年人,就像我们的吴(玉章)老、林(伯渠)老、徐(特立)老、董(必武)老、谢(觉哉)老,都是很受青年们欢迎的。"①他还号召广大革命青年向"五老"学习。1945年,毛泽东在党的七大上的口头政治报告中强调:"青年同志说老头子'昏庸老朽',那可不行。青年同志不要讲人家'昏庸老朽',老头子也不要讲人家'年幼无知'。"②1950年,毛泽东又在党的七届三中全会上提出:"有些知识分子老了,七十几岁了,只要他们拥护党和人民政府,就把他们养起来。"③

邓小平十分重视老干部积极作用的发挥和老有所养问题。1980年8月,邓小平在中共中央政治局扩大会议上发表《党和国家领导制度改革》的讲话,特别强调要发挥党内老干部的积极作用:"老同志是党和国家的宝贵财富,责任重大,而他们现在第一位的任务,是帮助党组织正确地选择接班人。这是一个庄严的职责。让比较年轻的同志走上第一线,老同志当好他们的参谋,支持他们的工作,这是保持党和政府正确领导的连续性、稳定性的重大战略措施。"④为了更好地落实这一要求,邓小平指出,党中央计划成立以老干部为主体的中央顾问委员会,这样就可以"让一大批原来在中央和国务院工作的老同志,充分利用他们的经验,发挥他们的指导、监督和顾问的作用"⑤。随后,他进一步强调:"中央在最近一年中多次强调,老干部要把选拔和培养中青年干部,作为第一位的、庄严的职责。别的工作做不好,固然要做自我批评,这项工作做不好,就要犯历史性的大错误。这项工作做好了,我们的事业完全有把握继续下去,我们的老干部就再一次为党、为人民做出了巨大的贡献。希望所有的老同志在这个问题上都有高度的自觉性。"⑥1992年1月27日,邓小平在珠海谈到人才和创新问题时,出人意料地谈到了家庭问题。他说:欧洲发达国家的经验证明,没有家庭不行,家庭是个好东西。我们还要维持家庭。孔夫子讲,修身齐家治国平天下,家庭是社会的一个单元,修身齐家才能治国平天下。邓小平还特别举例说明了家庭的

---

① 《毛泽东文集》第二卷,人民出版社1993年版,第261页。
② 《毛泽东文集》第三卷,人民出版社1996年版,第345页。
③ 《毛泽东文集》第六卷,人民出版社1999年版,第74—75页。
④ 《邓小平文选》第二卷,人民出版社1994年版,第321页。
⑤ 《邓小平文选》第二卷,人民出版社1994年版,第339页。
⑥ 《邓小平文选》第二卷,人民出版社1994年版,第360页。

社会功能。他说：都搞集体性质的福利会带来社会问题，比如养老问题，可以让家庭消化。欧洲搞福利社会，由国家、社会承担，现在走不通了。老人多了，人口老化，国家承担不起，社会承担不起，问题就会越来越大。全国有多少老人，都是靠一家一户养活的。中国文化从孔夫子起，就提倡赡养老人①。

现代意义上的老龄工作则起始于 1982 年。为参加 1982 年 7 月在奥地利维也纳召开的联合国第一次老龄问题世界大会，国务院批准成立老龄问题世界大会中国委员会。10 月 20 日，经国务院批准，老龄问题世界大会中国委员会改名为中国老龄问题全国委员会，标志着老龄工作正式成为党和国家工作的重要组成部分，积极应对人口老龄化被逐步纳入党和国家重要议事日程。此后，党的十三大报告指出，要注意人口迅速老龄化的趋向，及时采取正确的对策。党的十四大报告也指出，要重视人口老龄化问题，认真做好这方面的工作。特别是自 2000 年我国进入老龄化社会后，江泽民、胡锦涛等党和国家领导人对人口老龄化问题高度重视，就老龄工作发表一系列重要论述。

一、1997—2002 年的老龄工作

（一）重视人口老龄化问题

早在 1997 年，江泽民就在党的十五大报告中指出："控制人口增长，提高人口素质，重视人口老龄化问题。"②2002 年 3 月 10 日，江泽民在中央人口资源环境工作座谈会上强调："人口与计划生育工作的主要任务是稳定低生育水平，提高出生人口素质，同时要高度重视劳动人口就业、人口老龄化、人口流动与迁移、出生人口性别比等问题。"③

（二）重视老干部工作

2000 年 1 月 14 日，江泽民在中共中央纪律检查委员会第四次全体会议上提出了"治国必先治党，治党务必从严"的理念，并指出："现在有一种所谓的'五十九现象'"，"在接近退休年龄的领导干部中，有的人感觉到自己快要退下来了，就放松对自己的要求，认为可以抓紧捞一把了，不然就没有机会了，结果走上了违法犯罪的邪路。必须针对这个情况，加紧研究，加强防范。关键还是教育领导干部特别是高级干

---

① 《邓小平年谱》第五卷，中央文献出版社 2020 年版，第 636 页。
② 《十五大以来重要文献选编》（上），人民出版社 2000 年版，第 28 页。
③ 江泽民：《论社会主义市场经济》，中央文献出版社 2006 年版，第 587 页。

部要保持革命晚节,不断加强党性锻炼,加强思想政治修养,做到永远忠诚老实,廉洁奉公"。① 2002 年 11 月 8 日,江泽民在党的十六大报告中强调:"继续做好离退休干部工作。"②

(三)重视老有所养

1998 年 5 月 14 日,江泽民在国有企业下岗职工基本生活保障和再就业工作会议上指出:"对于国有企业离退休的老职工,也必须切实保障他们的基本生活。这些老职工为国有企业的发展和国家经济建设贡献了一生的力量,是国有企业建设的功臣,也是我们共和国建设的功臣,应该受到全社会的尊敬,一定要使他们老有所养。要进一步研究,采取专门办法,切实保障他们能及时领到离退休金和享受应该享受的各项待遇。如果不能保障他们安享晚年,那就是我们工作中的严重失职。"③2000 年 8 月 27 日,江泽民在东北三省党的建设和"十五"期间经济、社会发展座谈会上强调,把人民群众的利益实现好、维护好、发展好,这是正确处理改革、发展、确定关系的结合点。要加快建立和完善职工失业、养老、医疗保险制度,加强和完善城镇居民最低生活保障制度。④ 2000 年 11 月 28 日,江泽民在中央经济工作会议上指出:"适应推进国有企业改革和经济结构调整的需要,明年要在试点的基础上,进一步推进城镇职工基本养老保险、失业保险、基本医疗保险制度及医药卫生体制改革,建立和完善城市居民最低生活保障制度。"⑤

二、2002—2012 年的老龄工作

(一)重视积极应对人口老龄化

2004 年 3 月 10 日,胡锦涛在中央人口资源环境工作座谈会上强调:"我国人口资源环境工作仍面临着诸多问题和挑战。提高人口素质的任务十分艰巨,人口老龄化问题日益突出。"⑥2011 年 2 月 19 日,胡锦涛在省部级主要领导干部社会管理及其创新专题研讨班上指出:"老龄人口快速增长,目前全国老龄人口将近一亿七千万人,人口老龄化正在进一步加速,相应社会服务明显不适应。"⑦ 2012 年 11 月 8 日,

---

① 《十五大以来重要文献选编》(中),人民出版社 2001 年版,第 1104、1114—1115 页。
② 《十六大以来重要文献选编》(上),中央文献出版社 2005 年版,第 40 页。
③ 《十五大以来重要文献选编》(上),人民出版社 2000 年版,第 363—364 页。
④ 《人民日报》2000 年 8 月 29 日。
⑤ 《十五大以来重要文献选编》(中),人民出版社 2001 年版,第 1471 页。
⑥ 《十六大以来重要文献选编》(上),中央文献出版社 2005 年版,第 854 页。
⑦ 《十七大以来重要文献选编》(下),中央文献出版社 2013 年版,第 142 页。

胡锦涛在党的十八大上作《坚定不移沿着中国特色社会主义道路前进,为全面建成小康社会而奋斗》的报告时强调:"积极应对人口老龄化,大力发展老龄服务事业和产业。"①

(二)重视企业离退休人员生活保障

2004 年 5 月 5 日,胡锦涛在江苏考察工作时指出:"要确保企业离退休人员基本养老金按时足额发放,做好国有企业下岗职工基本生活保障与失业保险并轨的工作,完善企业退休人员社会化管理服务体系。"②2007 年 11 月,胡锦涛在内蒙古自治区考察时强调,退休人员为国家建设和发展作出了贡献,党和政府不会忘记你们。按照党的十七大精神,中央决定继续提高退休人员养老金标准,进一步改善退休人员生活。我们一定要把保障和改善民生这件大事抓好,使广大群众享受到改革发展的成果,感受到社会主义制度的优越性。③ 2009 年 5 月 22 日,胡锦涛在主持中共中央政治局第十三次集体学习时,要求加快推进社会保障体系建设,实现社会保障事业可持续发展;并指出,要"根据经济发展水平和各方面承受能力,加大公共财政对社会保障体系建设的投入,提高社会保障程度。要继续提高企业退休人员基本养老金水平"。④

(三)重视解决农村养老问题

2006 年 2 月 14 日,胡锦涛在中共中央举办的省部级主要领导干部建设社会主义新农村专题研讨班上讲话强调:"要逐步加大公共财政对农村社会保障制度建设的投入。有条件的地方,要探索建立与农村经济发展水平相适应、与其他保障措施相配套的农村社会养老保险制度,探索建立农村最低生活保障制度。"⑤2007 年 10 月 15 日,胡锦涛在党的十七大报告中指出:"促进企业、机关、事业单位基本养老保险制度改革,探索建立农村养老保险制度……加强老龄工作。"⑥2011 年 11 月 29 日,胡锦涛在中央扶贫开发工作会议上要求:"农村最低生活保障制度、五保供养制度和临时救助制度进一步完善,实现新型农村社会养老保险制度全覆盖。到二○二○年,农村社会保障和服务水平进一步提升。"⑦

(四)重视把老干部工作作为一件大事来抓

2004 年 10 月 22 日,全国老干部先进个人和先进离退休干部党支部表彰大会在

---

① 《十八大以来重要文献选编》(上),中央文献出版社 2014 年版,第 29 页。
② 《十六大以来重要文献选编》(中),中央文献出版社 2006 年版,第 68—69 页。
③ 《人民日报》2007 年 11 月 20 日。
④ 《胡锦涛文选》第三卷,人民出版社 2016 年版,第 214 页。
⑤ 《十六大以来重要文献选编》(下),中央文献出版社 2008 年版,第 286 页。
⑥ 《十七大以来重要文献选编》(上),中央文献出版社 2009 年版,第 30、31 页。
⑦ 《十七大以来重要文献选编》(下),中央文献出版社 2013 年版,第 360 页。

北京召开,胡锦涛作出重要指示:各级党委和政府一定要从贯彻"三个代表"重要思想的高度,切实把老干部工作作为一件大事来抓,认真研究和解决老干部工作遇到的新情况和新问题,真正做到政治上尊重老干部,思想上关心老干部,生活上照顾老干部,进一步把中央关于老干部工作的各项政策措施落到实处。希望广大老干部大力弘扬党的优良传统和作风,为党和人民的事业继续发挥积极作用①。

(五)重视弘扬尊老爱幼传统美德

2005年2月19日,胡锦涛在省部级主要领导干部提高构建社会主义和谐社会能力专题研讨班上讲话强调:"大力倡导以尊老爱幼、男女平等、夫妻和睦、勤俭持家、邻里团结为主要内容的家庭美德"②。2007年12月31日,胡锦涛在元旦前夕到天津亲切看望慰问基层干部群众,他指出:"尊重老年人、关爱老年人、照顾老年人,是中华民族的优良传统,也是一个国家文明进步的标志。我们要大力弘扬中华民族尊老敬老的传统美德,给予老年人更多生活上的帮助和精神上的安慰,让所有老年人都能安享幸福的晚年。"③

(六)重视老有所养的社会建设

2010年7月5日,在党中央、国务院召开的西部大开发工作会议上,胡锦涛强调:"必须以解决人民最关心最直接最现实的利益问题为着力点,加快推进以改善民生为重点的社会建设,不断在使人民群众学有所教、劳有所得、病有所医、老有所养、住有所居上取得新成效,促进社会和谐稳定。"④2011年7月1日,胡锦涛在庆祝中国共产党成立90周年大会上指出:"要坚持发展为了人民、发展依靠人民、发展成果由人民共享,完善保障和改善民生的制度安排,把促进就业放在经济社会发展优先位置,加快发展教育、社会保障、医药卫生、保障性住房等各项社会事业,推进基本公共服务均等化,加大收入分配调节力度,坚定不移走共同富裕道路,努力使全体人民学有所教、劳有所得、病有所医、老有所养、住有所居。"⑤

(七)重视养老服务发展

2010年2月3日,胡锦涛在省部级主要领导干部深入贯彻落实科学发展观加快经济发展方式转变专题研讨班上强调:"加大对公益性社会服务机构的扶持力度,增加针对老年人、青少年、贫困群众、残疾人等特定人群的公益性社会服务项目,向城乡

---

① 《人民日报》2004年10月23日。
② 《十六大以来重要文献选编》(中),中央文献出版社2006年版,第711页。
③ 《人民日报》2008年1月1日。
④ 《十七大以来重要文献选编》(中),中央文献出版社2011年版,第849页。
⑤ 《十七大以来重要文献选编》(下),中央文献出版社2013年版,第448—449页。

居民广泛提供养老、体育健身、文化娱乐、心理疏导、法律咨询、赈灾救助等方面的社会服务"①。2011 年 2 月 19 日,胡锦涛在省部级主要领导干部社会管理及其创新专题研讨班上指出:"培育壮大老龄服务事业和产业……健全农村留守儿童、留守妇女、留守老人关爱服务体系。"② 2011 年 4 月 26 日,中共中央政治局就世界人口发展和全面做好新形势下我国人口工作进行第二十八次集体学习。胡锦涛在主持学习时指出,完善社会保障和养老服务体系,切实应对人口老龄化,制定实施应对人口老龄化战略和政策体系,培育壮大老龄事业和产业,加强公益性养老服务设施建设,发扬敬老、养老、助老的良好社会风尚。建立健全家庭发展政策,切实促进家庭和谐幸福,加大对孤儿监护人家庭、老年人家庭、残疾人家庭、留守人口家庭、流动人口家庭、受灾家庭以及其他特殊困难家庭的扶助力度③。

第二节　党的十八大以来的老龄工作

党的十八大以来,习近平总书记将老龄工作纳入党和国家工作全局,多次主持召开专题会议研究部署老龄工作,在党和国家的许多重要会议上论及老龄工作,并在国内考察基层工作时多次提及老龄工作,提出了加强老龄工作、发展老龄事业的许多新理念、新思想、新战略、新要求,形成了加强新形势下老龄工作、有效应对人口老龄化的最根本的顶层设计。

一、专门部署老龄工作

(一)对积极应对人口老龄化作出总体部署

2015 年 10 月,习近平总书记对加强老龄工作作出重要批示:有效应对我国人口老龄化,事关国家发展全局,事关亿万百姓福祉。要立足当前、着眼长远,加强顶层设计,完善生育、就业、养老等重大政策和制度,做到及时应对、科学应对、综合应对。此事要提上重要议事日程,"十三五"期间要抓好部署、落实④。2016 年 5 月 27 日,中共中央政治局就我国人口老龄化的形势和对策举行第三十二次集体学习。习近平总书记主持学习并发表重要讲话,科学分析了我国人口老龄化发展形势及其影响,肯定

---

① 《十七大以来重要文献选编》(中),中央文献出版社 2011 年版,第 465 页。
② 《十七大以来重要文献选编》(下),中央文献出版社 2013 年版,第 157 页。
③ 《人民日报》2011 年 4 月 28 日。
④ 《人民日报》2016 年 2 月 24 日。

了我国老龄工作的巨大成就,指出了老龄事业存在的不足,对老龄工作的理念、方针、原则和思路作出了新概括,对老龄工作的重点和措施等提出了明确要求①。2021年5月31日,中共中央政治局听取"十四五"时期积极应对人口老龄化重大政策举措汇报,习近平总书记主持会议。会议指出,积极应对人口老龄化,事关国家发展和民生福祉,是实现经济高质量发展、维护国家安全和社会稳定的重要举措。会议强调,要贯彻落实积极应对人口老龄化国家战略,加快建立健全相关政策体系和制度框架。要稳妥实施渐进式延迟法定退休年龄,积极推进职工基本养老保险全国统筹,完善多层次养老保障体系,探索建立长期护理保险制度框架,加快建设居家社区机构相协调、医养康养相结合的养老服务体系和健康支撑体系,发展老龄产业,推动各领域各行业适老化转型升级,大力弘扬中华民族孝亲敬老传统美德,切实维护老年人合法权益。各级党委和政府要健全完善老龄工作体系,加大财政投入力度,完善老龄事业发展财政投入政策和多渠道筹资机制,为积极应对人口老龄化提供必要保障②。2021年10月13日,在中国传统节日重阳节来临之际,习近平总书记对老龄工作作出重要指示,代表党中央祝全国老年人健康长寿、生活幸福。习近平总书记强调,要大力弘扬孝亲敬老传统美德,落实好老年优待政策,维护好老年人合法权益,发挥好老年人积极作用,让老年人共享改革发展成果、安享幸福晚年③。

(二)对老龄工作的专项领域提出明确要求

关于老干部工作,习近平总书记既十分重视加强军队老干部工作,也对做好地方老干部工作提出具体要求。2014年10月11日,习近平总书记专门给全军老干部工作暨"三先"表彰电视电话会议发来贺信,充分肯定了军队离退休干部的历史功绩和巨大贡献,要求广泛宣传先进离退休干部的先进事迹,弘扬老同志的高尚品德,进一步形成尊重老同志、爱护老同志、学习老同志、重视发挥老同志作用的良好氛围④。2016年12月23日,全国老干部工作先进集体和先进工作者表彰大会在京召开。习近平总书记作出重要指示:"老干部是党执政兴国的重要资源,是推进中国特色社会主义伟大事业的重要力量。广大老干部对党怀有深厚感情,对党的事业无比忠诚,体现了老干部忧党爱国为民的情怀。希望广大老干部珍惜光荣历史,不忘革命初心,永葆政治本色,继续做全面从严治党的坚定支持者和模范践行者,继续讲好中国故事、

---

① 中国政府网:《中共中央政治局就我国人口老龄化的形势和对策举行第三十二次集体学习》,2016年5月28日。

② 《人民日报》2021年6月1日。

③ 《人民日报》2021年10月14日。

④ 《人民日报》2014年10月16日。

弘扬中国精神、传播好中国声音,积极为实现'两个一百年'奋斗目标和中华民族伟大复兴的中国梦贡献智慧和力量。"①2019 年 12 月 9 日,全军老干部工作暨"三先"表彰电视电话会议在京召开,习近平总书记作出重要指示:"军队离退休干部为党领导的革命、建设、改革事业做出了重要贡献,党和人民永远不会忘记。希望广大离退休干部不忘初心、牢记使命,珍惜光荣历史、永葆政治本色。各级党委、机关和广大老干部工作者,要从传承我党我军优良作风、弘扬中华民族传统美德的高度,尊老爱老、竭诚服务,不断推动军队老干部工作创新发展,为推进强国兴军凝聚强大正能量。"②2019 年 12 月 16 日,习近平总书记在北京人民大会堂亲切会见全国离退休干部先进集体和先进个人代表,向他们表示热烈祝贺,希望他们珍惜光荣历史、永葆政治本色,继续为实现中华民族伟大复兴的中国梦作出积极贡献③。

关于发展养老服务,习近平总书记对全面放开养老服务市场、提高养老服务质量等工作作出明确指示。2016 年 10 月 11 日,习近平总书记主持召开中央全面深化改革领导小组第二十八次会议,会议审议通过了《关于全面放开养老服务市场提升养老服务质量的若干意见》。习近平总书记指出,养老服务业既是关系亿万群众福祉的民生事业,也是具有巨大发展潜力的朝阳产业。要紧紧围绕老年群体多层次、多样化的服务需求,降低准入门槛,引导社会资本进入养老服务业,推动公办养老机构改革,提升居家社区和农村养老服务水平,推进养老服务业制度、标准、设施、人才队伍建设,繁荣养老市场,提升服务质量,让广大老年人享受优质养老服务④。2016 年 12 月 21 日,习近平总书记主持召开中央财经领导小组第十四次会议。会议将提高养老院服务质量作为涉及人民生活质量的 6 件大事之一来研究部署。习近平总书记强调,提高养老院服务质量,关系 2 亿多老年人口特别是 4000 多万失能半失能老年人的晚年幸福,也关系他们子女的工作生活,是涉及人民生活质量的大事。要按照适应需要、质量优先、价格合理、多元供给的思路,尽快在养老院服务质量上有个明显改善,加快建立全国统一的服务质量标准和评价体系,加强养老机构服务质量监管,坚决依法依规从严惩处欺老、虐老行为⑤。2020 年 11 月 2 日,习近平总书记主持召开中央全面深化改革委员会第十六次会议,审议通过了《关于促进养老托育服务健康发展的意见》等政策文件。习近平总书记指出,促进养老托育服务健康发展,解决好

---

① 《人民日报》2016 年 12 月 24 日。
② 《人民日报》2019 年 12 月 10 日。
③ 《人民日报》2019 年 12 月 17 日。
④ 《人民日报》2016 年 10 月 12 日。
⑤ 《人民日报》2016 年 12 月 22 日。

"一老一小"问题,对保障和改善民生、促进人口长期均衡发展具有重要意义。要坚持以人民为中心的发展思想,弘扬中华民族尊老爱幼的传统美德,立足当前、着眼长远,根据人口分布和结构变化,巩固家庭养老育幼基础地位,强化政府保基本、兜底线职能,健全老有所养、幼有所育的政策体系,扩大多元主体、多种方式的服务供给,促进服务能力提升和城乡区域均衡发展不断取得新进展①。

制定和实施老年人照顾服务项目,是习近平总书记亲自提议并多次过问的一项重要工作。2016年12月5日,习近平总书记主持召开中央全面深化改革领导小组第三十次会议。会议审议通过了《关于制定和实施老年人照顾服务项目的意见》。习近平总书记强调,制定和实施老年人照顾服务项目,要从我国国情出发,立足老年人服务需求,整合服务资源,拓展服务内容,创新服务方式,提升服务质量,让老年人享受到更多看得见、摸得着的实惠。要重点关注高龄、失能、贫困、伤残、计划生育特殊家庭等困难老年人的特殊需求②。

二、统筹推进老龄工作

习近平总书记站在全局和战略的高度,在研究部署党和国家的各方面工作时,都考虑到人口老龄化这一因素。习近平总书记在党的十九大报告中指出:"积极应对人口老龄化,构建养老、孝老、敬老政策体系和社会环境,推进医养结合,加快老龄事业和产业发展。"③此外,在许多重要会议上,他对加强老龄工作、有效应对人口老龄化提出相应要求。

(一)深刻分析人口老龄化对经济发展的影响

2014年12月9日,习近平总书记在中央经济工作会议上,分析了人口老龄化日趋发展对我国劳动力供给和生产要素相对优势的影响。他指出:"从生产要素相对优势看,过去,我们有源源不断的新生劳动力和农业富余劳动力,劳动力成本低是最大优势,引进技术和管理就能迅速变成生产力。现在,人口老龄化日趋发展,劳动年龄人口总量下降,农业富余劳动力减少,在许多领域我国科技创新与国际先进水平相比还有较大差距,能够拉动经济上水平的关键技术人家不给了,这就使要素的规模驱动力减弱。随着要素质量不断提高,经济增长将更多依靠人力资本质量和技术进步,

---

① 《人民日报》2020年11月3日。
② 《人民日报》2016年12月6日。
③ 《习近平谈治国理政》第三卷,外文出版社2020年版,第38页。

必须让创新成为驱动发展新引擎。"①2016 年 1 月 18 日,习近平总书记在省部级主要领导干部学习贯彻党的十八届五中全会精神专题研讨班上讲话强调:"主要国家人口老龄化水平不断提高,劳动人口增长率持续下降,社会成本和生产成本上升较快,传统产业和增长动力不断衰减,新兴产业体量和增长动能尚未积聚。"②

（二）对促进人口长期均衡发展作出重大决策部署

2015 年 10 月 26 日,习近平总书记在党的十八届五中全会上就《中共中央关于制定国民经济和社会发展第十三个五年规划的建议》作说明。他指出,当前,我国人口结构呈现明显的高龄少子特征,养儿防老的社会观念明显弱化。我国人口老龄化态势明显,劳动年龄人口开始绝对减少,这种趋势还在继续。这些都对我国人口均衡发展和人口安全提出了新的挑战。"全面实施一对夫妇可生育两个孩子政策,可以通过进一步释放生育潜力,减缓人口老龄化压力,增加劳动力供给,促进人口均衡发展。"③2021 年 5 月 31 日,中共中央政治局召开会议审议《关于优化生育政策促进人口长期均衡发展的决定》,习近平总书记主持会议。会议指出,党的十八大以来,党中央根据我国人口发展变化形势,先后作出实施单独两孩、全面两孩政策等重大决策部署,取得积极成效。同时,我国人口总量庞大,近年来人口老龄化程度加深。进一步优化生育政策,实施一对夫妻可以生育三个子女政策及配套支持措施,有利于改善我国人口结构、落实积极应对人口老龄化国家战略、保持我国人力资源禀赋优势④。

（三）对老龄工作的专项领域提出明确要求

关于养老保险制度改革,2015 年 12 月 18 日,习近平总书记在中央经济工作会议上要求:"加快养老保险制度改革。结构性改革要深化,应对人口老龄化工作要做好,构建公平、可持续的养老保险制度至关重要。要完善个人账户,坚持精算平衡,增强社保缴费激励,提高收付透明度,提高统筹层次,有序推进基本养老保险制度改革。"⑤2021 年 2 月 26 日,中共中央政治局就完善覆盖全民的社会保障体系进行第二十八次集体学习。习近平总书记主持学习时讲话指出:要加快发展多层次、多支柱养老保险体系,更好满足人民群众多样化需求。要以零容忍态度严厉打击欺诈骗保、套保或挪用贪占各类社会保障资金的违法行为,守护好人民群众的每一分"养老钱"

---

① 《习近平谈治国理政》第二卷,外文出版社 2017 年版,第 231 页。
② 《习近平谈治国理政》第二卷,外文出版社 2017 年版,第 254 页。
③ 《十八大以来重要文献选编》(中),中央文献出版社 2016 年版,第 785 页。
④ 《人民日报》2021 年 6 月 1 日。
⑤ 《习近平关于社会主义社会建设论述摘编》,中央文献出版社 2017 年版,第 91 页。

"保命钱"和每一笔"救助款""慈善款"①。

关于发展养老服务,2015 年 10 月 29 日,习近平总书记在党的十八届五中全会第二次全体会议上指出:"对 1.3 亿多 65 岁以上的老年人,要增加养老服务供给、增强医疗服务的便利性"②。2018 年 12 月,习近平总书记在中央经济工作会议上讲话强调,要完善养老护理体系,努力解决大城市养老难问题③。2019 年 12 月,习近平总书记在中央经济工作会议上指出,要重视解决好"一老一小"问题,加快建设养老服务体系,支持社会力量发展普惠托育服务,推动旅游业高质量发展,推进体育健身产业市场化发展④。

关于老年健康服务,2016 年 8 月 19 日,习近平总书记在全国卫生与健康大会上强调:"伴随人口老龄化,老年人口医疗卫生服务需求增长快、压力大,必须科学谋划、综合应对。要引导家庭医生优先同老年家庭开展签约服务,发挥基层全科医生贴近群众、贴近家庭、贴近基层的优势,为老年人提供连续的健康管理服务和医疗服务。要坚持医养结合,逐步建立长期护理制度,为老年人提供治疗期住院、康复期护理、稳定期生活照料、安宁疗护一体化的健康养老服务,使老年人更健康快乐。"⑤

(四)对解决农村老龄问题提出明确要求

2013 年 12 月 23 日,习近平总书记在中央农村工作会议上指出:"许多农村出现村庄空心化、农民老龄化现象,据推算,农村留守儿童已超过六千万,留守妇女达四千七百多万,留守老年人约有五千万。维护好这些群众合法权益是一件大事。"⑥2017 年 2 月 21 日,中共中央政治局就我国脱贫攻坚形势和更好实施精准扶贫举行第三十九次集体学习。习近平总书记在主持学习时强调:"要把深度贫困地区作为区域攻坚重点,把贫困老年人、残疾人等作为群体攻坚重点,把因病致贫返贫和住房安全作为工作攻坚重点,确保在既定时间节点完成脱贫攻坚任务。"⑦2019 年 3 月 8 日,习近平总书记参加十三届全国人大二次会议一些代表团审议时要求,要完善城乡居民基本养老保险制度和基本医疗保险、大病保险制度,完善最低生活保障制度,完善农村

---

① 《人民日报》2021 年 2 月 28 日。
② 《习近平谈治国理政》第二卷,外文出版社 2017 年版,第 80 页。
③ 《人民日报》2018 年 12 月 22 日。
④ 《人民日报》2019 年 12 月 13 日。
⑤ 《习近平关于社会主义社会建设论述摘编》,中央文献出版社 2017 年版,第 107 页。
⑥ 《习近平关于社会主义社会建设论述摘编》,中央文献出版社 2017 年版,第 122—123 页。
⑦ 《习近平关于社会主义社会建设论述摘编》,中央文献出版社 2017 年版,第 95 页。

留守儿童、妇女、老年人关爱服务体系①。2020 年 3 月 6 日,习近平总书记在决战决胜脱贫攻坚座谈会上讲话指出:"剩余脱贫攻坚任务艰巨……剩余建档立卡贫困人口中,老年人、患病者、残疾人的比例达到 45.7%。""对没有劳动能力的特殊贫困人口要强化社会保障兜底,实现应保尽保。"②

(五)对弘扬孝亲敬老传统美德提出明确要求

2017 年 6 月 23 日,习近平总书记在深度贫困地区脱贫攻坚座谈会上要求:"要发扬中华民族孝亲敬老的传统美德,引导人们自觉承担家庭责任、树立良好家风,强化家庭成员赡养、扶养老年人的责任意识,促进家庭老少和顺。"③2019 年 2 月 3 日,习近平总书记在春节团拜会上强调:古人讲,"夫孝,德之本也"。自古以来,中国人就提倡孝老爱亲,倡导老吾老以及人之老、幼吾幼以及人之幼。我国已经进入老龄化社会。让老年人老有所养、老有所依、老有所乐、老有所安,关系社会和谐稳定。我们要在全社会大力提倡尊敬老人、关爱老人、赡养老人,大力发展老龄事业,让所有老年人都能有一个幸福美满的晚年④。

(六)对老年群体的新冠肺炎疫情防控工作作出部署

2020 年 2 月 23 日,习近平总书记在统筹推进新冠肺炎疫情防控和经济社会发展工作部署会议上指出:"对因疫情在家隔离的孤寡老人、困难儿童、重病重残人员等群体,要加强走访探视和必要帮助,防止发生冲击社会道德底线的事件。"⑤3 月 10 日,习近平总书记在湖北省考察新冠肺炎疫情防控工作时发表重要讲话,他指出:"对因疫情防控在家隔离的孤寡老人、困难儿童、特困人员、残疾人等特殊群体,要落实包保联系人,加强走访探视,及时提供必要帮助。"⑥3 月 26 日,习近平总书记在二十国集团领导人特别峰会上作《携手抗疫 共克时艰》的发言时强调:"要保护妇女儿童,保护老年人、残疾人等弱势群体,保障人民基本生活。"⑦

三、做好基层老龄工作

广大老年群众过得好不好、老有所养工作做得怎么样,始终是习近平总书记关心

① 《人民日报》2019 年 3 月 9 日。
② 习近平:《在决战决胜脱贫攻坚座谈会上的讲话》,人民出版社 2020 年版,第 7,9 页。
③ 《习近平谈治国理政》第二卷,外文出版社 2017 年版,第 90 页。
④ 《人民日报》2019 年 2 月 4 日。
⑤ 习近平:《在统筹推进新冠肺炎疫情防控和经济社会发展工作部署会议上的讲话》。人民出版社 2020 年版,第 22—23 页。
⑥ 《人民日报》2020 年 3 月 11 日。
⑦ 《人民日报》2020 年 3 月 27 日。

的重要问题,也是他在基层考察和调研过程中时常关注的重点问题。

习近平总书记对发展养老服务提出要求。2013年8月30日,习近平总书记专程来到沈阳市沈河区多福社区考察并召开有退休老职工参加的座谈会。习近平总书记说,现在,养老问题越来越突出,中央非常重视,正研究措施。加强养老公共服务,内容上要多样,财力上要倾斜,全社会一起努力,把老年人安顿好、照顾好,让老年人安度晚年。2015年6月,习近平总书记在贵州考察工作时要求,要关心留守儿童、留守老年人,完善工作机制和措施,加强管理和服务,让他们都能感受到社会主义大家庭的温暖①。2018年11月6日,习近平总书记到上海市虹口区市民驿站考察。他强调,我国已经进入老龄社会,让老年人老有所养、生活幸福、健康长寿是我们的共同愿望。党中央高度重视养老服务工作,要把政策落实到位,惠及更多老年人②。

习近平总书记还到养老机构看望慰问老人并对老龄工作提出要求。2013年12月28日,习近平总书记来到北京市四季青敬老院,向全国老年人致以新年的祝福。他要求给五保老人和孤老更多的关心,办更多、更好的养老院,满足人口老龄化对养老服务体系建设的需要。他强调要弘扬中华民族尊老敬老的传统美德,使尊老敬老爱老助老成为社会风尚;要完善制度、改进工作,推动养老事业多元化、多样化发展,让所有老年人都能老有所养、老有所依、老有所乐、老有所安③。

此外,习近平总书记也十分重视老年人价值和积极作用的发挥。2019年10月6日,他给澳门街坊总会颐骏中心长者义工组的老人们回信时指出:"希望你们坚持老有所为、继续发光发热,多向澳门青年讲一讲回归前后的故事,鼓励他们把爱国爱澳精神传承好,积极参与粤港澳大湾区建设,携手把澳门建设得更加美丽。"④2021年8月25日,习近平总书记在承德市高新区滨河社区居家养老服务中心考察时强调,要把老有所为同老有所养结合起来,研究完善政策措施,鼓励老年人继续发光发热,充分发挥年纪较轻的老年人作用,推动志愿者在社区治理中有更多作为⑤。

① 《人民日报》2015年6月19日。
② 《人民日报》2018年11月8日。
③ 《人民日报》2013年12月29日。
④ 《人民日报》2019年10月8日。
⑤ 《人民日报》2021年8月26日。

第三节　积极应对人口老龄化、加强老龄工作的新理念、新思想、新战略

党的十八大以来,以习近平同志为核心的党中央提出了一系列积极应对人口老龄化、加强老龄工作的新理念、新思想、新战略,形成了内涵丰富、体系完整、逻辑严密的理论体系。这是习近平新时代中国特色社会主义思想的重要组成部分,是做好新时代老龄工作的根本指针、基本遵循和行动纲领,具有重大政治意义、理论意义和战略意义。

一、立足全局和长远对老龄工作的战略定位

习近平总书记指出,满足数量庞大的老年群众多方面需求、妥善解决人口老龄化带来的社会问题,事关国家发展全局,事关百姓福祉,需要我们下大气力来应对①。这"两个事关",把老龄工作提升到了前所未有的战略和全局高度,是习近平总书记立足全心全意为人民服务宗旨和"两个一百年"奋斗目标,对老龄工作地位和作用的高度概括。

2022 年前后,我国将迎来年均增长 1200 万的第二个老年人口增长高峰;2035 年,我国 60 岁以上老年人口将超过 4 亿,进入超老龄社会;2050 年前后,我国老年人口将达到 4.87 亿的峰值。人口老龄化进程关键节点的时间,大致与"两个一百年"奋斗目标的时间节点相吻合,也与"新两步走"战略的"两个十五年"节点基本重合。做好应对人口老龄化的各项工作、解决世界上规模最大的老年人的问题,必然关系到顺利实现"两个一百年"奋斗目标和中华民族伟大复兴的中国梦。

老龄工作是"四个全面"战略布局的重要内容。实现全面建成社会主义现代化国家,必须保障和改善全体老年人的生活,让老年群体同步共享现代化国家成果;全面深化改革必然要求改革完善老龄工作体制机制,以改革创新的精神破解老龄事业和老龄产业发展难题;全面依法治国包含完善老龄法律制度、保障老年人合法权益、以法治思维和方式推进老龄工作等;落实全面从严治党要求必然进一步强化党对老龄工作的领导,充分发挥亿万老年人的积极作用和 2600 多万老年共产党员的先锋模范作用。

① 《人民日报》2016 年 5 月 29 日。

二、培育和践行积极老龄观

习近平总书记强调,要着力增强全社会积极应对人口老龄化的思想观念。要积极看待老龄社会,积极看待老年人和老年生活①。这"三个积极看待"是对国际社会积极老龄化战略理念的中国创新,也是中国特色积极老龄观的核心表述。

积极看待老龄社会,就是要看到人口老龄化是人口生育率降低和人均寿命延长等多种因素综合作用的结果,是经济发展、社会进步、人民生活水平提高、医疗卫生条件改善的结果;在我国,更是社会主义制度优越性的重要体现和社会文明进步的重要标志。积极看待老年人,就是要充分肯定广大老年人为社会作出的重要贡献,尊重老年人积累的丰富阅历、智慧和经验,真正把广大老年人当作社会的宝贵财富、当作党执政兴国的重要资源、当作推进中国特色社会主义伟大事业的重要力量,善于继承老年人的优秀品德、发扬老年人的优良传统、汲取老年人的宝贵经验、发挥老年人的积极作用。积极看待老年生活,就是要把老年当作人的生命的重要阶段,而且是仍然可以有作为、有进步、有快乐的重要人生阶段。

三、加强老龄工作的总体部署

习近平总书记对于有效应对我国人口老龄化的总体要求和新形势下老龄工作的基本方针、主要原则、目的目标、思路创新、重点任务等均作了深刻阐述,形成了新时代老龄工作的总体部署。

(一)调整完善了我国老龄工作方针

积极应对人口老龄化是一项系统、复杂的社会工程,必须统筹动员政府、市场、社会组织、家庭、个人等多主体步调一致、共同行动。习近平总书记审时度势,及时将我国老龄工作方针由过去的"党政主导、社会参与、全民关怀"调整完善为"党委领导、政府主导、社会参与、全民行动"②。

将"党政主导"调整为"党委领导、政府主导",突出了党委总揽全局、协调各方的领导核心作用,使老龄工作上升为党的重要工作,为老龄工作提供了根本保障,又体现了党委和政府的合理职责分工,有利于政府更好发挥在制定法规政策、出台规划、建立制度、投入资金、提供信息、培育市场、实施监管、营造氛围等方面的主导作用。

---

① 《人民日报》2016 年 5 月 29 日。
② 《人民日报》2016 年 5 月 29 日。

把"全民关怀"调整为"全民行动",既体现了积极老龄观把老年人视为积极能动的社会主体的要求,有利于发挥广大老年人在应对人口老龄化、解决自身养老问题过程中的积极作用;又体现了全生命周期的动态视野,改变把老年人视为"他者""客体"的错误认识,使广大人民群众由老龄问题的"局外人"变成了"参与者",反映了老龄问题事关人人,解决老年问题要人人参与、人人尽力的基本理念。老龄工作方针的创新,既是老龄工作思想理论上的一次质的飞跃,也必将推动老龄工作实践实现大的突破。

（二）辨证概括了老龄工作的重要原则

习近平总书记提出了"两个结合"的重要思想。一是"坚持应对人口老龄化和促进经济社会发展相结合"①。人口老龄化既是以往经济社会发展进步的结果,又构成了今后发展的前提和基础。应对人口老龄化,既要考虑紧紧抓住"发展"这个根本,在统筹经济社会发展中夯实人口老龄化应对基础;又要充分考虑挖掘人口老龄化带来的机遇,通过开展积极应对人口老龄化国家战略行动,打造新的经济增长点,培育经济发展新动能,助推经济社会发展。二是"坚持满足老年人需求和解决人口老龄化问题相结合"②。这是从统筹解决老龄问题的发展方面和人道主义方面提出的要求。积极应对人口老龄化,既要解决好老年群体的民生问题,又要解决好人口老龄化带来的可持续发展问题。既要立足当前,量力而行,尽力而为,解决老年人最所忧所盼所急的现实问题,不断满足广大老年人日益增长的美好生活需要;又要着眼长远,打牢应对人口老龄化的制度基础,妥善应对人口老龄化给政治、经济、文化、社会、生态等各领域可持续发展带来的挑战。

（三）指明了新时代我国老龄工作的目的和目标

习近平总书记反复强调,要让所有老年人都能老有所养、老有所依、老有所乐、老有所安,让每一位老年人都能生活得安心、静心、舒心,都能健康长寿、安享幸福晚年,要使老年人更健康快乐,要让老年人享受到更多看得见、摸得着的实惠。这是以人民为中心的发展思想的体现,是老龄事业发展的根本目的、始终不变的目标③。

（四）要求老龄工作思路实现"四个转变"

习近平总书记要求,要适应时代要求创新思路,推动老龄工作向主动应对转变,向统筹协调转变,向加强人们全生命周期养老准备转变,向同时注重老年人物质文化

---

① 《人民日报》2016 年 5 月 29 日。
② 《人民日报》2016 年 5 月 29 日。
③ 《人民日报》2019 年 8 月 11 日。

需求、全面提升老年人生活质量转变①。这"四个转变"是在我国人口老龄化形势和应对实践基础上作出的正确决断与重大工作思路创新。

其中，"推动老龄工作向主动应对转变"就是由人口老龄化的被动应付，转变为未雨绸缪，超前谋划，源头治理，做好各项战略准备的主动应对。"向统筹协调转变"就是由部门分散作战、各自为政的"独唱"，转变为统筹协调多方参与、齐抓共管的"合唱"，确保各项老龄政策制度目标一致、功能协调、衔接配套。"向加强人们全生命周期养老准备转变"就是由单纯解决老年群体的问题，转变为加强人们全生命周期养老准备，解决全体公民老年期的问题，引导人人为老年期做好养老物质储备、健康储备、精神思想储备。"向同时注重老年人物质文化需求、全面提升老年人生活质量转变"就是立足广大老年人需求不断升级的实际，将单纯关注老年人物质保障需求，转变为全方位满足老年人物质需求、服务需求、精神文化需求，全方位提升老年人生活质量。

（五）提出了统筹完善老龄政策法规的新要求

习近平总书记突出强调，要统筹好生育、就业、退休、养老等政策②。从个人层面看，这4个方面是一个人生命历程中面临的核心问题，即少儿时期的生养教育问题、中青年时期的就业问题、准老年期和老年期的退休及养老问题。依次解决好这些问题，一个人就可以安全、体面、富有尊严地度过一生。从国家层面而言，解决好生育问题是促进我国人口长期均衡发展的关键；解决好就业问题，是提升人口老龄化背景下经济发展活力的关键；解决好退休和养老问题，是实现老有所养的根本要求。习近平总书记提出统筹四大政策，从宏观和微观相结合的层面，指出了人口老龄化问题的破解之道，也破除了就"养老问题谈养老问题"的思维局限，实现从"养老工作"小格局到"老龄工作"大格局的跃升。

（六）指出了积极应对人口老龄化的战略方向

习近平总书记指出，要立足当前、着眼长远，做到及时应对、科学应对、综合应对③。这"三个应对"言简意赅、内涵丰富，是积极应对我国人口老龄化的战略方向。

"及时应对"就是要未雨绸缪、早做准备，抓住用好战略机遇期，尽快夯实应对人口老龄化的各项基础，掌握战略先机和主动权；

"科学应对"就是要尊重人口老龄化问题的发展规律，加强科学研究，推进科学

① 《人民日报》2016年5月29日。
② 《人民日报》2016年5月29日。
③ 《人民日报》2016年2月24日。

决策,实施科学行动,建立科学制度,提高政策措施的精准性,走出一条"低成本、高成效"的应对之路;

"综合应对"就是要做好顶层设计,统筹各种力量、资源和手段,形成强大合力,提高应对人口老龄化行动举措的全面性、协同性和系统性。

（七）明确了新时代老龄工作的重点任务

习近平总书记要求,要着力增强全社会积极应对人口老龄化的思想观念,着力完善老龄政策制度,着力发展养老服务业和老龄产业,着力发挥老年人积极作用,着力健全老龄工作体制机制①。

这"五个着力",从思想观念、政策制度、发展动力、战略重点、根本保障等多角度、多层次、多领域,对全面加强老龄工作、有效应对人口老龄化作出了部署。其中,统一思想、凝聚社会共识是积极应对人口老龄化的基础,构建系统、完备的老龄政策制度体系是积极应对人口老龄化的关键,推动以养老服务业为重点的老龄产业发展是积极应对人口老龄化的必要依托,发挥老年人积极作用是积极应对人口老龄化的内生动力,健全老龄工作体制机制是积极应对人口老龄化的重要保障。

总之,习近平总书记关于老龄工作的重要论述,是党的十八大以来我国老龄工作最重大、最根本的成就,也是新时代中国特色老龄事业不断取得新胜利的根本遵循和制胜法宝。

第四节　2000 年以来我国老龄理论研究的转向

一、老龄问题界定的转向

在老龄问题的界定方面,呈现出由注重老年人问题到注重发展问题,再到注重战略问题的转向。纵观 2000 年以来老龄问题研究的历史,对老龄问题的界定基本没有超出联合国第一次老龄问题世界大会界定的发展问题和人道主义问题(老年人问题)这两个方面,研究侧重点却经历了转向。早期研究对老龄问题的发展方面有所涉及,但主要还是侧重于老年人问题。一些研究甚至把发展问题的研究简化为老年人口越来越多带来的问题,忽视了人口老龄化本质是人口年龄结构的系统性变化,是社会发展主体的系统性变化。

---

① 《人民日报》2016 年 5 月 29 日。

此后,伴随人口老龄化的快速发展和认识的深化,老龄问题的发展方面得到更多关注,人口老龄化影响经济增长、社会发展等方面的研究逐步增多。近年来,伴随发展层面问题研究的深入,学术理论界逐步认识到,老龄问题是作为发展主体的人口年龄结构系统性变化与经济社会发展结构调整之间不匹配、不协调的矛盾。老龄问题是这一结构性矛盾产生的复合性问题,不仅仅是人口问题,也是政治问题、经济问题、社会问题、文化问题和生态问题的复合,进而是关乎国计民生、民族兴衰和国家长治久安的战略性、全局性、基础性问题。

二、研究价值取向的转向

在研究价值取向方面,呈现出由挑战论到机遇论、由负担论向财富论的转向。早期老龄问题研究还呈现出悲观论的色彩。人口老龄化对发展影响的研究,更多聚焦于人口老龄化给投资、消费、储蓄、劳动参与率、劳动生产率、技术进步、代际关系、社会保障、公共服务、社会管理等领域带来的负面影响。此后,伴随着联合国第二次世界老龄大会积极老龄化理念和政策框架在中国的宣介与推广,越来越多的研究开始关注人口老龄化给我国发展带来的各种机遇,对人口老龄化带来负面影响等各种结论的前提和假设提出更多质疑,发掘人口老龄化给国家发展带来的活力和机遇的研究逐步增多,人口老龄化给经济社会发展带来的挑战和机遇并存逐步成为共识,"第二次人口红利""倒逼机制"等机遇论的观点得到更多研究者的认同。

同样,在老年人价值研究方面,悲观论的色彩也逐步淡化。早期研究倾向于把老年人视为负担、包袱,视为需要救助、关爱、辅助的对象;研究议题也多聚焦于贫困、病弱、残疾、失能等特殊老年群体问题。而后,越来越多的学者认识到,伴随着老年群体的代际更替、教育和健康水平逐步提高,对老年人的消极刻板印象不仅不符合实际,也不利于积极应对人口老龄化。应正确认识老年人的历史价值以及现实的政治、经济、文化和社会价值,把更多的老年人"用"起来,而不是"养"起来。要尊重老年人积累的丰富阅历、智慧和经验,真正把广大老年人当作社会的宝贵财富,当作党执政兴国的重要资源,当作推进中国特色社会主义伟大事业的重要力量。反映在研究成果领域,后期关于老年人社会参与、老年人力资源开发利用、老年志愿服务、老年群众组织建设、老年教育等研究议题的成果不断增加。

三、政策理论研究主线的转向

在政策理论研究主线方面,呈现出由老年人权益保障到老年友好型社会建设,再到老龄社会治理现代化的转向。基于 1996 年老年人权益保障法颁布实施和 2000 年《中共中央、国务院关于加强老龄工作的决定》对老年人权益保障的强调，早期关于老年人社会保障、家庭赡养与扶养、孝亲敬老传统文化的弘扬等研究，更多地把着眼点置于保护老年人合法权益。2005 年，为了更好地促进积极老龄化的实现，世界卫生组织在全球 22 个国家的 33 个城市启动老年友好城市项目，首次提出了"Age-Friendly City（老年友好城市）"的概念；从 2009 年起，全国老龄办在全国开展老年宜居社区和老年友好型城市建设试点工作。受老年友好理念的影响，此后关于老年人社会保障、公共服务、居住环境、社会参与、老龄法制等政策理论研究的着眼点转变到构建老年友好型社会上来。2013 年，党的十八届三中全会提出，全面深化改革的目标是完善和发展中国特色社会主义制度、推进国家治理体系和治理能力现代化；2019年，党的十九届四中全会通过了《中共中央关于坚持和完善中国特色社会主义制度、推进国家治理体系和治理能力现代化若干重大问题的决定》。国家政策制度建设的导向，聚焦于提升国家治理体系和治理能力现代化水平。在此背景下，老龄政策理论研究的着眼点也转向老龄社会治理体系和治理能力现代化。

四、研究选题的转向

在研究选题方面，呈现出由分散性的单项研究向综合性的集成研究，再到战略纵深研究的转向。早期研究受传统老年学学科视野的制约，老龄问题的研究选题侧重于老年人问题；研究议题也比较分散，更多关注的是老年人的养老、医疗、照料、精神孤独、优待、法律保障以及家庭、婚姻、赡养等问题；此外，还涉及一些老龄产业发展和老年人经济行为的研究。总体上看，无论是在基础科研方面，还是在应用研究方面，尚缺乏整体性研究计划，基本上处于自发状态，缺乏系统性、整体性和前瞻性研究。由于人口老龄化对我国政治、经济、文化、社会及生态建设的影响是系统性、结构性和长期性的，这决定了应对人口老龄化必将是一项长期性、综合性的战略工程，在实施相关措施时将遇到许多矛盾，必须在系统性理论和科学决策基础上，由政府各部门和社会各方面共同行动。但是，直到 2009 年前后，理论界仍没有准确掌握人口老龄化与经济社会发展诸领域的基本关系、规律和作用机制，对人口老龄化究竟会给经济社会的未来发展带来何种机遇和挑战的认识，特别是精准的量化测算仍不十分清楚。迫切需要从国家层面进行统筹部署，对老龄领域的一些重大热点和难点问题进行联合攻关研究，为应对人口老龄化这一重大战略任务提供理论依据和决策支持。在这个背景下，国家层面于 2009 年启动了应对人口老龄化战略研究项目。此次战略研究,采取老龄委牵头、部门把关、专家主导、社会参与的组织管理体制,以及跨学科、团队化、集成化的研究模式,是我国老龄科研体制和研究模式的创新,意味着我国老龄问题研究进入综合性的系统集成研究阶段。此次战略研究提出,要树立科学的老龄观,坚持发展、保障、健康、参与、和谐的战略方针,积极推动经济社会发展适应人口老龄化的客观需要,着力构建战略管理、养老保障、健康支持、养老服务、宜居环境、老年群众工作等六大体系。在此国家战略研究项目的带动下,围绕积极应对人口老龄化的综合性、宏观性、战略性研究成果增多。此后,2015 年,党的十八届五中全会提出积极开展应对人口老龄化行动,2020 年,党的十九届五中全会提出实施积极应对人口老龄化国家战略,标志着这一国家战略由研究阶段进入落地实施阶段。理论界和政策研究界围绕该战略落实的关键领域开展了一系列深化研究,养老服务业发展、老年健康服务体系建设、医养结合、延迟退休、生育政策、老年人力资源开发、银发经济发展、长期护理保障制度建设、老年宜居环境建设、养老金融等应对人口老龄化细分领域的研究成果不断涌现,研究深度持续提升,研究的实操性不断增强。

五、学科研究的转向

在学科研究方面,呈现出由老年学研究向老龄科学研究的转向。早期大多数文献的研究对象仍然囿于老年人,更多关注的是老年人或者老年群体面临的特殊问题,学科视角也多拘泥于老年医学、老年经济学、老年社会学、老年心理学。而且,老年学各分支学科往往表现出一定程度的守成倾向和主属学科的本位思想,难以形成彼此间的内在逻辑链接,使多学科研究的良好设想难以实现,研究结论也趋于碎片化。随着人口老龄化程度的提升,结构性问题凸显,老龄问题越来越表现为人口年龄结构与经济社会发展互不协调、互不适应而产生的问题。此前,传统的老年学学科体系和理论体系难以解释老龄社会的结构性变迁问题,一定程度上处于盲人摸象的境地。基于此种反思,有学者指出,老年学(Gerontology)研究虽然已经涉及老龄社会的诸多关键性问题,而从本质上说来,老年学从学科名称、研究对象、研究内容、研究方法以及基本概念、理论体系、学科建设等诸多层面,都深刻地打上了新兴社会学科的烙印,是新兴社会学科建设思维的产物,需要更新观念,树立新思维,在研究老龄社会的学科体系建设上实现从老年学到老龄科学的根本转向。我国老年学泰斗邬沧萍指出,我国的老龄科学建设应该与国家"五位一体"总体布局相结合,拿出中国方案,贡献中国智慧,加强老龄科学的基础理论研究和应用研究。随后,陆续出现了一批关于老龄经济学、老龄社会学、老龄健康学、老龄地理学等探索学科建设的研究成果,在研究对象、研究假设、研究领域、研究方法、学科话语体系和学科构成等方面进行了积极探索。建立包容性、集成性和解释力更强的老龄科学新兴学科集群,逐步成为学术界的一股新思潮。

六、研究视角的转向

在研究视角方面,呈现出由老年期视角向全生命周期视角的转向、由群体性视角向结构性视角的转变。早期老龄问题研究,多着眼人的老年期问题,且现状、问题、对策的静态研究居多。这种研究视角具有合理性,但无形中割裂了老年期和非老年期的连续性,也无法为解决当下的准老年人问题提供理论依据,问题、原因分析和对策分析同样存在就事论事、就老年期问题谈老年期问题的局限性。针对这种局限性,此后研究的全生命周期视角得到彰显。全生命周期视角在人的发展方面强调终身发展的理念,将个体层面的衰老问题和群体层面的老年人问题,都视为一个动态发展的过程;在政策研究领域,主张将政策干预的关口前移,统筹解决好不同年龄群体的生育、教育、就业、退休和养老问题,引导公民在中青年时期就全面做好今后养老的物质、健康、技能、精神等准备,避免中青年期的问题延续或积累到老年期。基于应对要从终身考虑,终身健康、终身学习、终身就业促进、终身参与、终身福利等观点得到理论界更多的认可和运用。

近 20 多年来,在老龄问题研究中,群体性视角和结构性视角始终是并行的两种视角。群体性视角强调异质性,主要是从一般和特殊的关系,以及普遍性需求和特殊性需求的角度,看待老年群体面临的特殊性问题。结构性视角则强调协调和可持续性,主要从人口年龄结构变动与经济社会结构变动的矛盾关系角度,统筹看待人口老龄化问题和老年人问题。由于群体性视角容易陷入就老年人问题谈老年人问题的思维误区,而且在老龄问题已经上升为国家战略性问题的背景下,难以解释和应对一系列结构性调整问题。因此,结构性视角近年来在理论界得到广泛的应用。越来越多的学者从结构性矛盾来分析老龄问题的根源,从老龄社会形态重构来提出相应的应对举措。

七、研究维度的转向

在研究维度方面,老龄问题的人道主义方面呈现出由三位一体向四位一体的转向,老龄问题的发展方面呈现出由三位一体到五位一体的转向。老龄问题的人道主义方面,在我国学者的话语体系中被概括为老年人问题或者老年民生问题。早期关于老年人问题的研究,多是从经济保障、服务保障、精神慰藉3个维度展开,把老年人视为接受保障、服务和关爱的社会客体。在积极老龄化理念的影响下,一些学者认为,把老年人视为他者或客体,是典型的年轻型社会或者成年型社会思维的产物;应树立与老龄社会相适应的正思维和新语法,改变此前将老年人作为需要保障、照顾、优待、救助等客体的错误做法,真正把老年人视为积极、能动的社会主体。在此背景下,对老年人问题的研究逐步将社会参与、老年人积极作用的发挥等作为重要议题,研究维度由此前的三位一体向经济保障、服务保障、精神慰藉、作用发挥等四位一体转向。在政策研究领域,更多学者提出,要制定能激发老年人潜能、提升老年人自我价值和正面认知、增强老年人参与社会发展能力、促进老年人参与公共决策等方面的增权赋能型公共政策。

老龄问题的发展方面,在我国学者的话语体系中,被主要概括为人口老龄化背景下经济社会的可持续发展问题。我国的社会主义现代化发展目标,经历了从三位一体到四位一体再到五位一体的转变。党的十六大首次提出政治文明的概念,确立了物质文明、精神文明、政治文明三位一体的发展目标;党的十六届四中全会首次提出构建社会主义和谐社会的战略任务,确立了物质文明、精神文明、政治文明、和谐社会四位一体的发展目标;党的十六届五中全会进一步把我国的发展任务,概括为经济建设、政治建设、文化建设、社会建设;党的十八大首次提出大力推进生态文明建设,至此,我国发展总体布局确立为经济建设、政治建设、文化建设、社会建设和生态文明建设五位一体。沿着这条主线,关于老龄问题发展方面的研究,也由早期的侧重老龄化对经济建设、政治建设、文化建设的影响,逐步拓展到给社会建设带来的影响,进而扩展到给生态文明建设带来的影响。当前,从"五位一体"总体布局高度研究人口老龄化给我国发展带来的挑战和机遇,提出相应的战略应对举措,逐步成为理论界的共识。

八、研究话语权的转向

在研究话语权方面,呈现出由国外经验借鉴向本土化移植,再到中国话语体系构建的转向。受学科体系和理论体系建设滞后的影响,早期研究主要是介绍国外老年学研究的经典著作和经典理论,引入并借鉴老年生物和生物医学、老年心理学、老年行为学、老年社会科学等领域的概念与理论,并没有形成自身独立的话语体系。2004年后,中国老年学学科研讨会和老龄问题专项领域的研讨会常态化举行,基于中国的实证研究成果,对国外经典老年学理论提出质疑、修正的研究成果增多。要结合中国国情对国外经典老年学理论进行本土化移植和再创造,得到理论界的认同。一些本土化的理论,如孝文化理论、责任内化论、血亲价值论、以群体—权益为要素的老龄社会发展理论等纷纷出现,中国老年学研究的话语权得到提升。2012年,党的十八大提出"三个自信":道路自信、理论自信和制度自信;2016年,习近平总书记在庆祝中国共产党成立95周年大会上发表重要讲话强调,全党要坚定道路自信、理论自信、制度自信、文化自信,即"四个自信"。以"四个自信"为基础,努力建设具有中国特色、中国风格、中国气派,涵盖全方位、全领域、全要素的哲学社会科学体系,成为思想理论界的共识。在这个背景下,如何让老年学更深入扎根于中国现代化建设的丰厚土壤,围绕中国和世界发展面临的人口老龄化问题,坚持文化自觉、理论自觉和方法自觉,创造和发展既有中国特色又有普遍意义的概念、理论与方法,推进学科体系建设,构建中国老龄问题研究的话语体系,努力用规范的话语讲好中国解决老龄问题的故事,提出能够体现中国立场、中国智慧、中国价值的理念、主张和方案,既是时代的呼唤,也是学科研究转向的必然归宿。

九、战略思路的转向

在战略思路方面,呈现由积极老龄化到积极应对人口老龄化,再到积极应对老龄社会的转向。世界各国在应对人口老龄化的实践中逐步认识到,单纯把人口老龄化视为挑战、把老年人视为包袱的消极看法和观点,并不能够有效应对人口老龄化。只有充分发掘老年人的潜能、充分发掘人口老龄化带来的机遇,才能取得事半功倍的效果。在总结世界各国应对人口老龄化问题实践经验和理论研究的基础上,2002年,世界卫生组织在联合国第二次老龄问题世界大会上,将以往的健康老龄化、成功老龄化政策理念提升为积极老龄化,并在大会上提交了《积极老龄化政策框架》报告。此后,积极老龄化战略成为世界各国做好老龄工作的共同指导方针和行动指南,也作为一种理论为我国学者所普遍接受。但是,积极老龄化理论毕竟产生于西方社会,强调个体应不断参与社会、经济、文化、精神和公民事务,强调尽可能地保持老年人个体的自主性和独立性,强调从生命全程角度关注个体的健康状况,使个体进入老年期后还能尽量长时间地保持健康和生活自理。从这个意义上说,积极老龄化理论着眼于个人,体现出一种个人主义本位,与我国的集体主义文化传统不太相符,而且在老龄问题的发展方面缺乏理论解释力。

在借鉴积极老龄化理念合理内核的基础上,2006年,我国提出积极应对人口老龄化的战略思想。邬沧萍认为,积极老龄化与积极应对人口老龄化虽然只有4个字之差,但后者体现出中国特色社会主义理论、道路和制度的智慧。积极老龄化得以实现,必须依靠健康、保障、参与这3根支柱,以及生命全程观点、以权利为基础、多部门和代际通力合作这3个前提。积极应对人口老龄化是积极老龄化的中国化创新版和升级版。从中国未富先老、未备先老的国情出发,积极应对人口老龄化必须再增加3块社会层面的基石——发展、和谐、共享。积极应对老龄化理论强调老年人个人、家庭、社区、企业、社会组织、政府等各个主体的共同参与,以积极的态度、积极的政策、积极的行动应对人口老龄化挑战,体现出一种集体主义本位。

老龄社会是一种新型社会形态。人口老龄化只不过是人类从年轻社会转向老龄社会的标志,并且只是老龄社会这一冰山的一角。基于此,在积极应对人口老龄化的基础上,近年来,国内学者又提出了积极应对老龄社会的战略思路,认为导致人口老龄化的根本原因在于更深层次的、现代化推动的社会形态的变迁。当前的应对战略思路把关注点更多地放在了作为"标"的人口老龄化上,至于作为"本"的老龄社会则很少被提及。需要按照构建理想老龄社会的方向,重现审视和调整积极应对的战略思路。

第五节　当前及今后老龄理论研究的方向和重点

2021年10月14日,全国老龄工作会议在京召开。会前,习近平总书记对老龄工作作出重要指示,李克强总理对全国老龄工作会议作出重要批示。韩正副总理、孙春兰副总理出席会议并讲话。这次会议以习近平新时代中国特色社会主义思想为指导,贯彻落实党中央、国务院关于积极应对人口老龄化的决策部署,总结党的十八大以来我国老龄工作的成就和经验,分析面临的新形势,研究提出新发展阶段推进老龄事业和产业高质量发展的重点任务。会议传递了十分丰富的信息,具有5个突出亮点。

一是理念创新。习近平总书记首次提出,要将积极老龄观、健康老龄化理念融入经济社会发展全过程[1]。积极老龄观是积极应对人口老龄化国家战略的核心理念。同时,积极应对人口老龄化国家战略和健康中国战略在理念方面的交汇点就是健康老龄化。贯彻落实"双理念",一方面有利于降低应对人口老龄化的机会成本,另一方面也有利于降低应对人口老龄化的沉没成本,实现"双成本"的降低。此外,"双理

---

① 《人民日报》2021年10月14日。

念"融入经济社会发展的全过程和各领域,有利于真正构建适应人口老龄化要求的经济社会发展新格局。

二是主线清晰。无论是会前习近平总书记的重要指示、李克强总理对会议的重要批示,还是韩正副总理、孙春兰副总理在会上的讲话,都强调要贯彻落实积极应对人口老龄化国家战略。这意味着,今后老龄工作的开展,应该站位更高、视野更宽、格局更大,从贯彻落实国家战略的角度,围绕积极应对人口老龄化这条主线,来进行前瞻性思考、全局性谋划、战略性布局、整体性推进。贯彻落实好全国老龄工作会议精神,有利于破解就养老问题谈养老问题、脱离发展问题谈老年民生问题、脱离老龄社会形态谈积极应对人口老龄化的思维褊狭和认识误区。

三是任务聚焦。积极应对人口老龄化是一项系统工程,点多面广,需要分阶段推进,更要分清楚轻重缓急,抓住牵一发而动全身的重点任务,强力推进、精准破局。这次全国老龄工作会议从保障和改善老年群体民生,防范和化解老年期收入、健康、失能三大风险的角度,提出完善多层次养老保险体系、加快健全养老服务体系、切实加强老年健康服务 3 项重点任务;从挖掘人口老龄化给经济社会发展带来机遇和活力的角度,作出加快老龄产业发展的重要部署;从社会软硬件环境适老化改造和建设的角度,提出着力构建老年友好型社会。这 3 个层面、5 个领域的重点任务,既是解决老年人问题,也是解决人口老龄化问题的共同发力点,既考虑到了积极应对人口老龄化的风险和挑战,也考虑到了发掘人口老龄化带来的活力和机遇,充分体现了习近平总书记提出的"坚持应对人口老龄化和促进经济社会发展相结合,坚持满足老年人需求和解决人口老龄化问题相结合"的要求。

四是重心下移。绝大多数老年人生活在家庭、生活在社区和基层,广大老年人急难愁盼的问题需要在基层得到解决。老龄工作的重心在基层,难点也在基层。习近平总书记关于老龄工作的重要指示强调,要健全完善老龄工作体系,强化基层力量配备。李克强总理对全国老龄工作会议作出的重要批示强调"积极发展社区养老"①。韩正副总理在全国老龄工作会议上的讲话具体指出,要大力发展居家社区养老服务,补齐农村养老服务短板,发展居家社区层面的医养结合。可以预见,今后老龄工作的重心将进一步下移,资源也将进一步下沉。这些举措有利于推进各项优质服务资源向老年人的身边、家边和周边聚集,实现精细化管理、精准化服务,也有利于实现城乡社区老龄工作有人抓、老年人事情有人管、老年人困难有人帮。

---

① 《人民日报》2021 年 10 月 15 日。

五是责任共担。应对人口老龄化的长期性、艰巨性、系统性和高投入性,决定了仅仅依靠某一主体的行动不可能取得成功,必须在党的领导下,清晰界定政府、市场、社会组织、家庭、个人五大主体的责任边界,找准各自定位,实现共同行动、优势互补,方能成功应对。此次全国老龄工作会议提出要坚持"党委领导、政府主导、社会参与、全民行动"的老龄工作方针,强调要加强党对老龄工作的领导,认真落实政府责任,扩大社会参与,发挥老年人积极作用,发挥家庭养老功能。贯彻落实这些要求,有利于形成多元主体责任共担、人口老龄化风险梯次应对、老龄事业人人参与的新格局。

全国老龄工作会议指出了今后一个时期加强老龄工作的方向和重点,需要学术理论界及时跟进,进行理论阐释和创新,以便更好引领老龄工作政策制度和实践创新。但是,当前老龄理论总体上滞后于积极应对人口老龄化实践的问题还比较突出,理论应对已经成为各项应对中的短板。为更好贯彻落实全国老龄工作会议精神,服务实施积极应对人口老龄化国家战略、发展老龄事业和产业的现实迫切需要,当前和今后的老龄理论研究需要在以下领域实现突破。

一、基础理论研究的方向和重点

(一)党的老龄工作理论研究

中国共产党成立100周年来的非凡历史进程,也是老龄工作从无到有、老龄事业从小到大不断发展的100年。党的重要文献、重要文件以及党和国家领导人的重要讲话中,蕴含有丰富的关于养老、敬老、发展老龄事业、加强老龄工作的重要论述。推进党的老龄工作理论守正创新、不断发展,需要系统总结提炼新民主主义革命时期、社会主义革命和建设时期、改革开放和社会主义现代化建设时期以及中国特色社会主义新时代这4个历史阶段,党的老龄工作理论的时代背景、历史地位、精神实质、丰富内涵、核心要义以及实践要求,为研究并提出新发展阶段老龄工作理论与实践创新的建议提供基本遵循。

(二)国外老龄理论的本土化研究

尽管国内外老年学研究都存在数据丰富、理论贫乏的现象,但发达国家人口老龄化现象出现得早,老年学研究历史也比我国长,相关理论已经过几代演化。比如,第一代的活动理论、脱离理论、现代化理论和亚文化理论;第二代的连续理论、生命进程理论、交换理论、年龄分层理论和老龄政治经济学理论;以及采用交叉学科视角,从经济学、社会学、心理学等学科中发展出来的第三代理论。这些理论多数根植于西方国家和社会。运用这些理论来研究、理解、阐释和把握中国老龄问题,必须经历重新建构的过程。此外,老龄问题既具有世界普遍性,也具有中国的特殊性。因此,中国老龄理论的建构必须立足自身国情,对国外老龄理论进行本土化重构。在对国外老龄理论进行引荐、应用与批评的基础上,通过中国丰富的经验事实对国外老龄理论进行验证、修正和发展,进而构建中国学者自主的老龄理论体系,是今后相当长时期内老龄理论研究无法回避的任务。

(三)老龄科学学科理论建设

我国即将进入中度老龄化阶段,并预计在 2035 年前后将进入重度老龄化阶段。人口老龄化急速发展,使经济社会发展各领域急剧承压,也使其带来的各类风险和矛盾的关联性增加,呈现出压缩型、复合型、共振型特点。老龄问题将整体上呈现由个体、家庭问题向群体、社会问题转变,由隐性、缓慢发展向显性、加速发展转变,由相对单一的社会领域问题向经济、政治、社会、文化等多领域问题转变的态势。老龄社会的整体结构性变迁现象越来越突出。在此背景下,传统老年学学科体系对宏观结构变迁的解释越来越力不从心,迫切需要更新观念,树立新思维,在学科体系建设上实现从老年学到老龄科学的根本转向。但是,我国老龄科学学科建设还处于探索阶段,还不具备形成学科思想理论渊源、主要学说和学派、主要研究方法、学科体系和分支领域等一些基本构成要素的条件。因而,进入新发展阶段后,老龄科学研究的一项重要任务就是要加强老龄科学学科理论建设,为老龄科学中国学派的构建提供理论根基,进而发挥学科建设在学术团队建设、人才培养、科学研究、平台建设、成果转化等方面的龙头带动作用。

(四)老龄社会形态的基础理论研究

人口老龄化只是老龄社会的重要表征之一。换而言之,人口老龄化是标,而老龄社会是本。老龄社会作为一种新的社会形态,其发生、发展有自身的动力机制和规律性。当前,学术理论界普遍引用 1982 年联合国第一次老龄问题世界大会关于发展问题和人道主义问题的分析框架,来解释老龄社会结构变迁和形态演变,关注点仍然是人口老龄化这个"标",而不是作为人类社会新形态的老龄社会这个"本"。老龄社会形态下的政治、经济、文化、社会、生态本身,就是一个个既相对独立又密切相关的复杂系统。而且,人口老龄化与城镇化、工业化、信息化、全球化相交织,必然产生叠加效应。效应叠加之后,人口老龄化对政治、经济、文化、社会及其他方面会产生怎样的影响与冲击?其中潜藏的风险会怎样传导?怎样从社会形态构建的角度去应对与防范?这些都是今后学术理论界需要回答的基本课题。只有建立在老龄社会成熟理论分析框架上的顶层设计,才能破解头痛医头、脚痛医脚的被动应对怪圈,才能肩负起及时科学综合应对人口老龄化、构建理想老龄社会的时代使命。

(五)老年人问题的元理论研究

即使没有人口老龄化,没有进入老龄社会,也存在老年人和老年人问题。因此,老年人问题研究是老龄理论始终无法回避的主题。围绕老年人的生存型、发展型和享受型需求而衍生的养老、健康、照护、居住、教育、就业、收入、精神慰藉、社会参与、代际关系、权益保障、婚姻家庭等,是老龄理论研究永恒的关切领域。针对这些领域,西方发达国家在宏观、中观和微观层面都形成了一些解释性理论,但趋于多元化和碎片化,从中难以找到洞悉并解决老年人问题的主脉络和主线索,其研究和分析的元理论框架建构尚待进一步完善。国内关于老年人问题研究的"现状—问题—对策"三段论现象描述和经验研究居多,理论研究更是匮乏。我国进入老龄社会后,老年人问题已经超越私人领域,成为公共领域的重大问题。今后,需要转变观念,创新思维,研究提出老年人问题的概念、命题、理论、指标以及应用等理论框架和话语体系,为解决日益庞大的老年群体面临的各种问题提供全面、科学的理论指导。

二、中长期重大决策的理论支撑研究

(一)积极应对人口老龄化国家战略的基础理论研究

从 2006 年《中华人民共和国经济和社会发展第十一个五年计划纲要》首次提出积极应对人口老龄化,到 2020 年党的十九届五中全会首次提出实施积极应对人口老龄化国家战略(以下简称"老龄战略"),其理论意涵和实践要求已经得到了极大的丰富。围绕着今后老龄战略的落地实施,有一系列理论问题亟待解答:老龄战略在整个国家战略体系中的定位,老龄战略的历史逻辑、现实逻辑和理论逻辑,老龄战略的实施主体、战略目标、原则、重点领域、实施路径和实施机制等战略要素与行动框架的理论阐释等。

(二)老龄事业和老龄产业发展的理论研究

迄今为止,我国已经出台 4 个国家级老龄事业发展规划。老龄事业的领域不断扩展,在党和国家事业中的地位不断提升。但是,老龄事业发展更多是各地、各部门碎片化、自发性实践经验的总结和集成,理论研究薄弱、缺乏理论引领的局面依然没有得到扭转。随着老龄战略的实施,老龄事业发展面临一系列需要重新审视和解答的理论问题。比如,积极应对人口老龄化与发展老龄事业、发展老龄事业与解决老年人问题的内在逻辑关系,老龄事业规划在国家规划体系中的定位,老龄事业和老龄产业的边界划分,新发展阶段、新发展理念、新发展格局在老龄事业发展领域的具体体现,政府、市场、社会、家庭和个人在发展老龄事业中的责任边界与分担机制,老龄事业的投入产出效益及量化核算体系的构建等。

从党的十八大提出"大力推进老龄服务事业和产业发展",到党的十九大提出"加快老龄事业和产业发展",再到党的十九届五中全会提出"发展银发经济,推动养老事业和产业协调发展",都彰显出发展老龄产业的战略紧迫性。从 20 世纪 90 年代我国提出老龄产业的概念以来,介绍国外研究成果、构建老龄产业基础理论、测算老年消费市场规模、分析老龄产业现状和问题、提出相应政策建议的研究成果已经很多。总体来看,为什么要发展老龄产业这个问题已经得到基本回答,但对什么是老龄产业、如何发展老龄产这两个基本问题还存在诸多分歧,需要更为深入细致的理论探讨。例如,老龄产业内涵和外延的精准界定、老龄产业链版图、老龄产业统计分类、可信的老龄产业有效需求测算模型建构、老龄产业政策的重点及老龄产业核算体系搭建等,都需要基础理论研究来支撑。

(三)老龄社会治理体系和治理能力现代化研究

党的十八届三中全会提出,全面深化改革的总目标是完善和发展中国特色社会主义制度,推进国家治理体系和治理能力现代化。党的十九届四中全会指明了国家治理体系和治理能力现代化的方向。在我国已经进入老龄社会,且"十四五"期间老年人口将突破 3 亿、进入中度老龄化阶段的背景下,如何推进老龄社会治理体系和治理能力现代化是理论界与政策界共同面临的重大课题。围绕什么是老龄社会治理、谁来治理、治理什么、如何治理等核心问题,迫切需要厘清老龄社会治理与国家治理、社会治理的关系和边界,以及老龄社会治理的治理主体、价值目标、治理结构、治理问题、治理手段、基本治理制度、治理能力现代化的衡量标准、治理运行机制等基本理论问题。

(四)社会主义现代化强国建设面临的重大老龄问题理论研究

人口老龄化伴随着我国建设社会主义现代化强国"两步走"战略的始终。第一个 15 年,我国处于人口老龄化急速发展期,进入超老龄社会;第二个 15 年,我国老年人口数量和占比双双达到历史高峰,老龄问题成为实施新的"两步走"战略必然面临、必须破解的重大问题,需要发挥老龄理论研究在一系列重大老龄问题领域的解释、规范、预测和指导作用。一是需要聚焦培育老龄社会经济发展新动能这一主线,就人口老龄化对供给侧资本、劳动力、技术与需求侧投资、消费、出口的影响,人口老龄化与农业现代化,大龄和老年人力资源开发利用,产业结构调整与老龄产业发展,老龄金融发展与金融安全、老龄社会的新型基础设施建设、人口老龄化进程差异下的区域错位发展、人口老龄化与新型城镇化协调推动等主题,开展理论研究。二是需要聚焦推进老龄社会包容共享普惠这一主线,就人口长期均衡发展、人口老龄化与收入分配、人口老龄化与社会阶层流动、终身教育体系建设、老年社会保障制度完善、健康养老服务体系建设、老年人社会参与、弱势老年群体帮扶、老年群体数字鸿沟的弥合等主题,开展理论研究。三是需要聚焦厚植老龄社会的文化自信这一主线,就老年人思想政治建设、积极老龄观的培育、孝亲敬老文化的传承和弘扬、老年群体精神文化生活品质提升、长寿时代的生命价值和意义等主题,开展理论研究。四是需要聚焦建设全龄友好型宜居环境这一主线,就人口老龄化与碳排放、老龄社会的城乡规划建设、全龄友好型城市和社区建设、生态康养产品提供、老年群体绿色生活方式塑造等主题,开展理论研究。五是需要聚焦推进老龄社会治理能力现代化这一主线,就人口老龄化与政治建设、老龄公共政策体系的完善、老龄法治建设、老龄工作体制改革、老年群体社会管理、老年社会组织建设、代际利益协调等主题,开展理论研究。

(五)人类老龄社会应对共同体的理论研究

习近平总书记关于人类命运共同体的科学构想,继承创新发展了马克思主义的共同体理论,体现了马克思主义共同体理论的基本原则和价值追求,把马克思主义的共同体理论从一种具有终极意义的价值观念和理想追求,转变为一种具有重要现实意义的世界范围内的伟大社会实践活动,开创了科学社会主义的新天地、新境界。人类命运共同体的科学构想,契合世界各国人民求和平、谋发展、促合作、要进步的愿望和时代要求。推动构建人类命运共同体的伟大实践,已经和正在深刻地改变着世界政治、经济、文化、生态发展格局,推动了人类历史的进步和人类社会的发展,对于世界社会主义运动具有重大的历史意义和现实意义。人口老龄化已成为21世纪的全球性趋势,并成为改变世界政治、经济、文化、生态发展格局的基础性力量。无论是发达国家还是发展中国家,都将面临人口老龄化的挑战。从构建人类命运共同体的高度,研究全球人口老龄化给世界可持续发展带来的重大战略问题,研究制定国际社会共同应对人口老龄化的国际战略,已经成为21世纪全球重大而紧迫的国际议题。我国是负责任的世界大国,我国学术理论界需要就人类老龄社会应对共同体为谁而建、由谁来建、如何来建等基本问题,就构建人类老龄社会应对共同体的领导力量、依靠力量、价值理念、建设目标、根本路径、基本动力、保障机制等作出理论解答,为构建人类老龄社会命运共同体提供科学指南。

三、当前重点问题和重大判断的理论支撑研究

(一)基本养老服务制度研究

基本养老服务是我国多层次养老服务体系建设的基石,也是实施老龄战略的重点领域。同其他公共服务一样,养老服务也有基本和非基本的区分,政府承担保障责任的是基本养老服务。可以遇见,伴随着人口老龄化程度的加深、养老服务需求的剧增,基本养老服务制度将发展成为与基本养老制度、基本医疗保障制度等同等重要的基本制度安排。但是,目前理论界就基本养老服务制度的一些基本问题,比如面向谁提供服务、谁来提供服务、提供什么服务、谁来支付、制度如何运转等,并未作出理论解答或形成共识。迫切需要在厘清基本养老服务和互助养老服务、普惠性养老服务等关系的基础上,针对全体老年人及失能、失智、贫困、高龄、病残等特殊老年群体,研究并明确基本养老服务的内涵与外延、服务内容、服务标准、资格条件、供给方式、支出责任等核心问题。

(二)医养结合基本理论研究

推进医养结合,打破医疗卫生服务体系和养老服务体系的条块分割,为老年人提供一体化、整合型健康养老服务,成为国家层面老龄政策创新的热点。随着医养结合实践的深入,在结合什么与如何结合等领域,还有一些理论和认识上的问题需要解答。例如,如何从供给侧及需求侧界定清楚医与养的各自内涵和边界;推进医养结合,是以医为主结合,还是以养为主结合;医养结合与康养结合的逻辑关系,医疗服务体系、养老服务体系、老年健康服务体系三者之间的逻辑关系;医养结合模式中各参与主体的行动策略及各主体间的博弈互惠关系,以及医养结合部门协作、政策衔接、服务整合、人才融合、信息融通、经费保障、质量评价和监督、长期照护保障制度建设等,都需要理论研究作支撑。

(三)老年友好型社会研究

全国老龄工作会议强调,要着力构建老年友好型社会。在人口老龄化迅速发展的背景下,从人与社会环境关系重构的角度建设老年友好型社会,逐步成为政府和学术理论界的共识。然而,老年友好型社会的内涵并不十分清晰。比如,"全龄友好"(Age-Friendly)与"老年友好"(Elderly—Friendly)的关系如何;老年友好型社会的物质环境、社会环境、政策环境孰轻孰重;老年友好型社会建设是一个不断建设和治理的过程,在此过程中,包括老年人在内的多主体合作模式如何确立和实施;如何在老年友好型社会构建中,更好体现"不分年龄、人人共建共享共融"的原则;在我国城乡

二元结构的背景下,城乡老年友好型社会建设应体现出哪些共性和差异;如何制定有效和可靠的方法与指标来评估社区的老年友好程度;等等。上述这些问题,都需要在理论层面作出解答。

(四)"富"与"老"的基本关系研究

中国进入老龄化社会以来,在相当长的时间内,国内学者从人口老龄化与经济社会发展的关系出发,将我国人口老龄化的基本国情概括为未富先老。这一国情,已经成为考虑一切老龄问题,制定老龄工作路线、方针、政策的出发点。习近平总书记在党的十九大报告中指出:中国特色社会主义进入了新时代,意味着近代以来久经磨难的中华民族迎来了从站起来、富起来到强起来的伟大飞跃,迎来了实现中华民族伟大复兴的光明前景。在此背景下,迫切需要从理论层面回答当前我国"富"与"老"的基本关系判断问题。"富"的标准、"老"的标准各自是什么?未富先老、边富边老、先富后老这3种形态的判断依据是什么?人口老龄化程度与经济社会发展之间的协调性在什么区间内是合适的?在从理论层面作出解答的同时,进而需要判断我国是仍处于未富先老状态,还是已经进入边富边老阶段。

第二章　老龄政策回顾与启示

以史为鉴,开创未来。进入老龄化社会的 20 年来,我国老龄政策是在党委领导、政府主导、社会参与、全民行动的老龄工作方针指引下,适应人口老龄化形势不断变化,根据我国经济社会发展状况和老年群体实际需要,不断发展和逐步完善的。通过长期实践和深入研究,在不同阶段出台了具有时代特色的政策,为积极应对人口老龄化提供了重要指导和政策遵循。老龄政策发展历程具有鲜明的中国特色和时代特征,积累形成了政策发展的典型经验,未来政策发展趋势特征鲜明。

第一节　老龄政策发展历程回顾

在进入老龄化社会之前,我国政府就开始关注老年人问题,制定了一系列老年人福利政策。新中国成立后,党和政府非常重视人口结构问题和人均预期寿命增加带来的社会变化,进行对应的制度安排。从 1950 年就开始探索建立职工干部退休管理办法,并建立专门的退休制度。1951 年,出台劳动保险条例,逐步建立职工医疗保险制度。1956 年,《高级农业合作社示范章程》对老年社员的社会福利保障进行了明确。随后,设立五保制度和敬老院,老年社会福利制度逐步建立。1982 年,我国政府成立中国老龄问题全国委员会,并派代表团参加第一次世界老龄大会。1994 年,我国制定了第一部老龄工作中长期规划《中国老龄工作七年发展纲要(1994—2000)》。1996 年,我国颁布了第一部保护老年人权益的专项法律《中华人民共和国老年人权益保护法》。通过建立老龄工作机构、制定老龄工作中长期规划、出台专项法律,为老龄工作健康发展打下了坚实基础。在 2000 年我国进入老龄化社会之后,人口老龄化进程加快,人口老龄化程度加深,应对人口老龄化问题的必要性和紧迫性上升,老龄政策发展进入了新的阶段,具体分为以下几个阶段。

一、2000—2011 年：探索发展期

2000 年 11 月底进行的第五次全国人口普查显示，我国 65 岁以上老年人口已达 8811 万人，占总人口的 6.96%；60 岁以上人口达 1.3 亿人，占总人口的 10.2%。以上比例按国际标准衡量，均表明我国已进入了老龄化社会①。在党中央、国务院高度重视下，自上而下推动老龄政策在多个领域探索发展。

中央层面全面部署老龄工作。1999 年 10 月，中央决定成立全国老龄工作委员会，委员会由 24 个党、政、军、群部门组成，负责协调和领导全国的老龄工作。2000 年 8 月，党中央、国务院出台《关于加强老龄工作的决定》，强调"老龄问题涉及政治、经济、文化和社会生活诸多领域，是关系到国计民生和国家长治久安的一个重大社会问题"。

在国家层面确立了以五年规划模式统筹老龄事业发展，这是我国综合推动老龄事业的主要政策。2001 年 7 月，国务院颁布第一个老龄事业五年规划《中国老龄事业发展"十五"计划纲要》；2006 年和 2011 年，相继颁布老龄事业发展"十一五"和"十二五"规划。老龄事业发展五年规划不仅是老龄事业发展的指南，也是老龄政策五年发展的具体指引和规划。

2000 年，全面部署老龄工作，各领域开始出台相关政策，特别是养老保障领域和养老服务领域先行先试，政策探索率先取得突破。在养老保障领域，探索建立城镇居民基本医疗保险试点、新型农民养老保险制度、农村低保制度、城市医疗救助制度，颁布社会保险法，部分省市建立高龄津贴制度。在养老服务领域，出台加快发展养老服务业和全面推进居家养老服务工作的意见，召开全国居家养老工作经验交流会，为各地探索养老服务和居家养老服务发展提供了指导与经验支持。

二、2012—2018 年：快速发展期

为更好应对我国人口老龄化进程带来的影响和挑战，党的十八大以来，以习近平同志为核心的党中央高度重视应对人口老龄化工作，通过顶层设计大力推动养老服务业发展，多个领域的政策密集出台。我国老龄政策由此进入了快速发展期，并进入了系统化、体系化的发展轨道。

党的十八大以来，习近平总书记对老龄工作的重要指示、讲话达 30 多次，为老龄

---

① 数据来自国家统计局网站，见 http://www.stats.gov.cn/tjsj/pcsj/rkpc/dwcrkpcsj/。

政策发展指明了方向、提供了基本遵循。2012 年 12 月,《中华人民共和国老年人权益保障法》第一次进行全面修订,首次提出积极应对人口老龄化是国家的长期战略任务。2015 年 10 月,习近平总书记对老龄工作作出重要指示。2016 年 3 月,国家"十三五"规划设立"积极应对人口老龄化"专章。同年 5 月,习近平总书记主持中共中央政治局第三十二次集体学习,针对积极应对人口老龄化、发展老龄事业、做好老龄工作发表重要讲话。

健康养老服务领域的政策密集出台。2013 年,国务院出台《关于加快发展养老服务业的若干意见》和《关于促进健康服务业发展的若干意见》,这一年也被业界称为"养老服务业发展元年"。在此之后,关于养老服务和健康服务的政策文件大量出台,各相关部门和各地出台多个相关配套文件,居家养老服务广泛试点,全面推进医养康养和老年健康服务体系建设。老龄产业领域大力推进"放管服"改革,产业活力快速提升,产业发展取得突破。多措并举,营造老龄事业发展氛围。进行执法检查、专项督查,组织"敬老文明号"创建活动、"敬老爱老助老模范人物"评选表彰活动和"敬老月"活动,在全社会开展人口老龄化国情教育活动。在党和政府高度重视下,全社会关心、重视、支持老龄事业发展的氛围进一步浓厚。

三、2019 年:战略发展期

2019 年 10 月,党的十九届四中全会召开,确立了推进国家治理体系和治理能力现代化的总体目标。应对人口老龄化作为国家治理的重要组成部分,被提到了新的战略高度。党的十九届五中全会把积极应对人口老龄化上升为国家战略,十三届全国人大四次会议将积极应对人口老龄化纳入国家"十四五"规划及 2035 年远景目标。2019 年,印发《中共中央关于加强党的政治建设的意见》,强调以党的政治建设为统领,全面推进党的各项建设,加强党的全面领导。应对人口老龄化在党的集中统一领导下,齐心协力、协调一致地开展工作。同年,党中央、国务院印发《国家积极应对人口老龄化中长期规划》,从国家战略层面确立了中长期应对人口老龄化的全方位部署和安排,为相关配套政策制定提供了时间表和路线图。党的十九届四中全会通过的《中共中央关于坚持和完善中国特色社会主义制度、推进国家治理体系和治理能力现代化若干重大问题的决定》提出,创新公共服务提供方式,鼓励支持社会力量兴办公益事业,满足人民多层次多样化需求,使改革发展成果更多更公平惠及全体人民。2020 年 11 月,党的十九届五中全会通过的《中共中央关于制定国民经济和社会发展第十四个五年规划和二〇三五年远景目标的建议》明确提出,"实施积极应对人口老龄化国家战略",要求以"一老一小"为重点完善人口服务体系。2021 年 5 月 31 日,习近平总书记主持中共中央政治局会议,听取"十四五"时期积极应对人口老龄化重大政策举措汇报。会议指出,积极应对人口老龄化,事关国家发展和民生福祉,是实现经济高质量发展、维护国家安全和社会稳定的重要举措。2021 年,《中共中央、国务院关于优化生育政策促进人口长期均衡发展的决定》公布,要求从优化生育政策、实施一对夫妻可以生育三个子女政策和配套积极生育支持措施等多个方面,促进人口长期均衡发展。

2021 年重阳节前夕,习近平总书记对老龄工作作出重要指示,李克强总理对老龄工作作出重要批示。重阳节当天,国务院召开全国老龄工作会议,学习习近平总书记对老龄工作的重要指示、李克强总理对老龄工作的重要批示,总结党的十八大以来老龄工作成就,部署新时代老龄工作。2021 年 11 月 18 日制定的《中共中央、国务院关于加强新时代老龄工作的意见》,对加强新时代老龄工作提出总体要求、作出具体部署。习近平总书记对老龄工作的重要指示、李克强总理对老龄工作的重要批示、全国老龄工作会议和《中共中央、国务院关于加强新时代老龄工作的意见》作出的贯彻落实的具体安排,对新时代老龄工作提出了新的更高要求。老龄政策需要创新和优化,更好发挥中国特色社会主义制度优势,更加科学有效制定老龄政策,更加综合应对人口老龄化带来的机遇和挑战,更加坚决推进老龄政策贯彻落实。

第二节　老龄政策重点领域发展状况

一、养老保障领域

随着经济社会的不断发展以及党和政府对民生工作的高度重视,我国的养老保障制度不断完善,保障范围不断扩大,保障水平不断提高。

目前,我国已经建立起来覆盖所有人群的养老保险制度。2009 年,建立新型农民养老保险制度,农民 60 岁后首次领取国家普惠式养老金。2010 年,3400 万农民领取每月至少 55 元基础养老金。2010 年 10 月 28 日,社会保险法颁布,标志着社会保险走上法治化道路。2014 年,国务院出台《关于建立统一的城乡居民基本养老保险制度的意见》以及一系列关于城乡养老保险转移接续和衔接制度的文件,建立统一的城乡居民基本养老保险制度。

医疗保险领域,在 1998 年出台《关于建立城镇职工基本医疗保险制度的决定》

基础上,2003 年出台《关于建立新型农村合作医疗制度的意见》,2007 年出台《关于开展城镇居民基本医疗保险试点的指导意见》,2012 年修订《中华人民共和国老年人权益保障法》等,逐步实现了包括老年人在内的医疗保险制度全覆盖。2003 年 10月,党的十六届三中全会提出探索建立农村低保制度。我国自 2007 年开始实行农村最低生活保障制度。此后,国务院又在 2012 年出台了《关于进一步加强和改进最低生活保障工作的意见》。2014 年,国务院印发《社会救助暂行办法》,明确了最低生活保障、特困人员供养、受灾人员救助、医疗救助、教育救助、住房救助、就业救助和临时救助 8 项制度。2005 年 3 月,国务院办公厅发出关于转发《民政部等部门关于建立城市医疗救助制度试点工作意见的通知》,要求 5 年内全国建立医疗救助制度。2014年,财政部、民政部、全国老龄办联合发布了《关于建立健全经济困难的高龄失能等老年人补贴制度的通知》。2021 年,全国老龄工作会议提出,要进一步完善多层次养老保障体系,健全基本养老保险制度,逐步提高养老保障水平,加快发展第二、第三支柱养老保险。

二、养老服务领域

养老服务在多部门共同关注和大力推进下,已形成多方参与的服务基本体系,服务质量有所提高,服务设施建设取得了突破性发展,服务能力有了较大提升。

在法律层面,2012 年 12 月,全国人大常委会修订的老年人权益保障法明确规定,老年人有享受社会服务的权利,并针对"社会服务"作了具体规定。2018 年,新修正的老年人权益保障法明确规定,"国家建立和完善以居家为基础、社区为依托、机构为支撑的社会养老服务体系",为养老服务的发展提供了重要法律依据。

在综合性政策中,党中央、国务院在 2000 年作出《关于加强老龄工作的决定》,首次提出要"建立以家庭养老为基础、社区服务为依托、社会养老为补充的养老机制"。2016 年 5 月 27 日,习近平总书记主持中共中央政治局第三十二次集体学习时提出,构建"居家为基础、社区为依托、机构为补充、医养相结合"的养老服务体系。2019 年 10 月 31 日,党的十九届四中全会审议通过的《中共中央关于坚持和完善中国特色社会主义制度、推进国家治理体系和治理能力现代化若干重大问题的决定》明确:"积极应对人口老龄化,加快建设居家社区机构相协调、医养康养相结合的养老服务体系。"养老服务体系经过不断优化,发展到了全面统筹、协调推进的新阶段。

在专项政策中,2006 年 2 月 6 日,国务院办公厅转发《全国老龄办和发展改革委等部门关于加快发展养老服务业意见的通知》,这是我国第一个关于养老服务的文件。2008年1月,全国老龄办、国家发改委等10部委发出《关于全面推进居家养老服务工作的意见》,这是我国第一个关于居家养老的文件。2013年9月,国务院出台《关于加快发展养老服务业的若干意见》,提出一系列加快养老服务业发展的政策措施。2019年,国务院办公厅发布的《关于推进养老服务发展的意见》提出,确保到2022年,在保障人人享有基本养老服务的基础上,有效满足老年人多样化、多层次养老服务需求。近年来,围绕土地使用、税收优惠、金融支持、设施建设、人才培育、科技发展等方面,出台了一系列实施性政策措施,制定了设施建设、服务质量、服务安全、等级评定等方面的国家和行业标准,为养老服务发展提供了保障和指引。2021年,全国老龄工作会议提出,要加快健全养老服务体系,大力发展居家和社区养老服务,提升机构养老服务质量,补齐农村养老服务短板。

三、老龄健康服务领域

健康是保障老年人独立自主和参与社会的重要基础。推进健康老龄化,是建设健康中国的重要组成部分,也是积极应对人口老龄化的重要组成部分。2013年10月,国务院出台《关于促进健康服务业发展的若干意见》,将加快发展健康养老服务作为主要任务予以推动,明确了推进医疗机构与养老机构等加强合作、发展社区健康养老服务两个核心抓手。之后,相关政策密集出台,相关老龄健康政策不断细化。

2016年,党中央、国务院印发实施《"健康中国2030"规划纲要》,提出加强"重点人群的健康服务","促进健康老龄化"。2017年,在党的十九大报告中,习近平总书记明确表示"实施健康中国战略",同时提出"积极应对人口老龄化,构建养老孝老、敬老政策体系和社会环境,推进医养结合,加快老龄事业和产业发展"。2019年,《国务院关于实施健康中国行动的意见》继续强调"加快推动从以治病为中心转变为以人民健康为中心",同时将"实施老年健康促进行动"作为维护全生命周期健康的重要一环。

老龄健康专项政策方面,2017年,专门面向老龄健康问题出台了《"十三五"健康老龄化规划》《关于建立完善老年健康服务体系的指导意见》,要求构建包括健康教育、预防保健、疾病诊治、康复护理、长期照护、安宁疗护的,综合连续、覆盖城乡的老龄健康服务体系。关于老年人照护的政策一直在探索和发展,2014年发出《关于开展计划生育家庭养老照护试点工作的通知》,2016年出台《关于开展长期护理保险制度试点的指导意见》,长期护理保险制度不断探索发展。《关于印发老年健康核心信息的通知》《老年人健康管理技术规范》等文件,使老年人健康管理成为老龄健康领域的重要抓手。

推动医养结合方面,2013 年,《关于加快发展养老服务业的若干意见》明确提出,要积极推进医疗卫生与养老服务相结合。2015 年,《关于推进医疗卫生与养老服务相结合的指导意见》又明确提出,要推动建立覆盖城乡、规模适宜、功能合理、综合连续的医养结合服务网络。2021 年,全国老龄工作会议提出,要切实加强老年健康服务,构建预防、治疗、照护三位一体的老年健康服务模式,强化老年人健康管理,提升老年医疗服务能力,发展社区和居家医养结合服务,完善医疗保险等制度。

四、老年文化教育领域

通过一系列创建活动和模范榜样宣传引导,有力宣传了孝亲敬老文化。2010 年,全国老龄办印发《关于开展"敬老月"活动的通知》,这是我国第一次在全国范围内开展以为老服务为主题的社会性、群众性精神文明创建活动。2011 年,全国老龄工作委员会印发了《关于开展"敬老文明号"创建活动的通知》,于全国范围内评选表彰在经营、管理和服务等工作岗位上,积极开展优质为老服务工作的先进集体。

老年教育有助于满足老年人的精神文化生活需求,也有助于提升老年人的生命、生活质量。1996 年颁布的《中华人民共和国老年人权益保障法》就明确规定,"老年人有继续受教育的权利,各级人民政府对老年教育应当加强领导,统一规划",以立法形式将接受文化教育上升为老年人的法定权利。2001 年发出了《关于做好老年教育工作的通知》,要求巩固老年教育事业成果,制定老年教育事业发展规划和目标,科学指导并规划老年教育事业的发展。2012 年,全国老龄办、中宣部、教育部等 16 部委又联合出台了《关于进一步加强老年文化建设的意见》。国务院办公厅印发的《老年教育发展规划(2016—2020 年)》明确提出,要使"以各种形式经常性参与教育活动的老年人占老年人口总数的比例达到 20% 以上"。2019 年的《关于推进养老服务发展的意见》中,对于大力发展老年教育提出了具体要求和指导意见。2020 年,全国各类老年教育机构近 8 万所,老年大学(学校)近 6 万所,在校学员近 700 万,包括接受远程教育在内的老龄学员有 1300 余万人,多部门推动、多形式办学的老年教育格局初步形成①。2021 年,全国老龄工作会议提出支持老年人参与经济社会发展。老年教育作为提升老年人社会参与活力的助推器,应当进一步发挥作用。

---

① 数据由中国老年大学协会根据 2020 年情况统计。

五、老年人权益保障领域

在 1996 年,我国颁布了《中华人民共和国老年人权益保障法》,保障老年人权益,之后先后对《中华人民共和国老年人权益保护法》进行了 4 次修订,最新修订版本于 2018 年 12 月 29 日正式施行。在促进老年人参与社会发展、保障老年人参与权益方面,也不断取得新成果。2003 年,全国老龄办联合司法部出台了《关于加强维护老年人合法权益工作的意见》,要求各级政府要及时为老年人提供法律服务和司法保护,切实保障老年人的合法权益。2015 年,司法部联合全国老龄办发出了《关于深入开展老年人法律服务和法律援助工作的通知》,明确要求各级政府引导广大法律服务机构和法律援助工作者,着力解决医疗、保险、救助、赡养、婚姻、财产继承和监护等老年人最关心、最直接、最现实的法律问题。2013 年,全国老龄办等部委出台《关于进一步加强老年人优待工作的意见》,明确县级以上地方政府全面建立健全老年人优待政策的目标任务。2017 年,国务院办公厅印发《关于制定和实施老年人照顾服务项目的意见》,确定了 20 项提升老年人获得感和幸福感的照顾服务重点任务。

2003 年,全国老龄委印发了《组织开展老年知识分子援助西部大开发行动试点方案》。该行动简称"银龄行动",为老年知识分子提供了服务社会和展现个人价值的平台,是当下我国积极应对人口老龄化的重要实践项目。2018 年 7 月 4 日,为进一步加强农村教师队伍建设,充分利用退休教师这一优势资源,教育部、财政部联合印发《银龄讲学计划实施方案》,面向社会公开招募优秀退休校长、教研员、特级教师、高级教师等到农村的义务教育学校讲学,发挥优秀退休教师的引领示范作用,促进城乡义务教育均衡发展。2021 年,全国老龄工作会议提出,进一步做好老年人社会优待工作,切实维护老年人合法权益。

六、老龄产业领域

政府与市场并重、事业与产业共同发展的重要理念,以及多元化老龄服务体系的建设理念逐步形成。党的十八大明确提出要"积极应对人口老龄化,大力发展老龄服务事业和产业",党的十九大提出"加快老龄事业和产业发展"的要求。党的十八大和十八届三中、四中、五中全会以及"十三五"规划纲要,都提出了明确要求。党的十九大报告强调加快老龄事业和产业发展,进一步提升了老龄产业的战略定位和高度,老龄事业与老龄产业的融合是大势所趋。2019 年 5 月 29 日,国务院常务会议部署进一步促进社区养老和家政服务业加快发展的措施,决定对养老、托幼、家政等社区家庭服务业加大税费优惠政策支持。随后,面向旅游、文化、体育、健康、养老、教育培训六大幸福产业的支持力度不断加大,相关政策文件相继出台。

2013 年,民政部印发《关于开展公办养老机构改革试点工作的通知》,开始探索激活公办养老机构活力的有效政策措施。2014 年,财政部印发《关于做好政府购买养老服务工作的通知》,明确了坚持政府引导、培育市场主体的基本原则。同年,国土资源部出台《养老服务设施用地指导意见》,为破解养老服务设施用地的开发利用管理难题指明了方向。2016 年,国务院办公厅发布《关于全面放开养老服务市场提升养老服务质量的若干意见》,面向供给结构不尽合理、市场潜力未充分释放、服务质量有待提高等问题给出具体解决方案。同年,中国人民银行等 5 部委发布《关于金融支持养老服务业加快发展的指导意见》。民政部也印发《关于进一步扩大养老服务供给、促进养老服务消费的实施意见》,由注重供给向注重需求为导向转变,是从强调供给向注重需求转折的标志性文件。2021 年,全国老龄工作会议提出,要加快推动老龄产业发展,加强老龄产业规划、标准等基础性工作,激活老年用品和服务市场,优化老龄产业发展环境。

七、老年宜居环境领域

老年宜居环境建设是我国应对人口老龄化实践中探索形成的新理念,营造适宜老年群体的整体社会环境。2012 年修订的《中华人民共和国老年人权益保障法》明确地将老年宜居环境建设上升到法律高度,并设置"老年宜居环境"专章,更是进一步推动了老年宜居环境的政策创制与实践创新。

从政策发展来看,全国老龄办、国家发改委等部委于 2016 年共同出台的《关于推进老年宜居环境建设的指导意见》,为老年宜居环境建设的发展指明了方向,对老年人的居住环境和出行环境提出要求,并对老年人的健康支持环境、生活服务环境以及敬老社会文化环境等提出了明确要求。《关于加快发展养老服务业的若干意见》《"十三五"国家老龄事业发展和养老体系建设规划》等文件,也都将老年宜居环境列为重要内容。2020 年 7 月,国务院办公厅印发《关于全面推进城镇老旧小区改造工作的指导意见》,提出重点改造完善小区配套和市政基础设施,提升社区养老、托育、医疗等公共服务水平,推动建设安全健康、设施完善、管理有序的完整居住社区。同月,民政部、国家发改委等 9 部委印发《关于加快实施老年人居家适老化改造工程的指导意见》,提出在"十四五"期间,继续实施特殊困难老年人家庭适老化改造,有条件的地方可将改造对象范围扩大到城乡低保对象中的高龄、失能、残疾老年人家庭等。2020年11月,国务院办公厅印发《关于切实解决老年人运用智能技术困难的实施方案》,为解决老年人在面临信息时代和智能设备时遇到的困难问题,结合实际给出不同的解决方案。各相关部门在该文件印发后,及时研究老年人在不同领域遇到的实际困难,出台配套文件,推进具体落实,切实提升了智能技术领域的适老化水平。2021年,全国老龄工作会议提出,要着力构建老年友好型社会,加强老年宜居环境建设。

八、老年科技领域

通过科技创新,突破老年用品和养老服务发展的技术瓶颈,建立以企业为主体、产学研用紧密结合、市场化与多元化科技开发和促进成果转化的有效模式。2015年,国务院印发《关于积极推进"互联网+"行动的指导意见》,明确提出:依托现有互联网资源和社会力量,以社区为基础,搭建养老信息服务网络平台,提供护理看护、健康管理、康复照料等居家养老服务,鼓励养老服务机构应用基于移动互联网的便携式体检、紧急呼叫监控等设备,提高养老服务水平,促进智慧健康养老产业发展。2017年,工信部、民政部、国家卫生计生委等3部委印发《智慧健康养老产业发展行动计划(2017—2020年)》,明确提出了到2020年基本形成覆盖全生命周期的智慧健康养老产业体系、打造一批智慧健康养老服务品牌、基本普及健康管理和居家养老等智慧健康养老服务、大力提升智慧健康养老服务质量和效率、不断完善智慧健康养老产业发展环境等发展目标。2019年,《国家积极应对人口老龄化中长期规划》中的五大任务分别是钱、人、物、科技、环境,科技被列为第四大任务。该规划提出:"把技术创新作为积极应对人口老龄化的第一动力和战略支撑,依靠科技创新化解人口老龄化给经济社会发展带来的挑战"。同年,国务院办公厅印发《关于推进养老服务发展的意见》,明确提出"实施'互联网+养老'行动",要求"持续推动智慧健康养老产业发展,拓展信息技术在养老领域的应用,制定智慧健康养老产品及服务推广目录,开展智慧健康养老应用试点示范"。

第三节 老龄政策发展带来的启示

近年来,老龄政策的发展取得了显著成效,但随着人口老龄化程度的进一步加深,发展不平衡不充分的问题更加突出,面对的问题更加复杂。同时,全面建成小康社会和实现治理现代化的新时代背景,对老龄政策优化提出了更高要求。当前的老龄政策还存在一系列不足和问题,主要体现在:全面统筹的水平有待进一步提高,缺少全社会共同行动的一致共识,适老产品和服务供给数量不足与质量不高并存,各领域和各社会主体间协同不足,政策的科学化、精细化程度有待强化等。"十四五"期间,应充分借鉴 20 年来的发展经验,同时充分考虑发展的新变化和新挑战,在老龄政策发展过程中结合我国经济社会发展趋势、治理体系和治理能力现代化发展方向,充分考虑老龄政策发展需要应对的新变化,贯彻落实积极应对人口老龄化国家战略,加快营造与之相适应的政策环境。

一、更加注重发挥党的全面领导和社会主义制度优势

20 年来老龄政策法律的快速发展,充分体现了党的全面领导和社会主义制度的优越性。在未来的发展过程中,需要继续发挥这一优势,进一步整合协调共识,把积极应对人口老龄化融入所有政策,整个公共政策体系都要有积极应对人口老龄化的视角。

要坚决贯彻习近平总书记的重要指示精神,各级党委和政府高度重视并切实做好老龄工作,贯彻落实积极应对人口老龄化国家战略。应对人口老龄化是治理现代化的重要内容,从更高维度和更广阔视角明确了涉老领域发展的总基调,细化了解决老龄问题的基本路线。要推动积极应对人口老龄化的政策、资源、力量等各类要素高效整合协同,形成积极应对的合力。要建立党委领导下的高层次、高规格组织领导体系以及专门的办事机构,着力加强对老龄法律、法规、政策、规划的统筹协调,着力增强政策制度的针对性、协调性、系统性,强化老龄工作的统筹协调、综合决策、重大项目统筹、督查督办等,强化老龄工作的组织实施。做好人口老龄化国情教育工作,领导干部要首先树立积极及时、科学综合应对的新理念,引导全社会积极看待老龄社会和老年人。要着力健全基层老龄工作体制机制,加强对基层老龄工作资源、组织、力量的有效整合,推动社会治理重心向基层下移,实现习近平总书记提出的"保证城乡社区老龄工作有人抓、老年人事情有人管、老年人困难有人帮"的目标。

二、更加注重积极应对的整体氛围营造

我国进入老龄化社会以来,经历了从认识老龄问题、宣传老龄问题、解决老龄问题,到应对人口老龄化、积极应对人口老龄化的认识和实践发展过程,每一次认识的进步又推动实践的前进。要按照习近平总书记重要指示要求,把积极老龄观、健康老龄化理念融入经济社会发展全过程。党的十六届五中全会提出"认真研究制定应对

人口老龄化的政策措施",国家经济社会发展"十一五"规划第一次提出"积极应对人口老龄化"并设立专节,党的十九届五中全会把积极应对人口老龄化上升为国家战略。实施积极应对人口老龄化国家战略,关键在"积极",要义也在"积极"。"积极"蕴含着积极向上、积极主动、全力以赴、开拓创新、锐意改革等精神内涵。积极应对人口老龄化,就是有更加积极的态度、政策、行动。人口老龄化带给我们的不仅仅是挑战,也有发展机遇。要坚持积极应对人口老龄化与促进经济社会发展相结合,坚持满足老年人需求和解决人口老龄化问题相结合,努力挖掘人口老龄化给国家发展带来的活力和机遇。既要看到我国应对人口老龄化的严峻性、复杂性,又要看到我国社会制度、文化传统和组织体系的优势。既要做好老年保障工作,又要充分发挥老年人的社会参与作用。既要强调老年群体的特殊性,做好老年人的优待、维权工作;又要让全社会积极接纳帮助老年人、尊重关爱老年人,形成代际和顺、社会和谐的良好氛围。要重视开发老龄人力资源。我国目前是以低龄老年人为主的人口老龄化,老年人的社会参与潜力巨大。应促进老年人社会参与,破解老年人就业、创业等一系列制度障碍,大力发展老年社会组织,为老年人社会参与提供平台,鼓励老年人为经济社会发展多作贡献。要加强老年友好环境建设,把老年宜居环境的理念融入公共政策、建筑规划、设计制造、生活服务等各个环节中,纳入社会治理的体系当中,整体规划,全面推进。并且,老年宜居环境不是"高配",而是"标配";不是对老年人特殊的优待,而是全社会标准化的配备。要营造敬老爱老的、包容的社会环境,破除老年人的信息鸿沟,让老年人共享经济社会发展成果。

三、更加注重需求导向下的服务供给高质量发展

在党委领导和政府主导下,老龄政策制定始终坚持以人民为中心,站在人民的立场上,充分考虑老年人的切实问题和社会发展需要,围绕中心解决问题。要贯彻落实习近平总书记重要指示要求,加快健全社会保障体系、养老服务体系、健康支撑体系。同时,按照李克强总理重要批示要求,聚焦广大老年人在社会保障、养老、医疗等民生问题上的"急难愁盼",深化相关改革,健全老龄工作政策、制度和工作机制。

第七次全国人口普查数据显示,我国 60 岁及以上人口为 26402 万人。数量如此庞大的老年人的需求是多样化、多层次的,遇到的实际困难和问题是不同的,这对政策制定提出了更高要求。"十四五"期间,随着我国老年人口结构的变化,老年人生活将由生活必需型朝享受型、发展型和参与型发展,供给将更加细分,更加专业化、职业化。政策制定需要"读懂老年人",不仅要关注老年人自身的全面发展,切实做好

老年人的再社会化与自我实现工作,更要健全全生命周期的政策体系。同时,养老服务要与乡村振兴战略、脱贫攻坚战略、终身教育战略等融合发展。要牢固树立人的全面发展和终身发展理念,将个体层面的衰老问题和群体层面的老年人问题,都视为动态发展的过程,推行健康老龄化,将政策干预的关口前移。从做好全生命周期养老准备的视角,积极适应健康转型,既重视年轻人口的健康准备,又重视老年人口的健康干预,常见病、慢病治理,发展老年人的体育健身事业,把积极应对人口老龄化的关口前移到年轻人口和低龄老年人口,确保从根本上降低积极应对人口老龄化的成本。加快构建老龄健康体系。一方面,要通过权威、科学、系统的健康教育,尽快提升老年群体的健康素养。目前,老年健康有很多误区,比如把正常的衰老和衰弱当成疾病、过度养生保健、过度照护、缺乏康复理念等。另一方面,要加快老龄健康体系建设,建立完善健康教育、预防保健、疾病诊治、康复护理、长期照护、安宁疗护等覆盖城乡、综合连续的老年健康服务体系,推进医养、康养相结合。提升基本养老服务供给质量,完善以居家为基础、社区为依托、机构为补充的养老服务体系建设。养老服务体系一方面要制定支持家庭养老的社会政策,包括带薪照料假、家庭护理技能培训、家庭养老床位等,巩固家庭养老的基础性地位。另一方面,要重点发展社区居家养老服务,特别是送上门的康复护理专业性服务。机构养老为补充,虽然比重不大,但对于失能失智的老年人是不可替代的。未来要大力扶持发展社区嵌入型具有康复护理功能的养老机构,使失能失智老年人在社区里就近就便得到及时、专业的照护。满足老年人更高层次、更高水平的需求,是服务供给高质量发展的客观需求,是养老服务业、健康服务业发展的必然趋势,也是相关产业领域发展的必由之路。

四、更加注重各领域融合及各主体协同

人口老龄化是经济社会发展的成果。老龄问题是发展问题,涉及发展的各个领域和每一个社会主体。积极应对人口老龄化是一项战略性、全局性、综合性的宏大系统工程,要按照习近平总书记的要求,"完善党委统一领导、政府依法行政、部门密切配合、群团组织积极参与、上下左右协同联动的老龄工作机制,形成老龄工作大格局"[①],充分调动政府、市场、社会、家庭和包括老年人在内的各方面力量的积极性,形成积极应对、全民行动的新态势。老龄领域的政策涉及社会发展各个领域,与民生领域具有广泛关联,在应对过程中,需要与各民生事业统筹考虑,与各幸福产业协同发

---

① 《人民日报》2016 年 5 月 29 日。

展,做到优势互补、资源共享。要更加充分发挥有为政府的作用,既要尽力而为,又要量力而行。在顶层设计和政策制度建设上,要着眼于长远和可持续发展,吸取西方高福利国家的经验教训,防止出现养老保障和基本养老服务不可持续的问题。政府要在制定政策规划、保基本、兜底线、提供基本养老服务等方面发挥更大作用,减轻全社会对人口老龄化的焦虑,着力增强老年人的获得感、幸福感和安全感。"事业是基础,产业是希望",要大力发展老龄产业和银发经济。新时代老龄产业和银发经济的空间巨大,要广泛动员社会力量,抓住人口老龄化带来的机遇,实现人口老龄化条件下的经济可持续发展。把人口老龄化作为经济发展的基础性决策因素,适时适度调整相关经济政策,推进经济结构战略性调整,促进经济发展方式转变与人口老龄化新形势新要求相适应。积极实施就业促进政策,提高老年人的劳动参与率,最大限度减少消费性人口、增加生产性人口、降低社会抚养比、减轻经济运行成本。依靠科技进步和体制创新促进经济增长,提高劳动力素质,提升全要素生产率。改革收入分配制度,藏富于民,提高老年人消费能力;大力发展老龄产业,使之成为国民经济的支柱性产业之一。坚持以服务实体经济发展为导向,规范金融性养老资产的资本运作,促进实体经济与资本经济协调发展,防范经济出现系统性风险。要按照党的十九届五中全会要求,重视发挥家庭养老的基础性作用,制定支持家庭养老的社会政策。家庭是养老的第一居所,居家养老是第一选择,这是积极应对人口老龄化的中国智慧、中国方案、中国优势的重要内容。

五、更加注重现代化治理的科学精准高效

人口老龄化既是一个老问题,也是一个新课题。从法国于 1864 年率先进入老龄化社会到现在,已经 150 多年。目前,全世界约有 97 个国家和地区进入人口老龄化行列,我国从 2000 年进入老龄化社会也已经 21 年。相对于我国人口老龄化严峻、复杂的形势,社会大众的人口老龄化国情意识比较薄弱。在研究层面,无论是广度还是深度,无论是理论创新还是政策转化,都尚难以为积极应对人口老龄化国家战略的落地实施提供坚实支撑和科学依据。要按照习近平总书记重要指示要求,加大制度创新、政策供给。通过制度现代化,推进治理现代化。要对人口老龄化的本质特征、基本规律、深远影响、应对策略等,进行系统研究,厘清积极应对人口老龄化的全局性、战略性问题,重在体现理论创新价值和学术思想内涵,重在回应老龄工作需求、破解老龄工作实践难题。要加强老龄事业和产业统计指标体系研究,及时收集、整理、共享和开发老龄数据,构建能客观、准确、动态反映老年人生活状况特别是老年人需求

的老龄大数据平台,为实施积极应对人口老龄化国家战略提供科技支撑。

这些年,从中央到地方密集出台了一系列应对人口老龄化的政策措施,但是存在着落地难的问题,根本原因就在于政策措施不够科学、不够聚焦、不够精准。政策制定和实施需要强化精准聚焦理念,树立问题导向、目标导向、结果导向,推动各项政策措施由"漫灌"到"滴灌",提高政策效率。随着治理现代化水平的不断提高,数字化、信息化工具的广泛应用,需要更好适应地区差异、城乡差异,面对不同群体需求,面对不同个体需求,探索发展差异化政策,更好满足老年人多样化、多层次的政策需求,提升老龄政策制定和实施的精准化水平,提高政策效率,更好惠及广大人民群众。

第三章　老龄社会治理

本章所指的老龄社会治理是由国家主导的、针对社会上老龄问题的综合治理,涵盖了老龄化社会、老龄社会、超老龄社会三个时期的治理体系。

进入 21 世纪以来,中国的老龄化进程呈现加速的新形态。伴随着老年人口规模快速增长与老年人口比例急剧扩大、经济社会体制转型和深化改革,人口老龄化在各种制度、体制与机制的不断适应下呈现出新的影响态势,中国也开始进入老龄社会这一新形态。毋庸置疑,人口老龄化已成为新时代的一项重要国情,并在经济、社会、文化等多方面产生着重大而深刻的影响。老龄化进程的加快不仅是人口年龄结构的问题,更给现行的社会体制与政策安排带来了持续挑战,同时也从一个侧面反映着国家治理体系和治理能力的现代化水平。如何解决现有治理体系中存在的突出问题,构建老龄社会治理的新理念,顺应人口老龄化新态势,对治理模式进行适当调整和完善,从而使其更好地服务于老龄社会的新国情,已成为当今社会不可忽视的重要议题。

老龄社会治理体系是实施积极应对人口老龄化国家战略的重要组成部分。本章将重点聚焦于人口老龄化加速背景下的老龄社会治理,首先通过回顾老龄社会治理发展的历史脉络以及阶段性特征,对老龄社会治理体系现状及其面临的挑战进行深入分析;其次,梳理与老龄社会治理相关的理论以及一些新方法,并基于国外老龄社会治理的经验,探讨对中国老龄社会治理的启示;再次,纵观国内外老龄工作体制的变迁,讨论未来中国老龄工作体制的主要设想;最后,基于中国老龄社会的新国情,提出下一步老龄社会治理的主要原则和思路,并针对提升老龄社会治理能力与水平提出政策框架。

第一节　老龄社会治理体系建设的
基本状况与面临的挑战

一、老龄社会治理体系建设的历史脉络回顾[①]

总体来看,我国积极采取了有效措施来应对人口老龄化,目前正从"未富先老、未备先老、未康先老"的老龄国情,逐步过渡到"边备边老、即富即老"以及健康中国的新型老龄社会[②]。

（一）起步阶段（1982—1999年）:法律保障与初步规划

自1982年以来,我国老年人口的比重逐步攀升,老年抚养比不到20年就增长了2个百分点[③]。该时期,人口结构从成年型走向老年型,老龄社会即将到来,亟须国家对老龄化社会治理作出前瞻性规划。

1982年颁布的《中华人民共和国宪法》首次规定:"中华人民共和国公民在年老、疾病或者丧失劳动能力的情况下,有从国家和社会获得物质帮助的权利",赋予了老年人权益保护以最高法律效力。1994年,国家多部门联合出台了中国第一个老龄工作规划《中国老龄工作七年发展纲要（1994—2000年）》,标志着我国老龄化社会治理正式进入到统筹发展的初期阶段。1999年10月,经党中央、国务院批准,全国老龄工作委员会成立,旨在确定老龄事业发展的基本战略方位、协调老龄工作在各环节顺利开展。

其间,全国各省区市纷纷进行了老龄社会治理的探索与实践。哈尔滨市基于"以为促养"的理念,创办了多种管理形式的老年福利企业,为举办老年人活动、建立老年人基础设施提供了大量经费支持[④]。上海市也积极创新老年经济实体,创造了可观的社会、经济效益。例如,上海市电力工业局的退休职工共同成立了上海银电实业公司,并主动为有特殊困难的退休职工提供实质性帮助[⑤]。

[①] 杨根来:《中国老龄政策法规建设40年成就概览》,《中国老年报》2018年12月13日。

[②] 在国家卫生健康委员会于2019年10月11日举行的专题新闻发布会上,《中国卫生》杂志记者提问南开大学经济学院原新教授,怎么看待中国"未富先老、未备先老、未康先老"?

[③] 国家统计局:《中国统计年鉴2020》,中国统计出版社2021年版。

[④] 张运路:《老龄问题新革谈——"以为促养"的实践与思考》,《学理论》1994年第2期。

[⑤] 朱品年:《兴办老年经济实体推进老龄工作发展》,《工会理论研究（上海工会管理干部学院学报）》1999年9月11日。

（二）发展阶段（2000—2011 年）：高层重视与体系建设

2000 年,我国 65 岁及以上老年人口占总人口的比重达到 7%,中国从此进入老龄社会。随着老年抚养比的持续上升,社会的养老负担不断加重。此外,流动人口大规模增加,至 2011 年高达 2.3 亿人次①。这些人口结构特征的复杂变动,都对老龄化社会治理体系建设提出了更加迫切的挑战。

2000 年,《中共中央、国务院关于加强老龄工作的决定》首次提出了多方力量共同参与的养老保障构想,表明老龄事业发展得到了中央的高度重视与密切关注。2006 年发布的《国务院办公厅转发全国老龄委办公室和发展改革委等部门关于加快发展养老服务业意见的通知》,第一次将发展养老服务业提上议程;同年召开的第二次全国老龄工作会议进一步明确了中国特色养老服务体系的基本架构,就是"以居家养老为基础、社区服务为依托、机构养老为补充"。至此,养老服务的多元体系逐渐得到社会承认,机构养老和居家养老的各项管理章程也先后出台。

2003 年,全国老龄委倡导开展"银龄行动",组织以东部地区为主的全国大中城市的离退休老年知识分子,以各种形式向西部地区或经济欠发达地区开展智力援助行动,包括老有所为的活动和项目。同时,老年教育也在农村和城市社区有序推进。被评为"全国老龄工作先进市"的江苏省张家港市,出台了一系列行政措施来完善社区养老保障体系、社会救助制度和医疗服务措施,积极整合养老资源和交通、娱乐设施,以满足老年人的多样需求②。

（三）成熟阶段（2012 年至今）：国家战略与顶层设计

2012 年后,我国的人口老龄化形势更加严峻。截至 2020 年,60 岁及以上人口占比高达 18.7%,65 岁及以上老年人口占比高达 13.5%③。随着城镇化进程过半,城市的养老需求大幅增加,而农村留守老人的养老问题也同等重要,要求国家明确老龄社会治理的战略地位并完善老龄社会治理的顶层设计。

2012 年修订的《中华人民共和国老年人权益保障法》分别在 2015 年和 2018 年进行了两次修正,表明积极应对人口老龄化已成为一项重要的国家战略。2017 年,《"十三五"国家老龄事业发展和养老体系建设规划》作出了"四位一体"的战略部署,即建设"以居家为基础、社区为依托、机构为补充、医养相结合"的养老服务体系。

---

① 国家统计局:《中国统计年鉴 2020》,中国统计出版社 2021 年版。
② 陈跃:《社会老龄化服务社区化——张家港市社区老龄工作调研报告》,载江苏省老年学学会等主编:《江苏老龄问题研究论文选集》2010 年版。
③ 数据来源:第七次全国人口普查。

在大力发展公办养老机构的同时,国家也鼓励民办养老机构进行标准化改造与质量建设。此外,《关于加快推进养老服务业人才培养的意见》和《智慧健康养老产业发展行动计划(2017—2020 年)》分别从人才和信息技术两方面,助力养老服务业的发展。总之,顶层设计的思路更加全面、清晰,落地也更加有保障。

在国家总体方针的指导下,基层主动探索了多样的老龄化社会治理模式。这一时期,全国开展了医养结合的多项实践,主要方式分别是在养老机构或社区内设医疗机构、在医疗机构内设养老院、养老机构或社区与医疗机构联合。其中,郑州市第九人民医院联合河南 36 家养老机构成立了河南省老年医养协作联盟,通过专业培训、双向转诊机制等方式,充分实现了资源整合与共享,提高了医疗养老服务的总体效率①。此外,多地对智能养老方案进行了创新探索。南京市鼓楼区的养老服务物联网络系统,利用物联网技术开发了紧急呼叫、社区家政、远程医疗等功能②,对于改善城市独居老人的日常生活具有重要意义。

二、当下老龄社会治理的基本状况及其特征

(一)老龄社会治理的发展现状

1. 战略地位

党的十八大以来,我国老龄社会治理的总体思路发生了转变,从重点发展老龄事业转向老龄事业和老龄产业协同发展,从保障重点人群的公益性服务转向保障全体老年人的普惠性基本服务,从扶持机构养老转向统筹居家社区机构相协调的养老体系,从单一养老服务转向医养康养相结合,致力于解决人口老龄化过程中不断涌现出来的新问题③。2020 年 11 月,《中共中央关于制定国民经济和社会发展第十四个五年规划和二〇三五年远景目标的建议》对老龄事业单独作出部署,老龄社会治理的战略地位得到了中央的高度重视与密切关注。

2. 内涵与外延

老龄社会治理涉及各类主体的多元活动,其内涵相对复杂。狭义上,老龄社会治理是指"政府、经济组织、社会组织、自治组织、家庭及个体等多元治理主体在合作关系的基础上,依法对老年人所涉及的社会资源进行合理配置,对老年人所涉及的各种

---

① 黄佳豪、孟昉:《"医养结合"养老模式的必要性、困境与对策》,《中国卫生政策研究》2014 年第 6 期。
② 席恒等:《智慧养老:以信息化技术创新养老服务》,《老龄科学研究》2014 年第 7 期。
③ 林宝:《党的十八大以来我国养老服务政策新进展》,《中共中央党校(国家行政学院)学报》2021 年第 1 期。

社会事务和社会关系进行引导和规范,最终实现群体全生命周期公共利益最大化的持续过程"①。广义上,老龄社会治理是一种由国家主导的、针对老龄问题的综合性长期治理②。

老龄社会治理具有相当丰富的外延。具体来说,老龄工作包括普及人口老龄化的国情教育,形成对老龄社会的积极认知;构建老龄健康体系,着力提高老年人的健康素养;完善养老服务体系,覆盖到所有老年人的不同需求;开发老龄人力资源,鼓励老年人的社会参与和就业创业;建设老龄友好环境,发展适老宜居的基础设施;开展老龄基层基础工作,以科学研究支持具体实践③。

(二)老龄社会治理的基本特征

1. 治理需求的多元化

随着老龄群体的持续扩大,老年人对于基本服务保障的总体需求大幅增加。同时,老龄人口结构更加复杂,特殊老龄群体的占比也急剧增加。高龄老年人、失能老年人的照料问题更加突出,对医养服务提出了更高质量的专业化需求;空巢老年人在老年人口中的比例已过半,其中独居老年人的数量逐年上升,亟须相关养老制度安排对新形势作出回应;乡—城流动老年人口规模日益庞大,内部结构日益复杂,甚至影响到了城市的社会结构与公共资源统筹④。总体而言,当下对老龄社会治理的需求日趋多元化。

2. 多方力量的协作参与

我国的老龄社会治理已经初步形成了政府主导、多方参与的格局。政府是应对人口老龄化的中流砥柱,其治理强度不断提升、治理领域不断拓展、跨部门协作能力不断增强;同时,政府也积极开展与市场经济组织、社会服务组织的合作治理,通过政府购买老年服务、进行社区公益服务项目招标等方式,提高了老年服务的供给质量和运行效率。

面对老龄社会的新形态,老年学作为一门综合性学科应时而生。老年学以衰老为研究对象,以社会学和老年医学作为学科基础,又交叉融合了人口学、经济学、心理学、生物学等社会科学与自然科学学科的理论方法,具有明确的实践导向。随着人口

① 周学馨:《面向国家治理现代化的中国老龄社会治理》,《探索》2021年第2期。

② 杜鹏、王永梅:《改革开放40年我国老龄化的社会治理——成就、问题与现代化路径》,《北京行政学院学报》2018年第61期。

③ 吴玉韶:《当前要着力做好六项老龄工作》,《中国老年报》2020年12月23日。

④ 陆杰华、韦晓丹:《老龄社会新形态下城市老年群体社会治理模式的变革》,《江苏行政学院学报》2021年第2期。

老龄化与经济社会的联系日益紧密,老年学研究也为老龄社会治理的政策制定提供了更多的前瞻性预测和建设性指导,为老龄事业和老龄产业在基层的发展不断输送理论、技术和人才支持①。

3. 治理带来的影响广泛

老龄社会治理的体系建设将产生"牵一发而动全身"的效果,不仅会改变医疗养老服务的现状,还将影响到整个经济社会的多个层面。在经济方面,我国的经济发展总体水平落后于老龄人口结构特征。在老年人口增长和劳动力人口下降的社会背景下,社会的养老负担不断加重,经济发展速度逐步放缓,在倒逼经济发展方式转变的同时,也促进了老龄产业的蓬勃发展。在社会方面,就业、医疗等社会公共资源的重新分配,催生了城乡分配、代际分配等不同利益群体的矛盾和冲突,对社会基础服务与公共治理提出了新的挑战②。

4."孝"文化的主流观念

尊老敬老的"孝"文化根植于我国的传统农业文明,曾经在社会养老机制的运行中发挥过重要作用。而伴随着工业化和城镇化的推进,"孝"文化所推崇的家庭养老模式受到了多重力量的冲击,其对于养老主体的导向、监控和强化作用也逐渐减弱。近年来,政府开始面向公众教育和弘扬中国传统家庭伦理道德及传统养老文化,努力创造尊老、敬老、孝老的社会氛围③。但目前来看,家庭仍然是公众意识里养老的责任主体。

三、老龄社会治理建设面对的主要挑战

(一)人口结构及分布的变动

1. 家庭结构的潜在风险

20 世纪 70 年代初开始实施的计划生育政策有效抑制了我国的总体生育水平,出生率的下降改变了传统的家庭结构,由父母和独生子女构成的核心家庭成为主要的家庭形态。随着城镇化的发展和代际居住观念的转变,城市和农村都出现了大量空巢老人与独居老人。中国老年社会追踪调查(CLASS)的数据显示,截至 2018 年,空巢老人在老年人口中的占比达到 65.2%,独居老人在老年人口中占比 12.4%。家

---

① 朱荟、陆杰华:《老龄社会新形态:中国老年学学科的定位、重点议题及其展望》,《河北学刊》2020 年第 3 期。
② 周学馨:《面向国家治理现代化的中国老龄社会治理》,《探索》2021 年第 2 期。
③ 周学馨:《面向国家治理现代化的中国老龄社会治理》,《探索》2021 年第 2 期。

庭规模的缩小、家庭结构的不稳定性,以及代际居住空间的分离,都使得老人获得的家庭支持逐步削弱,并带来收入减少、照料缺失、心理疾病等一系列养老问题[①],给老龄社会治理提出了更高考验。

2. 老龄化的区域差异

我国人口老龄化的空间分布具有明显的非均衡特征。具体来看,2004 年后,中、西部地区的省际老龄化差异呈扩大趋势,东部地区呈收敛趋势,但东部地区的省际老龄化差异对老龄化总体差异的贡献率最大[②]。同时,人口老龄化的空间分布差异还体现在人口老龄化的城乡倒置上,即农村人口老龄化在程度、增速、地区差异和老年人口数量等方面的指标均高于城市。然而,在养老需求更大的地区,养老服务设施和医疗社会保障却往往供给不足。也有学者预测,受到出生率、平均预期寿命和城乡人口流动的影响,人口老龄化的城乡倒置差距将呈现出"扩大—缩小—再扩大"的阶段特征[③]。因此,政府需要对人口老龄化的具体情况进行科学、及时的判断,以开展有针对性的服务治理。

3. 流动老年群体的治理困境

流动老年群体的总体数量和相对占比不断升高,该群体内部的异质性随之增加。从农村流向城市的老年人口,由于居住地和户籍地分离,在城乡两处的社会福利保障都难以获得;而流动老年群体不断分化,出现了"民工型老漂""保姆型老漂""受养型老漂"等多种类型,不但形成了更加多样的社会治理和公共服务要求,还可能加剧家庭内部矛盾和代际利益分配冲突[④]。总之,流动老年群体所面临的医疗社会保障、社会参与等问题的复杂性,提高了对流入地老龄服务及管理的基本要求。

(二)当下治理体系的弊病

1. 以回应性的事后治理为主

总体来看,我国的老龄社会治理相对迟滞,分别体现在理念、制度与执行上。由于社会对人口老龄化的阶段以及政府治理的主体地位缺乏理性认知,老龄社会治理通常只是对已经发生的老龄问题作出制度回应,很少进行前瞻性预测或制定相应的

① 严妮:《城镇化进程中空巢老人养老模式的选择:城市社区医养结合》,《华中农业大学学报(社会科学版)》2015 年第 4 期。
② 陈明华、郝国彩:《中国人口老龄化地区差异分解及影响因素研究》,《中国人口·资源与环境》2014 年第 4 期。
③ 林宝:《人口老龄化城乡倒置:普遍性与阶段性》,《人口研究》2018 年第 3 期。
④ 陆杰华、韦晓丹:《老龄社会新形态下城市老年群体社会治理模式的变革》,《江苏行政学院学报》2021 年第 2 期。

预防性措施。此外,老龄社会治理体系中的衔接机制不够通畅,导致了具体政策在落实过程中的滞后性。相关部门的职能划分不尽明确、合理,部门间的协同治理难以高效推进;多元治理主体之间缺乏有效的沟通渠道,各种资源难以得到充分利用与整合①,事后的回应治理亦欠缺及时性。

2. 供需结构错位

我国现有的老龄服务供给无法满足不同老年群体的多样需求,这集中体现在养老领域的供需错位上。对于大多数老年人而言,民办养老机构要么服务水平低,要么收费过高,公办养老机构因而成为最佳选择。整体来看,公办养老机构供不应求,床位和医疗设备不足成为常态;而相当数量的民办养老机构处于常年亏损状态,依靠国家补贴维持运行。如何支持鼓励市场主体和社会组织积极参与到老龄产业的发展中去、如何对民办养老机构进行有效的规范管理、如何协调老龄服务的供需结构,都是今后很长一段时间里需要面对的挑战。

3. 治理模式碎片化

我国目前的老龄社会治理主要聚焦于老龄事业和老龄产业,以老年人的养老服务问题为重点管治对象,而缺乏应对整个老龄社会的视野与政策框架。因此,政府的涉老部门较为庞杂,且各自专注于部门职能,相互间的权责边界模糊、合作十分有限,加上缺乏总体部门的统筹规划,很容易出现"有问题没人管"的服务真空。老龄社会治理的碎片化特征,既给老年人寻求帮助带来了不便,也降低了社会整体的资源配置效率。在人口老龄化的社会常态下,如何通过制度协调促进部门合作、进而实现资源整合,是必须攻克的治理难题。

4. 本土化治理方案缺失

相较于西方发达国家,我国进入老龄社会的时间相对较晚,治理经验相对不足;但同时,我国在人口结构、社会体制、经济发展水平以及历史文化传统等方面,都与西方社会存在较大差异,在老龄社会治理领域不可能完全照搬西方模式。然而当下,学者和政策制定者往往在实践中模仿借鉴西方的治理思路与模式,关注局部和暂时的特定问题,涉老领域的科学调研和社会实践都相对欠缺,也没有形成完整的、有针对性的本土化治理方案。因而,未来仍需在实践探索中逐步建立一个本土化的老龄社会治理体系。

---

① 周学馨:《面向国家治理现代化的中国老龄社会治理》,《探索》2021年第2期。

第二节　老龄社会治理的新理论新方法

步入老龄化社会 20 年来,我国在探索中国特色应对人口老龄化道路上守正创新,在对老龄社会治理的讨论和研究中涌现出一些新理论新方法。中国人口老龄化的现状也要求探寻更加有效的应对举措,要立足当前、着眼长远,在借鉴国内外经验的基础上继续描绘好老龄社会治理新蓝图。

一、老龄社会治理的相关理论

(一)中国老龄社会治理的基本内涵

1. 厘清概念:老龄社会≠老龄化社会

随着我国人口年龄结构由年轻型到老年型的快速转变,越来越多的学者对老龄社会的内涵作了进一步研究。有学者认为,老龄社会在根本上是一种新的社会主体构成(即老年型的人口年龄结构)和新的社会构架基础上的新社会形态①。基于马克思的社会结构理论,老龄社会是由老年型人口年龄结构变化引发的,如家庭结构、城乡结构、就业结构、阶级阶层结构等社会结构整体变迁而出现的一种新的社会形态。因此,老龄化社会主要强调因老年型人口年龄结构变化而带来的"动态"社会变迁过程,老龄社会则强调因老年型人口年龄结构"固化"和"稳定"所带来的新型社会形态。

2. 老龄社会治理的本质:"由谁治理"以及"如何治理"

对于老龄社会这一新型社会形态的治理,其目的在于不断增进老年人及全体公民的福祉并服务于国家现代化建设,其本质是"由谁治理"以及"如何治理"的问题。广义来讲,老龄社会治理是指国家针对人口年龄结构不断老龄化的客观事实,通过引导理念、颁布制度、出台政策、组织协调与监督控制等方式处理涉老事务的过程②。狭义来讲,老龄社会治理是政府、社会组织、家庭等多元治理主体在合作关系的基础上,依法对老年人所涉及的社会资源进行合理配置、对各种社会事务进行引导和规范。由此,老龄社会治理在本质上是一种国家治理、综合性治理,是一种过程长期化、形式常态化和领域特殊化的治理模式,是一种需要在现代化国家治理角度下,由多元主体协同共治来实现治理绩效最大化的机制。

---

① 党俊武:《如何理解老龄社会及其特点》,《人口研究》2005 年第 6 期。
② 杜鹏、王永梅:《改革开放 40 年我国老龄化的社会治理——成就、问题与现代化路径》,《北京行政学院学报》2018 年第 6 期。

3. 老龄社会治理理念:"共治、共融、共建、共享"

1999 年,《世界老龄问题宣言》提出,要"建立一个不分年龄人人共享的社会"或"建立一个不分年龄人人共融、共建、共享的社会"。如前所述,改革开放以来,我国老龄社会治理取得了一定成就,逐步构建了老龄社会治理框架,在治理理念上采取顺应人口老龄化发展趋势、提倡积极养老的理念,在理性认识老龄社会的普遍性、常态性和长期性基础上,树立积极的"共治、共融、共建、共享"的治理理念①。然而,当前的老龄社会治理还存在治理主体职责不清晰、城乡和区域结构失衡等问题②,需要进一步明晰国家和政府的职责,分清政府、市场、社会三个部分的功能与边界,确保各方主体有效参与共建、共治。

(二)老龄社会治理体系及基本模式

老龄社会治理体系既包括治理过程中的治理主体、治理范围、治理方式、治理绩效,也包括治理的本质内涵、价值诉求和基本原则,是兼顾工具理性与价值理性的制度系统。理论上讲,老龄社会治理体系中存在三种基本治理模式:一为源自国家及其机构的政府治理,政府的职责是实现公共部门体系内政策与管理的统筹协调;二为源自国家、非国家组织、混合组织的合作治理,政府的职责是运用多种协调机制调动和实现多部门合作;三为源自非国家组织的自治理,政府主要通过引导、扶持、监督和问责等方式鼓励民间社会自我解决问题。元治理模式则是对上述三种基本治理模式的协调配合,在问题、需要和治理模式之间进行组合。

(三)中国老龄社会治理的主要特点

1. 治理主体的多元性

在治理主体上,中国老龄社会治理强调不仅政府是老龄社会治理的主体,社会组织、家庭及个体也是老龄社会治理的重要组成部分,各类治理主体在权力、权利以及权益关系中的决策、协调及共享等方面具有不同的方式。在参与对象上,老龄社会治理不仅强调老年人是参与主体,而且主张其他社会群体尤其是年轻人群体都有参与治理的责任与义务,从全生命周期的视角,形成不分年龄,共建、共治、共享、共融的老龄社会治理格局。

2. 治理客体的特殊性

老龄社会的治理客体特指与老年人相关的社会公共事务和社会关系,包括由社

---

① 邬沧萍:《积极应对人口老龄化理论诠释》,《老龄科学研究》2013 年第 1 期。

② 杜鹏、王永梅:《改革开放 40 年我国老龄化的社会治理——成就、问题与现代化路径》,《北京行政学院学报》2018 年第 6 期。

会保障、养老服务、健康支持、社会参与、法律保障等社会公共事务和社会关系组成的体系。通过构建治理体系、改进治理方式和完善治理政策,对涉老社会公共事务和社会关系进行引导与规范,是老龄社会治理的主要目标。

3. 治理向度的互动性

中国老龄社会治理在治理向度上强调自上而下和自下而上的互动与结合,社会信任、社会资本和社会互动的结构都会影响政府治理的能力与绩效。即强调老年人与其他治理主体对老年人价值认可、治理方式和方法以及相应政策的"认同"乃至"内化",通过在信息、资源方面的互通共享等方式,逐步改变个体或组织对行为的结果预期,并作出新的符合老年人和其他治理主体意愿的行为选择①。

4. 治理规则的制度性

制度化是老龄社会治理的一个显著特点。老龄社会治理强调运用制度化的方式,明确各类治理主体的责、权、利。法治所具有的预期性、稳定性、规范性、协调性和救济性等特点,也使其在化解老龄社会治理问题和矛盾、推进群体公共利益最大化过程中具有天然的优势。

二、老龄社会治理的新方法

(一)完善老龄社会治理的制度建设

随着对国家治理能力现代化要求的提高,可以从国家根本大法宪法层面,进一步丰富、充实积极应对人口老龄化的有关内容,进一步强化对老年人公民基本权利的宪法保障②。通过制定系统的老龄法律制度,加快法治社会中的涉老法治建设,打破老年人权益保障、养老服务发展等老龄政策局限;加快形成老龄社会治理的方针政策体系,将其放在国家治理的政策框架中加以考量;同时,完善各地的养老服务条例,为地方探索应对人口老龄化提供法律支持。

(二)创新符合中国特色老龄社会治理的思维

改革开放以来工业化和城市化的发展使得社会人口结构发生了明显变化,家庭规模小型化、代际交换的时间和空间距离加大等因素正在改变中国传统养老保障的观念和方式。近年来,我国老龄制度政策与政治、经济、社会、文化的融合度越来越高,政府相关部门在制定老龄政策中的协同性、协作性更强,组织协作网络逐步健全、

---

① 汪锦军:《合作治理的构建:政府与社会良性互动的生成机制》,《政治学研究》2015 年第 4 期。

② 龚仁伟:《从基本国策高度积极应对人口老龄化——基于宪法基本国策的视角》,《老龄科学研究》2016 年第 1 期。

政府多元协同的复合治理体系逐渐形成①。各级政府都在积极进行老龄社会治理政策的创新试点,依托市场化手段进行政府购买服务或联动嵌入的方式开展多元化的养老治理,试图建立一个由多元主体参与、高效整合的中国特色老龄社会治理框架。

(三)重构符合中国传统养老文化的养老模式

党的十九大报告指出,要通过"构建养老、孝老、敬老政策体系和社会环境"来应对人口老龄化,通过营造良好的政策环境激发和拓展出更多可利用的养老资源。在中国老龄社会治理的实践中,采取不同类别的家庭支持政策以提升家庭承担养老功能的方式已初有成效;推进农村互助型社会养老,利用乡村文化中凝结的传统观念、乡村公共空间特有的社会结构特点等丰富资源进行乡村老龄社会治理,也显示出可靠性。在传承中国传统养老、孝老、敬老文化,重视家庭孝道的价值引领功能的同时,培育和营造全社会敬老、助老、养老的氛围。

(四)推进数字时代的智慧养老方式

数字化发展推动了社会形态的演化,也催生了社会治理领域新的时代课题,以技术层、数据层和应用层为一体的老龄社会智能化治理框架逐渐建立。随着社会治理对弥合数字鸿沟的重视,政府也提倡发展智慧健康养老产业,建设全国智慧养老服务数据库,充分运用大数据等技术提高养老服务的精准性和可及性。同时,也要对老年人加强技术培训和陪伴,提升相关数据整合、功能挖掘和精准服务水平,避免出现老年人信息"孤岛"、信息割裂、信息管理滞后等问题。

三、国外老龄社会治理的经验及其启示

(一)国外老龄社会治理的经验

在治理对策经验方面,中国可借鉴以下国家在老龄社会治理上的策略。

英国是世界上第一个工业化国家,也是人口老龄化程度较高的国家,在应对人口老龄化方面实行了抑制提前退休和提高退休年龄的制度,倡导积极应对老龄化、社会融入和自立;实施以促进就业为导向的社会政策并利用国际移民大力开发人力资源,较为成功地应对了人口老龄化时代的社会经济问题。

美国的养老保障模式与其自身政治体制有很大关系,在养老保障体系改革中,坚持选择主义的养老保障资格限定机制、以效率为目标的养老保障财务运行模式、低水

---

① 敬乂嘉:《老龄社会的复合治理体系:对 1982—2015 年老龄政策变迁的分析》,《中国行政管理》2020 年第 5 期。

平的养老保障给付水平。在政府、市场与社会机制的功能和定位上,着力建设小政府、大市场、泛社会的权责分担机制,建立多渠道的养老保障资金筹集和支出机制以及分权型的养老保障机制。

日本是世界第一长寿大国,同时也是面临严峻老龄社会问题的国家。在21世纪之初,随着经济的破灭以及面临人口少子化、老龄化的严峻局面,日本实行了大部制改革以促进国民经济的崛起①。在改革中,日本政府将以往负责陆上自、海卫队相关行政事务的厚生省与劳动省合并为厚生劳动省,成为负责医疗卫生和社会保障的主要部门,拥有负责社会保险和社会保障、劳动就业、弱势群体社会救助等职责。此项改革有利于日本推进公共事业市场化,提高公共服务的绩效,分离政府的决策功能与执行功能,保证政府集中精力于决策,提高决策效率②。

2005年德国大选完成之后,为缓和利益冲突,促进社会的稳定和发展,新一届联邦政府对原有的政府结构和相关职能进行了调整。在有关人力资源和社会保障事务工作方面,德国设立了劳动和社会事务部,主要任务有厘清社会福利政策和经济发展的关系、稳定养老保险制度、帮助弱势群体和残疾人融入社会、为促进就业创造有利条件等③。德国有着较为全面的社会保障体系,包括社会保险、社会补贴和社会救济的全部内容;其中,社会保险涵盖了养老保险、医疗保险、工伤保险和失业保险等各个领域。此外,为了保证社会福利政策的顺利实施,德国政府会采用立法手段强制社会保障事务向前推进,并要求劳动和社会事务部与其他部门紧密合作,相互协商、妥善处理。

(二)国外老龄社会治理对中国的启示

在改革和发展中国特色的社会主义养老保障制度过程中,我们可以辩证地吸收和借鉴国外老龄社会治理的经验,提高管理和运营效率,建立多元化的养老保障体系和水平适度的养老保障制度。

扩大治理视域,推进治理重心由制度向行动、效率转变。完善系统化、集成化的资源整合机制,是健全老龄社会治理现代化体系的关键。老龄社会治理应跳出"老年人看老年人"的局限,从推进国家战略实施的高度实现从"被动应对型"到"前瞻发展型"的转变,并提升政策支持的系统性和连贯性。

---

① 朱艳圣:《日本大部制改革的做法与启示》,《党政干部论坛》2012年第1期。
② 徐寅:《启示与教训:日本"大部制改革"再观察》,《改革与开放》2013年第10期。
③ 田永坡:《德国人力资源和社会保障管理体制现状及改革趋势》,《行政管理改革》2010年第4期。

实行分权管理、责任下放的政府治理体制,提高决策的科学化水平。在社会共治理念下,政府可以从"管控"角色转变为"服务"角色,健全经济组织、社会组织、自治组织、家庭及个体等多元治理主体共建、共治、共享、共融的机制;还需要完善协调社会关系的协商机制和政府监督考核机制,形成有效监督来保证决策的科学化和执行的系统化。

建立有梯度的养老保险制度。在打破目前部门界限和条块分割的基础上,整合养老保障服务中的行政资源、市场资源、人才资源,建立广覆盖、低费用、以社区卫生服务为主的全民基本医疗保障制度,不断解决养老服务组织条块化、生产要素分散化、供给需求失衡化等问题。

第三节　健全老龄工作体制

本节梳理了自新中国成立以来我国老龄工作的发展变化,通过对 3 个发展阶段的梳理,总结出我国老龄工作体制的发展成就。此外,通过梳理分析来自国际社会老龄工作体制的经验,为接下来我国老龄工作体制的发展提出有益建议。

一、中国老龄工作体制的演变

(一)第一阶段(1949—1978 年):老龄工作体制起步时期

这个时期的老龄工作体制建设,主要是在计划经济体制下,围绕城市职工与农民的社会保障建设展开。计划经济体制下没有社会保险制度,城镇职工个人的生老病死都属于单位的管辖范畴,养老、医疗等保障被单位包办。对农民而言,养老和医疗主要都依托于农村合作社、人民公社等集体组织,采取成员内部集资的方式筹集医疗和养老费用,政府在其中起到的作用主要是宣传和引导。

这个时期,中国的人口结构呈青年型,老龄工作并不是国家和政府的重点工作内容,而主要是集体对个人生命历程全面保障的体现。另外,城乡间的二元体制也决定了老龄工作体制在城乡间也呈现出双轨并行的特征。

(二)第二阶段(1978—2000 年):老龄工作体制发展时期

根据全国人口普查的数据,我国 65 岁以上人口占总人口的比重从 1982 年第三次全国人口普查的 4.91% 逐渐上升至 2000 年第五次全国人口普查的 6.96%。改革开放以来,党和国家将经济建设作为工作重点,同时也逐步开始规划建设城乡老龄工作体制。

1. 过渡时期的老龄工作

1978 年至 1984 年,随着农村家庭联产承包责任制的推行、财税体制的变迁及市场经济浪潮的冲击,下岗职工和农民过去所属组织的集体经济基础快速萎缩,老龄工作体制陷入了停滞。这段时间,为了解决"文化大革命"期间养老体系带来的遗留问题,同时缓解政府的财政压力,国家和政府设立了以企业为主体的养老模式,作为一种短暂的过渡形式。

在这之后,从 1991 至 2000 年,随着老龄人口在总人口中的比重逐渐提升,老龄工作的重要性也逐渐上升,国家与政府开始进一步构建老龄工作体制。

2. 尝试城市与乡村养老体系统筹规划

这个时期的顶层规划是:尝试建设多主体、全覆盖的老龄工作体系。从规范体系建设的角度看,1996 年制定颁布了第一部老年法《中华人民共和国老年人权益保障法》以及一批养老服务规章,开始了老龄工作体制的法制化建设。

另外,老龄人口社会保障制度也开始建设发展。以养老保险与社会福利制度建设为例,这段时间初步形成以城镇职工养老保险、农村社会养老保险为主的社会保险体系。在老年人社会福利制度方面,以社会福利机构改革为突破口,服务对象从传统的"三无"老人逐步向有需求的社会老人开放,迈出了尝试探索社会服务均等化的脚步。

(三)第三阶段(2000—2014 年):老龄工作体制快速发展时期

2000 年,中国正式进入了老龄化社会。这个阶段,我国老龄工作体制的发展主要体现在两个方面:一方面,党和国家进一步完善前一阶段的老龄工作体制;另一方面,这个时期的老龄观发生了重大改变,从过去消极、被动的老龄化逐渐向健康、积极的老龄化转变。

1. 老龄观念的转变:健康老龄化、积极老龄化

过去的老龄工作体制建设在老龄观念上有两个误区:一是受体的角色定位误区,只将老年人看作被关怀和照顾的对象,却忽视了老年人群的能动性、积极性和创造性。二是养老的需求定位误区,将老年人的需求只看作是一个老有所养问题,以为解决了老有所养问题就等于解决了老年人的问题,忽视了老龄人口多层次、多样性的需求。

改革开放 40 多年以来,在经济快速发展的同时,我国的人口结构也在发生变化。随着老龄人口在总人口中比重的增加,政府与社会的老龄观念也开始发生变化,从过去消极、被动的老龄化逐渐转变为健康、积极的老龄化,逐渐开始认识到老龄人口在

医疗物质需求之外的其他需求,强调和发掘老龄人口对于经济增长可能的贡献。在这样全新的老龄观念指导下,对积极老龄化背景下的老龄工作体制建设进行了积极探索,国家与政府提出诸多新的老龄工作体制内容。"十四五"规划和2035年远景目标纲要指出,我国将在未来5年之内,逐步延迟法定退休年龄。这会在缓解养老财政负担的同时,发掘老年人力资源,推动积极老龄化的进程。

2. 制度体系建设

从组织架构上看,1999年,全国老龄工作委员会成立,职能包括制定实施老龄发展规划、维护老年人权益、加强老年人身心健康、参与国际老龄事务等,为推动全国老龄工作统筹发展奠定了组织基础。

从完善社会保障体系建设上看,老龄工作体制在养老保险体系、社会救助体系两个领域都有所发展。

首先,这个时期养老保险体系的发展主要体现在以下3个方面:一是扩大养老保险覆盖范围,新农保制度以及城镇居民养老保险制度,将更多人群纳入社会保障体系中,进一步发展了社会养老保险保障体系。二是推进城乡养老保险统筹发展,出台《关于建立统一的城乡居民基本养老保险制度的意见》,提出在全国范围内建立统一的城乡居民基本养老保险制度,推动破除城乡二元结构。三是健全多层次、多支柱的养老保障体系建设,加快商业养老保险的发展,启动个人递延税商业养老保险试点工作,对基本社会养老保险形成有效补充。

其次,逐步推进城乡社会救助体系的发展完善。这段时间,国家和政府颁布了一系列政策法规,在进一步推动城镇低保工作法制化的同时,也开始在有条件的农村地区,探索建立农民最低生活保障制度,保障生活困难的老年人的基本生活。

3. 推动老龄产业发展

随着人口老龄化进程的逐步发展,国家与政府根据中国实际,借鉴其他国家经验,在21世纪初陆续出台了一系列推动老龄产业,特别是老龄服务业发展的政策法律法规,其中主要包括推动发展老年服务设施和老年照料、老年优待工作。同时,国家与政府开始尝试通过购买服务的方式,进一步推进老龄产业,尤其是老龄服务业的发展。通过加强社会资本参与养老服务业的顶层设计,激发社会力量的活力,发展老龄经济。

（四）总结

新中国成立以来的老龄工作体制发展过程,主要体现出以下几个特点。

一是我国对老龄工作认识的科学性逐渐提高。总体而言,我国老龄工作体制的指导思想经历了从城乡双轨制到统筹发展、从消极被动养老到积极主动养老的转变。

二是养老服务覆盖范围逐渐扩大,养老服务统筹发展进程加快。社会养老保险体制的覆盖范围从城镇职工扩大至农村和城镇居民,社会保险与社会福利的保障原则也从特殊主义向一般主义过渡,努力实现应保尽保的目标。与此同时,还逐渐开始探索健全养老体制、推动城乡统筹发展进程的尝试,并取得一定的进展。

三是老龄工作体制逐渐体系化、制度化。通过制定和实施与老龄工作相关的法律法规、设立老龄工作机构,为推进老龄工作落实提供制度保障。同时,政府内部各部门联合统筹,设立并完善老龄工作职能部门,明确权责划分边界,为老龄工作的落实提供组织基础。

四是多主体协同治理能力逐渐提高。我国老龄服务的主体逐渐从"国家来养老"发展到"国家帮养老",再逐渐构建起多元主体的养老体系,充分调动社会力量,为老龄工作提供新的发展动力。

二、国外老龄工作体制的启示

来自其他国家的老龄工作体制建设经验,可以为中国老龄工作现实和未来的发展提供借鉴,以应对人口老龄化带来的一系列问题,积极探索建立符合我国国情的老龄工作体制。这部分内容通过梳理和比较日本以及以英国为代表的发达国家的老龄工作体制,分析借鉴这些国家老龄工作模式的宝贵经验,对我国进一步完善老龄工作体制提出建议和展望。

(一)代表性国家老年工作体制概览

中国和日本是亚洲的两个邻邦,同样都面临着严峻的人口老龄化社会问题。日本的老龄工作组织制度尤其值得我国学习借鉴。2001 年,日本中央省厅整编,将厚生省与劳动省合并为厚生劳动省,大部制的组织方式将与老龄工作相关的各职能整合到一起。这有利于部门管理人统筹规划资金、资源投入的总体布局,可以有效避免部门之间相互掣肘和资源浪费。另外,由于国情和经济发展水平的差异,日本的养老保险制度相对更加完善,基本实现了全国民覆盖,在保障的程度和水平上,养老保险替代率与养老保险支出水平都比较高。除此之外,日本还引入了老年人护理保险,满足高龄老人的照顾需求。

此外,英国的老龄工作体制发展经验也值得中国借鉴。传统上,英国的养老服务体系主要由主管医疗服务的国家医疗卫生部和主管社会服务的地方政府社会服务部共同负责。由于财政负担与人口老龄化的影响,英国从 20 世纪 90 年代起,老龄工作体制的重心就由过去的福利国家向多元主体转变。政府通过制定法律等方式"抓大放小",鼓励私人部门和志愿者直接提供养老服务。同时,英国政府在 1990 年颁布了社区照料法,在法律制度层面规定政府扮演向社区购买服务的角色,领导确立了治理主体之间的协作制度化、法律化。

(二)政策建议与展望

通过对以上国家老龄工作体制建设经验的借鉴学习,总结出以下建议与展望。

一是推动老龄工作法制化保障。与各发达国家相比,如今中国的老龄工作体制法律体系仍然存在相当程度的不足,主要体现在老龄人口服务保障缺乏制度规范、政府权责分配不够清晰。发达国家的立法和制度设计,可以为我国的老龄工作体制提供有益借鉴。

二是统筹规划全国的社会保障体系。日本在 20 世纪八九十年代通过雇主养老金改革,推动完善了各层次保险金内部的转移制度。因此,在全国范围统筹建设养老保险体系,有助于推动老龄服务均等化进程。

三是发挥多主体在养老保险体系中的作用。发达国家企业及商业保险制度的发展,构建了一个更加完整、兼顾再分配和社会保障功能的养老保险体制;此外,还需要完善给付体制,注重调动社会力量,在保障社会服务水平的同时,缓解建立老龄工作体制时的财政负担。

四是建立老年人长效防护服务体系。由日本与我国相似的人口老龄化进程可知,高龄人口的迅速增加,将会推动老龄人口长效照护的寻求持续攀高,我国迫切需要建立发展长效护理机制。在这个过程中,有以下两个方面需要注意:一方面,寻求财政支出与服务建设的平衡。随着人口老龄化进程的加快,有长期护理需求的人数将会持续上升。如何在加大对长效护理服务体系建设投入的同时,减轻政府财政负担,是亟须讨论的问题。德国的对策是将筹资方式从现收现付制转向资金累积制。而日本则通过社会保险方式推动畅销保险的专业化进程,这一尝试在日本收获了较好的成果。另一方面,重视专业人员的培养。通过改善护士工作环境、提升老年护理人员薪资、提供更多护理培训服务,以及推进护理服务数字化、减轻工作压力等手段避免人才流失,同时,通过提供培训津贴吸引国际护理人才流入。

五是推动老龄产业发展。日本发展出了较为完善的老龄服务业,并利用高新科技推动老龄产业技术转型。促进老龄产业的发展,可以引入社会力量,满足老年人日益增长和多样的服务需求;同时,也要发掘老年人口巨大的消费市场,推动技术、服务质量的进一步提升。

三、关于健全老龄工作体制的构想

随着人口老龄化的发展,我国老龄工作体制建设刻不容缓,尽管现阶段已经取得了一些阶段性成就,但仍然需要进一步完善和发展。这部分就将对此提出一些建议与构想。

第一,积极明确和落实政府职能、完善机构设置,推动法制化进程。首先明确老龄工作职能部门的权责划分,发挥政府在老龄工作体制中的主导作用,推动和监督老龄工作落实。其次,加快建立和完善老龄工作法律保障体系,使开展老龄工作有法可依。通过政策和法律的鼓励,推动老龄工作体制蓬勃发展。

第二,推动城乡和地区之间老龄工作体制统筹发展。从社会福利人人平等的性质来看,必须打破老龄工作体制中存在的城乡双轨制。充分把握实施乡村振兴战略这个机遇,加大对经济欠发达地区、农村地区养老服务体系建设的政策倾斜与财政投入,突破现有的政策框架和限制,进一步提升养老服务的均等性和公平性。

第三,加快建立老龄人口长效照护机制。从老龄人口的多层次、多样化需求出发,依据老龄生命周期,建立分期服务制度,提供长效照护专业服务。打通老年人看病住院和养老照护之间存在的制度区隔,以提高老年人的生活质量和水平。

第四,推动健康老龄化、积极老龄化观念进一步落地。激发老年人自身活力,通过发展老年教育、建设老年人宜居环境、推动老年人社会参与等方式,发掘老龄人口的人力资源,调动起老年人的积极性,实现从被动、消极老龄化向健康、积极老龄化的转变。

第五,推动老龄事业和老龄产业协同发展。综合考虑产业服务需求的迫切性和建设成本等因素,选择优先发展的老龄产业,通过政府购买服务、给予优惠政策等方式推动老龄产业发展。完善法律法规建设,规范老龄产业准入机制,发挥政府的监督作用,激活社会力量与个人投资,激发银发经济活力。

第六,发挥后发优势,综合考虑我国经济发展水平,借鉴各国老龄工作体制经验,加快建设具有中国特色的老龄工作体制,争取在平稳度过老龄社会风险的同时,把握其带来的机遇,推动经济社会在人口转型时期稳定发展。

第四节　提升老龄社会治理能力和水平的对策建议

针对目前老龄社会治理体系中存在的问题,结合老龄社会治理的理论基础与国内外老龄工作的发展经验,本节阐述了新时代老龄社会治理的主要原则,梳理了老龄社会治理的主要思路,并对老龄社会治理的政策框架进行了勾勒,为提升老龄社会治理能力与水平提出了对策建议。

一、老龄社会治理的主要原则

基于新时代老龄社会的新国情,如何提升老龄社会治理能力与水平,将成为新时代社会治理的重要议题。顶层设计与治理思路也应发生转变,应积极探索适应新时代老龄社会治理的主要原则。

(一)前瞻性原则

伴随着我国社会经济发展条件的变化,我国的人口老龄化进程明显加快。应当充分认识到,人口老龄化并非洪水猛兽,而是社会经济发展的必然产物。要积极应对人口老龄化、抓住人口老龄化带来的历史机遇,就必须加强老龄社会治理的前瞻性。

首先,必须认识到中国的人口老龄化是一个变化、发展的过程,其中的不确定性很多。在设计治理思路时,应当尽可能预见未来老龄社会中可能出现的新情况、新问题,必须深谋远虑、从长计议。随着我国人口老龄化进程逐渐加快,以往的政策与治理方案已不再适用。因此,新时代的治理方案必须改变以往涉老政策的短视思维,用事先主导的前瞻性方案取代事后回应的补救性方案[1],根据我国人口老龄化的变化趋势与阶段性特点来构建老龄社会治理的政策体系。坚持前瞻性原则,提前预判风险并提前部署以化解风险,才能更好地应对人口老龄化进程加快带来的机遇和挑战。

(二)综合性原则

人口老龄化已成为我国社会经济发展的重要国情。应当认识到,人口老龄化并不只是事关老龄群体与老龄事业的问题,而是牵涉到社会各个方面的系统性问题,仅将治理重点聚焦于老年人口已难以应对人口老龄化新形势的挑战。应放宽视域,实现重点由老年人向全人口、全生命周期的转变。人口老龄化带来的老年人医疗保健、养老照料等治理问题,需要年轻人的协作方能改善。在设计新时代老龄社会治理新方案时,应当将不同年龄阶段的个体发展联系起来考虑,发挥不同年龄群体对老龄社会治理的作用。

此外,也应当关注到各地区和城乡之间在人口老龄化程度与人口老龄化治理上

---

① 陆杰华:《新时代积极应对人口老龄化顶层设计的主要思路及其战略构想》,《人口研究》2018 年第 1 期。

存在的差异,统筹各地区与城乡在养老资源上的配置。一方面,中西部地区与农村地区在老龄事业发展、养老基础设施与养老服务体系建设等领域,落后于东部地区与城市地区。另一方面,部分地区对养老服务的需求旺盛,但养老服务与医疗社会保障体系建设较为滞后,出现了供需结构错位的现象。因此,在制定老龄社会治理方案规划时,一方面应当向落后地区倾斜,加大对落后地区的财政支持;另一方面,应协调养老资源在各地区与城乡之间的分配,提高养老服务与养老资源的使用效率。

(三)实践性原则

如何积极应对人口老龄化带来的挑战,提升老龄社会治理能力,是国际社会面临的共同问题。在这方面,尽管发达国家应对人口老龄化的方针与策略为我国提供了重要参考,但我国在人口结构、社会制度、经济发展水平等方面都与西方存在着较大差异,照搬发达国家的治理方案并不可取。同时,随着新形势、新需求、新问题的出现,我国原有的治理模式与方案也不再适用。如何结合我国国情与人口老龄化问题的特殊性,发展出老龄社会治理的中国方案,成为提升老龄社会治理能力的关键所在。如何发挥社会主义这一制度的优越性,最大限度地发挥政府的组织能力与资源配置能力,并积极动员家庭、社会等多元主体参与到老龄社会治理中来,是构建中国方案过程中亟待解决的问题。

而从国家内部的视角看,除拥有中国方案这一共同的顶层设计外,各地区在应对人口老龄化时也需要因地制宜,选择最适合本地区的治理方案与策略。一方面,各地区应当深入体会国家应对人口老龄化问题的核心理念与顶层设计,掌握老龄社会治理前瞻性、全局性的治理体系与战略框架。另一方面,也应积极开展涉老领域的科学调研,认识当地在人口老龄化、经济发展水平等方面的特殊性,评估当地在养老服务、医疗社会保障等方面的优势与不足,综合考虑后再制定具体、适用的治理方案。坚持实践性原则,方能最好地发挥出治理方案的效能,实现治理能力与治理水平的提升。

二、老龄社会治理的主要思路

在我国进入老龄化社会 20 年后,新时代人口老龄化的新国情已经出现,应对人口老龄化的顶层设计重点将从"未富先老"转移到"慢备快老"[1],对具体的治理思路也应进行更多探索。

---

[1] 陆杰华:《新时代积极应对人口老龄化顶层设计的主要思路及其战略构想》,《人口研究》2018 年第 1 期。

（一）更新老龄社会治理理念

如今，人口老龄化已经成为我国社会的新常态。从本质上讲，老龄化是人口再生产模式从传统型向现代型转变过程中的一种现象，是现代社会发展必然要经历的过程，其本身并无好坏之分。然而，目前社会上对人口老龄化这一现象的认知仍存在较多误区，态度悲观、消极，错误地将其视作一种不正常的人口现象。老龄化的问题也并不等同于老年人、老龄事业的问题，而是牵涉到其他年龄群体与其他产业的问题。因此，要发展出一套适合新时代的老龄社会治理体系，必须先从治理理念入手，用新理念引领治理体系的完善与治理能力的提升。

首先，应当引导社会正视人口老龄化带来的社会治理困境，消除对人口老龄化的误读，以一种积极的姿态应对人口老龄化及其挑战。应当清醒地认识到，人口老龄化不仅是人口问题，更是经济问题、社会问题。当前人口老龄化给中国社会带来的严峻挑战，本质上来源于人口年龄结构与经济社会结构的不匹配。以中青年人口为核心的经济发展模式并不能适应老龄社会的发展。老年人在经济社会生活中的弱势地位，也在一定程度上导致了文化和观念上对老年人的区隔与排斥，既使老年人的利益受损，也会打击老年人的自强自尊，不利于他们发挥自己的能力[1]。因而，在弘扬尊老、爱老、敬老的社会风尚的同时，也应当在制定各方面的政策、制度时秉持"年龄平等"的原则，切实消除治理格局中的年龄歧视与社会偏见，实现各年龄群体在老龄社会中的共同发展。

其次，应当摒弃片面性的治理理念，拓宽老龄社会的治理视阈。传统的治理理念片面地将人口老龄化问题归结于老年人的问题，使得老龄社会治理的相关政策缺乏连续性与平衡性。老龄社会治理政策与方案的重点，不应局限于老年群体与老龄事业，更应当关注到老年群体与其他年龄群体之间的关系，以及老龄事业与整体经济社会发展之间的平衡。应当转变目前治理实践中更多关注老年人工作与老龄事业的做法，协调好经济社会发展与老年人社会保障等福利之间的关系，以全局性、可持续性的原则指导老龄社会治理[2]。

（二）完善老龄社会治理体系

如前文所述，在新时代老龄社会的背景下，人口老龄化问题具有系统性、整体性的特征，所以，老龄社会治理的政策与方案也会涉及不同的政府机构与部门。现有的

---

[1]　胡湛、彭希哲：《应对中国人口老龄化的治理选择》，《中国社会科学》2018 年第 12 期。

[2]　陆杰华、韦晓丹：《老龄社会新形态下城市老年群体社会治理模式的变革》，《江苏行政学院学报》2021 年第 2 期。

老龄社会治理模式中,顶层设计与统一规划仍较缺乏,相关政策与法律法规也未能发挥提纲挈领的作用。不同部门对人口老龄化的理解存在着差异,传统的政府机构与管理模式在进行人口老龄化治理时容易出现权责交叉、相互推诿的现象,甚至形成政策相悖的窘境。因此,构建一套跨越组织边界、部门边界,充分协调多层级部门的整体性治理体系就显得尤为关键。

政府作为老龄社会治理的主导者,应当积极进行机构的调整与改革,建立起部门间的联动机制,突破部门与组织间原有的边界和制约,优化政府机构设置与职能设置,对涉老问题的相关部门与政策进行整合①。此外,在执行具体的治理方案时,也应统筹好各个部门之间的资源,形成合力以提高资源的利用效率,构建一套协调、高效的治理体系,真正实现各部门之间的通力合作。

(三)提升老龄社会治理能力

除了构建整体性治理模式、完善老龄社会治理体系外,如何提升老龄社会治理能力也是新时代应对人口老龄化需要解决的关键问题。在人口老龄化程度加深、养老资源供给相对不足、新的治理难题不断出现的背景下,建立多元主体共同参与治理的格局或许是破局之道。传统老龄社会治理由政府绝对主导,力量强、管控多,不利于市场与社会发挥自主性,它们对于资源配置的作用也受到了限制。在党的领导下,政府、市场、家庭、社区等多元主体取长补短、各司其职,进行沟通、互动,实现紧密协调与合作,形成多元共治的老龄社会治理格局,可以弥补传统政府治理可能存在的缺陷,实现政府与市场、社会的良性互动。要提升老龄社会治理能力,还应更多关注社会领域,提升非政府组织的独立性与自主性。作为民众表达利益诉求与实现政治参与的重要途径,非政府组织在提供公共服务、反映民众需求、协调矛盾冲突、协助社会治理等方面具有独特优势,能够充分调动社会资源,汇集民间力量,成为政府治理的好帮手与老龄公共事业的重要补充。

然而,要衡量老龄社会的治理体系与治理能力是否成熟,关键要让治理效能来说话。如何发挥出治理体系的制度优势,还需要将科学的治理体系与高超的治理能力结合起来,才能使国家行政体系的治理效能最大化②。此外,安全也是治理效能的重要保障。除了完善治理体系、提高治理水平外,还应当建立老龄社会风险防范机制,

① 陆杰华、韦晓丹:《老龄社会新形态下城市老年群体社会治理模式的变革》,《江苏行政学院学报》2021年第2期。
② 燕继荣:《制度、政策与效能:国家治理探源——兼论中国制度优势及效能转化》,《政治学研究》2020年第2期。

随时应对可能出现的新问题与新挑战。未来的人口老龄化进程充满了未知性与不确定性,要做好前瞻性、全局性的顶层设计,健全老龄社会治理的战略体系与政策体系,提高老龄社会风险的应对能力,提前建立相应的防控机制,防范、化解老龄社会带来的问题与挑战,为老龄社会治理保驾护航。

三、老龄社会治理的政策框架

新时代人口老龄化出现的新形势,向我国老龄社会治理能力与治理体系提出了新的挑战。如何进一步完善老龄社会治理体系,已成为积极应对人口老龄化的中长期目标,将对老龄社会的治理效能产生重要影响。具体来说,应当从以下 5 个方面构建老龄社会治理的政策框架。

(一)完善相关法律法规,形成顶层设计

党的十八大以来,党和国家出台了一系列应对人口老龄化的方针政策,国家对老年人权益保障法进行了修正,涉老法律法规建设取得重大进展,初步形成老龄社会治理的法制体系①。国家应当更加关注新时代人口老龄化给社会带来的新变化、新挑战,更新老龄社会的治理思路、完善战略构想,以法律统领、保障老龄社会治理体系改革与治理能力的提升,出台或修订老龄事业与相关领域的法律法规。加强涉老法制建设,进一步为保障日益庞大的老年群体在养老、医疗、社会保障等方面的合法权益提供法律支持;并以此为依托,逐步推进老龄社会治理的长期性、系统性的法律法规体系的建设,统领老龄社会治理的顶层设计。

(二)完善医疗与社会保障制度,提供制度保障

随着人口老龄化程度的加深,我国老年人口占总人口的比重持续增加,这给我国政府在医疗、社会保障等方面带来了巨大压力与负担,是我国老龄社会治理中所面临的重要挑战之一。除了增加在医疗与社会保障等领域的财政投入外,也应当对制度体系进行完善。一方面,应当扩大老年人口医疗保障制度的覆盖面,分担老年人在就医、住院等方面的经济压力;另一方面,也应完善医疗与社会保障支出的预算体系,拓展多元筹资渠道,保证保障性资金充足。同时,应当关注养老保障制度的改革,推进社会统筹与个人账户相结合的养老保险制度的完善,改革个人账户管理制度以保证个人账户的独立性,弥补由于社会统筹不足导

---

① 陆杰华:《新时代积极应对人口老龄化顶层设计的主要思路及其战略构想》,《人口研究》2018 年第 1 期。

致的个人账户空账运行问题,做实个人账户,以确保养老保障制度收支平衡、平稳运行①。

（三）建设社会化的养老服务体系,促进供需平衡

结合我国人口老龄化程度日益加深以及"未富先老""慢备快老"的新国情,如何满足日益庞大的老年人群体对养老服务与支持的多样化需求,成为老龄社会治理亟待解决的问题。应当大力发展居家养老服务体系,形成以家庭养老为主导、以社区养老为依托的服务体系。一方面要满足老年人对日常生活与护理的需求,更好地关注老年人的心理健康与情感需求,提高养老服务的供给质量与水平。另一方面,社会化养老模式也要求全面开放老龄产业市场,鼓励企业对老龄服务业、老龄制造业等领域进行投资,在减轻政府财政负担的同时,也能更高效地为老年人提供优质的养老产品与服务,提高养老服务与资源利用的效率,促进养老服务供给与需求的平衡。

（四）开展老龄社会新国情教育,更新公众认知

21世纪以来,人口老龄化已成为中国社会的常态,学界与政府对人口老龄化问题以及人口老龄化在新时代呈现出的新特点,已有较为科学、全面的认识。然而,仍有不少人对人口老龄化的现状与影响存在着认知误区,对人口老龄化持有消极、悲观的态度。应及时开展老龄社会新国情教育,向大众普及与人口老龄化相关的科学知识,引导民众以一种积极的态度看待人口老龄化对社会各方面的变化与挑战,正确认识人口老龄化给社会经济发展、代际关系等方面造成影响的主要机制,从而提高全社会规避人口老龄化社会中风险因素的意识②,增强全民应对人口老龄化的信心。

（五）探索老龄社会治理本土化方案,贡献中国智慧

进入21世纪,人口老龄化问题已经成为国际社会共同面临的一大挑战,如何积极应对人口老龄化带来的风险与挑战也成为亟待解决的重要议题,而我国面临的治理难题具有独特性。在规避先期人口老龄化国家探索老龄社会治理过程中经历的错误与不足的同时,应当根据新时代的具体国情,结合我国的社会制度、文化观念与经济发展水平,充分利用目前政府与学界取得的成果,提高老龄社会治理决策的科学性,创新老龄社会治理的中国方案,争取为其他发展中国家乃至整个国际社会提供新的经验与范例。

---

① 中国人口与发展研究中心课题组:《中国人口老龄化战略研究》,《经济研究参考》2011年第34期。

② 陆杰华:《新时代积极应对人口老龄化顶层设计的主要思路及其战略构想》,《人口研究》2018年第1期。

总之,必须认识到人口老龄化在新时代的新形势、新特点,以一种积极向上的态度应对人口老龄化带来的风险和挑战,坚持老龄社会治理的必要原则,更新老龄社会治理的主要思路,贡献老龄社会治理的中国智慧,实现治理体系与治理能力的现代化。

第四章　老龄经济

　　随着人口老龄化的不断加剧,老龄问题逐步变成一个重要的经济问题。对于这一问题的认识,其实并不是一蹴而就的,而是有一个深化的过程。将老龄问题和经济问题联系起来,首先想到的是银发经济或者是老龄产业。由于老年人规模日益庞大,老年人的消费将会形成一个庞大市场,成为内需的重要组成部分。其实,老龄产业或者银发经济仅仅是老龄问题显现为经济问题的一小部分。深入分析,老龄问题演化为经济问题,涉及经济发展的方方面面,从企业生产方式到各类产业,都将发生深刻变化,经济发展将进入老龄经济时代。本章第一节从老龄化社会的视角阐述了老龄经济的形成,分析了老龄经济的特征。第二节重点介绍了老龄经济的增长点、老龄产业的发展现状及存在的问题。第三节对老龄产业的发展进行了展望,并提出了相关建议。

第一节　老龄经济的形成和特征

一、老龄经济的形成

(一)人口老龄化日益加剧

　　人口老龄化是世界性趋势。2000 年,全球 60 岁及以上老年人口占总人口的比重超过 10%,代表着整个世界进入老龄化社会。目前,发达国家基本上都迈入老龄化社会,日本、意大利等少数国家正向超老龄社会迈进。据预测,21 世纪末,绝大多数国家将进入老龄化社会。届时,非洲大陆的人口平均预期寿命将超过 78 岁。我国在 2000 年迈入老龄化社会,相对于已经进入老龄化社会的发达国家,我国人口的老龄化速度非常快,老年人口规模巨大。21 世纪中叶以后,我国人口老龄化将进到一个稳定期,人口老龄化水平始终在高位徘徊。伴随着人口老龄化加剧,人口高龄化问题也日益凸显。到 21 世纪末,预计我国人口高龄化率将达到 38%,三个老年人当中就有一个高龄老年人。

(二)经济发展受到人口老龄化的深刻影响

人口老龄化会从供给和需求两个方面对宏观经济产生深刻而长远的影响。从供给方面来看,经济发展受到劳动力、资本、技术以及全要素生产率等因素影响。我国劳动力的稀缺性不断提高,劳动力成本不断上升,对于我国劳动密集型产业的发展带来较大冲击。资本主要来源于国民储蓄。随着人口老龄化的加剧,养老、医疗、照料以及服务设施等福利支出逐步增加,福利支出的增加会不断挤压国内储蓄总额的空间。预计到 2050 年,我国用于福利支出的费用将占到国内生产总值的 23%—27%左右[1]。储蓄减少会带来投资的降低,不利于经济增长。技术创新是经济发展的另外一个重要因素。很多学者认为,随着人口老龄化的发展,劳动年龄人口不断老龄化,也会影响到技术创新,因为一个人的创新能力呈倒 U 型,中年是创新能力最旺盛的时期,年龄越大越不利于创新。基于以上几个因素,未来人口老龄化会对经济发展潜力产生影响。相关研究表明,2011—2050 年,人口老龄化因素可能使我国年均潜在经济增长率下降约 1.7 个百分点[2]。

从需求方面来看,经济的发展活力也受到影响。从内需看,人口总量和年龄结构的变化对消费需求产生重要影响。我国的人口总量将会很快达到顶峰,人口总量过了顶峰以后会持续下降,将带来消费需求总量的下降。人口年龄结构的老化,导致老年人规模日益庞大。一般来说,老年人的消费水平要低于劳动年龄人口。因此,即使在人口总量不变的情况下,老年人越多,整体的消费规模就越小。更何况,未来整体人口规模将会不断缩小,消费规模自然也会持续走低。同时,我们应该看到我国老年人整体收入水平比较低,尤其是广大农村老年人收入更低[3],也制约着消费扩大。从外需看,我国对外出口面临一系列的挑战,继续通过出口拉动需求面临非常大的不确定性。因而,伴随着人口老龄化的不断加剧,经济需求不足有可能成为制约经济发展的重要因素。

(三)老龄经济是老龄化社会经济发展的形态

人口老龄化带来的问题本身是一个综合性问题,既是人口问题、经济问题、社会

---

① 总报告起草组:《国家应对人口老龄化战略研究总报告》,《老龄科学研究》2015 年第 3 期。
② 总报告起草组:《国家应对人口老龄化战略研究总报告》,《老龄科学研究》2015 年第 3 期。
③ 杨晓奇等:《我国老年人收入、消费现状及问题分析》,《老龄科学研究》2019 年第 5 期。

问题,也是政治问题、文化问题,甚至是生态问题。站在当前的经济社会视角来看,人口老龄化给经济社会带来很多负面影响,需要采取更多措施进行应对。但是从社会形态来看,人口老龄化的不断发展改变了整个经济社会结构,形成了一个新的社会形态,即老龄化社会。因此,解决人口老龄化带来的这些问题就变成如何去适应老龄化社会的问题,而不是把它们当作负面问题去解决。从经济层面积极应对人口老龄化带来的各种问题,就是如何去调整当前的这种经济结构、去适应老龄化社会,形成老龄化社会条件下的经济,即老龄经济。

二、老龄经济的内涵及特征

(一)老龄经济的内涵

老龄经济是老龄化社会条件下经济活动的总称,既包括宏观经济,也包括微观经济。老龄经济活动涉及的对象是全年龄段人群,既包括劳动年龄人口,也包括非劳动年龄人口。

对于老龄经济的研究目前还处于起步阶段。需要指出的是,老龄经济与学术界探讨比较多的银发经济、老龄产业有一定的联系和区别。

老龄经济与银发经济的联系和区别。银发经济的概念最初来源于欧洲。2015年,欧盟委员会在报告中提出,银发经济指"来自与人口老龄化和超过50岁公众和消费者支出相关联的经济机会,以及与具体需要有关的支出"[①]。可见,在最初定义银发经济的概念时,将它的研究对象定位在50岁以上的人群。国内的学者在研究银发经济时,虽然也没有给出统一的概念界定,但基本上也都将银发经济的研究对象定位为老年人,研究老年人的经济活动。可见,银发经济是老龄经济的一部分。

老龄经济与老龄产业的联系和区别。老龄产业在学术界讨论得比较多,但大部分学者将老龄产业的研究对象定位为老年人,从供给侧角度研究企业的行为,探讨政府的政策,分析产业的发展及其存在的问题。因此,老龄产业是老龄经济的一部分内容,是老龄经济的一个增长点。当然,对老龄产业也可以从不同的视角去研究,可以分为"大老龄经济产业""中老龄经济产业""小老龄经济产业"三种[②]。"大老龄经济产业"指适应老龄化社会并高于年轻社会的新的经济产业体系。这个概念与老龄经济在内涵、研究对象等方面基本相同。"中老龄经济产业"指的是着眼于向老而生的

---

① 李金娟:《"十四五"期间"银发经济"发展路径研究》,《北方经济》2021年第2期。
② 党俊武:《全面推进老龄经济产业是加快内循环的重大战略主攻方向》,《老龄科学研究》2020年第9期。

个体全生命周期需求的产品服务体系。"小老龄经济产业"指的是面向老年期的产品服务体系。"小老龄经济产业"就是老龄经济的一个增长点。

（二）老龄经济的特征

1. 老龄经济意味着经济发展从生存型经济转向生命型经济

人类经济经过漫长的发展,基本上可以分为两类,一类是生存型经济,另一类是生命型经济[1]。生存型经济主要是满足人的基本需要,如吃、穿、住、行等。生命型经济以生存型经济为基础,它以满足人的更高层次的精神需求为目标。在漫长的人类社会发展过程中,同一时间,生存型经济和生命型经济基本上是同时存在的,不同的是谁占主导位置。老龄经济到来之前,人类经济虽然在不断发展,但占主导位置的是生存型经济,经济中的产出只能满足大部分人的基本生存需求,只有极少部分人可以获得满足他们高层次需求的物质。也就是说,虽然这一段时间里人类经济以生存型经济为主,但同时也存在生命型经济。随着老龄经济的到来,经济发展进入了高度发达的阶段,经济中的产出不仅可以满足大部分人的生存,而且可以满足大部分人的高层次需求,经济发展逐步由生存型经济向生命型经济转变。当然,生命型经济占主导位置,并不是说生存型经济就不存在了,生存型经济依然存在,只不过不占主导位置了。由此可见,老龄经济意味着经济发展从生存型经济向生命型经济转变,经济发展以满足大部分人的高层次需求为目标。

2. 老龄经济意味着经济发展从物本经济转向人本经济

在人类漫长的发展过程中,经济发展的目标就是利用有限的资源生产足够的产品,满足大部分人的物质需求,解决大部分人的生存问题。因而,在衡量一国的经济发展时,以最终产品为标准,计算最终产品的价值,很少关注物质资源的增加到底给人带来多大的幸福、经济的发展是否就一定会带来人的发展,人在经济发展中更多的是充当工具[2]。随着老龄经济的到来,经济发展进入了高度繁荣的阶段,人的基本需求得到满足,经济的发展更多地去满足人的发展。从经济供给的角度来看,生产大规模标准化的产品或许就不再是未来企业生产的最佳方式。通过定制化的产品满足人的个性化需求,将是未来企业提供产品的方式。当经济逐步过渡到老龄经济,无论经济发展目的,还是经济组织方式,都将发生深刻变革,这种变革将会随着老龄经济的发展日益明显。

---

① 党俊武:《树立老龄经济新思维》,《老龄科学研究》2020 年第 1 期。
② 党俊武:《树立老龄经济新思维》,《老龄科学研究》2020 年第 1 期。

3. 老龄经济意味着经济发展从竞争经济转向竞合经济

从经济的发展历程来看,竞争始终是经济发展中的主基调[①]。虽然以合作理念为核心的经济理论一直广为提倡,但合作也仅仅停留在政治家的口头。随着经济发展的日益繁荣,全球化程度不断提高,经济发展仅仅依靠竞争已经很难持续长久,合作并竞争才是经济发展的重要手段。尤其是新型冠状肺炎这一世界性疾病的大流行,让人类进一步认识到合作的重要性,认识到只有合作,经济才有可能持续发展,一味强调竞争,经济发展只能停滞甚至倒退。

4. 老龄经济意味着经济发展中需求不足成为常态

老龄经济是老龄化社会的产物,随着老龄化社会的发展而发展。老龄化社会是低生育率社会,同时也是人口年龄结构老化的社会。从人口总量来看,老龄化社会的人口总和生育率低于正常人口替代水平,导致人口总量在减少,在已经进入老龄化社会的欧美发达国家尤为明显,其中以日本最为典型。从人口结构来看,出生率降低,寿命延长,人口结构不断老化。一般来说,老年人的消费水平不及年轻人的消费水平,因此,人口数量的减少以及人口结构的老化,导致整个国家消费水平降低,需求不足成为经济发展过程中最重要的制约因素[②]。

5. 老龄经济是全生命周期型经济

老龄化社会毋庸置疑是长寿社会。与短寿社会相比,长寿社会意味着个体在年轻时就必须考虑老年期的生活。为了顺利度过老年期,个体必须在年轻时就为自己的老年期做好准备,这种准备包括健康、养老金等方方面面。一方面,长寿社会到来后,个体在退休后还有很长时间的余寿。余寿期依靠基本养老保险,很难维持与退休前同样的生活水平,这就需要个体在年轻时期即做好金融储备为自己的老年期使用。另一方面,老龄经济的发展,意味着大部分人已经解决了温饱问题,向高质量的生活水平迈进,也有能力为自己的老年期做准备。发达国家的老龄金融快速发展也充分说明了这一点。因而,随着长寿社会的到来、个体需求的变化,从全生命周期的视角发展经济成为经济发展的重要思路。

第二节　老龄产业的现状及问题

由于老龄经济涉及的面比较广,下面重点分析老龄产业的发展。老龄产业作为

---

① 党俊武:《树立老龄经济新思维》,《老龄科学研究》2020 年第 1 期。
② 杨晓奇:《积极应对人口老龄化国家战略与发展老龄经济》,《老龄科学研究》2021 年第 3 期。

老龄经济的一个增长点,目前已取得了长足发展,但也存在总量和结构上的诸多问题。

一、老龄产业发展现状

经过多年的发展,大力发展老龄产业的共识基本形成。政府对老龄产业的扶持政策不断完善,产业发展初具规模,产值不断提高,提供的就业岗位不断增加,老龄文化、老龄服务、老龄用品、老龄健康、老龄金融、老龄宜居等领域等有了较快的发展。

(一)老龄文化产业

老龄文化产业是老龄产业的顶层产业[①],包括教育、文化、旅游以及休闲娱乐等产业,既涉及产品,也涉及服务。老年教育近年来发展较快,但市场化程度不高。2016 年,国务院印发了《老年教育发展规划(2016—2020 年)》,推动老年教育加快发展。目前,我国各级各类老年大学(学校)已超过 7 万所,在校学员超过 800 万人。办学主体既有政府、高校、事业单位、基金会,也有企业,呈多元化趋势。师资力量不断加强,教学内容不断丰富,基本形成了省、市、区(县)、街道(镇)、社区(村)五级办学网络。相对于需求而言,我国老年教育资源存在总量上的短缺和结构上的失衡。从总量上看,教育资源短缺,一方面是由于政府投入的教育经费比较少,另一方面是营利模式不清晰,社会资本投入的积极性不高,市场化力量不足,老年教育产业还没有形成。从结构上看,那些办学条件好的老年大学,课程内容丰富,往往一座难求;而那些办学条件差的老年大学,则很难招到学生;有些社区老年大学因为缺乏吸引人的课程而难以为继[②]。老年旅游产业近年来也有了快速增长,一批老年旅游目的地和旅游线路产品初步形成,专业的老年旅游指导机构和供给商不断增多。旅游模式不仅局限于观光旅游,旅居养老、医疗旅游、乡村旅游等旅游模式也迅速发展。2019年,我国老年(60 岁及以上)旅游人数占全国旅游总人数的比例超过 20%,老年旅游市场规模超过 1 万亿元[③]。但从总体上看,我国老年旅游专业化水平不高,品牌尚未形成,旅游产品良莠不齐、人才缺乏、旅游场所公共服务适老化水平不高等问题较为突出。

---

① 党俊武:《全面推进老龄经济产业是加快内循环的重大战略主攻方向》,《老龄科学研究》2020 年第 9 期。

② 李晶等:《中国老年教育研究》,《老龄科学研究》2015 年第 3 期。

③ 范振、杨俊凯:《2020 年老年旅游市场发展报告》,载于《中国老年文娱产业发展报告(2020)》,社会科学文献出版社 2020 年版。

（二）老龄服务产业

老龄服务业是老龄产业中相对比较成熟的一个产业，市场需求量大，企业投资热情高，政府也非常重视。

老龄服务产业的相关政策密集出台。相对于老龄产业中的其他行业，老龄服务业是政府出台政策最多的领域。2013年，国务院办公厅印发了《关于加快发展养老服务业的若干意见》。这是近年来支持养老服务业发展的第一个重要文件，开启了养老服务业的快速发展模式。此后，国家层面相继出台了《关于全面放开养老服务市场提升养老服务质量的若干意见》《关于加快推进养老服务业放管服改革的通知》《关于推进养老服务发展的意见》《民政部关于进一步扩大养老服务供给，促进养老服务消费的实施意见》等若干政策。这些政策从土地、财政、投融资、监管、人才等各个方面，为老年服务产业的发展提供了支持。在国家政策出台之后，地方政府也相继出台了类似的扶持政策。

老龄服务产业的市场规模逐步扩大。从市场组织来看，不同类型的老龄服务市场组织纷纷进入老龄服务市场，不断扩大对老龄服务市场的投资。房地产商、商业性或非营利性的老龄服务机构等市场组织，是最初的老龄服务市场投资者。后来，大型央企、保险资金、外资等纷纷进入老龄服务市场，市场规模逐渐扩大。尤其是大型的国企进入老龄服务市场，在老龄服务领域实施从上游到下游的全产业链布局，推动了老龄服务市场规模的迅速扩大。从机构养老服务看，截至2019年底，全国共有养老机构和设施20.4万个，养老床位合计775万张，床位数比2013年增长了56.97%，每千名老年人拥有床位数从24.4张上升到30.5张①，老龄服务产业取得了较快发展。

智慧养老服务快速发展。随着新一代信息智能技术与老龄服务业的融合，智慧养老快速发展。2017年，工信部等部门专门下发了加快发展智慧健康养老产业的文件，资本纷纷进入智慧养老领域。很多机构或智能科技企业建立信息平台，使老龄服务供给与老年人需求的对接更精确、更及时。智慧养老模式同时也融合居家社区和机构服务，实现了老龄服务资源的整合利用，解决了服务资源分散化、碎片化问题，提高了资源利用效率，也促进了老龄服务产业的快速发展。

（三）老龄用品制造产业

随着老年人口规模的不断扩大，我国对老龄用品的重视也不断提高。目前，我国

---

① 《2019年民政事业发展统计公报》，见中华人民共和国民政部网站。

基本形成了集研发、生产和服务为一体的老龄用品制造产业体系①。老龄用品的种类已经从最初的保健食品、医疗器械、药品,扩展到了电子电器、康复器具、生活辅助等产品。但相对于发达国家的老龄用品制造产业,我国无论从种类还是技术含量上来看都有相当大的差距。据统计,全球有 6 万多种老龄用品,日本有 4 万多种老龄用品,我国仅有 6000 多种。

老龄用品制造产业发展不均衡。按照中老年人的不同需求对产品进行划分,老龄用品制造产业的产品大致包括日用品、服饰、辅助生活器具、助行器材、电子电器、保健用品、医疗器械、医药用品、护理用品、殡葬用品等。这 10 类老龄用品中,保健品起步较早,发展较快,市场规模也比较大。据测算,2015 年我国国内老年养生保健品消费市场规模约为 2232.23 亿元②,比 2014 年增加 12.3%。老年医药用品市场规模的增长也比较快,一般来说,75 岁以上老年人的用药消耗基本上是 65 岁以下人群的 5 倍,因而,老年人用药占到总体药品消费的一半③。伴随着我国老年人群规模的日益扩大,未来老年人的药品消费会快速增加。医疗器械行业的发展一直处于上升趋势。2018 年,医疗器械生产企业达 17236 家,10 年增长 31.2%,其中中小企业占到 90%,主营收入年平均在 3000 万—4000 万元左右。研发投入费用平均占到总营业收入的 3%—5%,且逐年上升④。康复辅具产业的发展势头逐步加快,2019 年的市场规模约为 6495.5 亿元,生产企业近 500 家,配置机构 2000 多家,从业人员 1 万多人。产品数量快速增长,每年生产假肢 7 万件以上、矫形鞋 12 万只以上、矫形器 13 万件以上、轮椅 350 万辆以上。截至目前,已出台 101 项国家标准、5 项行业标准,康复辅具领域初步建立了标准化体系⑤。老年服饰和老年日用品占比发展相对比较滞后,老年服饰占比不到服装市场的 5%⑥,老年日用品市场没有引起企业足够的重视。整体来看,相对于老龄服务,老龄用品的发展并未受到足够重视。目前,市场上老龄

---

① 陈娟:《老年用品产业发展前景广阔》,《中国工业报》2019 年 6 月 12 日。

② 《2020—2025 年中老年保健品行业市场深度分析及发展策略研究报告》,https://www.360kuai.com/pc/971d01855a8917be2? cota=4&kuai_so=1&tj_url=so_rec&sign=360_7bc3b157。

③ 魏彦彦:《我国老龄制造业发展现状、问题与趋势分析》,《老龄科学研究》2020 年第 10 期。

④ 王宝亭等:《创新引领我国医疗器械行业健康发展——2018 年我国医疗器械行业发展状况》,载于《医疗器械蓝皮书:中国医疗器械行业发展报告(2019)》,社会科学文献出版社 2019 年版。

⑤ 《2021 年中国康复辅具市场调研报告产业竞争现状与投资前景研究》https://wenku.so.com/d/af7cc38150cabbe0c50b6a2a073653df? src=www_rec,2021-04-04。

⑥ 王宝亭等:《创新引领我国医疗器械行业健康发展——2018 年我国医疗器械行业发展状况》,载于《医疗器械蓝皮书:中国医疗器械行业发展报告(2019)》,社会科学文献出版社 2019 年版。

用品的质量、环保、技术以及适老化程度都还很低,而且80%产品依赖进口①,真正国产的很少,整个产业处于起步阶段。

(四)老龄健康产业

老龄健康产业是老龄产业中的基础产业,其未来的发展方向是提高健康产出,而不是提高医疗药品产出在国内生产总值中的比重②。从全生命周期来看,健康产业包括健康管理、体育健身、疾病预防、慢病治疗、康复护理等各方面。在体检市场,主体仍然是医疗机构,包括医院、基层医疗机构、专业公共卫生机构以及其他医疗卫生机构。民营体检机构也在快速发展,体检人次和机构数量不断增长,出现了美年健康、爱康国宾等全国性或区域性的体检机构,体检的服务质量向高端发展。2016年,体检行业的规模超过1100亿元③。民营医疗机构也在快速发展,2015年,民营医院的数量首次超过公立医院。康复服务加快发展,目前,全国二级以上的综合医院普遍设立了康复医学科,20多万个社区建立了社区康复服务站。运动康复是康复服务的新业态,如今的运动康复机构以民营为主,主要集中在北京、上海和广州等一线城市,北京有20多家运动康复机构。

(五)老龄金融产业

随着个体寿命的不断延长,退休后的生活就需要在工作期间做好安排,老龄金融产业于是逐步发展起来。当前,很多市场主体开发出老龄金融产品,以满足长寿社会的需要,但老龄金融还没有形成一定的业态。

银行类金融机构开发的老龄金融产品,主要包括养老理财产品和住房反向抵押贷款。据统计④,截至2020年7月24日,各类银行金融机构在2020年共发行了142款养老理财产品。在这142款养老理财产品当中,一是理财子公司的产品增多,占到产品总数的28%;二是发行养老理财产品的银行集中度较高;三是整体风险等级较低;四是多为固定收益类产品;五是以封闭式运作为主;六是运作期限较长,期限为3—5年的产品较多。住房反向抵押贷款,其目的是盘活老年人拥有的住房,为老年人养老提供经济保障。到目前为止,中信银行和兴业银行开发过相应的产品。此外,一些长期的养老储蓄产品也属于此类产品。

---

① 陈娟:《老年用品产业发展前景广阔》,《中国工业报》2019年6月12日。
② 党俊武:《新时代老龄产业发展的形势预判与走向前瞻》(上),《老龄科学研究》2018年第11期。
③ 武留信:《中国健康服务业发展新趋势与新业态》,载于《中国健康管理与健康产业发展报告No2(2019)》,社会科学文献出版社2019年版。
④ 腾讯网:《最新! 142款养老理财产品分析》。

保险类金融机构开发的老龄金融产品,主要包括商业养老保险、住房反向抵押养老保险和养老保障管理产品。2017 年,我国商业养老保险的密度约为 297.02 元,保险的深度为 0.46%。整体来看,商业养老保险虽然在发展,但相对于发达国家来说,无论是密度还是深度,都远远低于发达国家,我国居民在商业养老保险方面的投入还很低。住房反向抵押养老保险与银行提供的住房反向抵押贷款类似,旨在利用老年人的房产为老年人提供经济保障。目前,幸福人寿推出了"幸福房来宝"产品,成为市面上第一款住房反向抵押养老保险产品。养老保障管理产品包括团体和个人养老保障管理产品,团体养老保障管理产品由 2009 年开始发展,个人养老保障管理产品从 2013 年开始发展。截至 2018 年末,养老保障管理业务已经超过 6000 亿元,其中,个人养老保障业务占到将近 95%。

基金类金融机构开发的老龄金融产品,主要是养老目标基金。养老目标基金是指以追求养老资产的长期稳健增值为目的,鼓励投资者长期持有的公开募集证券投资基金。2018 年 8 月,证监会正式批复了华夏、南方、广发等 14 家基金公司的 14 只基金成为首批养老目标基金产品。截至 2021 年 5 月底,市场共有养老 FOF 产品 113 只(不同份额合并统计),数量占比 72%;养老 FOF 规模合计 706 亿元,占全部 FOF 类产品规模的比重为 58%[1]。

信托类金融机构开发的老龄金融产品,主要包括养老消费信托、养老金融信托、养老产业信托。养老消费信托数量少,规模小,门槛低,如今已有低于 100 元的普惠化个人消费信托产品入市[2]。养老金融信托的门槛比较高。国内最早的养老金融信托产品是兴业银行与专业信托公司联合推出的"安愉信托",委托人要求认购金额最低为 600 万元,一次性认购,可以灵活指定初始受益人与后备受益人,自认购 3 年封闭期后的任何一年开始,可选择一次性支付或按季度支付。养老产业信托在市场上较多,约有 9 款,尤其是康养项目的数量较多。

(六)老龄宜居产业

随着老龄化社会的到来,宜居的概念日益凸显。目前,家庭住宅、社区环境以及交通出行等设施等都亟待适老化,宜居环境的建设迫在眉睫。从产业的角度来看,主要包括增量的建设和存量的改造。增量的建设主要指老年住宅和综合性养老社区、

---

① 《为什么养老目标基金更适合 FOF 模式》,https://finance.sina.com.cn/money/fund/jjzl/2021-07-08/doc-ikqciyzk4204191.shtml,2021-7-8。

② 《养老金融正在爆发! 盘点市面上三类养老信托》,https://www.sohu.com/a/429306516_120053697 2020-11-3。

养老服务机构的建设与开发。当前,老年住宅和综合性养老社区发展迅速,这类产品主要定位于高端老年人群,确实也满足了部分老年人的需求,但是在发展过程中存在圈地卖房的嫌疑。很多开发商受到房地产市场调控政策的影响,于是转型到老龄房地产领域,但由于对老年住宅和综合性养老社区缺乏深入的了解,匆匆上马,建了大量房子,后续的服务难以持续,跟正常的房地产开发没有太大区别。很多开发商在市区内拿不到土地,就选择在郊区和风景名胜区建设,入住率不高,运转举步维艰。更有开发商通过会员制、服务费提前趸交、床位费用趸交等形式拿到巨量资金,缓解了项目运行的资金压力,但是资金链存在断裂的风险,交款人的权益难以得到保障。存量的改造主要包括住宅的适老化改造、小区环境的适老化改造、出行环境的适老化改造。目前,住宅的适老化改造还没有形成产业化规模,主要通过政府补贴的形式,为政府兜底的高龄、失能、残疾老年人群的住宅提供改造,加装电梯是其重要的内容。全国在2000年以前建成的小区近17万个,需要加装250万—300万部电梯①,市场规模前景可观,但实际存在的与居民沟通难度大、沉淀资金量大、营利模式不成熟、回本周期长等问题让社会资本望而却步。以北京市为例,北京的老旧小区数量为5100个。2019年,北京共加装电梯555部,累计完成1462部,加装电梯仍有很大缺口。

二、老龄产业发展面临的问题

(一)对老龄产业和老龄事业认识不清

回顾中国进入老龄化社会后的20年,我们在开展积极应对人口老龄化工作时经常提到发展老龄事业和老龄产业,但是对于老龄产业和老龄事业的边界并没有分清楚。哪些领域应该交给市场做、哪些领域应该交给政府做,到目前为止还没有明确的认识。有些人认为,满足老年人的需求带有一定福利色彩,不应该让市场来满足,政府应该承担起应有的责任。还有些人认为,满足老年人的需求,政府没有足够的财力支持,应该交给市场。这些都没有达成广泛的共识。实践当中,由于政府和市场的边界不清楚,带来很多危害。本来应该由政府履行监管义务,结果,政府没有做好,产品良莠不齐,欺骗消费者,影响了消费者信心。而本该由市场进行经营,结果,政府派人经营,扭曲了价格形成机制,破坏了市场公平。

---

① 《北京老旧小区加装电梯不需要100%同意但盈利模式仍待解决》,https://www.360kuai.com/pc/970d934457af2843b? cota=4&kuai_so=1&tj_url=so_rec&sign=360_57c3bbd1&refer_scene=so_1。

（二）管理体制机制尚未理顺

近年来,为了促进老龄产业的快速发展,从中央到地方出台了很多扶持政策,但由于管理体制机制尚未理顺,很多政策都难以落地,导致政策出了不少,效果却没有达到预期。此外,老龄产业中的很多行业处于起步状态,有些行业由政府多头管理。多头管理意味着没人管理,即使有规划,也没有部门去落实,行业的发展处于无序当中。有些行业则根本就没有明确的部门去管,造成行业的发展处于监管真空当中。因此,落实已经出台的老龄产业政策,应该进一步理顺管理体制机制,明确管理部门,保证打通政策落实的"最后一公里"。

（三）老龄产业的专业人才不足

经济发展是一个产业转型升级的过程,新的产业不断出现,传统产业不断消失。产业转型升级需要人力资源转型升级的配合,否则,产业转型升级难以实现。老龄产业是在国家产业转型升级过程中涌现出的新的产业,同样面临人才资源缺乏的问题,管理人才、研发人才、服务人才都严重不足。尤其是在老龄服务业中表现得最为突出,从基层的养老护理员到从事管理的职业经理人都很缺乏。人才缺乏已成为制约老龄产业发展的重要因素之一。

（四）老龄产业的有效需求不足

老龄产业发展缓慢,最根本的原因还是有效需求不足,导致老龄产业发展缺乏内生性动力。以老龄服务业为例,调查数据显示,大部分老年人能够接受的机构养老服务价格在2000元以下。现实情况是,2.64亿老年人中,实际享受城乡居民养老保险待遇的人数为1.6亿人,这部分老年人的养老金非常低,收入很大部分依靠子女转移。1.27亿老年人参加了城镇职工养老保险,其中大部分是企业职工,2020年的平均月人均养老金也仅有2900元[①]。随着"60后"这一代人进入老年期,他们拥有一定的房产以及其他金融资产,消费能力会进一步提升,对老龄产业的发展有可能起到一定推动作用。但是也要看到,受到传统文化的影响,他们是否愿意将拥有的资产转化为有效需求,还是一件有待观察的事情。

（五）市场定位有待清晰

目前老龄产业市场上,产品的同质性较为严重,究其原因,主要是企业没有对市场做很好的细分,没有对老年人的个性化、多样化需求进行精准的识别,而是将老年人看作一个整体,跟着其他企业走,从而导致产品不受欢迎。这类产品没有开展深入

---

① 新浪财经:《人社部张纪南:企业职工月人均养老金2900元》。

调研,没有对老年人的不同需求进行分析,满足不了特定老年人群体的需求。找准市场定位,需要挖掘特定老年人群的需求,根据需要生产相应的产品。

(六)市场监管有待进一步加强

老龄产业整体还处于起步状态,对很多行业的监管还没有跟上,给产业的发展带来不利影响。很多商家生产的劣质产品、提供的低质量服务进入市场,破坏了市场秩序,影响了消费者的信心。一旦消费者信心受到打击,老龄产业的发展就会受到影响。因此,在老龄产业发展的初期,市场监管就应该及时跟进,确保市场主体在竞争中有一个公平的环境。

第三节 老龄产业发展的趋势及建议

一、老龄产业发展的趋势

(一)产业跨界融合进一步加强

老龄产业是众多产业的集合,跨界融合是大趋势。老龄产业的跨界融合包括多个方面,例如老龄产业和老龄事业之间的融合、老龄产业和其他产业的融合、产业之间的融合等。老龄产业的跨界融合,近年来在老龄服务业中表现得尤为明显。比如,金融服务业和老龄服务业之间的融合,保险服务、房地产和老龄服务之间的融合,物业服务和老龄服务之间的融合,反季节性的旅居和养老以及老龄服务之间的融合,农业种植、旅游和老龄服务及其产品之间的融合等,各种融合模式都在推动着老龄产业的快速发展。未来,文化产业、健康产业、服务产业、产品制造业、金融服务业、宜居产业之间的融合会进一步加强,新的产业模式、新的业态将不断出现,以老年人的需求为导向,实现资源整合与优势互补。

(二)产业的科技支撑能力进一步提高

我国老龄产业的科技支撑能力不断增强,一方面能够解决人口年龄变动带来的劳动力不足问题。例如老龄服务业,它是一个劳动密集型产业,由于人口结构老化,年轻劳动力减少,劳动力成本不断提升。利用人工智能技术,将机器人等产品应用到老龄服务当中,可以解决劳动力成本上升带来的问题。另一方面,也只有不断提高产品的科技含量,才能满足老年人不断增长的需求,促进老龄产业的发展。我国老龄用品制造行业的整体技术含量比较低,自主研发的少,以引进为主,巨大的消费市场被国外产品占据。随着我国经济发展战略的调整、国内消费市场的启动,发展老龄用品,只有不断利用新工艺、新材料、新技术、新装备,开发适合老年人身心特点和特殊需求的产品,强化安全性、可靠性和实用性,不断丰富产品品种,产品才会有市场,这个产业也才会发展起来。

(三)产业发展的需求导向进一步增强

产业发展的原动力是需求,没有需求的产业是发展不起来的,老龄产业也不例外。当前,老龄产业发展过程中,有些行业的需求和供给不匹配。一方面,某些行业发展缓慢,产品和服务无人问津,难以满足老年人的需求;另一方面,老年人的需求得不到满足,尤其是部分城市老年人的需求得不到满足。归根结底,是市场对老年人的需求了解不清、研究不深,对于哪些是老年人的刚性需求、哪些是老年人的普通需求,缺乏深入的分析和调研。要实现需求和供给较好地对接,企业必须对市场进行深入调研,从老年人的有效需求出发,实现市场精准定位,提供满足老年人需要的产品和服务

(四)产品和服务质量进一步提升

不断提高产品和服务的质量,是老龄产业发展的大趋势。党的十九大报告提出要坚持高质量发展,中央经济工作会议提出要开展提升质量行动,"十四五"规划也提出以高质量发展为主线,

高质量发展理念将会渗透到老龄产业的每一个行业。早在 2017 年,中央财经领导小组第十四次会议就提出要提高养老院服务质量。近几年来,民政部会同其他相关部门相继出台多个文件,不断完善相关标准和监管制度,持续提高服务质量。未来,在政策的驱动下,老龄产业发展将会从追求数量、速度的外延式发展转向追求质量、效益的内涵式发展[1]。企业需要在管理、服务、技术、人才、标准等方面下功夫,挖掘老年人的特殊需求,精准市场定位,以老年人为本,提供符合老年人实际需要的产品和服务。

二、发展老龄产业的建议

(一)制定老龄产业发展规划

目前,老龄产业的发展处于自发状态,既没有五年规划,也没有中长期规划。作为经济发展的一个新的增长点,老龄产业的发展应该有一个明确的规划。一是对老龄产业进行深入研究,细分老龄产业的各个行业,充分了解老龄产业各行业的发展现

---

① 吴玉韶:《从老龄政策看产业发展新趋势》,《中国社会工作》2020 年第 2 期。

状。二是做好老龄产业发展中长期规划,对未来两个15年间发展老龄产业作出战略安排,明确重点任务,实现产业均衡发展。三是做实老龄产业发展工程。例如实施老年教育计划,采取多种形式,举办老年大学和学校。实施中医慢病防治工程,在医养结合中大力推广中医,降低医养结合的成本。实施老龄智造计划,扶持一批老龄智造企业,鼓励老龄智能化系列产品的研发、设计、生产和销售,消除老年数字鸿沟。

(二)完善老龄产业政策

发展老龄产业,完善相关的财税、人才、土地、金融等产业政策非常重要。从财税政策来看,要切实发挥财政资金引导民间资本参与老龄产业发展的积极作用。一是完善财政补贴政策,从补供方转向补需方,从补建设转向补运营,奖补结合,以服务效果作为激励依据。二是落实税费扶持政策,严格贯彻现有的税费优惠政策。从金融政策来看,金融机构应该开发适应老龄产业发展的信贷服务项目和信贷品种,增加融资方式和渠道,充分发挥政府信用的担保作用,为老龄产业提供融资。从人才政策来看,要构建三支队伍组成的人才梯队,即管理人才队伍、高素质的技术人才队伍、高素质的技能人才队伍。关键是建立和完善人才的招聘机制、培养机制、考核机制以及管理机制等。从土地政策来看,要将公益性的老龄服务用地纳入到城乡发展规划,同时,将部分闲置的公益性用地调整为老龄服务用地,缓解当前老龄服务用地紧张的局面。

(三)提高需求端的支付能力

老龄产业需求端的支付能力,是决定老龄产业发展的决定性因素。提高需求端的支付能力,应该从以下几个方面发力。一是完善分配制度,扩大劳动在收入分配中的占比,进一步降低收入的基尼系数,扩大中产阶层,为老龄金融发展奠定基础。二是完善社会保障体系,调整养老金体系结构,着力发展二、三支柱,切实建立起真正的三支柱养老金体系。三是发展老龄金融产业,着力盘活当前老年人手中的房产等存量资源,为老年人消费提供支撑。四是建立长期护理保险制度,为失能、半失能老年人照护提供资金,也为长期照护市场提供稳定的资金来源。五是为老年人再就业创造条件,提高老年人就业收入。

(四)以社区为中心,促进各类产业协调发展

社区是老年人的活动中心。多年来,我们一直强调加强社区养老服务的发展。事实上,随着人口少子化、老龄化的发展,社区是老龄产业各类服务和产品发展的落脚点。要通过社区促进养老服务、老年教育、老龄健康、老龄金融、物业服务等各种服务和老龄用品融合发展,同时,将老年人服务和幼儿服务统筹安排,促进"一老一小"

服务协调发展。充分发挥政府、市场、老年人、志愿者的作用，共同促进老龄产业成长。

（五）加强政策的落实和督查

老龄领域的很多文件是多部门联合发文，虽然各部门有分工，但执行起来并不是很顺畅，有时因为缺乏牵头部门，政策落实过程中出现的很多问题得不到解决。因此，在不断完善政策的同时，要加强政策落地，明确执行部门，强化对政策落实情况的督查。各级政府应将规划的贯彻、政策的执行纳入政绩考核体系，并建立起相应的问责制度。此外，引入第三方评估制度，加强社会公众对规划、政策实施情况的监督。

第五章　养老保障制度安排
与体系建设

人口老龄化并非社会老化,标志着人类从农业社会、工业社会进入了大健康的银色经济社会①。国家应当按照国民不断增长的健康消费需求,组织生产、分配、流通和消费,积极克服约束条件,实现供需平衡与代际和谐。本章从银色经济和积极老龄化的视角切入,总结中国养老保障制度建设的成就和挑战,展望中国养老保障体系建设的未来。

第一节　养老保障的内涵与特征

1999 年,世界卫生组织在"世界卫生日"呼吁全球开展一场"积极老龄化全球行动"。2002 年,《积极老龄化——政策框架(Active Ageing:A Policy Framework)》从健康、参与、保障三个维度形成理念和战略。健康和参与是保障的前提,养老保障不再是消极福利,不能等同于养老金,要嵌入健康服务。养老保险、医疗保险、长期照护保险,以及老年人救助、最低生活保障等,属于支持老年人有效需求的制度安排。嵌入社区的基本保健服务属于银色经济社会供给侧的制度安排,高龄老人的急救和失能失智照护更是刚性需求,需要与时俱进地进行卫生医护体制改革和优质高效的资源配置,构建健康的、积极的国家养老保障体系。

一、支持有效需求的养老保障制度安排

(一)多层次的养老金

养老金是支付养老日常开支的现金流,包括衣、食、行等费用,具有稳定增长、专用性、生存性等特点。养老金水平关乎老年人的幸福指数,尤其是为高龄失能失智老人

---

① 杨燕绥:《银色经济与嵌入式养老服务》,清华大学出版社 2017 年版,第 4 页。

增加了照料成本,可谓附加养老金。养老金主要来自个人就业与储蓄(Individual Savings)或者代际转移支付(Pay As You Go),包括国家基本养老金(在中国为社会养老保险)、职业和企业年金以及个人储蓄养老金,即一个法定计划和两个政府与市场合作的合格计划,由此形成三支柱的国家养老金体系。

第一支柱养老金也称国家法定养老金、国民基础养老金,包括社会养老保险、国民年金、老残最低收入保障等。法定的政府养老金计划需要通过国家立法来征收税费,而且由政府担保账户统筹,实行现收现付制,不设个人账户。

第二支柱养老金为雇主养老金计划,具有合格计划的属性,即依法规范政府和雇主的责任,实现政府、雇主和雇员的利益共赢。政府的法定责任是延期/减免税收和建立监督机制,雇主的法定责任包括覆盖全体职工、公平供款和支付待遇并合规管理养老基金等。

第三支柱养老金是银色经济的产物,就是在基本养老保险、企业年金以外,由政府发动的养老金合格计划,即依法规范政府和个人的责任。它以自愿参加为前提,实行税收激励政策,实施个人账户积累制,不具有保险特征。

综上所述,伴随人口老龄化,公共养老金制度的支付风险不断加大。按照"鸡蛋不放在一个篮子里"的风险管理原则,国家养老金制度体系由政府、企业和个人共同构建,确保养老金总和替代率达到40%—70%。

此外,还有高龄老人津贴、针对贫困老年人和贫困家庭的养老补贴、养老救助和敬老院等制度安排,有学者称其为第四支柱。

(二)医疗保险与长期照护保险

基本医疗保险、医疗救助和长期照护保险构成医疗保障体系。1883 年,德国俾斯麦政府创立了雇员医疗保险制度。在世界卫生组织的 194 个成员国中,有 65%以上的成员国借鉴德国模式建立了社会医疗保险制度、34%的成员国借鉴英国模式建立了国家公共医疗服务体系,为老年人接受医护服务提供了第三方支付。在实践中,人们发现高龄老人的失能失智照护是个刚性需求,与临床医学有较大差异,不需要计算床日,因此,长期照护服务体系和长期照护保险制度应运而生。

老人长期照护是在较长时间内,为失去自理能力的失能、半失能老人提供的基本医疗护理、生活照料、心理疏导和经济援助等服务的总和,包括居家照护(Home Care)、社区照护(Community Care)、机构照护(Institutional Care)等方式(见表5—1),是按照服务标准和规范进行监管的综合服务体系[1]。

----

① 廖再波等:《我国失能老人长期照护服务体系研究进展》,《实用医院临床杂志》2021 年第 18 期。

表 5—1　长期照护模式及特点

模式	具体形式	优、缺点
居家照护	依托社区服务,包括专业照护(医疗专业人员,侧重疾病及健康等相关问题)及非专业照护(家庭成员或保姆,侧重生活方面)服务。	亲情照护成本低、效果好,但专业性不足,独子家庭难以承受; 专业机构入户服务,方便老年人,但专业性不足且成本较高。
社区照护	依托日间医院、日间护理站,提供日间护理、家务服务、医疗保障、应急支援等服务,介于机构照护及居家照护之间。	利用社区资源,服务范围广,照护方式多,方便老年交友,减少他们的孤独感,有效减轻照顾者的负担,但专业性、综合性相对较弱。
机构照护	包括机构举办的养老社区和专业照护机构,为失能失智老人提供专业化、全方位的综合性服务。	专业性强、服务全面。老年人可以相互陪伴,减少孤独感,并减轻照顾者的负担。机构质量参差不齐,条件好的成本较高。如果家人介入不足,老年人担心亲情流失。

以德国为例①,女性 65—79 岁年龄组的长期照护需求为 5%,80 岁以上的为 33%;男性 65—79 岁年龄组的长期照护需求低于 5%,80 岁以上的为 20%。23 个经济合作与发展组织成员国的调研数据显示:超过 70% 的老年人选择居家照护。德国和日本在世界上最先进入老龄化社会的高级阶段,它们率先建立了长期照护保险制度。但是,德国以居家照料的非正规制度为主。

二、支持有效供给的养老保障制度安排

伴随国民预期寿命的不断延长,养老服务中的医护需求不断增长。老年居所成为与时俱进的社会问题。1996 年,联合国第二次人类住区大会通过的《人居议程》强调,要注意满足老年人不断变化的居住、社会参与和医护需要。居家养老是东西方各民族的首选。发达国家也从机构养老回归到就地养老(Aging In Place)。伴随高龄和失能失智老年人的增加,"家"的位置和功能在不断进化,从原住地到新社区和照护机构,直至临终医院都有"家"的感觉,是养老服务的核心文化。

20 世纪 90 年代以后,在发达国家即将进入高度老龄化社会时,纷纷出现就地养老和去机构化(De-Institutionalization)思潮。世界卫生组织于 1994 年提出:"在居住地,提供整合性、健康支持型的服务。目的在于预防、推迟或是取代暂时型或长期的照顾服务。"美国疾控中心(CDC)对居家养老的定义是:"老人能够安全、独

---

① 资料来源于 OECD Demographic and labor force projections Database。

立、舒适地生活在自己的家里,这取决于社区服务能力,与个人的年龄、收入和体能水平无关。"2002 年,《马德里老龄问题国际行动计划》提出就地养老的原则,这在中国被称为"居家养老"。它不仅需要保证老年人日常起居的住所,还需要符合老年人的心理、照护、医护需求。如今,老年居住模式主要有以下 4 种(见表 5—2)。

表 5—2 老年居住模式及养老方式

居住模式	情形	养老方式
合居模式	与子女或其他亲属居住在一起	家庭养老为主
独居模式	独立居住	社区养老为主
毗邻模式	与子女或其他亲属相互独立,但相邻居住	家庭养老、社区养老
集中模式	居住在老年服务机构	机构养老

低龄老人以养带医,高龄老人以医带养。医养结合不是机构问题,而是医护自愿配置问题。支持各种类型的居"家"养老,直至在临终医院也能给老人一个"家",让他们在亲人的陪护下离去。

第二节 中国养老保障制度安排(2000—2020 年)

一、人口老龄化的时间表和大数据

2000—2020 年是中国进入老龄化社会的第一个阶段。根据国家统计局公布的第七次全国人口普查的数据,截至 2020 年 11 月 1 日,我国 0—14 岁人口占总人口的 17.95%,15—59 岁人口占总人口的 63.35%,60 岁及以上老年人口占总人口的 18.70%(其中,65 岁及以上人口占 13.50%),标志我国人口老龄化进入中度发展阶段。根据世界银行的预测,中国到 2050 年,65 岁及以上老年人口占比将达到 26.9%。与发达国家比较,我国具有未富先老、快速进入深度人口老龄化的特征(见表 5—3)。

表5—3　主要国家人口老龄化时间表和相关大数据

中国大数据均值	美国	德国	日本	中国	世界
初级老龄化社会(65+人口占7%) 1. 人均国内生产总值＄900—1万[OECD主要国家2005年不变价1970年数据] 2. 卫生支出占国内生产总值的0.9%—7.1% 3. 总合生育率>1.5—1.3 4. 养老保险赡养比为15—59：1,2020年 5. 国民平均预期寿命>77岁,2020年	1950年	1950年	1971年	2000—2020年	2005年
过渡期	**64**	**22**	**24**	**<25**	**35**
中度老龄化社会(65+,14%) 1. 人均国内生产总值＄1.5万 2. 卫生支出占国内生产总值的8% 3. 总合生育率>1.3 4. 养老保险赡养比为15—64：1,2025年 5. 国民平均预期寿命>78岁,2025年	2014年	1972年	1995年	2025年以前	2040年
过渡期	**16**	**36**	**11**	**10**	**40**
深度老龄化社会(65+,20%) 1. 人均国内生产总值＄2万 2. 卫生支出占国内生产总值的10% 3. 总合生育率>1.3 4. 养老保险赡养比为15—64：1,2035年 5. 国民平均预期寿命>80岁	2030年	2008年	2006年	2035年以前	2080年

数据来源：(1)预测人口比例数据来自 United Nations, Department of Economic and Social Affairs, World Population Prospects 2019；(2)过往年份人口比例数据来自世界银行数据库；(3)出生时预期寿命数据：1950年数据为1950—1955年均值,来自 United Nations Databases http://data.un.org/；其余年份数据为当年数值,来自 World Bank Open Databases http://data.worldbank.org/。清华大学于淼博士整理。

二、支持有效需求的养老保障制度建设与挑战

(一)国家养老金制度建设

中国在1951年颁布实施了劳动保险条例,1958年统一了机关事业单位和企业职工的退休金制度,1997年正式实行企业职工基本养老保险制度。在人口老龄化初期的20年里,中国与时俱进地建设基本养老保险制度,并启动了三支柱的国家养老金制度体系建设。

1. 基本养老保险制度

1997年,国务院颁布《关于建立统一的企业职工基本养老保障制度的决定》,统

一了全国企业职工的基本养老保险制度,实行社会统筹与个人账户相结合的模式,企业费率为企业工资总额的 20%(2019 年降至 16%),职工费率为个人工资的 8%,对拥有累计工龄未来退休的制度"中人"实行视同缴费政策。职工基本养老保险基金实行由县、地市统筹逐渐到省级统筹。截至 2020 年底,职工基本养老保险制度覆盖 4.56 亿人口,其中离退休领取养老金的人数为 12762 万人。此外,城乡居民基本养老保险参保人数为 54244 万人,其中实际领取的人数为 16068 万人。两项合计,参保人数达到 99865 万人,基本做到全覆盖、保基本,完成了初级老龄化社会的工作。

2010 年,我国的社会保险法提出基本养老保险实行全国统筹。此后,党中央和国务院发布的文件多次要求加快实现基本养老保险全国统筹。2006 年 1 月,城镇职工基本养老保险省级统筹试点工作在全国 8 个省区首先开展。2009 年的《人力资源和社会保障事业发展统计公报》数据显示,全国范围内的省份和地区基本实现了城镇职工养老保险省级统筹,全国调剂金达到养老保险费率的 4%。截至 2020 年底,全国社会保障持卡人数为 13.35 亿人,全国社会保险公共服务平台提供 9 类 28 项"一网通办"服务,总访问量达到 15.1 亿人次。

中国约在 2022 年进入中度老龄化社会。基本养老金制度面临如下 4 个挑战:一是工龄视同缴费形成的转制成本(空账)日益增加。二是省际人口结构差异加大,年轻人由北方向南方的流动性较强,职工基本养老保险基金在南方有结余、在北方有缺口。三是退休年龄早,加重了制度内赡养负担。2020 年,养老保险在职缴费人和退休金领取人的赡养比为 2.57:1,养老保险基金收入 44376 亿元,支出 51301 亿元,收支缺口 6925 亿元。值得关注的是,"63 婴儿潮"中的男职工在 2022 年进入退休高峰,养老保险基金收入将出现滑坡。四是灵活就业人数达到 2 亿以上,占新增就业人员的 50% 以上。他们参加养老保险,遇到户籍、高费率和携带难等问题。

2. 构建国家三支柱养老金体系

党的十九届五中全会提出"发展多层次多支柱养老保险体系"。2004 年,我国就出台了《企业年金试行办法》。2020 年,企业年金覆盖企业 10.5 万个、职工 2717.5 万人,累积资金规模达到 22496.83 亿元。2018 年,启动了延期征税型商业年金保险。2021 年,将出台综合型个人养老金政策。我国与时俱进地实施了养老金制度改革,建立了三支柱的国家养老金体系。此外,还有以地方政府责任为主的各类养老补贴、助老服务卡和贫困老人救助制度等。

3. 完善中国养老金制度遇到的挑战

早减晚增的养老金领取机制、养老金对工资的替代率、养老基金总资产的国内生产总值占比、养老金占家庭资产的比例等,是衡量一个国家养老金制度的重要指标。以美国为例,按照国民平均预期寿命减去养老金领取者预期余寿规定的法定全额养老金的领取年龄为 67 岁,可以提前到 62 岁领取减额养老金。截至 2019 年底[①],拥有 35.2 万亿美元养老金资产,其中,公共养老金资产为 2.897 万亿美元[②]、私人养老金资产为 32.334 万亿美元,超过美国银行资产 17.8 万亿美元、国内生产总值规模 21.4 万亿美元、公募基金规模 21.3 万亿美元;养老金占家庭资产的 26%;总和养老金替代率在 70%以上。2010 年,我国颁布的社会保险法不仅没有对领取养老金的法定年龄加以规定,而且规定退休人员不缴纳基本医疗保险。至今,国家养老金体系仍然是基本养老保险一柱为大,企业年金发展不足,个人养老金刚刚起步,总和养老金替代率呈现下降趋势。

目前,我国有 5 类个人养老金账户亟待整合:(1)城乡居民基本养老保险实行个人账户制,每个参保人均有实名、实账的养老金积累,并享有政府补贴权益和银行利息收入。(2)企业年金计划下的职工个人养老金账户,每个计划成员均有实名、实账的养老金积累,包括企业供款、个人缴费、政府延期征税待遇和投资收益。机关事业单位类同。(3)个人自愿购买的年金保险产品、银行储蓄产品、理财产品的养老金账户。(4)特殊人群的养老金和养老补贴账户,如军人职业养老金个人账户,复转军人、贫困家庭、独生子女、失独家庭养老补贴账户等。(5)消费养老合格计划下的个人养老金账户。

(二)医疗保障制度建设

1998 年 12 月 14 日,国务院发布《关于建立城镇职工基本医疗保险制度的决定》,我国完成了从劳动保险的免费型医疗保障向社会保险的缴费型医疗保障的制度转型。2010 年,我国颁布实施社会保险法,基本医疗保险制度基本定型。

1. 规范了公民参保缴费的义务

职工应当参加职工基本医疗保险,由用人单位和职工按照国家规定共同缴纳基本医疗保险费,用人单位费率约为单位工资总额的 6%,职工个人费率约为个人工资的 2%。无雇工的个体工商户、未在用人单位参加职工基本医疗保险的非全日制从业人员以及其他灵活就业人员可以参加职工基本医疗保险,由个人按照国家规定缴纳基本医疗保险费。享受最低生活保障的人、丧失劳动能力的残疾人、低收入家庭

---

① 数据来源于 2020 年 OASDI 年报,2020 年 ICI Fact Book,美联储,OECD:Pensions at a Glance 2019。
② 数据来源于 2012 年 OASDI 年报。

60周岁以上的老年人和未成年人等所需个人缴费部分,由政府给予补贴。

2016年,中国医疗保险覆盖面超过10亿人口。国际社会保障协会主席斯杜威致信习近平说,中国共产党以政治承诺和制度创新精神解决了中国人民的医疗保障问题,并大幅度改变了世界人口的贫困状态。当年,将社会保障杰出成就奖授予中国政府。截至2020年底,基本医疗保险覆盖人口维持在13.5亿人以上,人口覆盖率超过95%。基本实现了全覆盖、保基本的目标。

2. 初步完善了待遇清单和结算制度

职工基本医疗保险、城乡居民基本医疗保险的待遇标准按照国家规定执行。符合基本医疗保险药品目录、诊疗项目、医疗服务设施标准以及急诊、抢救的医疗费用,按照国家规定从基本医疗保险基金中支付,分担率超过70%,个人自负不足30%。医疗保障公共服务不断进步。参保人员持电子社保卡或医保卡就医,医疗费用中应当由基本医疗保险基金支付的部分,由医疗保险经办机构与医疗机构、药品经营单位直接结算。医疗保险行政部门和卫生行政部门应当建立异地就医医疗费用结算制度,方便参保人员享受基本医疗保险待遇。个人跨统筹地区就业的,其基本医疗保险关系随本人转移,缴费年限累计计算。

3. 医疗保障制度发展面临的挑战

以职工基本医疗保险为例,主要问题如下:(1)职工基本医疗保险基金收入的45%计入职工个人账户、支出的70%以上用于三甲医院,与医疗保险社会互济原则、分级诊疗的医改大方向不一致。(2)各统筹地区的政策不一致、待遇差异大,由此引发参保患者的"医保旅游"行为不断增加。(3)医疗保险基金的风险不断加大。一方面,受人口老龄化和"63婴儿潮"退休高峰的影响,2021年以后,医疗保险参保率和医疗保险基金收入将呈现下降趋势;另一方面,过度医疗和欺诈骗保导致医疗保险基金浪费相当严重。为深化医疗保障制度改革,2018年,国家成立医疗保障局,整合了原来分布在国家卫健委、国家发改委、民政部和人社部的相关资源。国家医疗保障局的主要职责是按照党中央的部署完成顶层设计,建机制、立法制,推动中国医疗保障从制度建设走向多层次、可持续发展,与医疗、医药、医养协同发展的体系建设。

以长期照护保险为例,2016年,人社部发布《关于开展长期护理保险制度试点的指导意见》(以下简称《意见》)。《意见》指出,探索建立长期护理保险制度,是应对人口老龄化、促进社会经济发展的战略举措,是实现共享发展改革成果的重大民生工程,是健全社会保障体系的重要制度安排。2017年,各试点地区纷纷出台各自的制度、文件,开始逐步建立各具特色的长期护理保险制度。青岛、上海、南通、长春4个城市在《意见》发布之前便自发开始了探索,是我国长期护理保险制度试点的先行地区。2017年,其他城市进入试点行列。2020年,国家医疗保障局发布《关于扩大长期护理保险制度试点的指导意见》,新增14个试点城市。"十四五"时期,国家将继续推动长期护理保险试点扩面工作,长期护理保险进入到一个快速发展时期。主要挑战如下:一是制度如何定型、政府和市场的边界与责任如何划分;二是资金从哪里来、如何建立可持续的筹资制度;三是保障水平尚未界定,如何平衡需求和供给的关系是个难题。

三、支持有效供给的养老保障制度建设与挑战

(一)养老服务政策综述

2003—2020年,我国积极应对人口老龄化以及发展养老服务事业和产业的相关政策加速出台(见图5—1)①。1996年,我国出台了《中华人民共和国老年人权益保障法》,在随后的2012年、2015年、2018年,进行了3次修订,进一步对养老服务体系建设作出了整体规划。2006年12月12日,国务院新闻办公室发布了《中国老龄事业的发展》白皮书。通过中国老龄事业发展"十一五"规划、"十二五"规划、"十三五"规划、"十四五"规划,以及《关于加快发展养老服务业的若干意见》等,中国养老保障体系建设日趋成熟。

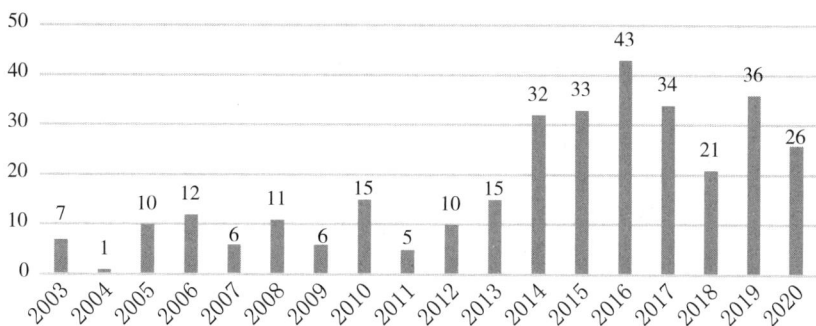

图5—1　我国养老服务政策发布情况(2003—2020年)

表5—4　国家层面养老服务政策

时间	政策法律	涉及内容	备注
2012年	《中华人民共和国老年人权益保障法》	养老服务体系建设	1996年出台,2012年、2015年、2018年修订

---

① 数据来源于北大法宝数据库。

续表

时间	政策法律	涉及内容	备注
2013 年	关于加快发展养老服务业的若干意见	养老服务发展	
	关于促进健康服务业发展的若干意见	健康养老服务	
2014 年	关于加快发展现代保险服务业的若干意见	养老保险服务	
2015 年	关于机关事业单位工作人员养老保险制度改革的决定	养老保险制度并轨	
	关于推进医疗卫生与养老服务相结合的指导意见	医养结合	
2016 年	"十三五"卫生与健康规划	老年健康服务	
	老年教育发展规划（2016—2020 年）	促进老年教育	
	关于全面放开养老服务市场提升养老服务质量的若干意见	养老服务	
2017 年	"十三五"国家老龄事业发展和养老服务体系建设规划	养老服务体系	
	关于划转部分国有资本充实社保基金实施方案的通知	养老保障体系	
	关于进一步激发社会领域投资活力的意见	养老服务投资	
	关于制定和实施老年人照顾服务项目的意见	养老服务内容	
	关于加快发展商业养老保险的若干意见	养老保障体系	
2018 年	关于建立企业职工基本养老保险基金中央调剂制度的通知	养老保障体系	
	关于印发个人所得税专项附加扣除暂行办法的通知	养老保障体系	
	关于完善促进消费体制机制进一步激发居民消费潜力的若干意见	养老服务消费	

时间	政策法律	涉及内容	备注
2019 年	关于推进养老服务发展的意见	养老服务发展	
	关于同意建立养老服务部际联席会议制度的函	养老服务发展	
2020 年	中共中央关于制定国民经济和社会发展第十四个五年规划和 2035 年远景目标的建议	养老事业和养老产业发展	
	关于建立健全养老服务综合监管制度促进养老服务高质量发展的意见	养老服务监管	
2021 年	中国国民经济和社会发展第十四个五年规划和 2035 年远景目标纲要	完善养老服务	

2012—2020 年间,国务院及各部委共计出台了 105 份养老服务文件。2012 年最后一个季度,出台了 3 份文件;2014 年,出台了 21 份文件;2016 年,18 份政策文件密集出台;2019 年,又有多达 16 份文件出台。每 2—3 年即有一次高峰,政策文件涉及的部门宽度和级别高度均超出以往(见图 5—2、5—3、5—4)。

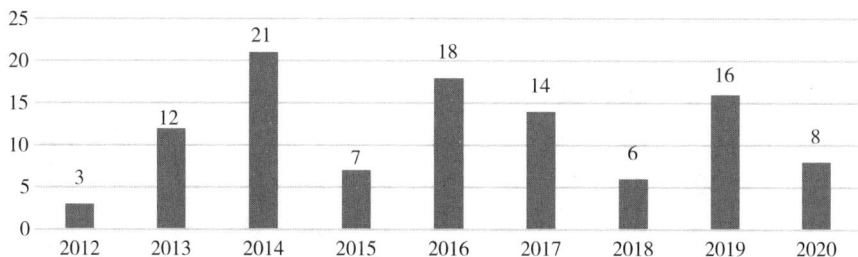

图 5—2　历年国务院及各部委的养老服务政策出台数目(单位:份/年)

《中华人民共和国 2020 年国民经济和社会发展统计公报》的数据显示(见图 5—5),2020 年末,我国共有养老机构 3.8 万个;养老服务床位 823.8 万张,增加 62.4 万张,增长速度远高于 2019 年。其中,养老机构床位数为 483.1 万张,较 2019 年增加了 44.3 万张,同比增长 10.1%。从变化趋势看,养老机构的数量在 2009—2015 年呈现先上升、后下降的趋势,最高为 2012 年的 44304 个,最低为 2015 年的 27752 个,2020 年达到 38000 个。

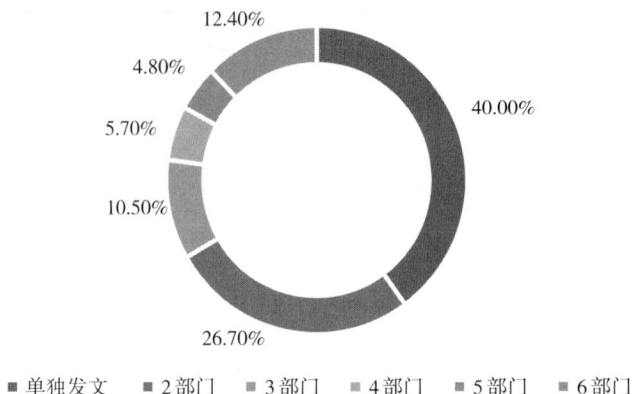

图 5—3 按联合发文部门数量分类的各类别占比

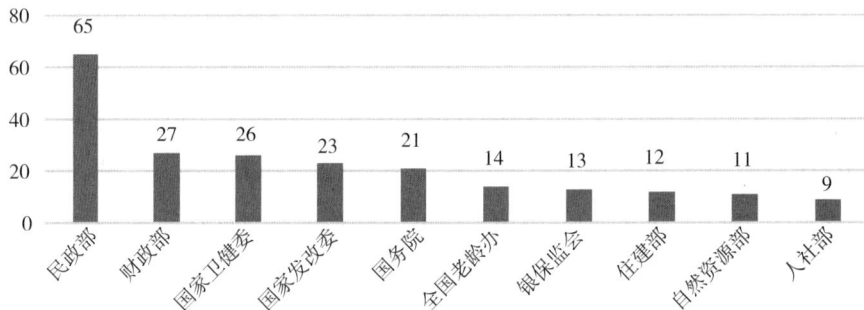

图 5—4 国务院及各部委发文次数（单位：次）

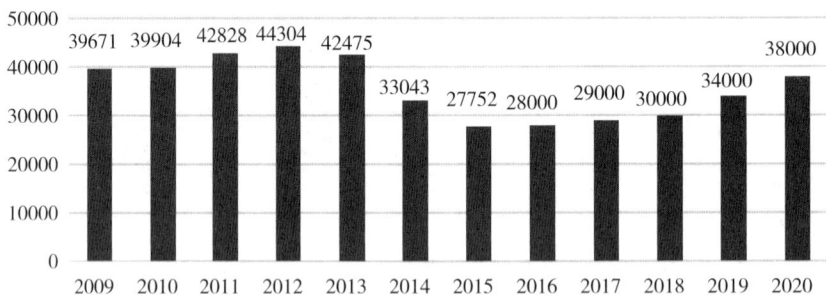

图 5—5 2009—2020 年全国养老机构数量（单位：个／年）

（二）养老服务体系建设遇到的挑战

2016 年以后，养老服务逐渐上升为国家经济和社会发展战略，政策内容逐渐涉及养老服务生产主体、产品标准和人才培养等问题。2019 年，党中央和国务院发布的《国家积极应对人口老龄化中长期规划》，从社会财富储备、劳动力有效供给、产品供给体系、科技创新能力、敬老社会环境 5 个方面，规划了中国积极应对人口老龄化的发展战略和措施。到目前为止,仅有养老服务事业规划,没有养老服务产业规划。只提到医养结合,没有嵌入社区的医护服务体系规划,以及高龄老人失能失智照护和15分钟急救圈的具体规划与实施措施。大部分医院因低风险死亡率的考核指标,拒收养老机构送来急救的老年人。以北京市为例,一方面,养老机构的入住率不足60%;另一方面,为了方便急救,人们仍然以城心养老为主。某保险集团将养老社区建在三甲医院旁边,该医院却拒绝接收需要急救的老年人。

日本在2000年后进入高级老龄社会阶段。在1989年公布了《发展老年人保健福利事业10年战略规划》,也称"10年黄金计划",即在10年内完善保健、医疗、福利一条龙的配套体系,预计投资6兆亿日元,相当于1980—1989年间养老服务建设总资金的3倍①。该规划的目标十分明确:一是完善居家养老的基础设施;二是发动敬老社会行动计划,提倡开展志愿者活动,从硬件到软件形成人人参与的为老服务网络。可见,日本的养老服务政策具有如下特点:(1)基于人口老龄化的大数据,未雨绸缪和倒计时地从需求侧进行规划;(2)有明确的预算方案和成本管理;(3)养老服务产业发展规划相对完善,涉及生产企业的方方面面,包括收费与营利模式、养老服务行业的伦理等;(4)具有相对成熟的养老服务PPP的法治环境和规制,政府和企业均信守合同。相比之下,我国的养老服务政策还属于初级发展阶段,较多依赖政府和养老服务事业,尚无权威的养老服务产业发展规划,现行政策对服务成本、投资预算、生产企业的营利模式和行业伦理等问题关注较少,推动养老服务PPP项目的信用管理和法治保障发展力度不足。

四、我国养老保障体系建设的目标与展望(2020—2030年)

党的十九届五中全会提出系统思维的要求。2021年2月26日,习近平在主持中共中央政治局第二十八次集体学习时提出:要增强风险意识,研判未来我国人口老龄化、人均预期寿命提升、受教育年限增加、劳动力结构变化等发展趋势,提高工作预见性和主动性;坚持与时俱进,用改革的办法和创新的思维解决发展中的问题,坚决破除体制机制障碍,推动社会保障事业不断前进②。中国仍然面对未富先老和快速人口老龄化的挑战,由此决定了中国养老服务市场是一个根据买方需求和支付能力

---

① 沈洁:《日本社会保障制度的发展》,中国劳动社会保障出版社2004年版。
② 《人民日报》2021年2月28日。

定价的不充分的市场,支持有效需求的养老保障制度安排和协同发展的体系至关重要。

(一)完善国家多支柱的养老金制度体系

1. 夯实基础养老金(即社会养老保险)

具体措施如下:(1)针对省级人口结构差异问题,强调进一步明确中央和地方的事权与支出责任,建立中央调剂金制度,为实现全国统筹奠定基础;(2)针对人口老龄化和赡养负担问题,转移部分国有资本充实社保基金,扩大养老保险基金投资运营规模,延迟领取养老金和帮助大龄人员就业,加快发展多层次、多支柱的养老保险体系建设,以提高养老金替代率水平;(3)针对灵活就业人员参保难问题,强调"要健全农民工、灵活就业人员、新业态就业人员参加社会保险制度",在户籍、费率和携带等方面提出适合灵活就业业态的制度安排。

2. 完善三支柱的国家养老金运行机制

2021 年的《政府工作报告》提出:"规范发展第三支柱养老保险。"目前,我国的第三支柱养老保险有严格定位,即在基本养老保险、企业年金以外,由政府发动的养老金合格计划。主要特征如下:(1)实施个人账户积累制,不具有保险特征;(2)个人自愿参加,实行税收激励政策;(3)市场化投资运营,纳入政府养老金综合监管平台;(4)与时俱进、鼓励创新,以满足多样化需求。这些特征在未来发展中可能会发生与时俱进的改变。

构建国家多层次的养老金运行机制。政府担保的养老金通过公共账户统收统支、现收现付。从各国做法来看,其发展趋势是企业年金和个人养老金进入个人实名的养老金账户,可以整合账户管理人,分类记账。因此,国家养老金运行机制的主体特征是"入口三支柱,出口两账户"(见表 5—5),即政府与市场相结合、此消彼长与综合治理的运行机制,以确保养老金总和替代率的充足性。

表 5—5　养老金三支柱、充足性和运营机制

人口结构	第一支柱	第二支柱	第三支柱	总和替代率
进入老龄社会 1950—1970 年	上升	启动	—	60%—70%
深度老龄社会 1970—2010 年	平稳	上升	启动	50%—60%
超级老龄社会 2010 年—	降低	平稳	上升	50%左右
账户模式	公共账户		个人账户	

续表

人口结构	第一支柱	第二支柱	第三支柱	总和替代率
政府责任	搭建一体化养老金三支柱的信息平台,分类监管,支持转移携带,开展养老金教育,披露信息和进行税务处理等。			

政府责任是搭建三支柱一体化的养老金信息平台。一是进行分类监管,夯实第一支柱,确保基本养老金的收支平衡;促进第二支柱,尽可能使更多的职工拥有企业年金;大力发展第三支柱,激励和扶助居民积累养老金;同时,规范与整合各类高龄补贴、养老补贴、养老救助等措施。二是支持转移携带,包括企业之间、职业之间、地区之间企业年金权益记录的保护与继续。三是开展养老金教育,包括人口教育和投资风险教育等。四是定期公布信息披露报告及其解读。五是进行税务处理等。

（二）完善嵌入社区的医护服务体系

医养结合不是养老机构办医疗,也不是医疗机构办养老,而是支持居家养老的卫生医护体制创新问题。在实现人均国内生产总值 1 万美元之后,需要伴随高龄老人急救和失能失智照护的刚性需求,建立 15 分钟半径急救圈,在社区嵌入医疗、康复、照护和临终安宁等服务,以维持老年人自理生活和参与社会活动的能力。医养结合服务模式具体可以分为 3 种类型:内置诊所、法人联动、医院托管(见表5—6)。

表5—6　医养结合的类型及具体形式

类型	形式	内容	医养模式
内置型	专业机构	以老年医院、康复中心、护理院等为载体,为老年人提供住院式医疗康复和日间康复护理等服务。	以医带养
	养老机构内置医护服务	在较大型养老机构和福利机构内,设置护士站、医生诊室、小药房等。	
联动型	养老机构＋医护机构	在养老社区内设置医护机构,这两个独立法人之间签订合作协议。	以医带养
辐射型	以医疗机构为中心	在综合医院周围建设城心养老机构,社区医护机构托管老年人医疗康复护理服务。	医养同步

1. 建立医民结合的健康守门人制度

加强国民健康教育并夯实社区卫生医护基础设施,做好居民健康管理的守门人。具体措施如下。

建立 1+x＝3 的家庭医生团队契约服务制度。1 名全科医生配备 1 名医务社工,根据签约居民实际情况,组合全科护士、医师、康复师、公卫医师等(提供基本医护、公共卫生和健康促进服务)与基层医疗卫生机构为平台(支持卫生医护双挂牌机构),实现医防融合、机构融合、中西医融合,特别是居民与医务人员的合作,夯实社区医护基础,实现一老一小的居家医养融合。为此,需要出台全科医生、全科护士、医务社工的培养与使用激励措施,加强全科医生队伍建设。扩大全科护士队伍,多举措对全科护士实施培养,加强全科护士队伍的建设。建立公共卫生、家庭医生、家庭病床的管理办法和规范,实现健康档案标准化,依法共享信息;开通家庭医生服务热线,实现社区医护服务清单化、信息化,实时交流、预约应诊、动态管理。

建立地方政府基层医护资源配置的政绩考核指标。2025 年,城区和乡镇医护机构诊疗量占比达到 80% 以上。患高血压、糖尿病等 10 类重点人群签约率达到 80%,每万人全科医生和医务社工合计数 6 名(3+3),平均每 3 万—4 万人拥有 1 家卫生医护双挂牌机构,基层医护机构配药率达到 90%。

建立家庭医生医保智能监控和医保付费制度。一是续约(代际家庭续约)医保付费奖励机制,夯实健康促进和慢性病管理的基础;二是建立居民健康评估(包括资源耗费和健康结果)和以健康为中心的医保奖励制度。

2. 夯实基层紧密型医疗健康共同体

城区和乡镇按照人口分布,建设紧密型医疗共同体,建立医保复合型付费机制,整合区域卫生医护资源和提高区域健康促进水平。具体措施如下。

借鉴罗湖经验,实现一个法人的治理机制。一是龙头医院和社区医护机构以及医疗资源机构实行一个法人的治理机制,建立统一、独立的财务制度,收支两条线属于项目管理,仅适用于公共卫生项目。二是龙头医院(三级以上综合医院)设立儿科、老年科、康复科、精神科和社区服务部、公共卫生服务部,对社区卫生医护机构实现院办院管,统一人财物、信息系统和服务流程;建立个案管理师制度,支持全专融合的联合会诊、查房制度,建立急诊、门诊、住院、康复、护理、临终安宁分类医护制度,提供医防融合、医养融合的社区卫生医护服务,支持家庭医生团队(诊所)的工作、托管社区养老机构的医疗康复服务,指导长期护理机构的工作。三是同域内医护医药机构和影像检验等医疗资源订立合作协议,依法实现健康档案和病历资源共享、影像检验结果互通互认,提高质量、降低成本和改善居民就医体验。

建立地方政府紧密型医疗共同体建设的绩效考核指标。一是龙头医院运行绩效达标,提高重症诊治能力(CMI)和患者本地就诊率;通过赋能社区医护机构,对住院和手术患者进行院前术前的社区管理,降低医护成本和负债率,实现盈余指标。二是建立与人口老龄化相适应的老年医疗护理体系,加快老年医学和护理学科发展。鼓励多方力量举办老年医疗护理机构,以80岁人口为基数,在区域建设(含改扩建)中小型护理院、临终医院,配置护理床位,实现区域内老年医疗护理服务全覆盖。加快护理人才队伍建设,规划期内达到国家护理院建设人员配置标准。三是以国家和省级慢性病综合防控示范区创建为抓手,推动慢性病防治工作,推进综合干预和慢性病患者自我管理;加强对心脑血管病、肿瘤、糖尿病等重点疾病的管理,高血压规范管理率达到65%,Ⅱ型糖尿病规范管理率达70%。四是加强残疾人和严重精神障碍患者健康管理,全面提升精神卫生服务能力,全方位、多渠道发现严重精神障碍患者,积极推行"院前预防—院中诊疗—院后康复与管理"服务模式,建立常态化精神卫生综合管理机制,落实严重精神障碍救治救助措施,逐步提高精神障碍患者医疗保障水平。鼓励引导社会资源提供精神障碍社区康复服务。严重精神障碍患者管理率达到95%,在管精神分裂症患者治疗率达85%。五是提升婴幼儿照护服务发展水平,建立健全促进婴幼儿照护服务发展的政策法规、标准规范、服务供给和监督管理体系,基本形成管理规范、主体多元、布局合理、服务优质的婴幼儿照护服务体系,每个街道至少建成1家具有示范效应的普惠性托育机构,社区实现提供婴幼儿托育服务机构全覆盖,促进科学育儿。

3. 建立导向、复合型医保付费机制

2020年2月,党中央、国务院《关于深化医疗保障制度改革的意见》提出:"坚持系统集成、协同高效,增强医保、医疗、医药联动改革的整体性、系统性、协同性,保障群众获得高质量、有效率、能负担的医药服务"。按照临床路径建立复合型医保付费机制和多层次医疗保障制度,与优质高效卫生医护体系协同发展。具体措施如下。

住院打包定价、结余留用。急诊、住院和门诊按照疾病诊断分组(DRG、DIP、APG)打包定价、结余留用,重症超支合理分担,建立域内竞争机制,抑制过度医疗并提质增效,支持公立医院改革和民营医院发展,支持现代医院管理制度建设。日间手术、康复、慢病特病实行床日、人头、项目付费,支持分类医护,减少挂床、压床、转科现象。

社区人头加权预算、健康评估奖励。基层紧密型医疗集团签约参保人,建立人头加权预算、总额管理、钱随人走、结余留用,外加家庭医生服务绩效评估和健康评估奖励。支持紧密型医疗集团顶天(CMI值高)立地(健康管理好)地发展,建立降点增值的区域医疗保险基金长效平衡机制。

加快发展商业健康保险。一是规范基本医疗保险待遇清单制度,厘清政府和市场的责任,支持商业健康保险制度创新;二是丰富健康保险产品供给,用足用好商业健康保险个人所得税政策,研究扩大保险产品范围,加强市场行为监管,突出健康保险产品设计、销售、赔付等关键环节监管,提高健康保障服务能力;三是联合打造国家顶层设计、省级操作、地市对接、机构使用、公众受益的智能医疗保障信息系统和服务平台,共享医疗健康大数据并确保信息安全。

改革医疗救助服务供给和支付制度。一是依法建立家庭经济状况评价制度,探索阶梯式扶贫政策,合理界定兜底对象和内容;二是建立政府购买平价病房制度,提供合理适度的兜底性医护服务;三是建立打通基本医疗保险、补充医疗保险、商业健康保险和社会捐助的信息披露制度,动员社会资源共同解决因病致贫的兜底问题。

(三)依法建设养老服务 PPP 规制

目前,在政府预算以外,投资养老服务业的主要资金来自保险集团、地产企业。它们集中在一线城市,主要提供高端服务,加大了核心城市群效应。2032 年,中国"63 婴儿潮"一代人(约 3.7 亿人)将陆续进入 70 岁年龄组,急救和失能失智照护需求将快速增长,上述两类投资亟待找到营利模式。此外,从新中国成立就有政府供养贫困老人的制度安排,比如敬老院。完善中国养老服务体系的挑战,在于占人口大多数的中间人口。根据银发经济买方市场的核心特征及中国消费者定价的国情,养老服务供给呈现出一个 5—4—3 结构,即 5 级支付能力、4 类投资及其运营成本、3 类服务提供主体。

1. 养老服务 5 级支付能力

第一步,基于养老金、房产和其他金融资产,按照从贫到富的顺序,将养老服务支付能力分为如下 5 级。(1)贫困人口、"三无"老年人。按照我国现行政策,主要指没有劳动能力、没有子女和没有经济来源的人。(2)低收入人口,即退休人员。他们拥有一份或者两份养老金,无自有房产。可能从来就没有房产,也可能已转给子女。在征收房产税之前,这个秩序是混乱的。(3)中等收入人口,即退休人员+房产拥有者。他们拥有一份或者两份养老金,至少拥有一套自有房产。(4)高收入人口,即退休人员+房产+金融资产。他们拥有一份或者两份养老金,至少拥有一套自有房产,还有低于 100 万元人民币的可投资的净值资产。(5)高净值人口,即退休人员+房产+百万金融资产。他们拥有一份或者两份养老金,至少拥有一套自有房产,还有高于 100 万元人民币的可投资的净值资产。

第二步,通过调研和运用实际运营大数据进行调整,建立数据库。进一步分析财政补贴、子女代际转移支付、医疗保险、护理保险和商业保险以及养老理财产品的实际支付情况。

2. 养老服务 4 类投资

养老服务投资,包括地租(土地及其环境建设)、房租(房产和硬件设施)、服务费(照护服务及其人力资本,具体为生活照料、失能医护)、生活费(生活物品供给,如饮食、运动等)四大要素。前两项被称为有形的重资产,后两类属于轻资产运营。中国实行土地公有制,政府划拨土地似乎没有价格。其实,养老服务所需土地需要配套设施,如社区医护机构、交通设施、娱乐场所、商场及洗衣店等,由此形成地租。

3. 养老服务 3 类服务主体

在西方国家,提供养老服务的主体,包括政府机构(管理收支两条线的项目)、社会企业(有盈余、无利润)、商业机构(有利润和股东)3 类。中国没有社会企业,但有国有企业、民营非营利企业,特别是国有企业,应当参照社会企业的原则为中等收入人群提供服务。按照养老服务治理原则,利益相关人的定位必须清晰。国有企业不能占用公共资源,也不能挤占商业机构的市场份额。

综上所述,在西方国家遇到高龄老人照护成本居高不下的挑战,纷纷止步的情况下,中国应当发挥社会主义制度和土地公有制的优越性,坚持低成本和高效率的原则来解决问题。国家不断完善收入分配和多层次养老金与医疗保障制度。城乡各级政府要做好三件事:一是根据有效需求制定养老服务供给规划;二是做好土地配置、适老环境建设和基本卫生医护进入社区的基础工作;三是组织养老服务利益相关者共同建立 5 级定价机制,由此形成 5—4—3 养老服务供给模式(见表 5—7)。政府、企业和商业机构 3 类服务主体分别提供服务,政府机构做到收支平衡、企业有盈余但没有股东、商业机构有利润也有股东。建立分层次的竞争市场,既要防止企业错位经营,也要防止高收入人群套取政府补贴。从而,建设多方利益共赢、有序发展、可持续的养老服务体系。

表 5—7　城市养老服务 5—4—3 供给模式　　　　单位:元/月

国家	总排名人群	运营模式护理过程	普及程度土地+环境=地租	行政效率房产+硬件=房租	公平服务+软件 ABC服务费	医疗保健结果前 3 项+生活费用
澳大利亚	"三无"老人约占 5%	P4 公办收支平衡	政府投入	政府投入	政府购买社保+救助	政府补贴 300—800 元
德国	低收入老人约 20%	P2+S,公办民营+盈余	政府投入	政府投入	个人支付社会保险	个人支付 1000—2000 元

续表

国家	总排名 人群	运营模式 护理过程	普及程度 土地+环 境=地租	行政效率 房产+ 硬件 =房租	公平服务+ 软件 ABC 服务费	医疗保健 结果前 3 项 +生活 费用
荷兰	中等收入老 人约占 50%	P1+S,公办 民营+盈余	政府投入	个人支付	个人支付社 保+商保	个人支付 2000— 5000 元
新西兰	高收入老人 约占 20%	P0+C,企业 微利+股东	个人支付	个人支付	个人支付社 保+商保	个人支付 5000—1 万元
挪威	高净值老人 约占 5%	P0+C,企业 盈利+股东	个人购买	个人购买	个人支付社 保+商保	个人支付 1 万—2.5 万元

注:P 指政府,S 指社会企业,C 指商业企业。

PPP 项目属于准公共产品范畴,其价值在于通过投入公共资源以降低服务成本、引入企业竞争以提高服务效率,是满足大多数中等收入人口养老服务需求的必由之路。在前述的 5—4—3 模式中,第一种类型属于扶贫和社会救助型的公共产品,第五种类型属于高端消费的私人产品,二者均不属于公司合作的 PPP 范围。只有 2—4 三种模式属于 PPP 的范畴。伴随消费者支付能力的增加,政府的责任逐级下降。政府的责任主要是进行地租和房租的补偿,包括实物投资,例如拨付土地和进行环境建设,即补砖头;也包括资金补贴,即补人头。综上所述,我国亟待以需求为导向,按照需方定价原则,研究养老服务政策、财务制度、法律制度,支持各类养老服务机构健康发展。

第三节　国外养老保障典型案例分析

一、美国的养老金制度体系结构完整

美国养老金制度的结构和体系相对完善。从本案例中,可以看到多层次养老金制度体系的建设过程和主要经验。一是与时俱进的发展。美国政府抓住了发展养老金制度的每个时机,及时出台了相关法律法规和政策,特别是税制改革政策支持了养老金制度改革。二是法治保障。在基本养老金制度之外,发展政府、企业和市场运营的企业年金及个人养老金,需要在法治保障下建立社会治理机制,打造多方合作的合格计划。

1935 年,美国建立了老遗残持续收入保障制度。国家社会保障总署实行全国垂直管理,并与地方就业促进机构联合办公。目前,养老金税率为工资总额的 12%,雇主、雇员各自承担 6%。全额基本养老金每月支付 1000 美元,实行早减晚增的领取机制。

在 1935 年以前,美国的雇主养老金制度已经发展了近 200 年。1974 年,美国国会通过雇员退休保障法,后又修改了国内税法,增加的第 401 条形成著名的"401(K)计划"。好比一个"大补丁"贴在 40—70 岁人口的身上,用于解决灾难、教育、疾病、大龄失业和退休初期的支出问题,而且,这些规定特别适用于中低收入阶层以及自雇者。(1)根据国内税法的规定,所有养老金账户免税,对个人退休账户资金的投资增值收入免税。同时,在个人申报当年收入税时,对个人退休账户计划(IRA)给予延迟纳税待遇,即当年存入养老金账户的资金计征个人收入所得税,退休后从账户中取钱时再根据税政规定缴纳个人所得税。IRA 的缴费额随着时间及通货膨胀的变化进行调整。2002 年到 2004 年的缴费限额为 3000 美元,2005 年到 2007 年为 4000 美元,2008 年为 5000 美元,此后,每年与通货膨胀相挂钩增加 500 美元。(2)年满 70.5 岁时可以支取 IRA 账户资金,2019 年的新政规定 72.5 岁开始支取资金。提前支取不仅要征收所得税,还要征收罚金税;一次性支取要一次性征税 25%;法令有免征税规定的除外,例如在遭受"卡特琳娜"飓风灾害时允许个人支取 1 万美元救急;子女可以向父母的 401—K 账户借贷教育资金,还款利息为 1%。处罚的目的是避免人们一退休就用光账户内的钱,以真正提高人们的退休生活水平,实现税收递延型养老保险的价值。(3)管理资金的是具有相应资格的第三方金融机构(银行、投资公司等)。此外,养老金资本还借助风险投资渠道进入实体经济。1978 年,美国劳工部对雇员退休收入保障法关于养老金投资的"谨慎人"(Prudent Man)条款作出新的解释,在不危及整个投资组合安全性的基础上,不再禁止用养老金购买小型和新兴企业发行的证券,以及对风险投资投入资金,为养老金进入风险投资领域铺平了道路。IRA 资金的投资方式包括银行存款、共同基金、人寿保险以及直接持有证券等,在发展过程中,投资比重发生了变化,基金和债券的比例逐渐增大。目前,共同基金取得了 IRA 投资领域的绝对优势地位。

IRA 计划的相关法律经过多次修改、完善,逐步形成了一整套较为成熟的个人退休账户制度。1997 年设立的罗斯个人退休账户(Roth IRA)与之前的 IRA 账户并行。由于个人对工作时和退休时预期的税率差别不同,针对退休时预期税率会上升的养老用户,罗斯 IRA 制度是对 IRA 制度的补充。罗斯 IRA 是税后优惠,即对个人退休账户中每一笔缴费予以征税,账户基金投资收益在退休账户开立 5 个纳税年度之后免税。罗斯 IRA 计划的开设与缴费没有年龄限制,也没有最低限额提款要求。两种 IRA 账户可以衔接:传统 IRA 的资金可直接转入罗斯 IRA 账户中,由于转入资金在当年存入 IRA 时没有缴税,转存至罗斯 IRA 时要补缴税。转存入罗斯 IRA 账户并存满 5 年后,可提取本金部分,且不纳税,也不支付罚金。综上所述,市场机制下个人养老金制度的发展,培育了机构投资者、长期投资者,以及养老金市场的信托文化和治理机制。

二、英国的社区医护体系

英国的国民医护服务体系堪称全球典范。从本案例中,可以看到英国卫生医护体系改革的过程和主要经验。一是与时俱进地改革医院管理体制,从政府医院走向信托医院,最后走向信托基金医院,在医院和社区医疗机构之间形成内部市场竞争。二是加强卫生医护资源在社区的自愿配置,提供整合式、一体化的医护服务,有效支持了居家养老的需求。

1948 年,英国建立国民保健服务体系(NHS),政府几乎买下全部医院并支付医务人员工资,由政府医院向国民提供基本医护服务,住院免费,在社区看医生和部分药费自理。英国国民保健服务体系的管理体制和医院管理体制经过三级跳,最终形成了一个以国民保健服务体系为基础,强化后疫情时代疾控体系建设,夯实社区医护机构的优质高效的卫生医护体系。政府医院先改为信托医院,再改为信托基金医院。基于公共契约,形成专科医院之间、社区医院之间内部市场的竞争关系,以及专科医院与社区内部的合作关系。

第一步,制度建设:1948—1980 年,英国政府在医疗领域扮演两种角色。

(1)筹资者与购买者,即政府直接从税收中为医疗筹资并负责购买医疗服务。国民在纳税后可以享受免费住院服务和家庭医生服务,个人仅付看诊费和部分药费。

(2)提供者,即政府直接举办和运营公益医疗机构(政府医院),为国民提供医疗服务。这是筹资、购买与服务管办不分的集成体制。

第二步,机制建设:在 20 世纪 80 年代中后期,英国建立医疗信托基金(一种代人理财的法人治理模式),例如全科医生基金持有者(GP Fundholders)和后来更名的初级卫生保健信托,代表民众负责向医护人员和医疗机构购买服务,扮演付费者(Payers)的角色。1991 年以后,政府医疗机构法人化、实体化(信托医院),通过竞争获得医护付费。这是政府筹资、信托购买和法人服务管办相对分离的信托体制。

第三步,体系建设:2013 年实施健康与社会保障法以后,英国的卫生费用预算,

10%支付给疾控体系;30%支付给家庭医生,以及军人、服刑人员、戒毒人员、残疾人的服务项目;60%用于支持地区临床诊断服务,包括内设全科的社区医院、专科医院、精神病医院、医疗康复等。专科医院和社区医院改为基金信托医院,允许其平等竞争国民保健服务体系基金补偿、慈善基金甚至其他第三方医疗基金(实行理事会领导下的董事会制)。这是政府筹资、基金信托医院竞争的内部市场制,即公共部门整体组织架构不变,在其内部模拟市场机制,通过政府购买服务建立医护服务提供者之间的竞争机制。

2014年10月,英格兰发布了5年展望和可持续性改革方案。该方案在英国选取了44个先行先试的地点。主要内容如下:(1)转变医院定位。将服务集中在约定的地点和地区,重新配置专科服务,减少医院和床位数量。以多赛特为例,重新设计了医院服务提供方式,在社区增加全专融合服务。在2013—2014财年1810张床位的基础上,到2020—2021财年减少到1570张床位,非计划住院和手术减少20%—25%。(2)重新设计初级保健和社区服务。整合国民保健服务体系和当地政府协同的综合服务。以全科医师为核心,组成包括基层公卫医师、医务社工、药剂师等,必要时加入专科医师的团队,开展医防融合与全专融合的社区医疗、精神卫生、公共卫生等服务,联合构建整合型医护社区(Integrated Care Community,ICC),降低患者对医院服务的需求。筛选重点人群,指定个案管理师,打通院前检查和院后回家康复管理的无障碍通道。(3)改革支付方式,即基于人口结构、健康评估的总额预算、人头包干和结余留用。(4)创新管理模式,即指电子病案、资源共享、互通互认和信息共享平台。

综上所述,英国卫生总支出占国内生产总值的比重为9%—10%,国民平均预期寿命超过80岁。卫生资源配置基本实现优质高效和正三角形,可及性、安全性和成本控制的价值链基本形成。2017年,英联邦的一项研究报告显示,通过对5个关键领域(护理过程、普及程度、行政效率、公平和医疗保健结果)的表现进行评分,11个高收入国家的医疗保健系统排名如下:(1)英国;(2)澳大利亚;(3)荷兰;(4)新西兰;(5)挪威(并列第四);(6)瑞典;(7)瑞士(并列第六);(8)德国;(9)加拿大;(10)法国;(11)美国。

表5—8　5个关键领域11个高收入国家医疗保健体系排名

国家	总排名	护理过程	普及程度	行政效率	公平	医疗保健结果
澳大利亚	2	2	4	1	7	1

国家	总排名	护理过程	普及程度	行政效率	公平	医疗保健结果
加拿大	9	6	10	6	9	9
法国	10	9	9	11	10	5
德国	8	8	2	6	6	8
荷兰	3	4	1	9	2	6
新西兰	4	3	7	2	8	7
挪威	4	10	5	4	5	3
瑞典	6	11	6	5	3	2
瑞士	6	7	8	8	4	4
英国	1	1	3	3	1	10
美国	11	5	11	10	11	11

三、日本的长期照护制度

20 世纪 90 年代,日本开始有关长期照护保险的制度建设。1997 年通过了介护保险法,成为日本长期照护保险制度发展过程中非常重要的制度安排。从本案例中,可以看到长期照护制度的形成过程和具体经验。一是法治保障,依法进行资源配置并规范政府、社会和个人的责任;二是与时俱进地修订照护标准,确保其可以持续发展。

2015 年,对长期照护机构提出了新的政策目标,称之为"长期照护机构整备计划",通过对照护机构的不断完善,来满足失能老人多样化的护理需求,推动照护服务向专业化、个性化方向发展。

日本的长期照护保险同时具有中央集权和一定权力下放的特点①。中央的厚生劳动省、都道府县以及若干市町村等自治体和护理服务中心,构成了一个庞大的社会保障行政体系。政府组织体系强势主导,国家统一决定长期护理保险的制度规范、服务分类、费用负担、收费价格等内容,凸显出中央集权的特点,把控着长期照护险发展的大方向和改革路径。以厚生劳动省为主,加强财务省和自治省的配合。而都道府县和市町村为日本长期护理保险制度的保险人,根据各基层行政单位的人口结构规模、收入负担水平、机构服务分布等具体情况,因地制宜,负责保险费的计算、征收、管

---

① Mitchell O S, Piggott J, Shimizutani S. Aged-care support in Japan: Perspectives and challenges [R]. National Bureau of Economic Research, 2004.

理、给付以及服务的递送等,具有一定管理上的自主性,从而保证了地方的积极性。通过上述改革,基本调动了中央和地方的两个积极性,将整个制度统一管辖的权威和制度灵活高效运行较好地统一起来。

日本的长期照护体系通过制度内年龄和收入的划分,充分考虑不同群体参保能力的差异,体现了对低收入者的救济原则。其中,"65 岁及以上的日本国民被称为第一号被保险者(护理需求较高),40—65 岁的日本国民是第二号被保险者(护理需求较低)。对于第一号被保险者,根据不同收入水平分为五个等级,实行差异性政策"①。具体来讲,"第一等级为接受照护救助者,仅承担基准额×0.5 的保险费,这部分人口约占照护保险参保人数的 2%"②。第二等级为市町村免税家庭,"其保险费为基准额×0.75,约占参保人数的 28%。同时,低收入(1—2 等级)的老年人在接受居家照护服务的情况下,所产生服务费用的 10% 由照护救助制度全额承担,在接受机构照护服务时也会根据个人收入所处的等级,考虑个人的支付能力,由照护救助制度和个人共同支付"③。"第三、第四、第五等级的参保人,根据其收入状况的差异,分别缴纳基准额的 1 倍、1.25 倍和 1.5 倍的保险费"④。对于第二号被保险者,如果患有法律规定的特定疾病也可以成为护理救助的对象,其护理费用全部由财政负担。

日本长期照护保险制度的给付内容主要集中在服务给付,这主要是为了满足失能对象的服务需要,给付的内容并不侧重现金给付。在对象方面主要包含两类,一是 65 岁及以上的老人,二是 40—64 岁之间因疾病致残的公民。在进行服务给付前需要进行严格的等级评估,等级认定调查统一采用全国通用的调查表,主要包括调查对象的身体功能、认知功能、疾病状况、服务状态、居住环境等信息,以此确定需求等级和服务内容,并执行严格的服务给付程序。

日本长期照护保险制度的资金来源是 3 个部分:"中央和地方政府的资金、个人每月所交的保险费以及个人每次使用服务时所缴的使用费(为服务费用的 10%)"⑤。一类参保人的缴费额约为所有参保筹资基金的 17%,而二类参保人则贡献大约 33%,两类参保人共计缴纳了约 50% 的筹资。剩余的 50% 则由各级政府分担缴纳,中

①　谢蔼:《日本的老人看护保险制度》,《现代日本经济》2001 年第 3 期。

②　胡宏伟、李佳怿、汤爱学:《日本长期护理保险制度:背景、框架、评价与启示》,《人口与社会》2016 年第 1 期。

③　辛怡、王学志:《美国、日本长期护理救助制度及其对中国的借鉴》,《南方论刊》2011 年第 2 期。

④　王莉莉、郭平:《日本老年社会保障制度》,中国社会出版社 2010 年版。

⑤　陶裕春:《失能老年人长期照护研究》,江西人民出版社 2013 年版。

央政府、都道府县和市町村按照 2∶1∶1 的比例分担①。针对二类参保人,相应的保险筹资由国家统一收取,同时,会根据实际情况,在筹资使用过程中进行再次分配。另外,为防止支出增加或收入减少而带来的基金缺口,日本在每个都道府县均设立了财政稳定金,并由市町村、都道府县和中央政府对这笔费用进行均摊②。

另外,日本的社区综合服务系统改革是促进护理服务回归社区的重要举措之一。改善社区护理环境,包括社区当中的各类、软硬件设施,而综合服务系统则涵盖了被照护者各方面的服务需要,这些服务具有整合性、全人性、全过程等特点。社区综合服务系统的建立是日本降低财政支出的必要举措和改革趋势,是日本长期护理保险去机构化的重要安排。而随着护理费用的不断上涨和基层政府财政压力的不断加深,筹资水平和缴费基数的提高也成为必然。2015 年和 2018 年,日本先后两次调整服务对象的义务承担比例。2015 年起,部分高收入服务对象的费用承担比例由 10% 提升至 20%,2018 年进一步上升至 30%。这种类似于累进税的制度安排,表面上是一种国民收入的再分配,而实则是为平抑政府财政支付压力的无奈之举。

综上所述,日本长期照护保险广覆盖面、高给付水平、全给付项目是以巨大的财政支出水平为前提的。这种模式下,高昂的护理费用使得财政捉襟见肘,不得不寻求新的改革方案,制度的可持续性面临着危机。目前,一方面,高收入服务对象的费用承担比例不断上扬;另一方面,基于精算视角、着眼于制度的长期均衡,对护理费用的支出严加管控。

① 胡宏伟、李佳怿、汤爱学:《日本长期护理保险制度:背景、框架、评价与启示》,《人口与社会》2016 年第 1 期。

② Campbell, John Creighton;Ikegami, Naoki;Gibson, Mary Jo.Lessons From Public Long-Term Care Insurance In Germany And Japan[J].Health Affairs. 2010(1):28-90.

第六章　养老服务体系建设

自 20 世纪进入老龄化社会以来,人口老龄化快速增长带来的压力、人民日益增长的美好生活需要和不平衡不充分的发展之间的矛盾,在养老方面尤为突出。面对规模庞大的老年群体迫切的养老服务需求,党和政府高度重视养老服务工作,以养老服务体系建设为抓手,引领养老服务发展取得丰硕成果。尤其是党的十八大以来,养老服务体系深度优化,养老服务业发展进入快车道。在党委领导、政府主导的大力支持下,社会力量参与逐步活跃,服务供给水平和质量逐步提高,人民群众获得感逐步增强。在短短的 20 年里,养老服务体系结构就从补缺型向普惠型转变,举办主体由政府包揽向政府主导、社会参与转变。回顾历史,展望未来,在全面步入小康社会的新时代,养老服务体系建设向着以人民群众的需求为导向的多样化民生服务发展,构建全生命周期、多主体、多领域服务全面协调发展的新体系。

第一节　养老服务体系建设的发展过程

自 2000 年前后我国步入老龄化社会以来,党和政府高度关注应对人口老龄化问题,对养老服务体系建设进行了一系列布局,从体系建构和服务内容上不断优化。本节对这一过程作了详细总结,提出我国养老服务体系建设可以分为初步探索(2000—2012 年)、快速发展(2013—2020 年)、现代化建设(2021 年之后)3 个时期,并对养老服务体系内容的 8 次优化及其特征进行了梳理回顾。

一、我国养老服务体系的整体发展历程

我国养老服务体系的发展历程,一方面是顺应人口结构变化的客观需要,另一方面也是综合国力发展下民生领域发展的必然结果,符合经济社会的发展规律,未来的

发展也将与经济社会的发展相辅相成。总体上看,我国养老服务体系前期发展从1949 年起步,在 2000 年发动,在党的十八大以来以完整体系的架构快速发展,主要呈现出以下几个趋势:从面向困难群众的兜底服务到普惠的民生服务,从特殊老年人群到全年龄人群,从集中供养服务到多样化服务,从单一发展到融合发展①。

（一）养老服务体系初步探索阶段（2000—2012 年）

21 世纪初期,我国正式步入老龄化社会,老年人占比提高,养老需求将会随着人口老龄化不断加深而增长,以往面向困难群体的兜底供养机构无法满足新生的需求。党中央和国务院提前应对,以养老服务体系建设统领多元主体参与养老服务业发展,共同应对这一未来的问题。为了活跃社会力量参与,开始了社会福利社会化,社会力量投资并参与建设养老机构可以获得优惠和扶持。2000 年,党中央、国务院首个老龄工作文件《关于加强老龄工作的决定》明确提出了建立"以家庭养老为基础、社区服务为依托、社会养老为补充"的养老机制,推动多元主体共同发展养老服务。随后的十几年中,主要围绕居家、社区和机构这 3 种服务模式推动养老服务体系发展。随着多元主体参与,不断创新服务模式,服务对象也开始向健康有活力的老年人延伸,部分日常服务供给逐步活跃。

（二）养老服务体系快速发展阶段（2013—2020 年）

党的十八大以来,习近平总书记立足党和国家事业发展全局,立足人民福祉,围绕积极应对人口老龄化,对养老服务作出了一系列重要指示批示,发表了一系列重要论述。党中央、国务院进行了一系列决策部署,各部门和各地政府发挥主观能动性,推动养老服务业快速发展。围绕老年人吃、穿、住、用、医等方面的服务日益兴起,社会经济发展开始主动适应老龄化新需求,养老服务体系建设也逐渐开始作具体化、精准化调整,服务开始面向全体老年群体的多层次、多样化需求,增加了医养康养等内容,更加强调统筹协调。

（三）养老服务体系现代化建设阶段（2021 年后）

"十四五"规划首次提出实施积极应对人口老龄化国家战略。在全面建成小康社会背景下,老年群体的需求将继续升级,对高质量、高水平服务的需求不断增加。同时,不同年龄阶段的人群更加科学规划自己的老年期,提前做准备的需求不断扩张。在新时代,为满足人民群众的新需求、新期待,党的十九届四中全会提出了推进国家治理体系和治理能力现代化的战略任务。这是国家未来高质量发展的主线,也

---

① 陈功等:《"十四五"时期养老服务高质量发展的机遇和挑战》,《行政管理改革》2021 年第 3 期。

是养老服务发展的必由之路。实现养老服务的治理现代化,一方面需要养老服务的各领域整合统筹、协调发展,加快建设居家社区机构相协调、医养康养相结合的养老服务体系,提高体系效能;另一方面,养老服务也需要与各项民生服务统筹发展,突出共建共治共享的体系建设主线,更加强调政府、社会、市场、家庭和个人的共同作用,各司其职,协同共建,特别是划定基本养老服务范围边界,对确立多方边界和理顺共同协作关系具有里程碑的意义①。养老服务的对象也扩展到全年龄人群,涉及全领域的综合养老服务;服务内容和服务方式进一步升级,扩展到整个生命周期,从各行各业和各个领域为养老服务提供支持。

二、养老服务体系内容的 8 次优化

表 6—1　养老服务体系内容的 8 次优化

文件与会议	主要内容	意义
2000 年 8 月 19 日,《中共中央、国务院关于加强老龄工作的决定》	建立"以家庭养老为基础、社区服务为依托、社会养老为补充"的养老机制	首次从中央层面对养老的界定从家庭养老扩展到社会养老的视角
2006 年 12 月 29 日,《国务院办公厅关于印发人口发展"十一五"和 2020 年规划的通知》	构建"以居家养老为基础、社区服务为依托、机构照料为补充"的养老服务体系	首次对养老服务 3 种主要服务模式的关系进行界定
2009 年 11 月 23 日,《民政部关于进一步推进和谐社区建设工作的意见》	建立"以居家为基础、社区为依托、机构为补充"的社会养老服务体系	从社区视角,对养老服务体系的社会化属性进行强调
2011 年 3 月 14 日,《中华人民共和国国民经济和社会发展第十二个五年规划纲要》	建立"以居家为基础、社区为依托、机构为支撑"的养老服务体系	从机构辐射带动功能的角度出发,强调机构的作用
2016 年 3 月 16 日,《中华人民共和国国民经济和社会发展第十三个五年规划纲要》	建立"以居家为基础、社区为依托、机构为补充"的多层次养老服务体系	对多层次视角进行强调,发挥机构对社区和居家的补足功能,更多地带动居家养老和社区
2016 年 5 月 27 日,中共中央政治局进行第三十二次集体学习	构建"居家为基础、社区为依托、机构为补充、医养相结合"的养老服务体系	强调医养结合,重视老年人健康福祉
2017 年 2 月 28 日,《国务院关于印发"十三五"国家老龄事业发展和养老体系建设规划的通知》	居家为基础、社区为依托、机构为补充、医养相结合的养老服务体系初步形成	对养老服务体系建设的进程作了肯定,界定了养老服务体系初步形成的阶段

---

① 陈功、孙计领:《实施积极应对人口老龄化国家战略》,《中国社会科学报》2020 年 12 月 23 日。

续表

文件与会议	主要内容	意义
2019 年 10 月 31 日,《中共中央关于坚持和完善中国特色社会主义制度、推进国家治理体系和治理能力现代化若干重大问题的决定》	积极应对人口老龄化,加快建设居家社区机构相协调、医养康养相结合的养老服务体系	从治理层面,确定了积极应对人口老龄化的总基调,明确了五位一体的定位,协调发展、融合发展的路线图

养老服务体系是养老服务业发展的框架结构和重要制度设计,从 2000 年提出至今有过 8 次重大修改。这个过程是养老服务治理优化的过程,是从单一逻辑到综合统筹逻辑、从保障的供方视角转向需方视角的重大转变。在这个过程中,制度安排一方面加强顶层设计,科学研究,统筹考虑,制度框架不断完善;另一方面,问计于民,发挥政治协商在社会主义民主政治建设中的重要作用,对体系优化提出了一系列政策建议,也向人民群众传递了一系列新思想、新认识,有效助推政策落实和群众认同。以下是养老服务体系 8 次优化的主要趋势。

(一)从家庭养老到社会养老

政策中关于养老服务体系的表述逐步完善,也反映了政府对养老服务发展规律的认识逐步深化。从最早的家庭、社区、社会养老的责任角色定位,到居家、社区、机构、医养、康养的多层次功能定位,界定日益清晰。

(二)从重视机构建设到居家社区机构相协调

政策在初期更加关注机构建设。此项工作有抓手、见效快,群众获得感强。随着市场化发展,基层服务能力强化,家庭承担了更多的养老责任和功能。以机构作为区域服务中心,带动社区和居家养老服务成为有效的解决方案。政策更加趋向于整合这 3 个服务层级,辐射带动,补充强化,提升服务能力。

(三)从托养服务到多样化服务

政策从关于托养类基础照料,发展到重视老年人的多样化养老服务需求、健康老龄化需求,更加从以人为本的视角制定政策和措施,提出了下一阶段医养康养相结合的发展方向。

(四)从补缺型、碎片化到体系化、制度化、多元化

随着经济社会发展,优化资源配置更多地依靠市场力量和社会力量,政府更多地发挥主导作用,社会更加注重不同领域间的协调发展。这是现代化治理体系的客观要求,多方协作发展养老服务、推动老龄产业发展的趋势也日益明晰,协同发展成为未来发展的主线。

第二节 养老服务体系建设的主要成就

回顾 20 年的发展历程,特别是党的十八大以来快速发展的成就,在促进养老服务发展的过程中,治理现代化发挥了重要的推动作用,取得了显著成效。党和政府主导并推动养老服务业发展,积累了一定的经验,需要在未来的发展过程中进一步优化和继承。本节对步入老龄化社会 20 年来我国养老服务体系建设取得的主要发展成就,进行了系统梳理。

一、构建了持续完善养老服务体系的顶层设计框架

养老服务在党和国家大局中的地位突出,政府主导养老服务发展科学有效,在党委领导和政府主导的持续推动下,建立了持续优化的养老服务体系总框架。习近平总书记对老龄事业和养老服务工作作出一系列重要指示批示,中共中央政治局专门进行集体学习,党的十九大、十九届四中全会等会议明确了养老服务的发展目标、方向和重点,为养老服务发展提供了坚强政治保证。每年全国两会上,《政府工作报告》都对养老服务工作提出明确要求。党中央、国务院印发《国家积极应对人口老龄化中长期规划》,对未来一个时期养老服务发展作出了系统部署谋划。习近平总书记强调:"提高养老院服务质量,关系 2 亿多老年人口特别是 4000 多万失能半失能老年人的晚年幸福,也关系他们子女工作生活,是涉及人民生活质量的大事。"[①]养老服务改革的力度不断加强。从 2019 年的全国大城市养老服务工作会议,到 2020 年的全国农村养老服务推进会议,破除养老服务不均衡、不充分发展问题的改革和努力一直在继续[②]。"十四五"规划纲要中明确:"推动养老事业和养老产业协同发展,健全基本养老服务体系,大力发展普惠型养老服务,支持家庭承担养老功能,构建居家社区机构相协调、医养康养相结合的养老服务体系。"[③]

二、建成了多领域、跨部门的养老服务体系政策框架

党的十八大以来,国家层面出台了 30 余项配套政策和 10 多项标准规范,初步确

---

① 《人民日报》2016 年 12 月 22 日。
② 黄瑶:《在高质量平衡发展征途上呵护夕阳红——"十三五"时期养老服务发展综述》,《中国社会报》2020 年 12 月 22 日。
③ 《人民日报》2021 年 3 月 13 日。

立了以法律为纲领、国务院政策文件为基础、部门专项政策和标准为支撑的养老服务制度体系。国务院先后出台全面放开养老服务市场、推进养老服务发展、促进养老服务消费等 6 项综合性政策,并出台"十三五"老龄事业发展和养老体系建设专项规划。2018 年 12 月,十三届全国人大常委会第七次会议对《中华人民共和国老年人权益保障法》作出修改,取消了过去关于设立养老机构需要许可的规定,明确养老机构登记后即可开展服务活动,并向县级以上人民政府民政部门备案。有关部门重点围绕土地使用、税收优惠、金融支持、设施建设、人才培育、科技发展等方面出台一系列实施性政策措施,制定了设施建设、服务质量、服务安全、等级评定等方面的国家和行业标准,为新时代养老服务发展提供了法治保障、规划指引、技术支撑。同时,建立了养老服务部际联席会议制度,保证了养老服务相关部门能够发挥合力。

三、机构和社区设施建设发展取得了重要突破

2000 年进入老龄化社会时,我国养老服务设施短缺,养老服务业发展缺少依托。在 20 年的发展中,养老服务体系以机构设施建设作为重要突破口,补齐关键短板,推动养老服务设施建设取得了突出成果。2015 年,全国有养老服务机构和设施 11.6 万个、床位 672.7 万张。2016 年,全国有养老服务机构和设施 14 万个、床位 730.3 万张。2017 年,全国有养老服务机构和设施 15.5 万个、床位 744.8 万张。截至 2020 年 6 月底,全国养老服务机构和设施总数为 22 万个,床位达 790 多万张;其中,民办养老机构的数量和床位占比均突破 50%[①]。

同时,通过体系优化发挥机构和社区设施的作用,主要有以下几个方面措施取得显著成效:给予财政资金支持。"十三五"期间,对养老服务体系建设累计安排中央预算内投资 134 亿多元,加快了特困供养机构建设和设施改造升级;民政部本级和地方各级政府用于社会福利事业的彩票公益金,将不低于 55% 的资金用于支持发展养老服务;支持机构设施建设,大力推进 5 批居家社区养老服务机构改革试点工作,中央财政 5 年共计安排 50 亿元,覆盖 203 个地级市,加强了居家社区养老服务的有效供给,探索了居家社区养老服务在养老服务体系建设中的基础性作用。实施特困人员供养服务设施(敬老院)改造提升工程,加强管理,有效提升 388 万特困老年人的供养水平。组织养老服务质量建设专项行动,以全面排查整治为手段,以法律法规和养老服务国家标准为准绳,截至 2020 年 12 月底,共整治近 43 万处服务隐患。开展

---

① 李雪:《让老有所养抚慰岁月与心灵——养老服务这五年》,《中国民政》2020 年 12 月 17 日。

民办养老机构消防改造达标工作,有效规范了养老机构的运营服务和管理,促进全国养老机构服务质量整体提升。

四、"放管服"改革激活了市场在养老服务体系发展中的作用

加大了"放"的力度。进一步调动社会力量参与养老服务业发展的积极性,降低创业准入的制度性成本,修改养老设施消防设计规范,优化楼层限制等指标。2019年,全国养老服务机构中自费老人比例从2010年的20%快速提升到53%;民办养老机构数量占比为54.6%,首次超过公办养老机构占比[①]。

强化了"管"的能力。养老机构内设医疗机构由审批改为备案,简化优化养老设施工程建设、消防审验、环保审查、食品卫生等方面的审批程序与要件,全面放开养老服务市场。

提高了"服"的水平。在老年用品产业及智慧健康养老产业展开了多样化试点工程,聚焦养老服务消费面临的难点,在加强用地保障、税费优惠、智慧养老等方面出台新政策,使营商环境得到优化。政府为主导、市场为主体的养老服务发展格局基本形成。

五、优先保障了养老服务体系中的重点人群

建立多项津、补贴制度,建立高龄津贴制度和经济困难老年人服务补贴、失能老年人护理补贴制度,实现省级全覆盖。全国享受各类福利补贴的老人达3384万人。开展公办养老机构改革,兜底保障能力显著增强。贯彻落实《社会救助暂行办法》,将符合条件的农村高龄、失能等困难老年人及时纳入最低生活保障范围,满足特困人员的集中供养需求。2019年底,全国共有农村特困供养机构(敬老院)2万多家,特困对象集中供养86万人、分散供养383万人。针对脱贫攻坚中农村留守老年人缺少关爱、孤寡老年人养老困难等问题,制定了加快建立健全农村留守老年人关爱服务体系等多项政策,补齐了农村老年人关爱服务制度短板。开展了长期护理保险试点,为失能老年人长期照护探索了经验。许多地方加快构建15分钟养老服务圈,满足老年人的迫切需求。

---

①　陈功等:《"十四五"时期养老服务高质量发展的机遇和挑战》,《行政管理改革》2021年第3期。

第三节　养老服务体系建设面临的挑战

回顾养老服务体系的发展历程，不难发现，党和政府秉持实事求是原则，坚持问题导向，根据人口老龄化这一基本国情，全方位积极应对。然而，取得成绩的背后也反映出一些困难和挑战。总体上判断，养老服务体系建设当前的主要挑战是发展阶段的问题。由于人口老龄化发展速度快，应对准备仍然不足，当前我国养老服务发展的主要矛盾是人民日益增长的多样化、多层次养老服务需要与养老服务供给不平衡、不充分之间的矛盾。本节从需求和供给两个视野，提出了当前养老服务体系发展中存在的问题：一方面，需求更加多样、更加迫切；另一方面，供给的主体单一、力量薄弱，需要在新时代治理现代化的框架下予以优化解决。

一、需求侧：养老服务需求规模扩张，层次多样

自我国进入老龄化社会以来，无论是老年人总量，还是反映老年人结构的高龄老年人占比、失能失智老年人占比、独居老年人占比等指标，都显示了养老服务需求规模的扩张。同时，老年人消费能力提升、受教育水平提高引起养老观念转变，老年人的消费层次提升，养老服务需求多样，养老方式也开始出现智慧化养老、居家式养老、社会化公寓养老等趋势。无论是需求存量还是需求结构的变化，都冲击着现有养老服务资源的供给能力和供给结构。现有的养老服务业只有从供给模式、供给产品结构、供给规模等方面主动适应甚至引领需求和消费，才能在满足多元化、差异化、个性化的需求时完成供给品"惊险的跳跃"。

（一）需求规模的扩张，冲击现有养老服务资源的总量

首先，在老龄化、高龄化"双升"过程中，对医疗、护理的需求也呈上升趋势。为老服务需求总量随着老年人总量的增加而增加，而高龄、失能、空巢老年人比例的增加又进一步提高了刚性养老服务需求的比例。

其次，失能老人增加是未来老年照料需求膨胀的主要因素。生活照料需求与老年人的生活自理能力紧密相关。21 世纪上半叶，我国生活自理能力残障老人增速将明显高于整体老年人口，高龄残障老人增长也将大大高于中低龄者。而且，这种趋势是由人口结构变迁中的老龄化、高龄化和少子化现象导致的。老年残疾导致老年人生活自理能力丧失或部分丧失的风险正在持续加大，生活照料需求也将随之增加。未来我国老年人的生活照料需求总量很可能出现井喷式扩张，卫生保健费用将大幅

上涨,基础设施老化改造、退休基金短缺引起老年人福利与年轻人增税的两难抉择等冲突被视为一颗"定时炸弹",都将给现有的社会养老服务体系带来巨大压力。

再次,目前我国农村和西部地区老年人的需求受到一定抑制。随着未来这部分需求的释放,养老服务的总体需求会出现急剧增长。在我国,大量的养老服务实际上仍然是由家庭成员提供的,社会化程度较低。但随着家庭养老的基础越来越薄弱,传统家庭养老正在面临众多的困境。而且,这种困境的根源在于经济、社会和文化环境的巨大变迁,具有持续性。如何满足未来我国老年人日益增长的社会养老服务需求,是一个我们必须正视的严峻挑战。

(二)养老需求层次多样冲击传统养老服务结构

随着老年人可支配收入的增加、医疗保障福利水平的提高,以及消费观念的转变,"养儿防老"的旧观念逐步淡化,老年人生活的独立性成为趋势,对健康和养老的需要得以转化成有效的需求。因此,相对于过去集中在家庭内部成员间的相互照料,老年人的养老服务需求正在向外扩展。除了生活照料和护理之外,越来越要求发展型服务、享受型服务。大部分老年人都要求适宜地获取医疗保健、康复护理、精神慰藉服务,对医、养、护、乐的多样化需求为主要趋势。而现有的养老服务结构中,以提供较为单一的家政和护理服务为主,难以满足老人的多样化需求。在实际操作中,由于缺少相应的激励机制和保障机制,养老护理员的市场缺口同样较大,"一工难求"和无证上岗的现象比较普遍;加上养老服务的标准化程度低,养老服务的质量和多样化需求很难得到保障。

二、供给侧:养老服务供给能力不足,体系失衡

现在,我国家庭结构呈现出日益严重的小型化、少子化、空巢化和老龄化趋势。在家庭养老功能弱化背景下,居家、社区和机构养老相协调的格局未全面形成。与老年人日益增长的需求相比,养老服务供给还存在有效供给不足、各主体功能定位模糊、区域发展不平衡、社会活力不足等问题。

(一)有效供给不足,养老服务质量有待提升

当前,我国养老服务供给总量较低,供需失衡,满足老年人需求的有效供给不足,长期照护服务尤为紧缺。同时,我国养老服务专业人才短缺,专业化服务供给面临缺人的困境,提高服务质量受到人才瓶颈制约,尤其是养老护理人员数量严重不足。北京预测养老护理员的需求为3万人,目前全市只有7000余名养老护理员。另外,服务人员专业化水平较低,由于薪资、待遇等因素,离职率较高。此外,养老服务监管体

系也有待健全。取消养老机构行政许可后,相关标准规范尚不完备,有关综合监管机制不够完善,统筹居家、社区和机构养老服务的综合监管体系尚未完全建立。以上因素制约了养老服务供给质量,对养老服务高质量发展产生一定负面影响。

(二)各主体功能定位模糊,统筹合作机制滞后

养老服务各主体间的合作形式虽然多样,但缺乏良好的互动基础。政府在很大程度上决定着合作模式和工具,服务对象缺乏决策权。原因主要包括如下 3 个方面:一是政府是主要供给者,社会组织与企业对政府的依赖性较强。二是各主体职能界定不清晰,政府、社会及市场间未能明确各自的职能。三是养老服务体系的评价指标体系不成熟,对各主体合作的监管以及评估缺乏理论支撑与政策实践。在养老服务市场发展运行中,政府和市场的责任边界仍然不清晰,主要体现为营利性与非营利性界定难问题。

(三)区域发展不平衡,农村养老服务体系建设明显滞后

农村的养老服务起步晚、基础差、投入少,服务设施不健全,服务内容不完善,护理人员短缺,适宜的养老模式欠缺。农村家庭养老负担过重,养老质量低。原因主要是如下 3 个方面:一是公共养老服务重心向城市倾斜,养老服务体系各主体不协调。二是农村养老服务机构数量不足,服务设施质量不高。三是农村养老服务机构缺乏管理,管理和服务水平低。同时,当前我国大城市养老服务体系建设仍然呈现供不应求的特征,大城市养老服务质量有待进一步提升,相关设施规划和督导检查尚未全面形成。

(四)养老服务的社会活力不足

一是社会组织发展缓慢。中国的社会组织发展缓慢,发育还未成熟,自主性和组织性较差,在养老服务中的参与不足。主要原因有以下几点:第一,社会组织自身组织能力较弱,主动性不足。第二,社会组织对社会资源挖掘不足。部分社会组织在支持老年人组织化方面起不到有效作用,加上政府购买服务项目有限,导致社会组织跑要项目的现象时有发生。二是"放管服"仍有较大优化空间。我国养老服务业"放管服"改革还存在一系列亟待解决的问题和难题,主要包括简政放权质量有待提升、市场监管转型相对滞后、政务服务工作亟待优化等。三是社会资本缺乏参与动力。社会资本缺乏参与机制,进入养老领域面临着一系列政策问题。主要原因分为以下几点:第一,养老服务机构的管理和市场定位不明确,社会资本进入养老服务产业存在顾虑。第二,一些政策在地方的落实不到位。第三,养老服务机构按经营性质划分难。第四,民办养老服务机构融资困难。养老服务机构经营利润较低,成本回收周期

较长,需要长期低利率融资支持。投资者在融资方面存在困难,无力承担养老服务机构后续运营所需成本。

第四节　发达国家养老服务体系的发展经验

发达国家的养老服务起步较早,积累了一些发展养老服务体系的成熟经验。我国在发展养老服务方面具有显著的后发优势,吸收发达国家有关经验,对我国解决前述相关问题具有借鉴意义。本节选取欧洲国家中的英国、瑞典、法国、德国以及美国和日本进行典型案例介绍,并总结了发达国家构建多层次养老服务体系的模式及经验。

一、欧洲

欧洲各国的养老服务体系与它们的社会福利制度逐步适应。欧洲是全球最早进入老龄化社会的地区,继法国于 1864 年成为世界上第一个进入老龄化社会的国家之后,瑞典、英国、德国等其他欧洲国家也都相继进入老龄化社会,促使它们率先开始探索国家养老服务体系的道路。在各国原有的福利制度体系之下,养老服务得到重视并被单独列出,这也在一定程度上促进了各国社会福利制度的发展。

(一)英国:以社区照顾为中心

英国的养老服务体系建设经历了从社区为主到机构为主,最终仍回归社区的过程。20 世纪 70 年代,为了减轻政府的财政压力,英国提出"去机构化",并完成由"在社区照顾"向"由社区照顾"的转变,形成了以居家养老、社区养老为主导,机构养老为补充的养老服务供给模式。目前,英国有 90% 的老年人居家或社区养老,而机构养老的比例为 10%[①]。在养老服务供给方面,英国的定位是市场化。政府鼓励私营企业、社会组织等发展养老服务,并向各类服务机构购买服务再提供给老年人,而不是由政府直接提供养老服务。政府的主要职能是制定服务政策和标准、监督管理、评估养老服务质量等,有效保障老年服务供给的高效和高质量。

(二)瑞典:需求导向的多层次体系

在瑞典,政府在养老服务体系中居于核心地位。瑞典法律规定,老年人的配偶、子女和其他亲属没有赡养老年人的义务。在养老模式上,瑞典同样以居家养老、社区

---

① 孙碧竹:《我国社会养老服务体系发展研究》,吉林大学 2019 年博士学位论文。

养老为主,以机构养老为补充。瑞典政府充分考虑老年人养老的舒适性、自主性需求,为老年人住宅提供津贴、房租补助、住房改造贷款等,鼓励居家养老,同时也缓解机构养老的压力。在养老服务分配原则上,瑞典的养老服务遵从按需分配,且由老年人自主选择服务机构。根据瑞典法律的规定,具有相同养老服务需求的公民,无论其收入水平和购买能力如何,都可以平等地享受养老服务,因此,瑞典的养老服务供给是基于老年人的需要而非经济购买能力。另外,老年人还可以自由选择养老服务的供给者。这种"消费者选择"的方式使养老服务供给者之间形成了一定竞争,并且由于这些养老服务的付费方式是以相同的时薪由政府付费,因此,这种竞争主要体现在服务质量的竞争上[①]。

(三)法国:多维度支持居家养老

法国是全球最早进入老龄化社会的国家,但与其他西方发达国家相比,法国的养老服务体系起步相对较晚。法国政府的举措之一是鼓励老年人居家养老,通过对进入居家养老服务市场的企业进行税收减免,鼓励引导私人企业进入养老服务市场,不断发展养老服务产业;同时,给个人发放消费券,对享受居家养老服务的消费者给予相应的财政补贴,以鼓励居家养老服务消费;此外,政府还对养老服务行业的从业者进行专业护理培训、对养老服务市场进行监督和规范,以保证养老服务的质量[②]。与此同时,法国建立了较为完备的医疗养老体系,在现有养老体系的基础上,发展与医疗服务体系相结合的模式。对于居家养老、社区养老的人群,医院有为病人提供上门服务的医护团队,定期上门访视查体或根据病人需求出诊;家庭医疗服务则主要针对行动不便的慢性疾病病人,可为老年人提供长期、专业的健康管理服务。对于机构养老的老年人,可以在养老机构内开展相应的医疗服务,并与医疗机构建立转诊体系,既满足了老年人的医疗服务需求,也节约了医疗机构的医疗资源[③]。

(四)德国:培养养老服务专业人才

德国是有着权威统治历史的国家,在这一传统之下,公民取得福利取决于公民工作期间的表现和缴纳社会保险的情况。福利责任主要由雇主和个人共同承担,政府的作用是辅助性的,市场的影响和作用也不大。与瑞典相反,德国的养老服务体系中

---

① 杨政怡:《基于平等主义文化的瑞典养老服务体系的形成及其对中国的启示》,《社会保障研究》2020 年第 2 期。

② 张新生、王剑锋:《发达国家居家养老服务产业及其对我国的启示》,《理论导刊》2015 年第 9 期。

③ 刘西华、骆金铠:《法国医养结合模式对我国养老体系建设的启示》,《中国护理管理》2016 年第 7 期。

强调政府的有限责任[①]，鼓励老年人自助养老和家庭责任，提倡社区、团体等社会组织为老年人提供相应的养老服务帮助，而政府只在家庭无力承担养老服务时才会介入。为了鼓励老年人自助养老以及家庭成员参与老年人的日常生活照料和护理，德国政府向家庭照料者给付相当于雇佣他人照料老年人花费额度的经济补偿。德国政府尤其重视养老护理员的质量，有着非常系统和严格的护理人员职业教育体系，为养老服务输送专业人才。德国的护理人员职业教育采用"双元制"[②]方式，将企业和学校共同视为教育主体，校企合作，工学结合。通过这种教育和培训模式，德国为养老服务产业发展储备了大量专业的高素质人才，保障老年人获得养老服务的质量，也保障本国养老服务的可持续发展。

（五）欧洲模式

欧洲各国的养老服务体系各具特色，但也呈现出许多相同的特征，对我国建立并完善养老服务体系有着重要借鉴意义。第一，居家养老为主、社区养老为依托、机构养老为补充是基本的发展模式，需要为居家养老提供一系列的配套服务设施，保证老年人的日常生活、出行等便利。第二，各个养老服务主体的权责分明，并通过一系列法律法规的制定来明确。第三，鼓励多元养老服务供给主体，但是，对养老服务的提供与质量都有系统、严格的监督、管理和评估机制。第四，积极发展和完善长期护理机制，将长期护理与居家养老、社区养老、机构养老相融合，并实行医养结合，一方面保证老年人的医疗服务质量，另一方面也能够节约医疗机构的医疗资源。第五，多元培养养老护理人才，校企结合、产教融合，大力培养专业的高素质养老服务从业人才。

二、美国

美国自20世纪60年代进入老龄化社会，在法律的保障、引领下，基于市场化和福利制，在探索基于专业机构服务需求评估基础上的机构养老服务，以及最大限度满足老年人在地安养需求的社区照顾型服务方面，有着较为成熟的服务体系。同时，为了解决医养结合问题，美国的全面照护服务（PACE）发挥了重要作用。

（一）完善的法律支撑保障

美国在1935年颁布了社会保障法，自1965年以来又先后颁布了老年法、老年人志愿工作法案、老年人营养法案、多目标老人中心法案、老年人社区服务就业法、老年

---

① 孙碧竹：《我国社会养老服务体系发展研究》，吉林大学2019年博士学位论文。
② 屠其雷：《德国老年护理职业教育对中国养老服务人才培养的启示》，《社会福利（理论版）》2020年第3期。

人个人健康教育和培训法案、住房医疗补助法案等一系列法律,构建起以法律为支撑的完善的老年人社会保障及福利网络。

(二)发展建立在评估基础上的机构养老与社区养老服务模式

机构服务方面,美国的养老服务机构分类较为精细。养老服务机构分为养老院、老年公寓、护理院、老年服务中心以及托老所,并有专业的非营利机构对老年人的状况进行评估,之后有针对性地提供相应的转介服务①。与此同时,美国养老机构的等级评定、服务标准评价等已经形成了相对完善的机制与评估方案。对准入、服务、退出等环节,以及老年人、养老机构工作人员、养老机构软硬件设施等各方面,都制定了完善的服务评定方案。另外,养老机构只有满足这些质量评价要求,才能获得联邦政府以及各州政府的补贴。以上精细化分类模式以及监管体系,值得我们反思与借鉴。同时,大部分美国老年人仍然选择居家养老以及社区养老,最大限度地满足了老年人在地养老(Aging in Place)的愿望。此外,美国在互助理念下,尝试推行村庄社区互助养老。即:自下而上发起成立部分会员制互助养老组织,由老年人会员担任志愿者,面向社区和居家养老的老年人提供部分非专业性服务,同时链接外部服务商(非营利组织以及非营利机构),提供相关专业性服务②。

(三)提供综合、连续的医养结合服务

首先,在提高给付能力方面,美国建立了多层次的医疗保障体系。比如,面向低收入老年人有医疗补助(Medicaid),其中,面向残疾老年人群还有特殊的补充救助计划。面向中等收入老年人有医疗保险(Medicare),面向高收入老年群体则有各种私人保险及商业性保险,购买个性化养老服务。这种多层次的医疗保障体系,有效满足了不同层次老年人的医疗服务需求。此外,面向中等收入老年群体的长期护理保险计划也使得老年人能够享受全方位的医疗服务,有效扩大了覆盖面以及保障层级③。其次,美国通过综合、连续地整合服务,实现了医与养的结合。自 20 世纪 70 年代起建立的老年人全面照护服务(the Program of All-Inclusive Care for the Elderly,PACE),是一个针对老年人的养老医疗护理服务模式。该模式成功地将老年人的短期医疗与长期照护服务结合起来,尽可能延长老年人尤其是高龄、失能老年人在社区内生活的时间。

---

① 吕永久:《浅析美国养老制度及对我国的启示》,《中国老年保健医学》2011 年第 3 期。
② 张彩华、熊春文:《美国农村社区互助养老"村庄"模式的发展及启示》,《探索》2015 年第 6 期。
③ 王承慧:《美国社区养老模式的探索与启示》,《现代城市研究》2012 年第 8 期。

（四）美国模式

美国发展整合式养老服务模式对我国的借鉴与启示主要在于:第一,坚持顶层设计与法制支撑相结合。养老服务体系的建设需要加强前瞻性思维,坚持系统观念,对养老服务体系发展进行顶层设计。在此过程中,要坚持依法治国的思想,法治先行,加强对养老服务领域亟须的相关法律法规的研判,做好立法工作。第二,坚持社区和居家养老服务机构协调发展的工作思路。要加强养老服务机构的功能定位,大力发展护理型养老床位;同时,发展社区和居家养老服务,推动养老服务资源向社区、基层下移。第三,加强养老服务专业人才培养。要在完善老年人综合能力评估体系的基础上,尽快发展个案管理师、社会工作者等专业人员队伍,通过专业人员为老年人提供综合、系统以及专业化的需求评估以及转介服务;另外,能够在社区内进行资源链接与资源调动,提供以社区为本的在地化服务。

三、日本

日本是亚洲率先进入老龄化社会的国家,也是当今亚洲人口老龄化程度较高的国家,还是世界上人口平均预期寿命最长的国家之一,面临严重的少子化、老龄化问题。日本与中国同属东亚国家,并同属儒教文化圈,在养老文化上有较强的相似性。日本建立的社区综合照护服务体系以及介护保险制度,对于中国应对人口老龄化具有较强的借鉴意义。

（一）构建自助、互助、共助和公助四位一体的综合性社区居家养老体系

为有效应对老年人口数量激增以及家庭养老功能弱化的现实困境,日本自20世纪80年代起,陆续开始探索托老所、日间照料中心、小规模多功能照护机构等社区照护模式①。2010年,日本政府明确提出以自助、互助、共助、公助这4个社会福利理念为基础,构建社区综合照护服务体系,并在2025年建设完成的战略目标,从而形成老年自助、亲邻互助、制度共助、政府公助的综合服务体系。社区综合照护服务体系以家庭为核心,以社区为单位,依托既有资源,就近就便进行养老服务设施建设以及资源供给,并以中学学区为半径建设30分钟养老生活圈。其核心是5个要素,即护理、医疗、保健、援助、居住。借助养老服务的提供,日本希望打造共生社会,实现人人尽责的社会共同体建设目标。

---

① 康越:《日本社区嵌入式养老发展历程及其经验》,《北京联合大学学报(人文社会科学版)》2017年第4期。

（二）构建介护保险为核心的长期护理服务体系

日本的社会化长期护理保险即介护保险,是日本在家庭养老功能逐渐弱化、政府财政负担日益增大的背景下,发展社会化养老的探索路径之一。进行修订 2000 年 4 月,日本开始实施介护保险制度,并分别于 2006 年、2012 年对介护保险制度进行修订。介护保险的目的是帮助老年人自立生活,促使所有老年人在晚年生活中保持自己的尊严①。在财政筹资方面,由参保者、中央财政和地方财政三方共同出资,负担介护保险制度的运营费用。介护保险制度采用限额实物的给付方式。参保者虽不能直接获得现金给付,但可以在给付限额规定范围内,根据个人意愿和实际需求,自行选择护理服务的提供机构和项目②。主要的给付方式,包括居家护理服务、机构护理服务和地区紧密型护理服务 3 种类型。

（三）日本模式

日本政府特别强调家庭在老年人赡养中的核心地位,主要构建以居家长期护理为基础、社区整合性服务为核心的在地化养老服务体系。这一体系对我国发展社区和居家养老服务有较强的借鉴作用。一是充分整合社区资源,以推动基层社区治理为抓手,打造老年人的 15 分钟社区养老生活圈。与此同时,引导低龄老年人加入社区治理以及非专业化养老服务供给,推广"时间银行"等互助养老服务。二是在现有试点基础上,尽快扩大长期护理保险的覆盖范围,建设与长期护理保险相衔接的长期照护服务体系,着力解决失能、半失能老年人的长期护理难题。

第五节　推动养老服务高质量发展的
展望及对策建议

结合新时代养老服务面临的新机遇和发展挑战,需要进一步提高治理现代化水平,充分发挥体制机制优势,构建新时代养老服务体系,推动各方力量参与,成为积极应对人口老龄化国家战略的重要组成部分,统筹谋划,集中推动,切实促进养老服务高质量发展。本节对新时代养老服务体系进行整体建构,并从供给侧与需求侧的角度对构建中国特色养老服务体系提出操作化建议。

---

① 张小靓:《日本"介护保险"养老制度对中国养老政策的启示》,《齐齐哈尔大学学报(哲学社会科学版)》2016 年第 3 期。

② 张建、雷丽华:《日本长期护理保险制度的构成、特征及其存在的问题》,《日本研究》2017 年第 1 期。

一、新时代养老服务体系的整体展望

推进养老服务体系建设是积极应对人口老龄化的重要支撑,也是推动养老服务业发展的重要环节。推动养老服务体系建设工作,要首先明确养老服务的顶层规划,制定明确的时间表与路线图;同时,要从养老服务治理体系与治理能力现代化的高度,科学制定养老服务体系建设的具体目标,明确权责利分工,搞好制度性设计。

(一)明确养老服务顶层规划:时间表与路线图

我国人口老龄化进程与全面建成小康社会、实现"两个一百年"奋斗目标的进程相互交织,在关键节点上基本重叠。我国应对人口老龄化的窗口期短,时间紧迫,因此,要强化顶层设计,做好制度性安排,避免进一步加剧未备先老的形势。

根据党中央、国务院印发的《国家积极应对人口老龄化中长期规划》(以下简称《规划》)要求,明确养老服务顶层规划,要坚持以习近平新时代中国特色社会主义思想和习近平总书记关于应对人口老龄化、养老服务工作的重要论述为指导,坚持以人民为中心,坚持人人尽责、人人享有和尽力而为、量力而行,并坚持坚守底线、突出重点、完善制度、引导预期的基本原则。围绕构建中国特色社会主义养老服务体系的总目标,分3个阶段来安排:到2022年,全面建立以居家为基础、社区为依托、机构为补充、医养相结合的养老服务体系;到2035年,中国特色养老服务体系建设基本成熟定型;到21世纪中叶,全面建成与社会主义现代化强国相适应的、成熟完备的养老服务体系,让所有老年人都能老有所养、老有所依、老有所乐、老有所安。

(二)构建养老服务治理体系与治理能力现代化的制度框架

根据习近平总书记关于促进养老服务发展的重要论述,结合党的十九届四中全会以及《规划》提出的具体要求,发展养老服务不再单纯是解决老年人的养老难题,而是解决社会治理问题。因此,构建中国特色养老服务体系,应该以习近平新时代中国特色社会主义思想为指导,深入贯彻落实党的十九大和十九届二中、三中、四中、五中全会精神,在国家治理体系与治理能力现代化的框架下,从治理体系和治理能力两个方面入手。一方面,厘清政府、市场、社会、家庭的权责利分工,分析中国特色养老服务体系的治理体系问题;另一方面,优化人、财、物、科技等资源配置,分析中国特色养老服务体系的治理能力问题,综合诠释中国特色养老服务体系的制度体系、供给主体、服务体系、兼顾体系以及要素体系和支撑体系。

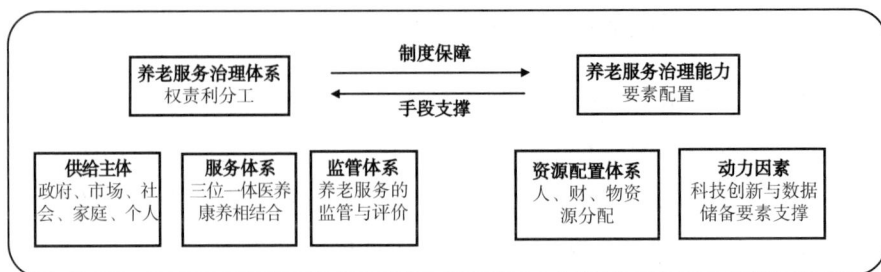

图 6—1　养老服务治理体系与治理能力现代化制度框架

（三）健全养老服务治理体系

1. 供给主体：厘清养老服务五方职责

一是充分发挥政府兜底线、保基本的主导作用。养老服务是准公共服务产品，政府要落实兜底责任。尤其在健全基本养老服务方面，政府要全面发挥主导作用。二是充分发挥市场配置养老资源的决定性作用。要深化"放管服"改革，最大程度激发市场活力，非基本养老服务应该交由市场推动创新。三是充分发挥社会力量的积极作用。要发挥社会组织的优势，通过政府购买、公建民营等多种形式，扩大多元化、多层次的高质量产品和服务供给，不断满足老年人多层次、个性化养老服务需求。四是进一步发挥家庭养老服务的支持性作用。构建家庭支持体系，重视家庭建设，进一步发挥家庭养老、孝老、敬老的重要作用，支持家庭承担赡养老人的责任和义务。五是充分发挥个人在养老服务中的主体作用。习近平总书记指出，要积极看待老年人、老龄社会和老年生活；并特别提出，要发挥老年人的主体作用，要尽可能挖掘老年人的自身价值，促进老年人的社会参与，增强在养老服务中的自助、互助行为。

2. 服务体系：健全老有所养的养老服务体系

一是健全政策法律制度。构建以老年人权益保障、养老服务等相关法律为统领，行政法规、部门规章、规范性文件为主体，相关标准为支撑的养老服务政策法律体系。二是健全基本养老服务制度。以经济困难的高龄以及失能失智老人为优先保障群体，逐步建立与国家经济社会发展水平相适应、人人可享的基本养老服务制度。三是推动居家社区机构相协调、医养康养融合发展。贯彻落实党的十九届四中全会及《规划》要求，加快推进居家、社区与机构三位一体融合发展，实现从健康预防到失能照护、全生命周期全覆盖。

3. 监管体系：完善养老服务监管与评价体系

一是健全养老服务行业综合监管制度。研究制定养老服务综合监管政策，推动建立职责明确、分工协作、科学有效的综合监管制度,并建立以"双随机、一公开"为基本手段、以重点监管为补充、以标准规范和信用监管为基础的新型监管机制。二是加快建立标准规范管理机制。推动建立全国统一的养老服务标准和评价体系,通过标准规范实现对机构的分类分级管理和安全质量监管,推动养老服务质量明显提升。三是加强风险监测与防控。建立覆盖从业人员和服务对象的养老服务行业信用体系,形成多部门、跨地区的联合奖惩机制,建立"黑名单"和行业禁入退出机制。

(四)提升养老服务治理能力

1. 优化资源配置能力

一是从人的角度,加强养老服务人才队伍建设。大力建设养老护理员队伍,开展养老护理员职业技能培训,完善激励机制,建立信息和信用管理系统。大力培育老年社会工作专业人才,加强居家社区养老服务人才保障,加强养老服务机构社会工作岗位开发与设置。推动为老志愿服务组织和人才建设,探索开展"时间银行"、互助养老等志愿服务;支持慈善组织、志愿服务组织等开展为老志愿服务。二是从财的角度,提升养老服务支付能力。个人层面,稳步增加养老财富储备,完善国民收入分配体系,全面增强居民应对人口老龄化的收入保障;强化各级财政投入的保障作用,鼓励发展多层次养老保险体系;鼓励家庭、个人建立养老财富储备。政府层面,提升老年人福利补贴水平,建立高龄补贴、护理补贴、服务补贴等老年人三项补贴制度。社会层面,发挥公益慈善的重要作用,落实税收优惠等政策进一步引导并鼓励社会组织和个人,通过慈善捐赠、慈善信托等方式支持发展养老服务。此外,探索建立社会共济的长期护理保险制度,在试点基础上扩大建设范围。三是从物的角度,提升养老服务业发展供给水平。优化养老资源和设施空间布局,科学区分服务对象和功能,合理配置服务资源,促进优质养老服务向老年人周边、身边和床边聚焦。优化营商环境,为各类养老服务市场主体投资营业创造便利条件,重点保障要素获取的公平性。优化政务服务,落实土地规划、扩展融资渠道等。优化供给机制,深化公办养老机构改革,推进政府购买养老服务等。

2. 强化科技与数据动力要素建设

一是以科技创新助力养老服务业发展。推进养老服务信息平台建设,对接养老服务供需信息,为老年人提供方便可及的上门服务。大力发展"互联网+"养老服务,通过信息技术和智能化手段,为老年人提供方便快捷的智能化养老服务。二是发挥数据优势,推动治理效能。建立养老服务大数据平台,开展全国统一的老年人能力与需求综合评估。依托大数据、云计算建立基本养老服务对象数据库等,提高数据管理与数据支撑下的养老服务科学决策能力。

3. 提升养老服务应急管理能力

一是提升中央—地方的协同救援能力。将养老服务应急救援体系,作为国家应急救援体系和公共卫生防控救治能力建设的重要组成部分。同时,增强国家和省区市联动及区域之间的协同联动机制。二是建立"平战"结合工作机制。"平时"要开展理论研究、培训、实践演练;"战时"要迅速转入应急机制,根据相应级别承担救援任务。

二、进一步优化养老服务体系的对策建议

从需求侧来看,当前养老服务业发展还存在底数不清、需求能力开发不足等显著问题;从供给端入手,养老服务业发展仍存在供给能力不足、体系失衡的双重问题。促进养老服务业快速发展,推动养老服务治理体系与治理能力现代化,要从供给—需求侧双向发力,一方面着力提升需求开发和服务水平,另一方面继续深化供给侧结构性改革,为老年人提供更多、更优质的养老服务资源。

(一)需求侧:摸清底数,增强需求开发能力

1. 建立全国统一的老年人综合评估制度

一是制定并完善全国统一的老年人能力与需求综合评估标准,为老年人能力与需求评估提供统一、规范和可操作的评估工具。二是开展全国统一的老年人能力与需求综合评估调查。推动建设一批综合评估机构和评估队伍,通过政府购买服务等形式,统一开展老年人能力与需求综合评估,并将评估结果作为老年人领取补贴、接受基本养老服务的依据。到 2025 年,摸清失能、失智、重残老年人的具体数量、分布情况、身体情况、经济状况和基本需求等,建立基本养老服务对象数据库,根据需求配置相应的资源和服务。

2. 数据赋能养老服务业发展

一是推进养老服务信息平台建设。开展"互联网+"养老服务,利用"金民工程"建立全国统一的养老服务政务系统,推动各地建立省级或市级层面统一的、面向公众的养老服务信息平台。二是着力破解老年人面临的数字鸿沟。新基建过程中充分考虑适老化建设;结合扶贫工作,通过以旧换新、优惠购机或捐赠等方式,让低收入老年群体以较低的成本获得智能手机;将对于老年人的互联网使用培训,纳入老年大学、社区老年学习中心以及大、中学生劳动实习的课程建设内容,搞好青银共建;充分发挥社区文化馆、图书馆的科普教育作用;进一步完善老年人的紧急联系人制度,力争

实现全覆盖。

3. 发展壮大养老服务产业

一是做强养老服务产业主体。促进养老服务产业与旅游、餐饮、体育、家政、教育、养生、健康、金融、地产等行业融合发展,推动养老企业连锁化、集团化发展,形成一批产业链长、覆盖范围广、经济社会效益显著的产业集群和集聚区。二是促进老年用品开发。加快制定完善老年用品标准,实施科技助老示范工程,提升产品品质,鼓励设立老年用品专柜、开展老年用品专卖和举办老年用品展示会等,促进产品流通并扩大销售;加强老年人辅具研发与应用,充分发挥康复辅具在长期照护、康复训练和健康促进等方面的作用,促进人工智能、大数据、5G 等新技术在康复辅具产品上的集成应用。三是培育老年消费市场。健全市场规范和行业标准;正确引导老年人的消费观念和消费行为;规范市场行为,加大监管力度,严厉打击假冒伪劣商品制售行为。

(二)供给侧:提升养老服务发展供给水平

1. 健全基本养老服务制度,推动实现人人老有所养

一是完善兜底性养老服务制度。健全城乡特困老人供养服务制度,提升特困供养服务设施(敬老院)的管理水平,深入实施临时救助制度。二是建立普惠性养老服务制度。深化普惠性养老服务改革试点,充分发挥市场在养老服务资源配置中的决定性作用,切实降低养老服务成本,推动提质增效,为广大中等收入家庭的老年人提供价格适中、方便可及、质量可靠的基本养老服务;持续深入推进城企联动普惠养老专项行动,合理定价,进一步为失能半失能老年人提供差异化服务,推动养老服务产业高质量发展。三是建立基本养老服务机制。围绕老年人的养老服务基本需求,研究建立基本养老服务清单,将经济困难的孤寡、失能、失智、高龄老年人以及计划生育特殊家庭的老年人作为基本养老服务制度重点保障对象。

2. 推动居家社区机构相协调、医养康养融合发展

一是完善居家养老支持措施。重塑家庭友好支持环境,推动制定家庭养老支持政策;发展家庭养老床位;推进居家环境适老化改造工程;开展家庭照料者技能培训,提升护理水平;探索"喘息服务"[1]。二是强化社区养老的依托作用。在街道、乡镇层面大力建设具备日托、全托、上门服务、对下指导等职能的综合服务机构,在社区层面广泛设立嵌入式养老机构,整合社区为老服务资源。三是强化养老机构的服务能力与带动作用。提升公办养老机构的保障能力,大力发展民办养老机构,加快完善机构

---

① 赵新阳、陈功:《以积极视角构建新时代老年友好型社会》,《中国人口报》2021 年 5 月 31 日。

养老服务向社区、居家养老延伸的三位一体衔接。四是积极推进医养康养相结合养老服务。加快发展家庭病床、上门医疗,完善老人健康管理、家庭医生签约等基本医疗卫生公共服务,探索医疗机构与养老机构的转介衔接机制,推进养老服务实现从健康预防到失能照护的生命周期全覆盖。

3. 建立多层次长期照护保障制度

一是探索建立长期护理保险制度。继续开展长期护理保险制度试点工作,稳妥扩大试点范围,推动形成符合国情的长期护理保险制度框架,以及稳定、可持续的筹资机制。二是探索建立多层次保障制度。加强长期护理保险制度与长期照护服务体系有机衔接,积极引导发挥社会救助、社会福利、慈善事业、商业保险等的有益补充作用,满足不同层面的照护服务需求。三是发展长期照护商业保险。研发和提供丰富的长期照护商业保险产品,提高个性化、定制化水平,为适宜人群对接优质医疗和护理服务。支持商业保险机构参与政策性长期护理保险经办业务,支持保险业参与长期护理保险有关政策标准制定。

4. 着力补齐农村养老服务短板

一是加强农村养老服务能力建设。改善农村特困人员供养服务设施(敬老院)的条件,满足农村特困人员的集中供养需求;推进农村区域养老服务中心建设。二是健全农村困难老年人关爱服务机制。建立以农村空巢、留守老年人为重点的定期探访制度,开展农村空巢、留守老年人排查,掌握基本信息,做到精准到村、到户,以县为单位,乡镇政府统筹指导,村民委员会协助实施,建立空巢、留守老年人信息台账,及时了解和评估其生活情况、家庭赡养责任落实情况,提供相应援助服务。三是发展农村互助型养老。大力发展农村互助养老设施,利用农村的幸福院等互助养老服务设施或通过互助小组等不同形式,因地制宜地广泛发展农村互助养老服务;依托农村优势资源,大力发展乡村养老、城乡互助养老等新型养老模式。

5. 着力解决大城市的养老难问题

一是开展对养老服务设施规划和配套建设的督导检查,指导、督促和检查各地从规划层面保障养老服务设施供给。二是加快老旧小区改造。推进城市新建城区、居住小区按标准配套建设社区养老服务设施,并着力补齐老旧小区历史旧账。三是深化公办养老机构改革。通过金融、土地、规划、水费、补贴等方面的扶持政策,扩大社会力量参与。四是发展社区嵌入式养老。培育发展品牌化、连锁化、规模化养老服务企业,普及社区养老驿站,建设 15 分钟养老生活圈。

第七章　老龄健康

健康是促进人全面发展的必然要求,是经济社会发展的基础条件,是全面建成现代化强国的重要指标,是民族昌盛和国家富强的重要标志,也是广大人民群众的共同追求和幸福生活的基础。健康老龄化的基本概念产生于国际组织。在中国,健康老龄化是健康中国战略和健康中国行动的重要行动,是实施积极应对人口老龄化国家战略的伟大实践,正在成为我们的自觉行动。本章首先从健康老龄化的概念、含义和目标出发,通过梳理、回顾和分析我国老年人健康状况、各阶段健康老龄化政策的侧重方向与发展情况,以及我国在健康老龄化方面取得的成就,全面展示了我国老龄健康服务的现状;其次,从老年健康服务的角度,总结了现在面临的问题,并详述了医养结合作为应对手段的现状、问题和未来的方向;最后,结合政策理念、指标体系建设、社会环境和人才供给等方面,对我国老龄健康体系如何推进提出对策建议。

第一节　老龄健康理念和主要成就

随着时代进步,健康老龄化的内涵在不断演化,对我国具有纵向性、预防性和社会性三重的重要意义,需要我们多方面地努力去实现。我国老年人的整体健康状况已经在慢性病患病率、自评健康状况和整体失能率等指标上,有了多方面的改善。我国健康老龄化相关的政策经过数个阶段演进后目前正在日臻完善,并已取得了制度建设、体系建设、体制建设三方面举世瞩目的成就。

一、正确认识健康老龄化

根据联合国文件和世界卫生组织提出的"Healthy Ageing"的中文表述,健康老龄化表示年龄增加和寿命延长,并不意味必然衰老。1956 年,联合国人口司出版第一本老年学著作《人口老龄化及其社会经济含义》，人口老龄化问题日益受到重视。20世纪60年代，欧美的医学会和老年学学会率先提出健康老龄化建议。1992年，联合国强调开展健康老龄化行动的重要意义，健康老龄化开始在全世界推行。20世纪90年代，健康老龄化这一概念被引入中国。

（一）健康老龄化的内涵

世界卫生组织于1990年提出健康老龄化的概念，是指延长人类的生物学年龄及心理和社会年龄，使得老年人健康和独立生活的寿命更长、生命质量更高。《关于老龄化与健康的全球报告》指出："健康不仅限于身体是否虚弱，是否存在疾病，更是躯体、精神和社会的完满状态。"健康老龄化被定义为发展和维护老年健康生活所需的机体功能发挥过程[①]，能够按照自身观念和偏好来生活与行动。联合国在《2001年全球解决人口老龄化问题方面的奋斗目标》中指出："健康老龄化是指从整体上促进老年人的健康，从而使老年人在体力、才能、社会功能、感情、脑力和精神方面得到平衡发展。"

20世纪90年代，健康老龄化在我国开启本土化进程。邬沧萍提出，老年人的健康状态包含三个维度——生理健康、心理健康和社会功能健康，健康老龄化在老龄化社会中具有积极意义[②]。2017年，国家卫生计生委等13个部委联合颁布《"十三五"健康老龄化规划》，将健康老龄化定义为：从生命全过程的角度，从生命早期开始，对所有影响健康的因素进行综合、系统的干预，营造有利于老年健康的社会支持和生活环境，以延长健康预期寿命，维护老年人的健康功能，提高老年人的健康水平。

（二）健康老龄化的意义

健康老龄化的战略意义在于其纵向性、预防性和社会性[③]。个体进入老年期，健康更多取决于非感染性疾病、社会经济水平、社会制度和上层建筑等因素。一是纵向性。健康老龄化不是单纯追求生命长度，或者创造新的老年长寿纪录。生命质量是关注焦点，持续全生命周期健康投资，实现晚年高质量生活要求。二是预防性。不是老年人不得病，而是将预防放在首要位置。对非传染性疾病，做到早发现、早治疗、早康复、早排除。三是社会性。倡导全社会关注健康投资，关注老年期健康，关注老年人身心健康。健康老龄化打破年龄界限，打造储蓄健康的社会共同目标。

---

① WHO, *World Report on Ageing and Health*, 2015.
② 邬沧萍等：《"健康老龄化"战略刍议》，《中国社会科学》1996年第5期。
③ 穆光宗：《不分年龄、人人健康：增龄视角下的健康老龄化》，《人口与发展》2018年第1期。

（三）健康老龄化的目标

在中国,健康老龄化致力于延长老年人自理期,降低老年人陷入失能和半失能的概率①。进入老年期,健康状况改进,经济独立,生活自理。提升老年人的社会参与度,发挥个人潜能②。一是实现多样性,老龄健康差异化。"以人为本"是《世卫组织关于以人为本的综合卫生服务的全球策略》的核心理念。二是保证公平性,老龄健康全覆盖。改善富裕或普通老年人口的状况,平衡社会各阶层能力和功能发挥的水平,缩小老年个体间整体不平等的差距。三是自主选择权,老龄健康获得感。为让老年人在学习、发展和决策等方面发挥功能,公共卫生战略应该为老年人赋权,使他们继续掌控自己的生活并为自身的最佳利益作出选择。

（四）健康老龄化的任务

一是建立积极老龄观。减少人们对人口老龄化的担心和恐惧,摆脱"逢老必衰,逢老必病"的过时认知,用乐观思维应对人口老龄化。健康老龄化是应对人口老龄化的自然基础。二是促进老年人健康改善和照护。对于内在能力强而稳定者,公共卫生策略侧重长久地维持当前状态,卫生系统早发现并控制疾病和危险因素。对于能力衰退者,公共卫生干预的重点有所不同,卫生服务应该有助于阻止、延缓或扭转机能衰退。对于严重失能者,维护他们的功能发挥,符合他们的基本权利、基本自由和人权。

二、我国老年人的健康状况

第七次全国人口普查的资料显示,2020 年,中国 60 岁及以上老年人口数量增至 2.64 亿人,人口老龄化水平升至 18.70%。其中,65 岁及以上人口为 1.91 亿人,占比 13.50%。随着扩大医疗保健、卫生服务、康复护理服务等方面的投入,2000—2020 年,老年人的健康状况不断发生变化。

（一）老年人的身体健康有所改善

1. 老年人的慢性病患病率"先升后降"

2021 年的《认知症老年人照护服务现状与发展报告》指出,中国老年人患慢性病的总数为 1.8 亿人左右。全国第六次卫生服务统计调查中,60 岁及以上老年人口的调查结果显示,高血压、糖尿病、脑血管病、缺血性心脏病、椎间盘疾病是 60 岁及以上

---

① 赵晓芳:《健康老龄化背景下"医养结合"养老服务模式研究》,《兰州学刊》2014 年第 9 期。
② 原新:《以需求定服务切实提升老年人民生保障》,《中国社会工作》2017 年第 23 期。

老年人口的常患疾病。其中,老年人慢性病患病率为 59.1%,比 2010 年降低 4.9 个百分点。城市老年人慢性病患病率是 60.6%,2010 年为 74.7%,2000 年为 68.1%。农村老年人慢性病患病率是 57.5%,2010 年为 68.8%,2000 年为 52.2%。其中,中部地区老年人的患病率高于东部和西部地区。

2. 老年人自评健康状况明显改善

接受调查的老年人中,32.8% 的城乡老年人自评健康状况"好",不仅比 2010 年的 29.0% 有所提升,而且比 2000 年提升了 5.5 个百分点。自评健康状况维度中困扰老年人最多的是"疼痛/不适",占比 35.1%;其次是"行动",占比 20.3%;80 岁以上年龄组存在健康问题的比例较高。按照区域划分,城市得分 73.0 分,高于农村的 67.9 分,东部地区的自评健康得分高于中部和西部地区。乡村、中部和西部地区,老年人自感健康状况的问题(困难)更为明显。

3. 整体失能率呈下降趋势,高度失能老年人占比升高

通过分析中国老龄科学研究中心历年调查数据可知,失能老人占比从 2000 年的 6.7% 下降至 2015 年的 4.2%。但是,重度失能老年人占老年人口的比重呈上升趋势,从 2000 年的 0.5% 上升至 2015 年的 1.3%。《2018 年全国第六次卫生服务统计调查报告》显示,老年人群的失能率为 6.7%。按照区域划分,失能程度在轻度及以上的比例,农村高于城市;中度及以上的失能比例,中部地区高于东、西部。

表 7—1 城市和农村老年人健康状况

	第四次中国城乡老年人生活状况调查			第一次中国城乡老年人生活状况调查		
患病情况						单位:%
	合计	城市	农村	合计	城市	农村
患慢性病	59.1	60.6	57.5	60.2	68.1	52.2
自评健康状况						单位:%
	合计	城市	农村	合计	城市	农村
"好"	32.8	37.6	27.7	27.3	30.6	26.3
失能情况						单位:%
合计		4.2			6.7	
轻度失能		2.3			5.8	
中度失能		0.5			0.3	
重度失能		1.3			0.5	

资料来源:《2018 年全国第六次卫生服务统计调查报告》。

（二）老年人的心理健康不容忽视

2000—2010 年,中国老年人群的抑郁症患病率为 22.6%;2010—2019 年为 25.55%①。2020 年,随着老年人精神卫生服务投入不断增加,抑郁症等精神疾病的早期识别率达到 60%。2015 年的调查显示,老年人认为"大部分时间觉得心情愉快"的占比 62.5%,城镇老年人(69.0%)高于农村老年人(55.4%),男性老年人(65.3%)高于女性老年人(59.9%),高龄老年人(55.9%)比低龄老年人(65.4%)低近 10 个百分比。老年人认为"整天觉得烦躁、坐立不安"的占比 9.5%,农村老年人(11.7%)高于城镇老年人(7.4%),女性老年人(11.4%)高于男性老年人(7.4%)。随年龄增长,老年群体的消极情绪逐渐增多②。在老年人的消极心理方面,农村老年人和男性老年人占比更高。

（三）老年人的社会参与程度明显增加

社会参与度是衡量老年人社会融合度的重要指标。老年人通过参与社会活动获得新的社会角色和期望,能够提升生活质量和幸福感。2015 年,全国 60 岁以上老年人在业人口 9235.3 万人,比 2000 年增加 5372.6 万人。调查数据显示,我国老年人有 45.8%参加公益活动,65.6%参加社区(村委会)选举,92.1%参加闲暇活动,城镇老年人参加老年大学的比例约为农村老年人的 3 倍③。值得注意的是,《2020 老年人互联网生活报告》显示,60 岁以上老年人使用互联网的人数约为 9600 万,占比跃升至总网民数的 10.3%。

总体而言,在相同老龄化水平和预期寿命情况下,我国老年人口的健康状况与发达国家相比,存在一定的差距。中国城乡老年人生活调查报告显示,老年人群体健康状况有一定的提升空间。因此,我国推行健康老龄化具有重要的意义,是改善老年人口健康现状的可行之策,是实施积极应对人口老龄化国家战略的重要行动。

三、健康老龄化的政策演进

政策是行动的纲领,是指导我国推进健康老龄化的指南。政策上,突出养老服务体系建设,提升老年人的参与感、获得感和幸福感,增进老年人福祉,是中国制定积极应对人口老龄化基本方针的主要着力点。我国针对老龄健康服务的政策可以分为 3

---

① 荣健等:《2010~2019 年中国老年人抑郁症患病率的 Meta 分析》,《中国循证医学杂志》2020 年第 20 期。
② 党俊武等:《中国老年人生活质量发展报告(2019)》,社会科学文献出版社 2019 年版。
③ 党俊武等:《中国老年人生活质量发展报告(2019)》,社会科学文献出版社 2019 年版。

个不同阶段,分别有不同的工作重点①。

(一)建立基础、探索方向阶段(2008 年以前)

2000 年发布的《中共中央、国务院关于加强老龄工作的决定》提出,应"建立家庭养老为基础、社区服务为依托、社会养老为补充的养老机制,逐步建立比较完善的以老年福利、生活照料、医疗保健、体育健身、文化教育和法律服务为主要内容的老年服务体系"。为落实这一决定,2001 年,卫生部制定了《关于加强老年卫生工作的意见》,在加强领导、完善三级服务网络、开展慢性病防治、健康宣教、人员培训、科学研究等方面提出意见。

(二)明确重点、推进政策阶段(2009—2016 年)

2009 年,《中共中央、国务院关于深化医药卫生体制改革的意见》拉开了新一轮医改的序幕。2011 年,《中国国民经济和社会发展"十二五"规划纲要》强调,要建立养老服务体系。2013 年出台的《国务院关于加快发展养老服务业的若干意见》,首次提出推动医养融合发展。2015 年,国家卫计委、民政部等部门联合出台《关于推进医疗卫生与养老服务相结合的指导意见》,明确了医养结合的重点任务;在此之后,各地纷纷开展了医养结合试点工作。

(三)落实体系、创新思路阶段(2016 年至今)

2016 年,党中央国务院出台的《"健康中国 2030"规划纲要》提出健康中国建设目标和任务;2016 年,《中国国民经济和社会发展"十三五"规划纲要》则将建设养老服务体系的基本方针修正为"居家为基础、社区为依托、机构为补充"。

2018 年,大部制改革中组建国家卫生健康委员会,设立老龄健康司,建立并完善老年健康服务体系。2019 年,国务院出台《健康中国行动(2019—2030 年)》,围绕疾病预防和健康促进,落实健康中国建设目标和任务,促进老龄健康服务转变;国家卫生健康委、民政部等 12 部门出台《关于深入推进医养结合发展的若干意见》,要求满足老龄社会阶段医养结合的需求;随后,国家出台《关于建立完善老年健康服务体系的指导意见》。2020 年,国家卫生健康委老龄健康司发布《医养结合机构管理指南(试行)》,规范医养结合机构。"十四五"规划纲要提出,发展普惠型养老服务和互助性养老。积极应对人口老龄化被提升为国家战略,为老龄健康服务的发展提供了新动能。

---

① 裴晨阳等:《我国老年健康服务政策的发展演变与未来建议》,《中国卫生政策研究》2020 年第 11 期。

2021 年,国家卫生健康委老龄健康司发布《国家卫生健康委推进老年人失能(失智)预防干预试点》,明确积极推进"老年人失能(失智)预防干预工具包"等方案落地。中共中央政治局召开会议,就积极应对人口老龄化等作出重大部署。《"十四五"积极应对人口老龄化工程和托育建设实施方案》,明确了发展养老和托育事业的主要目标、重点任务和重大举措。国家卫健委《"十四五"优质高效医疗卫生服务体系建设实施方案》要求,补齐健康教育、康复医疗、老年长期照护和安宁疗护等领域的短板,并将老年等失能失智人群作为重点针对的人群之一。

四、健康老龄化的中国成就

(一)健康老龄化制度建设

以党中央、国务院《"健康中国 2030"规划纲要》为总纲,2017 年,国家卫生计生委等 13 个部委联合出台我国第一部关于健康老龄化的专项规划——《"十三五"健康老龄化规划》,着眼于老年群体整体健康工作,明确提出建立长期照护保险制度。《关于开展长期护理保险制度试点的指导意见》出台后,在全国 15 个省地市试点长期护理保险制度。2020 年,国家医保局会同财政部印发《关于扩大长期护理保险制度试点的指导意见》,试点范围扩大到全国 49 个地市。

(二)健康老龄化体系建设

2019 年,国务院印发《关于实施健康中国行动的意见》,制定《健康中国行动(2019—2030 年)》等专项规划,明确了老年健康体系建设的重点任务和举措。同时,颁布《健康中国行动组织实施和考核方案》,建立健全组织架构,依托全国爱国卫生运动委员会,成立健康中国行动推进委员会。

1. 构建多层次养老服务体系

《关于老龄化与健康的全球报告》提出,要为老年群体提供有效的医疗卫生服务,以整合型卫生保健服务体系为核心①。《"健康中国 2030"规划纲要》强调,要为老年人提供治疗期住院、康复期护理、稳定期生活照料、安宁疗护一体化的健康和养老服务。2021 年,国家出台《"十四五"民政事业发展规划》,要求全要素构建养老服务体系,在实施积极应对人口老龄化国家战略过程中彰显新作为。截至 2020 年底,共有 7.2 万对全国医疗机构与养老服务机构携手合作,两证齐全的医养机构共有

---

①　陆杰华等:《健康老龄化的中国方案探讨:内涵、主要障碍及其方略》,《国家行政学院学报》2017 年第 5 期。

5857 家。

2. 健全失能老年人长期照护服务体系

长期照护针对失能和半失能老人,综合多种形式和价值实现方式,构建长期照护体系能够惠及全体公民。以养老、医疗和长期护理保险为支柱的老年期社会保障制度体系不断完善①。《关于印发"十三五"健康老龄化规划重要任务分工的通知》强调,由国家卫生计生委牵头,探索建立从居家、社区到专业机构的长期照护服务体系②。同时,在居家长期照护服务方面,《社区老年人日间照料中心服务基本要求》规定了社区老年人日间照料中心的工作范畴。

3. 建立老龄健康服务管理体系

2019 年,国家卫生健康委联合国家发展改革委等 8 部委印发了《关于建立完善老年健康服务体系的指导意见》。这是我国第一个关于老年健康服务体系的指导性文件,从 6 个方面提出了加强我国老年健康服务体系建设的具体要求。为落实《中华人民共和国国民经济和社会发展第十四个五年规划和 2035 年远景目标纲要》《"健康中国 2030"规划纲要》《中共中央、国务院关于促进中医药传承创新发展的意见》《国务院办公厅印发关于加快中医药特色发展若干政策措施的通知》等要求,国家发展改革委、国家卫生健康委、国家中医药管理局和国家疾病预防控制局共同编制了《"十四五"优质高效医疗卫生服务体系建设实施方案》。

4. 持续发展健康产业体系

《促进健康产业高质量发展行动纲要(2019—2022 年)》提出,到 2022 年,基本形成内涵丰富、结构合理的健康产业体系,健康产业的融合度和协同性进一步增强,健康产业的科技竞争力进一步提升,形成若干有较强影响力的健康产业集群,为健康产业成为重要的国民经济支柱性产业奠定坚实基础。2020 年底,确定示范企业 50 家、示范街道 72 个、示范基地 17 个,在全国开展第四批智慧健康养老应用试点示范工作。

(三)健康老龄化体制建设

1. 改革体制,确保健康老龄化顺利落实

为全面深化医药卫生体制改革,推进健康中国建设,颁布了《"十三五"深化医药卫生体制改革规划》,推动医改转向提升质量、系统集成和综合推进,为保障人民健

---

① 原新:《积极推进新时代养老服务政策落地》,《中国社会工作》2020 年第 17 期。
② 杜鹏等:《中国长期照护政策体系建设的进展、挑战与发展方向》,《中国卫生政策研究》2019 年第 1 期。

康、促进经济社会发展增添新动力。2018 年成立国家卫生健康委员会后,强调要牢固树立大卫生、大健康理念,推动实施健康中国战略,以改革创新为动力,以促健康、转模式、强基层、重保障为着力点,从以治病为中心转变到以人民健康为中心,为人民群众提供全方位、全周期健康服务。

2. 建立健全社会保障管理体制

《中共中央关于制定国民经济和社会发展第十四个五年规划和 2035 年远景目标的建议》《中华人民共和国国民经济和社会发展第十四个五年规划和 2035 年远景目标纲要》《人力资源和社会保障事业发展"十四五"规划》要求,建立并实施企业职工基本养老保险全国统筹制度,补充养老保险基金规模。当前,基本养老保险覆盖近10 亿人,社会保障卡发行超过 13. 35 亿张。中国老年人口中,城镇和乡村享有医疗保障的分别为 98. 9%、98. 6%,各自比 2006 年提高了 24. 8%、53. 9%①。

第二节　老龄健康促进面临的主要服务问题

由于服务规模、健康状况、服务成本和服务目标等因素的变化,我国未来的老龄健康服务能力正在经受着严峻考验。为解决这一问题,国家提出了医养结合的理念,并已发展多年,但在实操阶段暴露出了三方面的供需失衡问题,而医养康养相结合将会是未来发展的主要方向。

一、老龄健康服务的目的和意义

提供老龄健康服务的目的,是提高老年人的健康水平和生活水平。老龄健康促进是《健康中国行动(2019—2030 年)》的 15 个专项行动之一,需要老龄健康服务的保障和支撑。老龄健康服务业的定义,是从健康服务业、健康产业等已有概念整合扩展而来的,是以维护、改善和促进老年人健康为目的,以医疗卫生和生物技术、生命科学为基础,为社会公众提供与健康直接或密切相关的服务型产品生产活动的集合,主要包括老年人的医疗卫生服务、健康管理与促进服务、健康保险服务等②。

提供老龄健康服务虽然无法改变人口学因素,但可以通过提高老年人获得的实际收入,促进老年人生活中的健康行为,改善老年人的社会环境,并提升老年人的社

---

① 党俊武主编:《中国城乡老年人生活状况调查报告(2018)》,社会科学文献出版社 2018 年版。
② 王永春:《老龄健康服务的发展机遇与趋势》,《健康中国观察》2020 年第 6 期。

会关系,从以上三方面提高老年人的健康水平和生活水平,促进我国老龄健康服务事业发展。

二、老龄健康服务面临的主要问题

(一)服务规模扩大

服务规模上,人口老龄化加速产生巨大的健康养老服务需求。伴随着出生高峰期的"60后"人口逐步进入老年阶段,"十四五"时期,60岁及以上老年人口规模将快速增长,预计5年间增长5700万人,相比"十三五"时期增加1325万人。第七次全国人口普查数据显示,全国65岁及以上的老年人已经达到19064万人,占比13.5%。2020年,我国80岁及以上高龄老年人口为3511万;预计到2025年增长690万;到2035年将翻一番,增至7600万;到2050年再翻一番,达到14400万。同时,失能老人总数将在2050年达到3500万。其中的残疾老年人数量,据全国残疾人人口基础数据库显示,我国60岁及以上老年持证残疾人在2019年为1514.9万人。按照这个比例,2050年,老年持证残疾人将达到约3100万人。此外,我国家庭规模趋于小型化与核心化,老年家庭多样化特征明显,独居和空巢老年家庭代际减弱,将形成巨大的健康养老服务需求。

(二)健康状况较差

服务对象上,老年人的健康状况不容乐观,改善进程任重道远。我国人口的疾病谱系正在发生重大变化,已经由传染性疾病为主向慢性病为主转变,老年人的慢性病问题尤为突出。根据《2018年全国第六次卫生服务统计调查报告》,60岁及以上老年人口的慢性病患病率为59.1%,比2013年增加8.9个百分点;老年人口的多病共患情况较为严重,60岁及以上老年人口中的23.8%同时患有2种及以上慢性病,比2013年增加7.6个百分点。按照2018年的老年人口数量测算,2018年,老年人口中的慢性病患病人数达到1.47亿,2种及以上慢性病患病人数为5926.2万人,3种及以上慢性病患病人数为186.5万人。调查的老年人中,有完全自理能力的比例为93.3%,轻度失能老人占3.8%,中度失能老人占1.1%,重度失能老人占1.8%[①]。按照当时的老年人口估算,失能老年人超过1600万。如果这个比例不变,根据中国人口与发展研究中心《中国人口展望(2018)》对中国老年人口规模的预测结果,假设老

---

① 国家卫生健康委统计信息中心:《2018年全国第六次卫生服务统计调查报告》,人民卫生出版社2021年版。

年人的健康状况不变,2035 年,轻度、中度、重度失能老年人将分别达到 1650 万、478 万和 782 万,失能老年人总数将超过 2900 万。而到 2050 年,这 3 个数字将分别增加到 1985 万、575 万和 940 万,失能老年人总数将超过 3500 万。

(三)服务成本骤增

服务成本上,人口老龄化加速带来医疗和养老负担骤增。"十四五"时期,我国将步入中度老龄化社会,老年人口规模快速增长。而老年人的健康状况不容乐观,慢性病患病率高,老年人的医疗和养老负担骤增。研究显示,医疗费用与年龄密切相关,60 岁及以上老年人的医疗费用通常是 60 岁及以下人口的 3—5 倍,而且高龄老年人的医疗费用更高,80 岁及以上高龄老年人的医疗成本开支约为 65—74 岁低龄老年人的 14.4 倍[1],这意味着人口老龄化将可能带来巨大的医疗经济负担。老年人口的卫生服务利用水平也有所提高,占总人口数 17.9% 的老年人口,就诊人次占全国总就诊人次的 45.3%。老年人口的增加,给现有卫生服务体系带来巨大挑战。如果按照 2030 年老年人口达 3.98 亿,以 2018 年调查两周就诊率推算,2030 年,60 岁及以上老年人的就诊人次将达到 41.5 亿,相当于 2018 年全国总就诊人次(83.1 亿)的 50%,即 2018 年现有卫生资源的一半将用于老年人口的医疗服务[2]。在我国基本养老保险覆盖面不断扩大、保障水平不断提高的趋势下,养老金支出压力持续增加,保险制度运行面临不可持续的挑战。据测算,我国城镇企业职工基本养老保险基金当期结余会从 2023 年开始下降,将于 2028 年出现赤字并不断扩大。此外,老年人口增加也会提高对老年照料人员的需求。按照 8 小时工作制估算,老年照料劳动力需求总量将从 2015 年的 1805.8 万人,增长至 2050 年的 5325.5 万人[3]。

(四)服务目标转变

服务目标上,老年人的健康养老追求由生存型向发展型转变。以往,老年人主要依靠子女养老、政府养老,现在更加依靠自我养老、社会养老等。老年人养儿防老的观念正在淡化,随之而来的是健康养老行为也在发生变化,候鸟老人、异地养老越来越多。目前和将来的老年人更加注重美好生活需求,不仅越来越追求物质生活的好品质,还日益追求精神生活的高品位、经济社会活动的深参与。在互联网、医疗技术

---

① 陶立群:《我国老年慢性病现状及发展趋势》,《老龄问题研究》2006 年第 3 期。

② 国家卫生健康委统计信息中心:《2018 年全国第六次卫生服务统计调查报告》,人民卫生出版社 2021 年版。

③ 朱雅丽等:《老年人口的健康状况转移与老年照料劳动力需求预测》,《中国人口科学》2019 年第 2 期。

等科技进步的影响下,"60 后""70 后"这些老年人将更加追求个性化、多样化发展,老年健康养老生活更加智能化、更具科技感①。

三、医养结合是现阶段老龄健康服务的重点

医养结合是促进老龄健康、推进养老服务体系建设的重点。2013 年,国务院《关于加快发展养老服务业的若干意见》明确提出"积极推进医疗卫生与养老服务相结合"的医养结合理念。2015 年,多部委联合下发的《关于推进医疗卫生与养老服务相结合的指导意见》进一步明确了医养结合的内涵。2017 年,国务院《"十三五"国家老龄事业发展和养老体系建设规划》提出"居家为基础、社区为依托、机构为补充、医养相结合"的养老服务体系建设方向。党的十九大报告强调,在实施健康中国战略框架下,"积极应对人口老龄化,构建养老、孝老、敬老政策体系和社会环境,推进医养结合,加快老龄事业和产业发展"。医养结合已然成为发展养老服务业的重点任务,进入了实际操作阶段。

(一)医养结合的现状

医养结合是独具中国特色的提法,顾名思义是将医疗与养老有机结合,促进老年人的健康,加强老年人的医疗。医养结合绝对不等于"养老院+医院"。国家将老龄工作委员会划归国家卫生健康委员会,在顶层设计上更加强调医养结合的地位,以便更好地统筹医疗和养老。

医养结合的概念,应该从养老服务业的供给侧结构性改革方式和服务内容上去理解。掌握医养资源的特殊国情是廓清医养结合概念的基础。中国目前的"医"仍具广义性,既包括中端的疾病诊疗、医药救治和急诊救护等,也包括前端的健康教育、健康检查和预防保健等,还包含后端的康复护理、长期照护、安宁疗护等拓展内容;中国的"养"基本涵盖基础型的助老服务(膳食服务、家政服务、文化娱乐服务等)、生活照护(起居照料、健康护理等)和精神关怀服务(陪伴服务、心理精神支持服务等),在基础型服务之上凸显个性化和有针对性的提升型服务(医疗辅助、中医药辅助等),以及职业化和规范化的专业型服务(康复护理、失智老年人服务等)。康复护理是医养结合中极富争议的内容,探讨医养结合应明晰,临床护理属于"医"的后端环节,长期护理更偏向专业型的"养"。把握健康老龄化战略目标是廓清医养结合概念的核心。

合理配置医疗卫生资源是廓清医养结合概念的关键,其焦点在于供需模式对接。

---

① 刘厚莲:《"十四五"时期老龄健康重点关注的问题》,《人口与健康》2020 年第 8 期。

健康老人偶尔需要中端医疗卫生资源,更注重强化前端医疗卫生资源的健康需求,提高健康和预防资源供给;相对健康老人,失能半失能老人更依赖中端和后端医疗卫生资源,应该在与专业型的"养"充分对接过程中,析出医疗卫生资源后端环节的需求。但当下的医疗卫生资源层级配置不合理,前端和后端资源调动不足,中端疾病诊疗资源压力巨大。老人入住医院以医代养,挤占中端资源。提倡医养结合契合于此,借助提升型和专业型的"养",以缓解医疗卫生资源压力,助力分级诊疗快速落地,减少过度医疗。据此,医养结合应充分回应新时代为老服务的民生诉求,实现健康老龄化目标,合理配置医疗卫生资源。在推进养老服务体系高效构建的过程中,通过整合广义医疗卫生资源,分层级地与养老服务资源对接,从而面向全体老年人,供给以基础型"养"为根基,以康养、狭义医养、护养为外延的连续性为老服务,侧重为健康老人提供康养服务,为急性病患老人提供狭义医养服务,为失能半失能老人提供护养服务(见图7—1)。

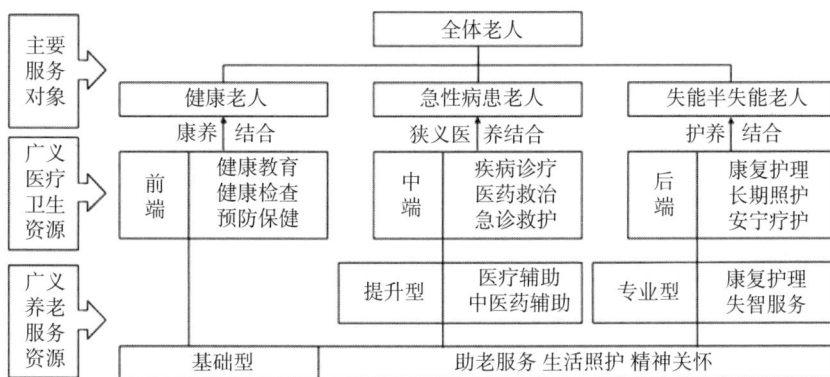

图7—1　中国特色的广义医养结合概念框架

资料来源:原新等:《中国医养结合模式治理的基点、焦点和要点》,《河海大学学报(哲学社会科学版)》2021年第2期。

中国目前业已形成居家、社区、机构相衔接的养老服务体系。医养结合作为构建新时代养老服务体系的题中之义,不与居家养老、社区养老和机构养老并列而行,而是植入其中,形成居家医养结合、社区医养结合和机构医养结合三种模式。三者之间并非完全互斥,而是彼此衔接互补。

(二)医养结合的主要问题是供需失衡

医养结合服务包含三种主体。首先,作为医养结合的直接受益者和单元,个体和家庭是医养结合的直接责任主体。其次,作为个体和家庭的利益代言人,政府在医养结合中承担保基本和监管等职能;而社区是国家治理的基石,各级政府共同作为责任主体,参与搭建医养结合孵化平台。最后,在市场经济体制下,各类商业企业是活跃医养结合供给侧的关键主体,公益组织、非营利组织、慈善机构是重要补给主体。医养结合存在各方之间的供需失衡问题。

1. 居家医养结合需求旺盛,但供给总量匮乏

在需求侧,居家场所偏好引致居家医养结合需求旺盛。传统的家文化中,家庭养老以家庭内部成员的互帮互助为基础。但现在,随着家庭类型核心化、规模小型化、成员流动化、关系分散化、责任市场化,以及日益凸显的长寿化和少子化,家庭不能满足养老需求,需要社区服务的渗透,形成居家医养相结合的模式。而老年人更偏好居家场所,需要社区更多的上门服务。

在供给侧,基层医疗卫生和养老资源不足,无法提供足够的服务供给。首先,人才资源不足。根据中国卫生健康事业发展统计公报,2019 年每万人口拥有全科医生 2.61 人,与每千人口拥有 1 名合格家庭医生的目标仍然相差甚远。其次,基层医疗卫生设备资源不足。分级诊疗和双向转诊的层级体系不健全,具有旺盛医养结合需求的老人长期对基层医疗资源不信任,"小病大治、慢病快治、门病院治"蔓延,造成医院"压床养老"现象。再次,养老资源不足。现阶段,以老人的住所为场域,整合来源分散的医养资源,是终端体验整合,而非源头材料整合。整合养老服务资源的供给门槛较低,资源隐性存在,但当下基层养老服务资源整合仍由大市场配置主导,利润回报低,致使智慧养老创新手段投入乏力且利用不足,使实际供给总量难以全面盘活。

2. 机构医养结合需求分层,但供给结构失衡

在需求侧,三元需求主体引致机构医养结合需求分层。失能半失能老人、高收入老人是机构医养结合的两大需求主体,失能半失能老人又进一步细分为特困人群和一般人群,由此形成分层明显的三元需求主体。其中,失能半失能老人中的特困人群是政府兜底救助的刚需主体,失能半失能老人中的一般人群是机构医养结合市场的刚需主体,高收入老人是高端市场的需求主体。

在供给侧,机构医养结合供给遭遇结构性的产能问题。目前,医养结合服务供给依赖机构养老模式。在供给结构方面,机构医养结合"短缺"与"过剩"并存,使结构性产能问题严峻。其一,公办医养结合机构享受政府财政补贴以及土地和服务硬件的优惠,承担兜底功能。但在农村地区尚未完全覆盖兜底式基本养老服务的情况下,推进更高层次的兜底式医养结合供给,不仅思想认识和政策宣传一时难以落地,财源

保障不足更是拦路在即,负重难行之下,短缺是必然。其二,高端医养结合机构遵循市场价值作用规律和价格自发调节机制,供给侧受高额利润驱动,借助地产业抑或旅游业打造高端医养服务。但由于市场和政府行为的严重混淆,存在大兴土木建造高端设施但空床率居高不下,以及在赚取补贴后为其他商业项目唱戏搭台的现象。其三,面向大众的机构医养结合存在较多问题。医养结合一体化机构方面,大型医疗机构在经济上缺乏提供养老服务的动力;中小型医疗机构中,基层卫生服务中心开展养老服务面临绩效激励方面的体制障碍;二级医院由于价格阻碍需求,普遍存在重医疗、轻预防、重生理、轻心理等问题;养老机构设立或内设医疗机构的专业性不足;签约多流于形式,实质性医养结合供给不足。

3. 社区医养结合需求依附,但有效供给滞后

在需求侧,社区医养结合处于夹心层,更多地以间接形式依附于居家模式和机构模式。居家方面,多数老人希望在长期生活的熟悉圈内接受医疗卫生资源和养老服务。但是,医养结合的"医"来自社区卫生服务中心的全科医生资源和社区卫生服务站的健康咨询、康复指导,"养"来自社区范围内的养老服务机构,需求分散度高且整合难度大。机构层面,老人缺乏处置突发状况的应急能力,居家的情感依赖和节俭的消费习惯又双重限制机构医养结合需求,但较为认可走进社区的医养结合设施与资源。此类设施与资源营造了邻居和社区熟悉人员相互陪伴、关照的共同体环境,同时,花费远低于机构,充分满足了老人对居家住所的情感依赖和节俭消费的习惯。

在供给侧,直接形式的社区医养结合以社区卫生服务中心的医养结合病房为主,老人在家附近的社区卫生服务中心的医养结合病房进行疗养。这种形式发挥着15分钟社区卫生服务圈的作用,以及承担着"小病在社区、大病到医院、疗养回社区、健康进家庭"的分级诊疗功能,但社区卫生服务中心一般属于国家全额拨款事业单位,由卫生部门主管,在养老服务准入、财政补贴、用地规划等方面存在制度障碍,而且财务管理上收支两条线,深入开展医养结合的渠道不畅,且动力不足,有效供给难以持续。间接形式的社区医养结合具有强平台特征,能够承担起整合居家医养结合资源和机构医养结合资源的供给功能,却受限于整合技术手段不足。间接形式的社区医养结合的有效供给呆滞,难以发挥出平台预期效果。资源高效整合技术手段不足的主要表现,在于智慧养老平台建设不完备。部分城市的调研表明,智慧养老平台流于形象工程,实质进展不足。资源高效整合技术手段不足的主要原因在于"互联网+养老"理念需要时间塑造,相关技术需要反复试点和改进,机会成本较高;且作为准公共产品,投建成本较高,单纯市场行为的供给难以实现,完全依赖政府供给又缺乏

效率。

综上所述,医养结合服务面临三大模式联动的焦点问题。一方面,合理细化医养结合需求和服务的评价指标缺失,常用潜力需求代替有效需求进行供给分析,医养结合需求失真,难免致使盲目和跟风供给,引发供需失衡;另一方面,在医养结合需求评价指标不健全的背景下,供给基本由机构模式主导,易诱发过度医疗等不良风险,致使民生需求失真,干扰民生政策的制定。对此,亟待引导并塑造有效需求,以应对医养结合需求端的撕裂问题;也亟待基于有效需求深化供给侧结构性改革,化解医养结合供给端的结构问题①。

(三)医养康养相结合是未来的方向

党的十九届四中全会提出医养康养相结合的概念:"加快建设居家社区机构相协调、医养康养相结合的养老服务体系",体现出重大的理论创新和顶层设计的思路变化。

医养康养相结合是医养结合理念的深化,是新时代医养结合走向高质量发展的内在要求。目标聚焦于如何维持老年人的身体功能和日常活动,即医养康养结合型服务应以长期照护服务为核心。向前端延伸初级预防功能,更好地开展预防保健、减缓失能等工作;向后端衔接安宁照顾、临终关怀,以老年人为中心提供整合性服务,进而提升老年人健康福祉、促进社会和谐。

医养康养相结合的发展方向涵盖了向前、后端延伸的各种手段,比如发展社区预防照护服务和长期照护服务等。不同于正常的医养结合。社区预防照护服务以健康的和比较健康的老年人为重点,尽可能减缓老年人的生理功能退化,让老年人能自立自主地生活,提升老年人的生活质量,有效降低社会的长期照顾需求和负担。可以学习他国经验,在服务理念上倡导自立观念,不仅是"帮老人做",更是"教老人做";不是"限制老人出门",而是"鼓励老人外出"。长期照护服务则是面向失能失智老年人提供延缓慢性病发展和维护身体功能的护理康复服务,让老年人尽可能延续原有生活模式和生活质量,同时减少老年人对急性医疗服务的不当使用,降低医疗费用负担。

医养康养相结合是一个协同问题。要加强医养康养的协同治理,政策方面,应以标准规范引领医养康养资源整合;机构方面,应加快科学合理地建设各类医养康养结

---

① 原新等:《中国医养结合模式治理的基点、焦点和要点》,《河海大学学报(哲学社会科学版)》2021 年第 2 期。

合型机构,并鼓励社会力量投入;社区方面,要打通医养康养供需对接的"最后一公里"。多方面协同治理,才能将医养与康养有效结合,全面提升对于老年人的社会服务水平,促进老龄化社会健康发展①。

第三节　老龄健康体系推进的基本路径和方向

老龄健康体系建设是解决我国人口老龄化现实问题的制度保证,需要在多个方面同时进行提前规划。首先,要优化顶层设计的政策理念,以提升老年人健康水平和生活水平为本;其次,要提高指标体系的评估和监测水平,利用大数据等手段、方法为科学施政提供依据,为精准检测提供可能;再次,要落实居家、社区和机构医养康养相结合的理念,在居家、社区、机构多层面推动医养结合的落实;此外,在社会观念、社会保障、物质环境和心理健康等方面努力构建健康老龄化的社会环境;最后,要保障老龄健康体系的人才供给,在医疗和服务人才储备上提前做好万全准备。

一、优化顶层设计的政策理念

(一)提高全生命周期人群的健康内在能力

"十四五"时期是实现"两个一百年"奋斗目标的历史交汇期,是全面建成小康社会后迈向基本实现社会主义现代化的关键阶段,也是积极应对人口老龄化的重要战略机遇期,因此,要更加注重提高全生命周期人群特别是老年群体的健康内在能力。老龄健康涉及全生命周期,不仅要关注当前的老年群体,也要从"娃娃抓起",关注未来的老年群体②。一方面,坚持从"以治病为中心"向"以健康为中心"的理念转变,把"将健康融入所有政策"落到实处,加快转变健康领域发展方式;另一方面,推动实施健康中国行动,掀起针对慢性病的新时代群众性卫生健康行动,特别是针对老年人群体的健康促进政策需要进一步强化,比如老年人监护制度、老年人权益保护制度、医疗卫生和养老服务制度等。防范"健康丧失",增进"健康储量"③,促进全人群、全生命周期的健康水平提高,维护老年人认知和自理功能的健康,增强其内在能力。

① 伍小兰:《促进医养康养相结合高质量发展》,《中国人口报》2021年1月11日。
② 原新等:《积极应对人口老龄化国家战略的时代背景与价值意蕴》,《老龄科学研究》2021年第1期。
③ 穆光宗:《不分年龄、人人健康:增龄视角下的健康老龄化》,《人口与发展》2018年第1期。

（二）促进积极老龄观下的老年人功能发挥

健康老龄化的根本目标在于发展和维护老年健康生活所需的功能发挥过程[1]，让老年人老有所养、老有所医、老有所学、老有所为、老有所乐。深入实施积极应对人口老龄化国家战略，进一步深化养老领域供给侧结构性改革，以促进老年人功能发挥为落脚点，提供积极老龄化的政策、社会、制度和法律环境，将促进老年人功能发挥融入交通、住房、社会保护和支持、城乡规划和建设、信息通信、教育和劳动、卫生和长期照护等领域的政策中，挖掘老年人自身学习和自我实现的潜力[2]。

二、提高指标体系的评估和监测水平

（一）科学制定综合评估指标体系

跨学科、跨部门制定科学的老年健康量化指标、测量工具、评估策略、考核体系和改进措施，为健康老龄化提供有预见性的理论支持和可操作的实践指导。第一，指标构建应以促进老年群体健康水平为基础、维护老年群体功能发挥为目标，在健康人群、健康生活、健康环境、健康保障和健康满意度等方面制定综合的、系统的指标体系；第二，测量和评估标准应达成一致，制定并实施全国统一的老年人能力综合评估标准，开展老年人能力综合评估，将评估结果作为领取老年人补贴、接受基本养老服务的参考依据；第三，绩效考核应把老年人的满意度作为重要评价指标，确保指标落实到地；第四，改进措施应以理解健康老龄化的科学规律为基础，定量分析卫生保健、长期照护以及环境干预等措施对健康老龄化的影响，并确定其作用机制和成本效益，针对薄弱环节提出切实可行的改进措施。

（二）精准监测老年人健康现状、需求及满足情况

一是依托大数据平台，构建以政府为主体的老年人健康数据收集与监测系统，精准监测全国老年人口的健康状况、生理指标、慢性疾病等信息数据，促进老年人健康现状综合性评估，为健康服务提供依据[3]。二是开展定期调查，鼓励老年人参与研究，了解老年人最迫切的需求是否得到满足并给予回应。与老年人共同研究，而非仅仅研究老年人[4]。要把握独居家庭、空巢家庭、异地养老等老年家庭的变动趋向，认

---

① WHO, *World Report on Ageing and Health*, 2015.

② 陆杰华等：《健康老龄化的中国方案探讨：内涵、主要障碍及其方略》，《国家行政学院学报》2017年第 5 期。

③ 胡雯等：《机构改革应对老龄化新国情的战略安排》，《南开学报（哲学社会科学版）》2018 年第 6 期。

④ WHO, *World Report on Ageing and Health*, 2015.

识老年家庭健康养老意愿、需求和行为的变化规律①。三是提高资金保障的灵活性。完善经济困难的高龄、失能老年人补贴制度，因地制宜健全动态调整机制，提高补贴标准精准度和有效性，强化与残疾人"两项补贴"、社会救助等政策的衔接。

三、落实居家、社区和机构医养康养相结合的理念

根据《关于建立完善老年健康服务体系的指导意见》，构建"健康教育、预防保健、疾病诊治、康复护理、长期照护、安宁疗护"的综合连续、覆盖城乡的老年健康服务体系，落实"居家社区机构相协调、医养康养相结合"的养老服务体系理念，切实回应人民群众老年期对连续性医疗卫生服务和健康管理服务的期待。

（一）居家层面夯实老年健康服务体系的稳固基础

1. 开展健康教育活动

借助报纸、广播、电视、互联网等媒介，面向老年人及其照护者开展健康教育活动，内容包括营养膳食、运动健身、心理健康、伤害预防、疾病预防、合理用药、康复护理、生命教育和中医养生保健等，促进老年人形成健康生活方式，提高老年人的自救互救卫生应急技能和健康素养。

2. 完善预防保健、疾病诊治、康复护理服务链条

完善居家康养支持措施。第一，完善家庭医生签约服务，全面建立成熟完善的分级诊疗制度，形成基层首诊、双向转诊的合理就医秩序，健全预防保健、疾病诊治、康复护理服务链条。具体来说，一是落实基层首诊，为居家老年人提供筛查干预、诊断、治疗、随访管理、功能康复等全程健康管理服务；二是完善双向转诊制度，加快推进家庭医生、基层医疗机构、医院、康复护理机构乃至安宁疗护机构之间信息共享，为老年人提供挂号、就医便利服务的绿色通道。第二，促进家庭医生重点为失能老年人提供上门医疗和护理服务，发展"家庭养老床位"，健全"家庭养老床位"的建设、运营、管理政策。第三，推动将失能失智和高龄老年人家庭成员照护培训纳入政府购买养老服务目录，探索"物业服务+养老服务"模式，支持有条件的地区探索开展失能失智老年人家庭照护者喘息服务。

丰富智慧健康养老产品和服务。一是丰富健康养老产品供给。针对家庭应用环境，发展适老康复辅助器具、智能穿戴设备、便携式健康监测设备、智能养老监护设备、家庭服务机器人等。二是发展智慧养老服务。一方面，应用互联网健康咨询，依

---

① 刘厚莲：《"十四五"时期老龄健康重点关注的问题》，《人口与健康》2020年第8期。

托互联网平台,发展在线咨询、预约挂号、诊前指导、诊后跟踪等服务。另一方面,做好慢性病和精神性疾病管理工作,重点发展病情监测、档案管理、个性化评估、趋势分析、诊疗建议、异常预警、紧急救助、康复服务等。三是打通智能健康养老产品和服务的"最后一公里",通过前期宣传推广、中期培训陪同、后期售后服务,让老年人真正认识到它们的便捷性、科学性和及时性,接受并愿意使用、熟悉且能熟练运用智能健康养老产品和平台①。

(二)社区层面提供老年健康服务体系的坚实依托

1. 发展社区预防照护服务

社区预防照护服务是社区层面医养康养相结合的前端延伸。一方面,借助互联网平台和智能技术,发展社区康养平台。通过宣传健康知识、举办健康讲座和活动、培养家庭保健员等,促进老年人及其家属践行健康生活方式,有效发挥社区的疾病预防、健康管理功能,将社区初级预防照护融入健康促进过程中。另一方面,重视社区中医药医养结合服务能力提升,发挥中医药在治未病、慢性病管理、疾病治疗和康复中的独特作用,推广中医药适宜技术产品和服务。

2. 提升社区医疗卫生水平

医疗卫生服务是社区层面医养康养相结合的中端保障,以疾病期老年人为重点,提供高效可及的疾病诊治、医疗救治、急诊救护和临床护理服务。一是完善老年医疗资源布局,建立健全以基层医疗卫生机构为基础、老年医院和综合性医院老年医学科为核心、相关教学科研机构为支撑的老年医疗服务网络。二是推动医疗"城医联动"项目建设,支持医疗资源丰富地区盘活资源,将部分有一定规模、床位利用率不高的二级医院转型改建为康复医疗机构和护理院、护理中心,同步完善土地、财税、价格、医保支付、人才等政策工具包,重点为急性期后的神经、创伤等大病患者,老年等失能失智人群,临终关怀患者提供普惠性医疗康复和医疗护理服务。三是全面落实老年人医疗服务优待政策,通过医联体建设、优质资源下沉、远程医疗、医疗机构适老化改造等形式,提高基层服务能力。

3. 探索提供社区嵌入式长期照护服务

长期照护服务是医养康养相结合的后端拓展,以失能失智老年人为重点,提供延缓慢性病发展和维护身体功能的护理康复服务,让老年人尽可能延续原有生活模式和生活质量。一是优化养老设施布局,发展集中管理运营的社区嵌入式、分布式、小

---

① 杨菊华:《智慧康养:概念、挑战与对策》,《社会科学辑刊》2019年第5期。

型化养老服务设施和带护理型床位的日间照料中心,支持连锁化、综合化、品牌化运营,增加家庭服务功能模块,强化助餐助浴助洁助医助行等服务能力,增强养老服务网络的覆盖面和服务能力。二是推进区域养老服务中心建设,在市(县、区、旗)、乡镇(街道)范围推动区域养老服务中心建设,发展具备全日托养、日间照料、上门服务、区域协调指导等综合功能的区域养老服务机构。三是提升区域养老服务应急救援能力。构建分层分类、平战结合、高效协作的养老服务应急救援体系,建立国家、地方、区域养老应急救援技术服务中心,为各区域养老服务应急救援体系建设提供服务。四是加快以老年人为中心的社区长期照护服务递送,建立急性医疗与长期照护体系的连接机制,保障老年人出院后及时获得必要的照护及康护服务,减少出院后短期急诊及再住院等现象,最终顺利回归居家养老生活[1]。

(三)机构层面扩展老年健康服务体系的有效补充

1. 深化医养结合机构签约合作

一是促进签约合作。按照方便就近、互惠互利的原则,鼓励养老机构与周边的康复医院(康复医疗中心)、护理院(护理中心)、安宁疗护中心等医疗卫生机构开展多种形式的签约合作,如服务外包、委托经营等方式,建立签约合作机制。二是优化签约环境。将签约类型上升至一体化类型医养结合的同等高度,强化签约方式的合作程度和服务质量,认真贯彻落实国家卫生健康委等部门《关于做好医养结合机构审批登记工作的通知》要求,优化一体化类型的审批手续和发展环境[2]。三是加强机构合作。鼓励医师及专业人员在养老机构开展非诊疗性健康服务,以及疾病诊疗、营养、中医养生等预防性知识宣传与服务。完善养老机构中的医疗机构与签约医疗卫生机构的双向转诊绿色通道,为老年人提供治疗期住院、康复期护理、稳定期生活照料以及临终关怀一体化服务,创新机制,解决结构性过剩问题。

2. 推动医养结合机构提质增效

一是深化公办医养结合机构改革。一方面,发挥公办机构兜底线、保基本和示范作用,强化对失能失智特困老年人的兜底保障。公办机构原则上不提供高端服务,逐步改变享受过度优惠政策的现状,合理制定收费标准,避免挤占民办机构发展空间[3]。另一方面,提升公办养老机构的应急救援能力,推动具备条件的公办养老机构

---

[1]　伍小兰:《促进医养康养相结合高质量发展》,《中国人口报》2021 年 1 月 11 日。

[2]　原新等:《中国医养结合模式治理的基点、焦点和要点》,《河海大学学报(哲学社会科学版)》2021 年第 2 期。

[3]　葛延风等:《我国健康老龄化的挑战与策略选择》,《管理世界》2020 年第 4 期。

配备应急防护物资、隔离设施,建立完善应急预案,培养培训专业养老服务应急队伍,定期分类开展应急演练,加强应急能力建设。二是鼓励社会力量扩充普惠式医养结合机构,重点面向中低收入群体,适度面向中高收入群体。按照"非禁即入""一个窗口"原则,落实税费、投融资、用地等有关优惠政策,采取公建民营、民办公助等方式,深入推进"放管服"和基层机构去行政化改革,鼓励培育运营能力强的服务机构。三是厘清市场和政府的边界,建立风险共担机制,突破高端医养结合机构过剩困局。具体来说,政府部门在前期应该对营利型医养结合机构的资本投入、收费标准、持续投入能力、营利能力,进行全方位评估和严格审批;中期通过承包经营、委托运营、联合经营等方式,引入企业或社会服务机构参与运营管理,推动各项政策落地;后期不断完善政府、市场、社会三位一体的监督管理体系。而社会资本应发挥高效资源配置和专业化管理优势,专注于运营管理和服务,满足高端医养结合需要。四是优化城乡养老机构床位结构,推动护理型床位占比不低于55%。

四、构建健康老龄化的社会环境

(一)践行积极老龄观念

一是树立和培育积极老龄观,积极看待老龄社会,积极看待老年人和老年生活。一方面,积极看待老龄社会。老龄社会是经济社会发展进步的必然结果,在面对挑战时更应把握蕴含在其中的新的发展机遇,抓住人口机会窗口促进经济社会发展。另一方面,积极看待老年人和老年生活。老年期是自然规律作用下生命个体的必经阶段,既要充分肯定老年人在中青年时期创造的价值,也要积极开发老年期的潜在价值[1]。二是开展宣传健康老龄化新理念活动,利用互联网、电视、广播和报纸等大众传播媒介,提高媒体、公众、政策制定者、雇主和服务人员等对人口老龄化科学规律的认识和理解[2]。三是立法反对年龄歧视,打击侵害老年人合法权益的行动,杜绝歧视、虐待老年人现象,促进社会公平、健康和繁荣。

(二)完善社会保障体系

一是推动养老保险制度改革,完善城镇职工基本养老保险制度和城乡居民基本养老保险制度,加快养老保险城乡覆盖和全国统筹步伐,鼓励发展职业年金、个人储蓄类和商业性质养老保险,增强老年人安度晚年的支付能力,降低年轻人对老年期基

---

① 原新等:《在国家战略体系中积极应对老龄社会问题》,《人口研究》2021年第2期。
② WHO, *World Report on Ageing and Health*, 2015.

本生活来源的风险预期。二是健全医疗保险制度体系,加快基本医疗保险城乡并轨和全国统筹步伐,完善大病保险制度,鼓励发展补充医疗保险和老年期商业健康保险,确保救助制度,缩小群体差距。三是推动完善长期护理保险制度,系统总结试点城市经验,逐步扩大长期护理保险参保群体范围,加快制定长期照护服务项目、标准、质量评价等行业规范和全国统一的老年人能力评估体系,为失能半失能老年人等特殊人群提供有针对性的民生保障,有效防控老年期护理风险①。充分发挥社会救助、社会福利、慈善事业、商业保险的有益补充作用,保障不同层面照护需求。

(三)推进健康适老建构

推进外在环境适老化。一是住宅适老化。应充分尊重经济困难高龄老年人的需求,保证住宅内部的地面防绊处理、墙面安全扶手装置、卧室便捷通行过道、浴室安全防滑警报设施,住宅外部的老旧电梯加装工程、楼梯扶手保护设施,降低老年人主要生活空间中的跌倒风险②。二是社区适老化。在城镇老旧小区改造中,应尊重居民意愿,开展场所无障碍改造、消防设施改造、活动场地扩容等,支持社区养老设施配备康复辅助器具并给予专业指导,为老年人提供安全、舒适、便利的社区环境。三是社会设施适老化。在交通工具、公园绿地和广场设施建造中加大对老年人的包容性,切实解决老年人运用智能技术困难的数字鸿沟问题,提升全体人民在老年期的福祉共享程度。

满足老年人内在心理需要。鼓励现有社会组织如老年大学、老年活动中心、老年协会等开展心理健康需求调查,宣传心理健康知识,提供心理辅导、情绪疏解等心理健康服务,跟进心理健康变化,促进老年人心理健康。尤其为贫困、空巢、失能、失智、计划生育特殊家庭和高龄独居老年人,提供日常关怀和心理支持服务。

五、保障老龄健康体系的人才供给

(一)完善学科建设和职业培训体系

一是支持高等院校和职业院校开设健康促进相关专业,如老年基础医学、老年临床医学、老年预防医学、老年康复护理医学、老年心理医学、老年社会医学等,增加现代老年医学复合型人才供给。二是推进建设老年医学研究中心、老年疾病临床研究

---

① 原新等:《积极应对人口老龄化国家战略的时代背景与价值意蕴》,《老龄科学研究》2021 年第1 期。

② 原新等:《中国老龄社会:形态演变、问题特征与治理建构》,《中国特色社会主义研究》2020 年第1 期。

中心,推动老年医学学科基础研究,提高我国老年医学的科研水平和临床诊治水平。三是加大财政投入培养全科医生人才供应①,利用学校教育、岗位培训、继续教育等形式,提高家庭医生健康促进与教育必备知识和技能。四是强化职业培训,鼓励学校、医院、养老机构产学研联合培养,鼓励养老机构为有关院校教师实践和学生实习提供岗位,鼓励符合条件的养老机构举办养老服务类职业院校,建立培训机制,提高从业人员的技能水平,满足日益专业化、细分化、复杂化的老年健康需求。

(二)改进人才激励和资源配置机制

一是推动建立健全老年医学、康复、护理人员职业技能等级认定制度,激励从业人员提高技术能力与资质水平,保证较高的服务质量。二是提高老年健康促进相关从业者的收入和社会认可度,完善以技术技能价值激励为导向的薪酬分配体系,拓宽职业发展前景,提供收入提高渠道,尤其要留住年轻群体,减少人才流失。三是建设全国养老护理员信息和信用管理系统,支持有条件的地区制定入职补贴、积分落户、免费培训、定向培养和工龄补贴等优惠政策。四是改善机制,解决医护人员的职称评定、多点执业,医师外聘执业风险等问题,优化现有医护人员人力资源配置。

---

① 原新等:《中国医养结合模式治理的基点、焦点和要点》,《河海大学学报(哲学社会科学版)》2021 年第 2 期。

第八章　区域养老模式

党的十九届五中全会提出"实施积极应对人口老龄化战略"。大力推进发展适应我国国情的养老模式,是积极应对人口老龄化国家战略的重要实践。所谓养老模式是指为了满足老人多样化、多层次的养老需求,为其提供养老服务的各类形式①。在我国进入老龄化社会的 20 年中,伴随着人口老龄化和社会现代化的交织发展,我国的养老模式经历着剧烈变革。家庭养老功能弱化,社会养老功能不断拓展,社会养老模式多元化、多层次发展②。我国养老服务在取得一定成效的同时,也存在发展不充分、不平衡等问题,城乡、东中西区域差异明显,不同区域的养老服务模式处于不同的发展阶段,面临的问题也具有差异性。因此,探讨我国区域养老模式的变迁特点以及不同区域养老模式发展的制约因素,是积极推动养老服务发展的前提和关键。

养老模式的形成和发展是由社会经济发展决定的,是在人口、政策、经济、文化等因素综合影响下形成的。首先,对于城市尤其是大城市而言,进入老龄化社会较早,人口老龄化程度深,养老问题也最先暴露。同时,大城市的经济发展程度相对较高,有能力调动社会各界资源解决养老难题,大城市养老模式的发展更具前瞻性③。所以,本章将重点讨论大城市养老模式的变迁以及存在的问题,以期能在推动大城市养老服务发展的同时,也能为其他区域的养老服务发展提供借鉴。其次,我国农村地区总体上养老服务发展滞后。近年来,在政府大力支持和基层的不断创新下,农村养老

---

① 杜鹏:《回顾与展望:中国老年人养老方式研究》,团结出版社 2016 年版,第 2—6 页。
② 舒奋:《从家庭养老到社会养老:新中国 70 年农村养老方式变迁》,《浙江社会科学》2019 年第 6 期。
③ 根据《国务院关于调整城市规模划分标准的通知》,城区常住人口在 100 万以上、500 万以下的为大城市(其中,300 万以上、500 万以下的城市为Ⅰ型大城市,100 万以上、300 万以下的城市为Ⅱ型大城市),城区常住人口在 500 万以上、1000 万以下的为特大城市,城区常住人口在 1000 万以上的为超大城市。

服务模式开始多样化发展,并取得了一定的成效,但也存在一定的问题,需要进一步探索和解决。再次,养老模式的发展需要一定的经济基础。我国东中西部的资源禀赋差距大,各区域的经济发展水平存在明显差别,经济发展的不平衡也导致东中西部养老模式发展存在区域差异。

综上所述,为了更精准地把握当前我国不同区域养老模式的变迁特征和面临的问题,推进区域养老模式发展,我们将从大城市、农村以及东中西部等角度,分别梳理和分析养老模式发展中存在的问题,为进一步推动区域性养老服务发展提供借鉴。

第一节　大城市养老模式

我国大城市养老服务体系建设走在全国前列。随着时代的变迁,大城市养老服务模式也在发生适应性改变,服务模式逐步健全和完善;同时,社会的发展对养老服务也提出了更高的要求。

一、大城市养老模式的变迁

虽然不同城市的养老模式由于社会经济和人口老龄化发展阶段不同而有所差异,但总的来看,大城市养老模式呈现出一定的发展共性,整体发展趋势由"从无到有"向"从有到优"转变。

(一)养老资源从分散走向整合

2000 年进入老龄化社会以来,我国的老龄政策和制度相继出台,仅"十三五"期间就出台老龄相关政策 300 余项[①],推动了老龄事业发展和养老服务体系建设。而这种相对集中快速的老龄政策的出台,也不可避免地导致养老行业发展的无序化和服务资源的碎片化,各类服务供给之间缺乏有效的协调机制,服务资源利用和服务供给效率低。大数据时代的到来,为养老服务资源的整合带来了发展契机。部分大城市开始探索整合养老服务资源,通过建立协调管理机制,打通养老服务供给渠道,打造综合性养老服务平台。比如,上海市于 2014 年开始推行的综合为老服务中心,以及各地打造的"没有围墙的养老院",通过养老资源的共享和互通,集中社区居家与机构养老的优势,为老年人提供就近、便利和专业化的养老服务。

---

① 杜鹏等:《改革开放 40 年我国老龄化的社会治理——成就、问题与现代化路径》,《北京行政学院学报》2018 年第 6 期。

综合性养老服务平台以社区嵌入的形式，为老人社区居家养老提供服务。从目前的大城市养老服务发展经验来看，综合性养老服务平台以"互联网+"为技术手段，通过线上线下相结合的方式，将市场性养老服务资源与机构养老服务资源引入社区，延长养老服务链，推进居家、社区、机构融合发展，在提高资源利用率的同时，也能够满足老年人多样化的养老需求。

（二）服务供给从粗放走向精准

养老服务体系建设是从探索到逐步完善的过程。"十一五"期间，我国人口老龄化程度相对较低，老龄事业发展侧重养老保障体系建设，开始逐步探索养老服务；"十二五"期间，养老服务快速发展，以居家为基础、社区为依托、机构为补充的养老模式基本建立，但这个阶段的养老服务建设以增量为主。随着人口老龄化程度进一步提高，养老服务的供给结构矛盾也突显出来，逐步提升养老服务供给的精准化水平成为重要工程，上海、南京、北京等城市相继建立了地方性养老服务标准体系。所谓精准化发展包括 4 个方面：精准识别养老需求、精准供给养老服务、精准监管、精准提供支持。

首先，精准识别养老需求，需要采取制定相应的养老规范和服务标准、进行老年人口信息采集以及建立老年人健康档案等一系列措施。上海市是我国最早出台老年照护标准的城市，在 2013 年发布全国首个地方评估标准——《老年照护等级要求》；并在发展过程中不断动态调整，于 2018 年发布《上海市老年照护统一需求评估标准（试行）》。其次，养老服务的精准化供给以精准识别为基础，精准识别老年人的养老需求，实现需求与供给对接。比如，上海、南京等地推出的养老顾问制度，依托信息共享平台，在服务供给与老人需求之间架起桥梁，打破信息壁垒，为老年人选择养老服务提供智力支持，给出科学合理的养老建议。再次，精准化监管是精准识别和精准供给的保证。大城市的养老服务精准化监管，主要通过多部门联动、对养老服务和机构进行全程监管等措施来实现。上海是全国最先出台养老服务地方规范的城市，于 2009 年出台全国首个养老服务地方标准——《社区居家养老规范》。部分其他城市也有针对性地制定了养老机构等级评定体系、服务质量监测评价指标、服务机构信用评价体系等养老行业标准，促进养老服务质量提升。最后，精准提供支持即通过一定措施支持养老服务发展，根据精准化识别的结果，将老年人的养老需求分类，从而为政府的精准化支持提供依据。例如，北京出台《关于加强老年人分类保障的指导意见》，将老年人分为托底保障群体、困境保障群体、重点保障群体和一般保障群体，实施精准帮扶。

（三）医养模式从单一走向多元

2011 年,国务院办公厅发布的《社会养老服务体系建设规划(2011—2015 年)》与《社区服务体系建设规划(2011—2015 年)》均指出,要为老年人提供包含医疗卫生在内的服务项目。尽管当时还未明确提出"医养结合"这一理念,但政府已开始重视老年医疗健康服务的发展。2013 年,国务院发布的《关于加快发展养老服务业的若干意见》明确,将"正式推进医疗卫生与养老服务相结合"。此后,医养结合在全国快速发展,相继在部分城市展开试点工作。

自进行医养结合试点以来,各大城市发挥自身优势,以新模式、新技术、新产业为支撑,创新医养结合发展模式,拓展服务边界,形成了各具特色的医养结合服务模式,主要呈现出以下 3 个特点:其一,以持续照料为理念,为老年人提供一体化的医养服务。集医疗、康复、护理、养老、养生于一体,形成连续性的医养服务模式,不同健康状态的老年人可根据自身养老需求得到相应的照料。其二,以医联体形式带动社区的卫生服务能力,为不同需求的老年人提供高质量的医养结合服务。北京、上海、南京、西安等大城市率先探索医联体服务模式,通过建立分级诊疗和双向转诊制度,推进三级医院、二级医院以及社区医院之间的合作,促进资源合理利用。其三,以跨界融合为纽带,积极发展"医养+产业"。青岛等市出台相关政策创建医养结合示范区,发挥特色优势,鼓励发展医养结合+旅游、医养结合+文化、医养结合+老龄产品等服务模式,推动医养结合相关产业发展。

（四）养老模式走向品牌连锁化

长期以来,我国养老服务发展主要依赖于政府财政的支持。随着人口老龄化程度的加深,政府的养老负担也随之加重。为了优化养老服务发展环境、创新发展模式,2011 年后,我国逐步开展养老服务市场化改革工作。其中,民政部、国家发改委于 2013 年印发《关于开展养老服务业综合改革试点工作的通知》,提出"引导社会力量参与养老服务";2015 年,民政部、国家发改委、教育部等部委联合印发《关于鼓励民间资本参与养老服务业发展的实施意见》。此后,为了进一步推进养老服务市场化发展,出台了一系列配套性政策措施。比如 2013 年,多部委联合印发《关于加快推进养老服务业放管服改革的通知》,提出简政放权、调动社会力量的积极性;2016 年,国务院办公厅印发《关于全面放开养老服务市场提升养老服务质量的若干意见》,强调推进养老服务市场化、着力改善养老服务质量。

在相关政策推动下,北京、上海、南京、广州、深圳等城市率先全面放开养老服务市场。从目前的大城市养老服务模式发展现状来看,呈以下发展趋势:其一,引入

PPP养老模式,激发养老产业新动能。政府和社会资本合作,一方面可以激发市场活力,提升养老服务质量;另一方面,政府可以实现从全能型向引导者、监管者角色的转变。例如2010年,《深圳市社区居家养老服务设施方案》中明确提出,由市场根据老年人的需求提供服务,深圳市政府不再直接提供养老服务。其二,推动养老服务机构品牌化、连锁化运营。当前,养老服务市场化运作虽已初见成效,但布局分散,运营难度大,尚未形成规模效应。因此,部分大城市已开始探索养老服务机构的品牌化、连锁化发展,形成良性市场运营环境,在提升养老服务品质的同时,也能够提高自我发展能力。其三,拓宽养老服务消费领域,推动银发经济发展。通过促进老年照料、康复护理、老龄金融、老年用品、老年旅游、老年教育等老龄产业全方位发展,实现应对人口老龄化与推动社会经济发展相结合。

二、制约大城市养老模式发展的主要因素

(一)养老服务供给结构矛盾突出

大城市养老模式的发展结构矛盾主要表现在两个方面。一是空间布局的矛盾。养老服务设施不足和空置现象并存。由于大城市中心城区用地紧张,大部分养老机构分布在郊区;而中心城区人口密度相对较大,养老需求也相对较高。这就造成养老服务供给结构产生错位。二是老年人个性化养老需求与养老服务发展不充分之间的矛盾。大城市的社会经济发展程度整体较高,大部分老年人的购买力却仍然有限。目前,大城市养老服务发展呈现出高端养老服务产品供给有余、中端养老服务发展不足的形态,服务供给与需求之间存在错位。

(二)老年人的社会参与度有待提高

虽然近年来老年人社会参与的比例呈增长趋势,但当前我国大城市老年人的社会参与度仍然不高,有将近一半的老年人长期未参与任何社会活动。同时,老年人参与社会活动的内容比较单一,走亲访友是主要形式,其次为志愿活动和文娱活动[1]。老年人的社会参与度不高,一方面可能是因为自身社会参与意识较低,另一方面也可能是因为老年人具备的知识和技能同社会参与活动要求之间存在不匹配现象[2]。

(三)养老行业监管机制有待健全

养老服务社会化以后,我国养老服务机构从政府主办到政府和社会力量合办,服

---

①　李月等:《我国老年人社会参与:内涵、现状及挑战》,《人口与计划生育》2018年第11期。

②　谢立黎等:《积极老龄化视野下中国老年人社会参与模式及影响因素》,《人口研究》2019年第3期。

务主体和服务规模均发生了较大的变化,而养老服务监管体系仍相对滞后。我国养老服务的监管工作由民政部门负责,可养老服务业是一项系统工程,从行政审批到机构运营涉及多个部门,不同部门之间缺乏互联互通机制,容易产生监管职责的交叉和空白。另外,养老服务监管标准规范是监管的基础,而我国养老服务行业标准缺乏法律规定和统一的地方监管标准,监管方式和监管手段也相对落后,以信用为基础的监管体制尚未建立。此外,我国养老服务行业的公众监督作用不明显。目前,养老服务质量监管主要由政府相关部门从供给方的角度去考察,较少考虑老年人对养老服务质量的主观感受,而老年人对养老服务质量的信息反馈是提升养老服务质量的有效途径。

(四)养老产业发展还处于起步阶段

"十四五"规划和 2035 年远景目标纲要中提出,要"完善养老服务体系,推动养老事业和养老产业协同发展"。大城市的养老产业发展起步早,近年来也在积极探索养老产业发展模式,但整体上仍处于起步阶段。养老产业以养老服务业为主,老年人用品、老年教育等的发展相对滞后。养老产业能够为养老事业发展提供强大的驱动力,促进养老服务业发展。因此,应充分发挥大城市的社会经济发展优势,推动养老事业和养老产业协同发展,促进养老模式创新升级。

第二节 农村养老模式

2021 年,党中央、国务院在《关于全面推进乡村振兴加快农业农村现代化的意见》中,明确提出了农村养老服务的发展方向:"健全县乡村衔接的三级养老服务网络,推动村级幸福院、日间照料中心等养老服务设施建设,发展农村普惠型养老服务和互助性养老。"其中,"健全县乡村衔接的三级养老服务网络"具体是指:增强县级养老服务机构的专业照护服务能力,改革乡镇敬老院,拓展乡镇敬老院的服务功能,推动村级幸福院建设,发展互助养老服务模式。

一、农村养老模式的变迁

与大城市相比,农村养老服务处于从无到有的发展阶段,养老模式也相对单一。

(一)乡镇敬老院

敬老院是在农村五保制度基础上发展起来的。20 世纪 50 年代,为了实现对农村五保户的集中供养,在全国兴办了一批敬老院,实行公办制,由政府提供资金,为农村特困老年人提供兜底保障。随着人口老龄化的发展和社会养老服务体系的完善，为了提升养老服务水平，充分发挥农村敬老院在农村养老服务体系中的重要作用，2019 年，民政部、国家发改委、财政部联合印发《关于实施特困人员供养服务设施(敬老院)改造提升工程的意见》，要求针对敬老院的运营管理、服务设施、人员配置、安全管理等方面进行改造提升。

从全国农村敬老院的改革方向来看，主要有 4 个方面：一是转变发展定位，将敬老院打造为农村区域性养老服务中心。在原有乡镇敬老院的基础上升级改造，增强敬老院的辐射功能，既能为有需求的老人提供集中供养，也可以为周边老人提供日间照料、康复保健、精神慰藉等服务，逐步发展为综合性的养老服务机构。二是转变运营方式，推进敬老院市场化改革。通过政策引导和支持，调动市场资源，鼓励社会企业运营农村敬老院，以公建民营模式激发农村敬老院的市场活力。三是拓宽服务对象，从五保老人向社会老人拓展。我国农村敬老院在改革前仅针对农村五保老人。为了充分利用敬老院的资源，拓宽农村养老服务覆盖范围，农村敬老院的服务对象开始向社会老人拓展，但仍须优先保障五保老人的养老需求，条件允许的敬老院可以为有需求的社会老人提供服务。四是促进专业化建设，提升农村敬老院的服务质量。服务质量是保证敬老院可持续发展的基础，因此，推进敬老院的管理标准化、服务专业化以及医养结合建设，是"十四五"时期我国农村敬老院发展的重点。

(二)互助养老应运而生

如上文所述，农村敬老院主要针对的是农村五保老人。农村其他老年人主要依赖于家庭养老，但受人地流迁等因素的冲击，传统的家庭养老功能减弱。不少农村老年人无人照料，养老问题突出，互助性社会养老便在此背景下应运而生。互助养老与农村社会养老服务体系发展不足和农村老年人日益提高的养老需求相适应，与传统乡土特色文化相协调，符合中国农村发展实际，是地方探索实践和逐步制度创新中发展起来的、积极应对中国农村养老问题的养老模式①。

从全国农村互助养老的发展现状来看，基本以政府自上而下的统筹管理为主，政府的参与也是农村互助养老得以持续发展的重要保证。随着互助养老在我国农村地区全面推广，明晰互助养老的发展定位非常重要。我们认为：其一，互助养老是对当前农村养老服务的有效补充。互助养老投入成本低、操作性强，符合农村老年人居家养老的需求，是对目前农村家庭照料功能弱化以及社会养老服务体系不健全的有效

① 刘妮娜：《积极构建农村互助型社会养老服务体系》，《中国社会科学报》2020 年 5 月 27 日。

补充。同时,互助养老仍然以政府为主导,这使得政府的养老作为在农村得以延展,政府的介入也为互助养老提供了制度化指导和资源补充。其二,互助养老是农村社会养老服务的一种过渡形式。就当前的实践现状来看,互助养老服务只在部分农村地区开展,且主要针对的是有一定自理能力的老年人,服务内容也仅限于简单的生活照料及精神慰藉。对于互助养老没有覆盖的农村地区以及失能失智、生活无人照料的老年人,养老问题仍然存在。互助养老的诸多局限性,根源在于互助养老方式起源于民间,制度化程度低,不够规范,是农村社会养老服务不足的产物。所以,农村互助养老具有阶段性特征,最终会向规范化和专业化的社会养老服务过渡。其三,社会养老服务不会完全替代互助养老。我国农村现行互助养老形式并不是互助养老的终极形态。不同于其他养老方式的是,农村互助养老能够发挥老年人的主观能动性,管理者和组织者一般由村里老年人民主选举决定,服务人员主要来自低龄、健康的老年人,能为不同年龄以及不同健康状况的老年人提供有尊严、有意义的晚年生活。因此,我们认为,尽管未来社会养老服务将走向城乡一体化,但互助养老中的互助理念将会延续,互助养老体现出的老有所为及人文关怀功能不会被替代①。

可见,在目前农村普惠性社会养老服务体系相对落后的情况下,互助养老是农村养老服务的前沿阵地,需要进一步完善和推进。其一,需要明确政府的职责。政府应承担引导者和监管者的角色,避免对于其他养老主体的过强干预,合理放权,赋予村民自我组织、自我决定、自我服务的能力,确定互助养老中村民自身的主体性地位。其二,鼓励多元参与,培育社会组织。积极培育同当前农村互助养老发展相适应的老年协会、社会工作服务中心等社会组织,充分利用农村资源,使其成为推动互助养老发展的中坚力量。其三,因地制宜,探索互助养老新形式。不同的农村互助养老形式具有自身的优势,适用于不同经济发展程度、不同老年人特点的农村地区。比如,河北省荷花公益基金会的"妇老乡亲"养老模式,利用农村的妇女和低龄老年人等人力资源为老年人提供服务;宁夏、河北、山东等地探索的"以地养老"模式,将土地承包经营权进行流转,用流转收入为养老提供资金支持。

(三)依托敬老院,拓展农村老年人照护服务

2019 年,民政部《关于进一步扩大养老服务供给,促进养老服务消费的实施意见》中提出,在 2022 年底前,每个县至少建立一个以农村特困失能、残疾老年人专业

---

① 杜鹏等:《政府治理与村民自治下的中国农村互助养老》,《中国农业大学学报(社会科学版)》2019 年第 3 期。

照护服务为主的县级层面农村特困人员供养服务设施。在国家层面政策的大力支持和推动下,地方政府积极响应,出台相关措施和制度推动农村敬老院改革,打造县级具有专业照护功能的农村集中供养机构,为农村特困失能失智老年人提供服务保障。县级专业照护养老机构在原有特困人员集中供养机构或农村敬老院的基础上改造而成,重点收纳农村五保家庭需要照护的人员。但是,受传统文化观念以及经济条件等多种因素影响,我国整体上选择入住照护机构的农村特困失能老年人的比例相对较低,大部分家庭困难的失能老年人更愿意选择在家养老,由家庭成员为其提供照料。

同时,农村老年照护机构的照护能力有限。农村医疗资源匮乏,社会和家庭的经济能力相对有限,医疗卫生条件相对较低,严重影响了农村专业照护机构的照护质量。为了增强县级养老机构的专业照护能力,可以从 4 个方面着手:其一,需要聚焦农村高龄、失能失智老年人的照护需求。这部分老年人的照护需求是刚性的,需要专业的照护机构和设施为其提供相应服务。其二,根据照护需求,科学规划,建设针对失能失智老年人的、以专业照护为主的服务设施。其三,鼓励社会资本加入,放开养老服务市场,采取公建民营或民办民营的方式,激发养老服务的市场活力。其四,进一步健全和完善县级医疗资源与老年照护机构的合作机制,促进县级医疗资源下沉,不断提高老年照护机构的专业性和照护能力。

二、制约农村养老模式发展的主要因素

(一)农村对养老服务的投入能力有限

养老问题本质上是一个经济问题,养老模式的变迁与社会经济发展密切相关。传统农业社会的基本特点是小农经济,家庭是社会的基本生产单位,家庭人力资源与生产力呈正相关。因此,家庭以多生子女来提高家庭生产力,老年人的赡养责任也由家庭成员来承担。随着社会工业化发展,对劳动力的需求大大增加,越来越多的劳动力开始向城市转移。农村青年劳动人口的流出,加深了农村的人口老龄化程度,传统家庭养老模式难以为继。与此同时,人力资源流失也进一步影响农村社会经济的发展,进而影响农村地区对养老服务的财政投入。养老服务和设施供给不足,影响了养老服务的供给质量。

(二)农村医养结合服务供给矛盾突出

医疗卫生服务是刚需服务。与生活照料类养老服务相比,老年人对医疗健康服务的需求更为迫切。当前,农村的医养结合发展面临着多重困境。在制度方面,发展医养结合需要保证医疗机构能够被纳入医保报销范围,但目前农村能够纳入医保定

点机构的医疗资源有限,这将增加农村居民就医的经济负担。在医疗资源方面,农村老年人因身体素质较差、慢性病患病率高等原因,对医疗卫生服务的需求大,但农村医疗卫生条件本身发展相对滞后,乡镇基层医疗服务功能发挥不足,医务人员配置缺乏,医疗条件有限,客观上导致农村地区缺乏医养结合服务发展的资源条件。

(三)农村老年人群体对于养老的认知有限

农村老年人普遍受教育程度偏低,个人收入水平不高,农村养老保险的保障能力有限,多数农村老年人对机构养老的意愿不强[1]。同时,农村的养老观念虽然在慢慢改变,相对低龄的农村老年人对子女养老的期望值有所降低,但是,高龄农村老年人仍倾向于养儿防老[2]。而且,这种传统养老观念不仅表现在老年人身上,其子女也受制于社会舆论压力,对机构养老的选择意愿低,甚至存在一定抵触心理。因而,农村养老服务发展面临着供给不足和有供无求的双重困境。

(四)农村居住分散,增加了养老服务供给难度

我国农村地区大多地广人稀,尤其是偏远地区的农村多坐落于山区,村民居住分散,人口密度相对较低,增加了养老服务供给难度。一方面,居住地相对分散使得居家养老服务的辐射范围有限,会造成一定的资源浪费,也会加大养老服务供给的成本。因此,对于农村地区,应结合不同农村地区的发展特点和环境因素,创新服务模式。另一方面,分布相对分散的村落也是社会经济等各方面更为落后的地区,留守、孤寡老人居多,老人和家庭的经济状况较差,养老观念大多处在养儿防老的传统养老观念阶段,这也是造成养老服务开展难度大的重要因素之一。

第三节 东中西部养老服务

东中西部人口老龄化程度和社会经济发展水平的区域性差异,也造成了我国东中西部在老龄政策制度建设、养老服务发展等方面的差异。

一、东中西部养老服务变迁的特征

(一)东中部的老龄政策发展更快,政策创新引领全国

党的十八大以来,积极应对人口老龄化已在全社会达成共识。涉及老年人的法

① 陆杰华等:《农村养老面临的困境及解决路径》,《中国国情国力》2020 年第 1 期。
② 安瑞霞:《中国农村老年人养老责任认知的影响因素分析》,《调研世界》2018 年第 9 期。

律法规体系初步建立。东中部地区率先出台地方性法规条例,老年福利补贴制度逐步建立健全,医养结合与长期护理保险制度试点逐步推进,政策制度领域逐步拓展,注重标准体系建设,可操作化程度大幅提升,顶层设计也更加成熟。

在老龄法规方面,近年来,全国各省市积极配合。截止到 2018 年,相继有 21 个省市完成了对老年人权益保障法配套法规的修订,江苏、山东、广东、浙江等省市制定了地方性养老服务条例;2015 年,北京市率先出台了《居家养老服务条例》;此后,上海、浙江、江苏、河北、安徽、吉林、陕西、湖北等省市纷纷制定了居家养老服务地方性法规。地方法规、条例的出台在很大程度上推进了老年人权益保障法在地方的实施,同时,也丰富和完善了我国老龄政策法规体系。

在养老服务政策方面,例如养老服务规范、标准化建设、长期护理保险制度、评估体系建设、老龄产业等,东中部各省市的政策发展始终走在全国前列。比如,上海的标准化建设领先全国;同时,上海也是首创养老服务顾问制度的城市,为老年人提供更加专业和个性化的养老服务。北京、天津、山东、广东等省市也先后出台了养老机构服务细化标准,推进标准化建设。山东、北京、上海、江苏等省市的长期护理保险制度发展更快。这些省市也出台了老年人能力评估标准,其中,上海是全国首个出台地方标准——《老年照护等级评估要求》的城市。

(二)东中西部资源禀赋的差异影响其养老服务发展

从资源禀赋的角度看,养老服务的发展进程与地区资源禀赋呈正比,即社会经济资源越丰富,养老服务发展也相对更为完善。

其一,社会经济发展水平高的东部地区,基本公共服务设施更健全,能够为养老服务发展提供强大助力。养老服务是一项系统工程,养老服务发展需要有相应的配套服务资源。例如,东部地区具有更优质的医疗卫生资源,在医养结合与长期护理服务方面更有发展优势。

其二,社会养老服务发展不仅有赖于政策制度的支持和引导,也需要社会组织、慈善机构、民间资本等社会主体的参与。我国东部地区社会经济发展水平高,地区生产总值和人均收入均处于全国领先地位,能够为养老服务业发展提供强有力的经济支撑。随着政府全面放开养老服务市场,民间资本力量的介入为养老服务业发展注入了新的市场活力。

其三,中西部地区具有明显的劳动力成本优势。养老服务业属于劳动密集型行业,人力资源是制约其发展的重要因素。与东部地区相比,中西部地区虽然社会经济发展水平较低,但人力成本低。政府可以充分利用这一优势,建立相应的人员培训制度,提高从业人员的专业性,在一定程度上缓解养老服务人力资源问题。

(三)东中西部老龄产业发展表现出区域异质性

我国东中西部的产业基础和结构性差异,也导致老龄产业发展出现差异性。

其一,老龄产业在东中西部地区间存在不平衡。总体上,西部地区老龄产业规模和发展程度均落后于东中部地区。

其二,老龄产业市场的发展潜力存在区域差异。老年人口的可支配收入,在一定程度上体现了他们的购买能力。研究显示,东部地区老年人的可支配收入较高,西部地区老年人的可支配收入较低。在 2014 年,江苏地区的老年人可支配收入总额最高,达到 2609 亿元;西藏地区的老年人可支配收入总额最低,为 19 亿元[①]。可以看出,我国老龄产业市场的发展潜力存在很大的区域差异。同时,老龄产业市场的发展潜力与人口老龄化程度没有必然联系。考察老龄产业市场的发展潜力,需要综合考虑老年人收入水平、老年人口规模及其消费观念等因素。

其三,老龄产业类型存在一定区域差异。我国的老龄产业,涉及老年服务业、老年教育、老龄金融、养老地产、老年医护保健、老年文化旅游等多个行业。其中,老年服务业、老年教育、养老地产等主要集中于东中部地区。目前,东中部地区的民办养老机构已成为养老服务业的重要力量;老年教育在政府和社会力量的共同推动下,取得了较大发展;养老地产产品主要有老年社区项目和老年公寓,如北京的太阳城、上海的亲和源、昆山的孝贤坊等。此外,随着老年人收入水平的提高、消费观念的转变,旅游资源相对丰富的中西部城市,借助自身旅游产业优势,推动"银发游""养生游"等老龄产业发展,在为老年人提供服务的同时,也能带动当地经济发展。

二、影响东中西部养老服务差异化发展的主要因素

(一)社会经济发展程度存在差异

社会经济与养老服务发展密切相关。改革开放以来,东部沿海地区作为资源输入地,率先基本实现现代化;而中西部地区尤其是西部地区作为资源输出地,牺牲了一定的发展机会。在这一时期,东中西部的发展差距逐步扩大。2000 年开始实施西部大开发战略,2005 年实施中部崛起战略,有力促进了中西部地区社会经济发展,但与东部地区相比仍存在较大差距。"十三五"期间,随着东部地区经济发展转型升级,区域发展差距进一步扩大。西部地区在人才集聚、产业结构、技术创新以及社会

---

① 张丹萍等:《中国区域老龄产业市场潜力测算与分析》,《老龄科学研究》2016 年第 4 期。

发展环境等方面,均远远落后于东部地区①。这种区域社会经济发展上的失衡,造成了我国养老服务发展的差异。

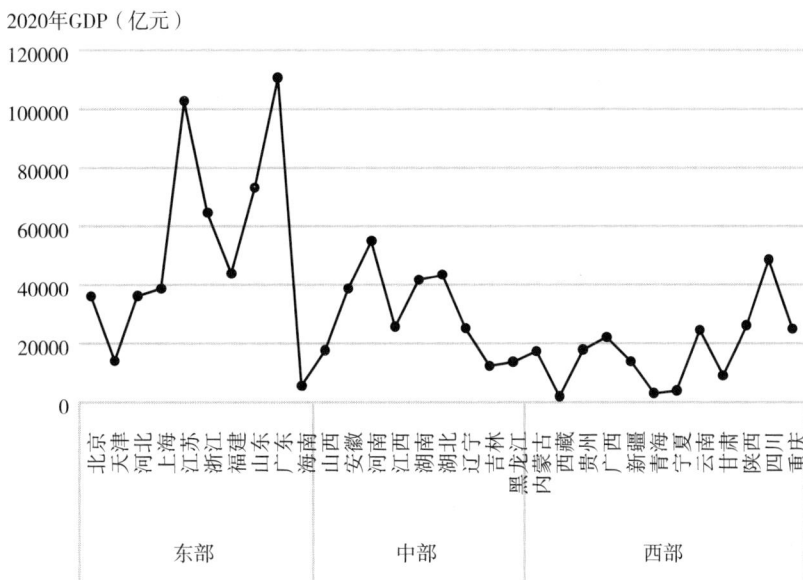

图 8—1 2020 年东中西部地区生产总值

资料来源:图中数据来自各地统计局网站。

(二)东中西部的人口老龄化程度存在差异

我国的人口老龄化程度与地区经济发展水平具有一致性,人口老龄化程度自西向东呈阶梯式上升,区域差距较大②。一方面,我国的区域社会经济发展程度和医疗卫生水平差异巨大,生育率与死亡率下降的幅度、速度不一,人口转变的起止时间有别、过程有异,使得人口老龄化水平呈现明显的区域不平衡性。另一方面,人口流动也是影响东中西部人口老龄化差异的重要因素。我国东中西部地区的资源配置和经济发展不均衡,是我国大规模的、具有明显方向偏好性和年龄选择性人口流动的重要原因,中西部的劳动年龄人口向东部经济发展好的大城市流动。这种具有方向性的人口流动,势必会加重中西部地区的人口老龄化程度。

---

① 陈晓东:《构建区域经济发展新格局的若干重大问题》,《区域经济评论》2021 年第 4 期。

② 陆杰华等:《人口年龄结构变迁:主要特点、多重影响及其应对策略》,《青年探索》2021 年第 4 期。

65岁及以上人口占总人口比重%

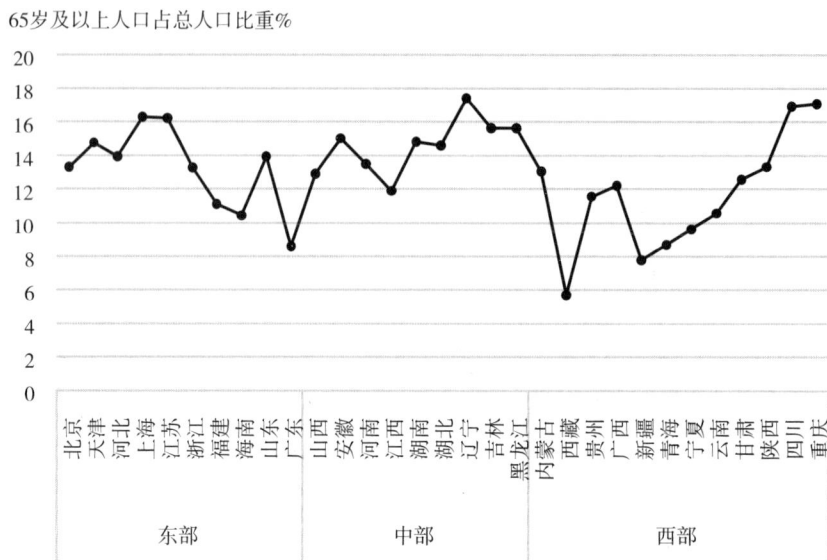

图8—2　第七次全国人口普查数据反映的各省份人口老龄化程度

资料来源：陆杰华等：《人口年龄结构变迁：主要特点、多重影响及其应对策略》，《青年探索》2021 年第 4 期。

第四节　区域养老典型模式介绍

养老服务协同发展是我国区域一体化发展的重要领域。目前，我国部分城市群已开展区域养老一体化试点，探索跨区域养老资源共享和协调机制。本节重点介绍京津冀、长三角和川渝地区的区域养老协同发展模式。

一、京津冀养老服务协同发展

2015 年，《京津冀协同发展规划纲要》出台后，三地民政部门联合出台《京津冀民政事业协同发展合作框架协议》，提出京津冀三地在养老服务、社会保障制度、社会救助制度等 10 个领域开展合作，并于 2016 年 6 月签署了《京津冀养老工作协同发展合作协议（2016—2020 年）》；同年 9 月，印发了《京津冀养老服务协同发展试点方案》，确定天津武清区养老护理中心、河北高碑店养老项目、河北三河燕达金色年华健康养护中心 3 家机构为养老服务协同发展试点机构。这 3 家试点机构收住京津冀三地户籍老人。入住老人除了可以享受当地的民政养老补贴外，还可以叠加享受老人户籍所在地的床位运营补贴。京籍老人可以使用北京通—养老助残卡消费，并每月享受 100 元的交通补贴。

随着京津冀区域协同发展进程的加快,养老服务协同发展试点机构也在进一步扩增。2017年,增加了6家养老机构作为协同发展试点机构。2017年发布的《京津冀区域养老服务协同发展实施方案》中,将赤峰市和乌兰察布市纳入协同发展区域。京津冀蒙四地通过政府购买、经验交流、品牌共享、标准互通等方式,推动区域养老服务水平整体提升。为了打通养老服务跨区域发展的制度障碍,加快建立区域统一的养老服务质量标准和评价体系,相关政策制度也在逐步健全和完善。2021年,北京、天津、河北、内蒙古的民政部门联合发布了《关于推进京津冀蒙协同发展区域养老机构等级评定等相关标准互认工作的通知》,提出养老机构等级评定、老年人能力综合评估、养老服务业诚信评价以及其他养老服务标准可在协商确认后,实现跨区域互通互认,统筹规划建设养老服务片区。同时,养老服务协同发展也推动了由基本养老服务衍生出的养老产业协同,引导北京、天津的社会资本向河北、赤峰和乌兰察布的养老服务领域流动,发挥不同区域各自的优势,形成多元养老服务模式。

总的来看,京津冀养老服务一体化发展呈"外迁协作"模式①。北京的政策制度和经济发展优势向天津及河北等地辐射。而北京的养老机构床位供不应求,养老成本高。通过京津冀以及内蒙古之间的合作,有利于缓解北京的养老压力,同时也能为天津、河北、内蒙古的养老服务领域带来新的发展机遇。

二、长三角养老服务一体化发展

2016年,国务院常务会议通过《长江三角洲城市群发展规划》。2018年,长三角一体化发展上升为国家战略,并发布《长三角地区一体化发展三年行动计划(2018—2020年)》,提出将养老服务一体化作为长三角一体化发展的重要任务之一。为了激发长三角地区的养老市场活力,促进养老服务资源共享,2018年,上海、江苏、浙江、安徽四地签署《长三角区域养老合作与发展上海共识》。2019年,四地民政部门签署《深化长三角区域养老合作与发展合肥备忘录》,以加强三省一市养老机构的统一管理,统筹规划养老服务产业布局,并建立统一的养老机构诚信系统和"黑名单"制度,通过护理培训协作、护理员评价标准互认、统一的养老服务标准等制度措施,推进养老人才和服务资源跨区域流动。2021年,《上海市民政事业发展"十四五"规划》再次强调必须深化长三角养老服务合作,加强养老产业规划协同和项目协调,提升区域

---

① 周卫:《成渝地区双城经济圈养老服务协同发展研究——基于京津冀、长三角、粤港澳城市群的比较视角》,《重庆行政》2020年第21期。

养老产业的整体竞争力。

长三角养老服务一体化发展以来,取得了一定的发展成果。2020 年,已有 20 个城市的 57 家养老机构加入首批长三角养老一体化试点。为了进一步推进跨区域养老协调发展,长三角地区建立了区域协商协作机制,并成立了上海长三角区域养老服务促进中心,打通政府、行业、老人之间的养老服务信息沟通和协调渠道,促进长三角地区养老服务规范化、标准化建设。此外,充分利用技术资源优势,将大数据、云计算等信息技术与基层治理相结合,打造智慧社区、社区云等基层政务信息平台,为推动跨区域养老服务和产业协同发展提供重要桥梁。其中,上海市依托养老服务线上平台,开通了长三角频道,服务信息包含长三角各区域的养老政策、行业动态以及服务资源等内容。

与京津冀"外迁协作"模式相比,长三角养老服务呈"融合型"发展模式。长三角不同地区的养老服务发展各具特色和优势,通过人才、服务资源和服务方式等方面的融合,为长三角养老的一体化发展奠定了基础。

三、川渝地区养老服务协同发展

2020 年,中央财经委员会会议作出推动成渝地区双城经济圈建设的决策。随着川渝经济圈建设加速推进,两地的经济联系更加紧密,人员流动日益加强,两地异地养老需求也不断增大。2020 年 4 月,川渝两地民政部门牵头签署了《川渝民政合作框架协议》,确定了《川渝养老工作协同发展合作协议 2020 年实施计划》,积极推进两地养老服务协同发展。

目前,成都和重庆两市已率先建立了养老服务成渝联席会议制度,促进形成两地养老服务顶层设计方案,并取得了一定的发展成效。其一,推进形成成渝两地养老机构和医保制度衔接机制。2020 年,四川省人社厅与重庆市人社局签订了《共同推动成渝地区双城经济圈建设川渝人力资源和社会保障合作协议》,提出将逐步形成社保服务两地通办机制,对专业人才等级评定予以互认,推进两地人力资源的合理高效流动,为养老服务一体化发展奠定基础。其二,支持养老服务与旅游、教育、养生、金融等行业融合发展,创新养老服务业态。其三,推动监管互联互通,实行养老服务"黑白名单"制度。借助智慧养老大数据平台,通过"线上"和"线下"相结合的方式,对两地养老机构进行监管。其四,注重养老服务行业协会建设,形成行政监管为主、行业协会监管为辅的养老服务监管机制。如今,已在重庆西部科学城建立了西部养老协会。该协会由成渝两地民政部门牵头、两地养老机构参与,推动形成成渝地区养老服务机构行业管理机制和机构互认机制。

与京津冀、长三角地区相比,川渝地区养老服务协同发展还处于起步阶段,协同发展机制相对落后。川渝地区具备优良的养老生态环境,在借鉴京津冀、长三角等区域养老服务协同发展经验的同时,可因地制宜打造川渝特色养老服务模式。

第五节　推动区域性养老服务发展的方向和重点

一、大城市养老服务发展方向和重点

(一)以提质增效为主要发展方向

大城市养老模式发展已从增量为主走向了提质为主的阶段,在下一阶段,应继续以提质增效为重点发展方向。合理布局养老服务,坚持以人为本,养老服务发展应与社会发展水平相适应,丰富养老服务供给途径和供给内容,重视老年人的社会参与,提供老年人社会参与渠道,并为老年人提供多样化、多层次的养老服务。同时,加强养老服务标准化建设,健全标准体系和监管体制机制,推进大城市养老事业和养老产业协同发展。

(二)推进大城市养老服务发展的重点

1. 提升法治化能力,提高政策效力和行动效率

尽快完善老年人权益保障法的相关配套法律法规,进一步完善老年照护法、老年就业法等相关法律制度建设;各地应尽快制定养老服务发展条例,推进标准体系建设,使各级部门在养老服务建设中有规可循;另外,需要理顺涉老政策制度和法规,减弱制度碎片化、重叠以及无序等情况对老龄社会治理能力和治理效率的影响。

2. 创新监管机制,促进部门协调配合

首先,在监管主体方面,明确政府的主导作用和监管职责,明确各部门的监管事项、流程,建立部门之间的协调机制,各司其职,并加强部门之间的配合;其次,规范监管和服务标准体系建设,实现标准互通互认,避免执行过程中的重叠、交叉和遗漏等问题;最后,借助互联网技术,推进智能化监管,注重养老服务领域数据的采集和数据库建设,在政务和养老服务业实现数据资源共享,推动养老服务综合信息平台建设,开展综合监管。

3. 激发市场活力,提升养老服务质量

养老服务既是民生事业,也是具有巨大发展潜力的朝阳事业。开发养老服务市

场有利于整合社会各界力量,提升养老服务质量,提高养老产品的有效供给。近年来,各大城市的养老产业发展速度快,规模不断扩大,但仍然面临着结构不合理、市场活力无法释放等问题。老龄产业投入大,回报期长,需要政府给予一定支持,优化养老服务市场环境,进一步落实扶持政策,降低准入门槛,创新服务管理,精简行政审批环节,积极鼓励和引导社会资本进入老龄领域;同时,也需要发挥市场的主观能动性,形成良性竞争机制,促进服务质量提升。

4. 开发老年人力资源,注重老年人社会参与

《中华人民共和国老年人权益保障法》中提到:"国家和社会应当重视、珍惜老年人的知识、技能、经验和优良品德,发挥老年人的专长和作用,保障老年人参与经济、政治、文化和社会生活。"我国拥有世界上最大规模的老年人口,需要转变传统的发展观念,提升老年人口发展质量,充分重视老年人群体在养老以及社会经济发展中的作用。随着预期寿命不断延长,越来越多的有一定知识、技能和经验的老年人群体有意愿继续参与社会建设,为社会的发展作出贡献。因此,积极开发老年人力资源,对于我国缓解人口老龄化压力、提高人力资本整体水平、促进社会经济发展,具有重要的意义。此外,应根据区域、城乡发展的差异性,因地制宜,积极为老年人创造条件,搭建社会参与平台,比如鼓励建立老年大学、开展互助养老、组建老年志愿服务组织等,积极引导有能力、有意愿的老年人参与社会,实现自身价值。

二、农村养老服务发展方向和重点

(一)以推进基本养老服务体系建设为主要发展方向

与大城市相比,农村养老服务处于增量阶段。养老服务建设离不开社会经济的整体发展①。农村养老服务发展,应与乡村振兴相结合,积极探索农村社会经济发展模式,以产业振兴为基础,带动农村社会养老服务业的发展,打造县、乡、村一体化,综合连续的农村基本养老服务体系②。其中,在养老机构方面,依托农村现有养老资源,促进乡镇敬老院改革项目,提升乡镇敬老院服务的规范化程度,在兜底保障的基础上进一步拓展敬老院服务对象;并以敬老院为依托,发展农村社区居家服务,为老人提供上门服务,扩大服务辐射范围。另外,继续推广农村互助养老,完善农村互助养老服务制度体系,加强扶持和引导,充分利用农村闲置养老资源,创新服务模式,尝

---

① 陈其芳等:《中国农村养老模式的演变逻辑与发展趋势》,《湘潭大学学报(哲学社会科学版)》2016 年第 4 期。

② 原新等:《农村"整合式—网格化"养老模式探索研究》,《河北学刊》2019 年第 4 期。

试通过抵偿或与农村产业相结合的形式,激活互助养老内生动力,发展符合当前农村发展阶段的服务模式。

(二)推进农村养老服务发展的重点

1. 加大对农村养老的投入,加强普惠性社会养老服务建设

农村养老服务建设应坚持城乡统筹原则,实现公共服务均等化发展。首先,强化政府兜底保障职责,在现有农村养老保险、医疗保险以及社会救助制度等的基础上,尽快推进和完善农村高龄老人津贴、失能护理补贴等福利制度,为老年人提供多层次的经济保障。其次,加大对农村公共服务设施建设的投入,扩大农村养老服务覆盖范围,重点加强农村居家养老服务标准化建设,提升服务质量。最后,如前文所述,养老本质上是一个经济问题,因而,努力推动农村经济发展,是农村社会养老服务发展的基础。通过制定相应优惠政策,鼓励乡村企业发展,吸引青年劳动力回流,提高农村经济发展水平,是增强农村养老经济能力的关键。

2. 医疗资源下沉,完善农村医养结合制度

整合医疗资源,推动市、县医疗资源向乡、村下沉,是推动农村医养结合发展的前提。积极探索建立市、县、乡(镇)、村4级医联体,加强县级和乡镇医疗机构能力建设,改善医疗设备设施,与市级医院建立培训合作机制,通过对口帮扶,提供技术支持和人员培训支持,并通过分级诊疗等制度,实现医疗资源在纵向整合。同时,完善乡村养老服务机构与医疗资源的合作机制,建立绿色就医通道,为老年人提供便捷、专业的医疗卫生服务。

3. 继续推进互助养老,形成农村居家养老服务网络

互助养老是当前农村居家养老服务的重要形式,具有小规模、低成本、易开展等发展优势,符合农村居住分散、经济水平低的阶段性特征。互助养老服务模式的推进,需要完善服务制度体系,建立长效管理机制。一是合理规划,利用农村闲置资源,结合村居人口规模和特点统筹建设,避免造成资源浪费,以县级示范点或乡镇示范点的形式突出重点,逐步覆盖全体村民;二是制定互助养老建设标准和服务规范,完善互助养老设施,拓展服务功能,注重服务的规范化和质量的提升;三是建立政府、村集体、老年人以及社会力量共同支持的多元筹资渠道,为互助养老提供资金保障。

4. 培育社会组织,发挥社会力量的作用

培育社会组织有助于加强社会治理体系建设,推动社会治理重心下移,形成共建共享共治的社会治理格局。积极鼓励和引导社会组织参与社会养老服务,探索土地供应政策,完善税收优惠政策,多渠道吸引更多民间资本,为社会组织参与社会养老

提供政策支持和制度保障。此外,志愿组织作为社会组织中的重要力量,需要构建志愿者组织管理体系,制定志愿者招募机制、注册制度以及相关保障机制,进一步规范对志愿者的管理,形成市、区、街道、社区(村)各级志愿者服务网络。

三、东中西部养老服务发展方向和重点

(一)以推进区域协同养老为主要发展方向

养老服务作为社会发展的重要方面,推进区域性养老服务协调发展,促进区域养老平衡、充分发展是实现区域协调发展的重要因素之一。区域协调发展能够促进区域间资源的共享,实现优势互补,并推动基本公共服务均衡化发展。因此,区域协调发展将会给养老服务带来新的发展机遇,促进区域养老服务平衡发展。

(二)推进区域协同养老发展的重点

1. 健全政策法规,推进区域性老龄政策系统性发展

在区域人口老龄化以及社会经济发展差异化背景下,应加强老龄科学研究,做好老龄政策制度的顶层设计和系统性安排。坚持依法治理,推进养老服务社会保障制度建设和养老服务基本法律建设,形成系统性的老年相关基本法律制度,运用法治思维和法治手段理顺养老服务市场关系,让养老服务体系的运行有法可依、有章可循。

具体来说,国家层面进一步推进社会保障制度的顶层设计,逐步提高社会保障的统筹层次;省级部门根据各省份不同发展程度以及城乡发展差异,完善适合本省的社会保障政策和相关法律法规,完善养老保险以及医疗保险的异地结算制度,着力推进老年人社会参与制度和宜居环境建设,减少不同省、市、区、县之间的政策差异,避免区域流动造成的管理或者政策障碍。

2. 加强配套制度建设,实现统筹发展

区域协调发展是未来我国城镇化发展的主要形态。在养老领域,区域一体化发展能够有效整合养老资源,实现优势互补,提高养老资源的配置效率。我国的京津冀、长三角、粤港澳大湾区已经在探索和实践区域协同养老,为了更有效地实现跨区域养老合作,应在发展规划、服务标准、政策支持等方面实现协同[①]。

其一,互联互通,实现发展统筹。跨区域统筹养老服务发展规划,需要健全区域养老协调和管理机制,根据区域内不同城市的人口老龄化形势和城市发展特征,科学设计和规划养老服务设施。同时,构建区域性养老服务信息平台,通过信息共享,实

① 朱勤皓:《关于大城市养老服务的几点思考》,《中国社会报》2019 年 6 月 3 日。

现对养老服务机构跨区域监管。

其二,政策联动,实现标准统筹。区域间养老服务合作需要政策上的衔接,比如医疗保险制度、长期护理保险制度、养老津贴补贴制度的异地结算,以及在养老服务机构建设、机构运行、机构评估、照护等级评估等方面标准的互通互认,实现养老服务政策跨区域通关。

第九章　养老服务人才队伍建设

养老服务人才队伍建设已经被提到国家发展战略的高度。老龄社会是人类社会的新形态。我国进入老龄化社会 20 年来,经济社会发展受到的最大影响,是劳动力供给总量的持续萎缩和养老负担的快速增加。在过去 20 年里,我国劳动力人口开始减少,我国经济长期高速发展所依赖的人口红利逐渐减弱,人口老龄化程度加剧。与此同时,我国劳动力素质大幅度提升,迎来人才红利期,人口红利正在向人才红利转变。2000 年,国家提出实施人才战略,明确了以人才红利取代人口红利的战略构想。2003 年,中央召开第一次全国人才工作会议,作出实施人才强国战略的重大部署,2010 年,中央出台了《国家中长期人才发展规划纲要(2010—2020 年)》,首次把社会工作者队伍和技能人才队伍纳入国家人才优先发展的内容。在这个大背景下,我国养老服务人才队伍建设进入了大规模、高质量发展的新阶段。党的十九届五中全会通过的《中共中央关于制定国民经济和社会发展第十四个五年规划和二〇三五年远景目标的建议》,提出"实施积极应对人口老龄化国家战略"。养老服务人才队伍建设是人才强国战略和积极应对人口老龄化国家战略的重要一环、搭建养老服务体系的"四梁八柱"之一,必须建设一支职业化、专业化、智能化、社会化的养老服务人才队伍。本章对近 20 年来我国养老服务人才队伍建设的主要成就、新时代面临的问题与挑战、未来养老服务人才发展的形势与任务这 3 个方面,加以总结、分析和展望。

第一节　我国养老服务人才队伍建设的主要成就

在探索中国特色积极应对人口老龄化的进程中,养老服务人才队伍建设始终是关注的重点。国家的政策支持力度持续加强,全社会对养老服务人才队伍建设的认识不断深化,养老服务人才培养方式和培育机制不断创新,养老服务人才使用评价和激励保障机制不断完善,"银龄"人才发展得到党和政府的高度重视,我国养老服务人才队伍建设取得了显著成就,为"十四五"和未来更长时期建设高质量养老服务人才队伍奠定了坚实基础。

一、国家对养老服务人才的政策支持力度持续加强

近 20 年来,所有关于养老服务的政策文件,都把人才问题放在重要的位置,并在 2011 年、2014 年和 2020 年 3 次出台专门文件①。从发文主体看,呈现由单一部门到多部门联合的趋势,最多时由 10 个部门联合制定发布。从文件内容看,对于养老服务人才队伍建设,在政策支持力度上不断加强,政策覆盖面不断加宽,政策针对性不断精准,越发具有科学性和可操作性,形成了比较完善的养老服务人才政策支持体系。各省区市在相关政策落实过程中,结合地方实际,出台了更有针对性的举措。

(一)政策支持力度不断加强

一是理顺老龄工作管理体制并调整医养结合的权责。自全国老龄工作委员会于 1999 年成立以后,一直由民政部牵头老龄工作,民政部门更多注重老龄人口的生活层面。在人口老龄化的背景下,健康逐渐成为老龄人口的新需求。老龄健康服务体系从预防、保健、治疗、康复、护理,直到临终的安宁疗护,贯穿着整个的生命全过程。随着积极应对人口老龄化国家战略和健康中国战略的推进实施,我国老龄工作进入了一个新的阶段。2018 年,民政部成立养老服务司,承担老年人福利和养老服务体系建设工作。国家卫生健康委员会成立老龄健康司,组织拟定、协调落实应对人口老龄化政策措施,负责推进老年健康服务体系建设和医养结合工作。全国老龄工作委员会办公室设在国家卫生健康委员会,原来由民政部代管的中国老龄协会改由国家卫生健康委员会代管。老年人的健康和医养结合成为老龄工作的重点,并由国家卫健委牵头推进落实。管理体制改革改变了养老服务医养结合的"多龙治水"局面,各部门各司其职。与此相关的养老服务人才队伍建设工作权责更加分明,推进和实施更加顺畅。

二是三大战略引领养老服务人才政策覆盖面不断加宽。随着我国人口老龄化进程加快,老年人医疗卫生服务需求和生活照料需求叠加的趋势越来越显著,健康养老服务需求日益强劲。习近平总书记在党的十九大报告中提出,实施健康中国战略,积

---

① 《全国民政人才中长期发展规划(2010—2020 年)》《教育部等九部门关于加快推进养老服务业人才培养的意见》《人力资源社会保障部、民政部、财政部、商务部、全国妇联关于实施康养职业技能培训计划的通知》。

极应对人口老龄化,构建养老、孝老、敬老政策体系和社会环境,推进医养结合,加快老龄事业和老龄产业发展。养老服务人才政策体系也从之前的偏重养老护理员、加强社区工作者和老龄工作干部队伍建设,转变为加强养老护理人才队伍和老年健康人才队伍这两支队伍为主线、其他各相关领域为老服务人才为支撑的养老服务人才队伍建设总基调。2000 年 8 月,党中央、国务院《关于加强老龄工作的决定》提出:"加强对老龄工作者队伍的建设,特别要加强对老龄工作干部的业务培训,提高老龄工作者自身素质,培养一支热爱老龄事业、全心全意为老年人服务的干部队伍……培养从事老龄工作和社区工作的专门人才,加强社区干部队伍建设。"2011 年,《中国老龄事业发展"十二五"规划》提出,加强老龄学科教育和专业人才培养。培养技能型、应用型、复合型人才。加强老龄工作队伍的思想建设、组织建设、作风建设和业务能力建设。加快养老服务业人才培养,特别是养老护理员、老龄产业管理人员的培养。大力发展为老服务志愿者队伍和社会工作者队伍。随着人才强国战略、健康中国战略与积极应对人口老龄化国家战略这三大战略的引领和实施,各部门都在职能范围积极行动起来,纷纷出台相关政策举措,作为关键要素的人才成为题中应有之义。老年医疗康复人才、老年教育培训人才、老年法律服务人才、老年服务标准化人才、老年文化建设人才、老年金融保险人才、老年机构经营管理人才、老年环境设施优化人才、老年信息服务人才、老年科学研究人才、老年咨询顾问人才、老年智慧管理人才等,都被渐次纳入政策视野,养老服务人才队伍呈现出多学科、多层次、多类型的特征。

三是养老服务人才队伍建设在老龄事业相关政策中地位凸显。在老龄、民政、健康、教育等事业发展和人才发展的法律法规、规划政策中,养老服务人才队伍建设往往都占有浓墨重彩的一部分。1996 年 8 月 29 日通过、2018 年 12 月 29 日第三次修正的《中华人民共和国老年人权益保障法》在第四十七条规定:"国家建立健全养老服务人才培养、使用、评价和激励制度,依法规范用工,促进从业人员劳动报酬合理增长,发展专职、兼职和志愿者相结合的养老服务队伍",以法律形式明确了养老服务人才队伍建设的基调。2011 年,《全国民政人才中长期发展规划(2010—2020 年)》提出,进一步加强养老服务人才队伍建设。中国老龄事业发展"十五"计划、"十一五""十二五""十三五""十四五"规划,以及积极应对人口老龄化工程实施方案、国家积极应对人口老龄化中长期规划等,都明确了养老服务人才队伍建设方略。2014年 6 月 18 日,教育部等 9 部门出台了《关于加快推进养老服务业人才培养的意见》。这是一个专门就养老服务人才队伍建设出台的文件,明确了面向 2020 年扩大养老服务人才培养规模、提升培养质量、提高素质的总体思路、工作目标和任务措施,对养老服务人才的培养、引进和适用发挥了积极作用。

（二）政策内容针对性更加精准

近 20 年来，养老服务事业的重心经历了养老—医养—康养的发展过程。与此同时，养老服务人才队伍建设重点也经历了养老护理人才—医养服务人才—康养服务人才的发展过程。

关于养老护理人才队伍。养老护理员是从事老年人生活照料、护理服务的人员，是养老服务的主要提供者，是养老服务体系的重要支撑和保障，也是老年服务相关人才政策的重要内容。近 20 年来的养老服务人才政策，大多数是围绕养老护理员的培养目标、就业支持、职业技能标准、工作待遇、社会保障、激励机制来着力。2011 年，《全国民政人才中长期发展规划（2010—2020 年）》提出了养老护理员队伍建设工程的规划，即"到 2020 年，培养具备老年学、护理学等专业基础知识，实践经验丰富的养老护理员 600 万人"的发展目标。2019 年 10 月，国家卫生健康委、国家发改委、教育部等 8 部委联合印发的《关于建立完善老年健康服务体系的指导意见》提出，扩大老年护理服务队伍，补齐服务短板，到 2022 年基本满足老年人护理服务需求。2019 年，民政部《关于进一步扩大养老服务供给 促进养老服务消费的实施意见》提出，开展养老服务人才培训提升行动，确保到 2022 年底前培养培训 1 万名养老院院长、200 万名养老护理员、10 万名专兼职老年社会工作者，切实提升养老服务持续发展能力。

关于医养服务人才队伍。医养服务是将医疗卫生与养老服务相衔接，将医疗卫生延伸至家庭、社区和养老机构，推进医疗卫生与养老服务融合发展。2014 年 9 月，国家发改委、民政部、财政部等 10 部委联合印发的《关于加快推进健康与养老服务工程建设的通知》提出，推进和规范医师多点执业。2015 年 2 月，民政部、国家发改委、教育部等 10 部委联合印发《关于鼓励民间资本参与养老服务业发展的实施意见》，允许符合条件的医师到民办养老机构、医疗机构开展多点执业。2019 年 10 月，国家卫健委、国家发改委、民政部等 12 部委联合印发《关于深入推进医养结合发展的若干意见》，要求加强老年医学、康复、护理等专业人才培养，扩大相关专业招生规模，设立一批医养结合培训基地，要求各地分级分类对相关人员进行培训。实施医师执业地点区域注册制度，支持医务人员到医养结合机构执业，同时明确提出，医养结合机构中的医务人员享有与其他医疗卫生机构人员同等的职称评定、专业技术人员继续教育等待遇；医养结合机构没有条件为医务人员提供继续教育培训的，要求各地卫生健康行政部门统筹安排有条件的单位集中组织培训。

关于康养服务人才队伍。康养服务具有业态深度融合的特点。康养服务从业人员中的老年服务人才包括:面向老年人的健康管理、预防干预、养生保健、健身休闲、日常照护、康复护理、文化娱乐、旅居养老、家政服务等人员,其中独具特色的是服务老年人群体的中医药康养服务人才。2014 年,国家发改委、民政部等 10 部委联合印发《关于加快推进健康与养老服务工程建设的通知》,其中关于人才队伍建设的规定明确:进一步加强对养老健康服务领域人才队伍的发展建设。2020 年 10 月 9 日,人力资源社会保障部、民政部、财政部、商务部、全国妇联 5 部委共同印发文件,组织实施"康养职业技能培训计划"。针对当前康养服务从业人员数量不足、职业技能水平不高等实际问题,"康养计划"提出坚持培训先行、人人持证,大规模、高质量开展康养服务人员职业技能培训,健全培养、使用、评价和激励工作体系,加快培养数量充足、素质优良、技能高超、服务优质的康养服务技能人才。"康养计划"的目标任务是在 2020 年至 2022 年,培养培训各类康养服务人员 500 万人次以上,其中养老护理员 200 万人次以上;充分利用现有各类职业技能培训和公共实训基地,在全国建成 10 个以上国家级(康养)高技能人才培训基地;加强职业标准、培训师资和教材建设,不断提升康养培训基础能力。

(三)政策创新更具科学性和可操作性

近 20 年的养老服务人才队伍建设过程中,相关部门在扩大规模、提升质量、优化结构、搞活机制、完善制度等方面进行了一系列探索和创新。2014 年 1 月 26 日,民政部印发《关于加强养老服务标准化工作的指导意见》。该指导意见在第四部分"保障措施"中提出:"分层次培养行业组织、养老机构、养老服务组织、骨干企业中的技术人员,使其成为标准化工作的重要力量。要重点培养基层标准化管理人员,积极组织一批结构合理、德才兼备的养老服务标准化专家和研究团队,为养老服务业标准化工作提供人才保障。"与之前的行政法规和部门规章相比,这份文件首次提出分层次培养的人才队伍建设思路。

为了便于养老服务人才政策的执行和落实,国家政策充分考虑措施落地的现实条件和经费支持。例如 2019 年,民政部《关于进一步扩大养老服务供给 促进养老服务消费的实施意见》明确,指导各地将养老护理员培训作为《职业技能提升行动方案(2019—2021 年)》的重要内容,所需资金按规定从失业保险基金支持职业技能提升行动资金中列支。2019 年,国务院《关于推进养老服务发展的意见》规定:将养老服务纳入政府购买服务指导性目录,重点购买人员培养等服务;按规定落实养老服务从业人员培训费补贴、职业技能鉴定补贴等政策;按规定落实(养老专业)学生资助政策;吸纳建档立卡贫困人口就业的养老服务机构,按规定享受创业就业税收优惠、职业培训补贴等支持政策;对符合小微企业标准的养老服务机构新招用毕业年度高校毕业生,签订1年以上劳动合同并缴纳社会保险费的,按规定给予社会保险补贴;落实就业见习补贴政策,对见习期满留用率达到50%以上的见习单位,适当提高就业见习补贴标准;等等。该意见对各项政策的经费渠道进行了非常详细的规定,避免了操作过程中的难以落地或不适应。

表 9—1　国家级养老服务人才支持相关政策

序号	发布年份	发布部门	政策全称
1	2011 年	民政部	全国民政人才中长期发展规划(2010—2020 年)
2	2013 年	民政部	关于推进养老服务评估工作的指导意见
3	2013 年	国务院	关于加快发展养老服务业的若干意见
4	2014 年	教育部、民政部等 9 部门	关于加快推进养老服务业人才培养的意见
5	2019 年	国务院办公厅	关于推进养老服务发展的意见
6	2020 年	人社部、民政部、财政部、商务部、全国妇联	关于实施康养职业技能培训计划的通知

二、全社会对养老服务人才队伍建设的认识不断深化

近 20 年来,关于养老服务人才队伍建设的认识,有一个逐渐提升的过程。最初对于老年服务的认识为:老年需求主要是生活照护和疾病治疗,传统上对老年人的认识也是如此。进入"十二五"时期,随着人口老龄化程度的加深、老年人群的扩大、家庭结构的变化,建设社会养老服务体系的问题开始提出,社会工作人才也成为养老服务人才的重要组成部分。进入"十三五"时期,老龄化社会的特征更加清晰。老龄化问题进入更为宏观的视野,不被仅仅看作是老年人问题,而是整个社会的问题;不仅仅是眼前的问题,更是人口长期均衡发展问题。反过来,养老问题需要全社会参与,但家庭作为最古老的社会组织应该在新的形势下发挥作用。于是,养老服务人才包含了家庭照护人才、机构管理人才。到党的十九大以后,国家确定了实施积极应对人口老龄化战略,养老服务人才的内涵进一步丰富和扩大,人才发展的前景也越来越广阔。

随着人口老龄化的加剧,养老服务需求不断变化,老龄化社会养老服务人才队伍的特征逐渐清晰,政府和学界对养老服务人才队伍建设的认识也不断深化,主要体现为:养老服务人才专业领域不断拓展和细分化,养老服务人才发挥作用的领域不断延

伸和标准化,养老服务人才管理领域逐步规范和体系化。

（一）养老服务人才队伍范畴不断延展

养老服务人才的内涵进一步丰富、外延进一步拓展。养老服务人才有狭义和广义之分:从狭义上看,养老服务人才通常指服务在一线的养老护理员;而从广义上看,只要是为老年人提供服务的人才都是养老服务人才,可以进行分层分类,例如直接服务或间接服务、全职服务或兼职服务、核心服务或外围服务、全时服务或节点服务等。

在老年学研究专家看来,养老服务人才应该是一个广义的范畴,包括多种学科、多个行业、多种专业、不同层次为老年人提供服务的人才。"养老服务是跨学科、跨行业的,包括心理学、社会学、体育、认知哲学、神经科学、行政科学、经济学和管理科学种种。因此,这并不是简单地向现有护理人员或主管提供一些培训、颁发证书,而是要先建立可衡量的准绳,然后根据这些来建立培训课程和人才考核的标准。健康积极的老龄公共教育也很重要。全社会都要互相地适应,并需要有新的思维方式。"①"养老的含义包括对老年人生活的供养、健康的维护、心理的健康维持,也包括各种服务。因此,它是需要多学科、多专业来共同维持的。"②

从政府政策的角度来看,作为政策对象的养老服务人才,队伍范畴不断扩大,层次不断增多。从偏重于医疗、康复、护理、健康监测管理等专业照护服务人才,延展至心理疏导、法律咨询、休闲娱乐等精神文化生活服务人才;从社区工作者、老龄工作干部等直接服务的公共服务人才,延展至社会保障、教育培训、文化建设、标准化、评估、监督等方面的公共管理与公共服务人才;从养老机构护理人才和经营管理人才,延展至家政服务人才、老龄产业发展人才;从老年协会等单一类型社会组织,延展至行业协会、商会等多种社会组织人才以及人才中介、金融投资等社会服务业相关人才。

总体看来,养老服务人才就是围绕老年人的老有所养、老有所医、老有所为、老有所学、老有所乐、老有所安,提供专业服务、市场服务、公益服务、公共服务的人才。随着老龄人口的增加,养老服务人才队伍将不断壮大。要采取行之有效的养老服务人才队伍建设措施,对养老服务人才进行梳理、盘点、分层、分类是必不可少的。从能级层次来看,养老服务人才既有企业家,也有专业技术人才,绝大部分体现在一线实务操作人才;从区域分布来看,既有城镇社区服务人才,也有农村基层服务人才。从国

---

① 瑞士社会经济发展中心主席兼日内瓦培训质量与教育质量研究院主席沈丽佳,于 2021 年 4 月 17 日在中国老年学和老年医学学会养老人才发展专业委员会成立大会上的发言。

② 中国老年学和老年医学学会原会长、国际老年学会亚太分会原常务理事邬沧萍,于 2021 年 4 月 17 日在中国老年学和老年医学学会养老人才发展专业委员会成立大会上的发言。

家重点建设的 6 支人才队伍来看,养老服务人才在社区工作者和高技能人才队伍中占有较高的比重,在其他人才队伍建设中也都需要体现与老龄事业和老龄产业发展的支撑融合。根据我国当前的老年人分布状况,我国养老服务体系为"9073 结构",即居家养老占 90%、社区养老占 7%、机构养老占 3%。养老服务的主角是家庭成员,首先是配偶,其次是子女,再次是保姆,然后才是养老机构等组织。因此,家庭成员是养老服务人才的主力军。从政策层面来看,养老服务人才队伍建设,已经把家庭成员纳入养老服务教育培训的范畴。2021 年 1 月,国务院办公厅《关于促进养老托育服务健康发展的意见》提出,增强家庭照护能力,帮助家庭成员提高照护能力。

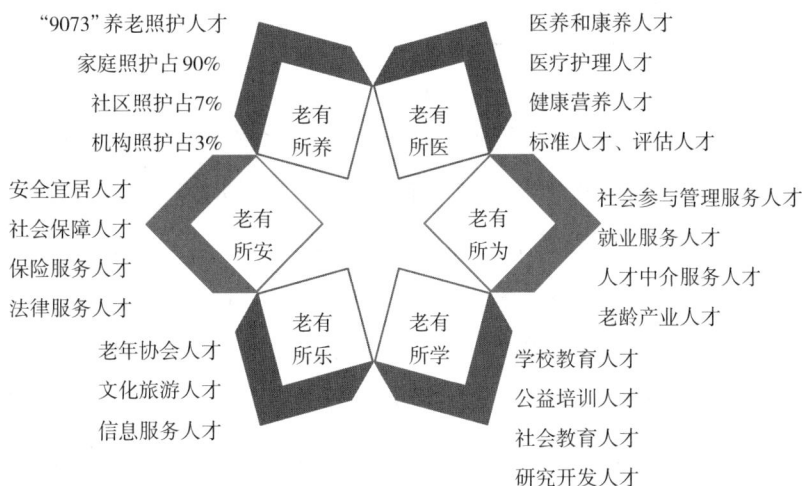

图 9—1　养老服务人才的基本构成

(二)养老服务人才专业类型和职业技能不断延伸

从专业领域看,养老服务人才专业领域不断拓展和细分化,涉及比较广泛的专业领域。"十一五"时期的专业类型主要是老年医学、管理学、护理学、营养学、心理学等;到"十三五"时期,扩展为老年学、人口与家庭、人口管理、老年医学、中医骨伤、康复、护理、营养、心理和社会工作等;"十四五"时期,进一步扩展和细化成为更多专业类型,并在老年产业统计分类中得到规范。

表 9—2　养老服务人才的专业类型

时期	养老服务人才专业类型	代表性文件
"十一五"时期	老年医学、管理学、护理学、营养学、心理学等专门人才	《关于加快发展养老服务业的意见》

时期	养老服务人才专业类型	代表性文件
"十二五"时期	培养老年医学、康复、护理、营养、心理和社会工作等专门人才	《国务院关于加快发展养老服务业的若干意见》
"十三五"时期	老年学、人口与家庭、人口管理、老年医学、中医骨伤、康复、护理、营养、心理和社会工作等方面的专门人才	《关于鼓励民间资本参与养老服务业发展的实施意见》
"十四五"期间	养老照护服务、老年医疗卫生服务、老年健康促进与社会参与、老年社会保障、养老教育培训和人力资源服务、养老金融服务、养老科技和智慧养老服务、养老公共管理、其他养老服务、老年用品及相关产品制造、老年用品及相关产品销售和租赁、养老设施建设等方面的专门人才	《养老产业统计分类(2020)》

随着养老服务产业的发展、细分、标准化和规范管理,养老服务产业人才也随之发展和规范。老龄产业的概念在 1997 年提出,2013 年国务院出台《关于加快发展养老服务业的若干意见》后,养老服务业获得快速发展。党的十九大提出大力发展老龄产业,为养老产业发展注入了新的动力。2020 年出台的国家《养老产业统计分类》,把养老产业分为养老照护服务、老年医疗卫生服务、老年健康促进与社会参与、老年社会保障、养老教育培训和人力资源服务、养老金融服务、养老科技和智慧养老服务、养老公共管理、其他养老服务、老年用品及相关产品制造、老年用品及相关产品销售和租赁、养老设施建设等 12 个大类,又细分为 51 个中类和 79 个小类。

(三)养老服务人才发展需要政府发挥主导作用

在社会主义市场经济环境下,养老服务人才队伍建设同样面临政府与市场的关系问题。对于养老服务,政府难以大包大揽,必然与社会组织、市场主体存在一个分工问题。近 20 年来,养老领域进行了一些改革探索,积极引导社会资本进入养老服务业,推动公办养老机构改革,充分激发各类市场主体活力。2014 年,《关于做好政府购买养老服务工作的通知》明确,在购买养老服务人员培养方面,主要包括为养老护理人员购买职业培训、职业教育和继续教育等。2019 年,《关于推进养老服务发展的意见》明确,将养老服务纳入政府购买服务指导性目录,其中的购买重点包括人员培养等服务。2016 年,国务院《关于全面放开养老服务市场提升养老服务质量的若干意见》明确,尽管全面放开了养老服务市场,但政府在养老服务人才队伍建设方面应承担起相应的职责:着眼于提升养老服务人才素质。将养老护理员培训作为职业培训和促进就业的重要内容。对参加养老服务技能培训或创业培训且培训合格的劳动者,按规定给予培训补贴。推动普通高校和职业院校开发养老服务及老年教育课程,为社区、老年教育机构和养老服务机构等提供教学资源及服务。完善职业技能等级与养老服务人员薪酬待遇挂钩机制。建立养老服务行业从业人员奖惩机制,提升养老护理队伍职业道德素养。将养老护理员纳入企业新型学徒制试点和城市积分入户政策范围。积极开发老年人力资源,为老年人的家庭成员提供养老服务培训,倡导"互助养老"模式。政府在放开市场、培育市场的同时发挥主导作用,加强监管,购买服务,给予培训补贴,推进资源提供,建立激励机制,开展家庭成员养老服务培训等,形成"多元治理"的格局。

三、养老服务人才大规模、多层次、多样化培养局面正在形成

(一)养老服务人才培养层次逐渐增加

构建多层次养老服务人才培养体系。在老年人需求多样化、品质化和高等教育全民化的大背景下,以职业教育为主体的高等教育是养老服务人才培养的基础。在生活照护是老年人最主要需求的认识下,养老服务人才主要在中职和部分高职层次培养。随着对养老服务人才内涵认识的演变,产生了建立多层次养老服务人才培养体系的要求,从事养老管理、技术研发的人才自不待言,从事照护的技能型人才也需要提高学历层次。通过"3+2"、五年一贯制等中高职一体化人才培养方式改革,养老照护人才的主体已经在高职层次培养,加上养老管理人才、养老技术人才的康复治疗学、护理学、应用心理学和社会工作等养老服务相关本科专业,社会学、老年学、人口学、康复治疗学、家庭发展等研究生专业,目前已初步建立高职为主体、应用型本科和研究生教育层次相互衔接、学历教育和职业培训并重的养老服务人才培养培训体系。

注重培养高层次、复合型人才。早在 2001 年,国务院《中国老龄事业发展"十五"计划纲要(2001—2005 年)》就提出,有条件的院校可设立硕士、博士学位,培养老年学高级专门人才。2011 年,国务院《中国老龄事业发展"十二五"规划》提出,培养技能型、应用型、复合型人才。2017 年,国务院《"十三五"国家老龄事业发展和养老体系建设规划》明确,在养老服务、医养结合、科技助老等重点领域,每年培养造就一批高层次人才。2019 年,教育部《关于教育支持社会服务产业发展提高紧缺人才培养培训质量的意见》提出,加快培养适应新业态、新模式需要的复合型创新人才,积极培养高层次管理和研发人才。

培养专业技术人才。2001 年,国务院《中国老龄事业发展"十五"计划纲要(2001—2005 年)》提出,为老龄事业培养各类专门人才。在有条件的综合性大学开

设社会老年学专业或课程,在医学和护理院校增加老年医学、老年护理学教学内容,大力开展老年教育和老年医学研究。2013年,国务院《关于加快发展养老服务业的若干意见》指出,养老机构应当科学设置专业技术岗位,重点培养和引进医生、护士、康复医师、康复治疗师、社会工作者等具有执业或职业资格的专业技术人员。

　　培养各类管理人才,包括社区老年管理人才、老年产业管理人才、标准化管理人才、经营管理人才、养老机构管理人才等。20年来,养老服务人才培养政策都包含管理人才,但每一阶段针对的管理人才侧重点会有所不同。2001年,《中国老龄事业发展"十五"计划纲要(2001—2005年)》提出,加强社区老年管理与服务人员培训,建立管理人员定期培训制度。2006年的《中国老龄事业发展"十一五"规划》和2011年的《中国老龄事业发展"十二五"规划》提出,加快培养老龄产业管理人员。2014年的《关于加强养老服务标准化工作的指导意见》要求重点培养基层标准化管理人员。2017年的《"十三五"国家老龄事业发展和养老体系建设规划》提出,加快培养经营管理人才。2019年的《关于推进养老服务发展的意见》提出,加强对养老服务机构负责人、管理人员的岗前培训及定期培训,使其掌握养老服务法律法规、政策和标准。2020年的《关于建立健全养老服务综合监管制度促进养老服务高质量发展的意见》要求,加强院校内的老年服务与管理人才培养。

(二)高等教育和职业教育养老服务专业供给增加

　　养老服务新专业的设置,获得法律法规政策支持并得到切实执行。可以说,20年来的养老服务人才培养过程,就是养老服务专业和课程设置、调整与优化的历程。教育部先后于2004年和2010年修订并颁布了高职、中职学校专业目录,在专业设置上增加了老年人服务与管理,并且开设了老年服务与管理、老年心理护理、老年生活照料、社区康复、康复治疗技术、老年社会工作、健康管理、老年用品营销等课程,包括教学计划、教学大纲、规划教材、校本教材、参考书籍在内的教学体系已基本完备,学历教育逐渐正规化、专业化。20世纪90年代,全国仅有大连职业技术学院和长沙民政职业技术学院两所学校开设老年服务与管理专业。2015年,全国开办老年服务专业的高职院校达86所。2018年,开设老年服务专业的院校增加到188所。截至2019年底,全国开设老年服务与管理专业的院校已近209家,且招生规模有所扩大。同期,以高职老年服务与管理专业为主体、包括中职老年人服务与管理专业在内的养老服务专业群基本建立起来。中国人民大学于2003年正式开设老年学专业(学科性质为法学中的社会学);华中师范大学在2004年开设社会工作老年方向专业;东北师范大学于2010年开设社会福祉系,招收社会福祉方向本科生;成都医学院在老年医学的基础上,增设老年事业管理专业本科、老年护理专业本科和专科,并开展资格培训、岗位培训、继续教育等非学历教育。

2021年,教育部高等职业教育本科专业目录中又新增智慧健康养老管理、医养照护与管理、康复辅助器具技术等专业,专科专业新增运动健康指导,养老服务与管理更名为智慧健康养老服务与管理,养老专业群初步形成。

在生源上,通过实行单独招生、增加招生计划等办法,逐步扩大人才培养规模。通过国家奖助学金、社会捐助等资金支持,吸引学生就读养老服务相关专业。随着这些专业的办学规模逐步扩大,养老服务人才队伍结构将发生极大变化。

(三)养老服务人才培养模式不断创新

养老服务人才培养体系涉及比较广泛的范围。既有学校教育、职业教育、继续教育、终身学习,也有各部门主导的培训计划和工程;既有社会组织开展的教育培训,还有市场主体开展的培养和培训。从近20年关于养老服务人才的培养政策来看,培训主体不断增加,培训对象不断拓展,培训方式不断更新,培训成效愈加显著。各个领域都着力推进培养模式和培训方式的创新,取得了一系列很好的成效。

在学校教育方面,为实现养老服务人才高质量培养,教育主管部门在开发相关课程与教材、扩大招生规模、推进职业院校(含技工学校)养老服务实训基地建设、扩充师资队伍、深化校企合作、开展国际交流与合作等方面出台了多项举措。为提升养老服务人才职业技能,从2020年开始,在全国试点实施"学历证书+若干职业技能等级证书"(1+X制度),首批5个证书就包括了老年照护和失智照护两个养老服务人才项目。职业教育注重产业链对接,推进校企合作与产教融合,构建双师结构、专业结合的教学团队,实施现代学徒制或新型学徒制;构建模块化、菜单式的课程体系;搭建"互联网+"养老服务人才培养平台;医养结合培养人才,构建"专业+付出"养老驿站的培养模式,形成体系化的实施系统。高职院校构建开放式、公益性的培训体系,开展师资培训和社会培训。

教育培训内容不断丰富,从最初职业道德和业务素质这种比较概括的表述,延伸为老年医学、老年护理学这类学科,后来增加了老年学、老年心理学、护理服务、康复、营养和社会工作等课程,到2015年又增加人口与家庭、人口管理、中医骨伤等课程。2019年,进一步增加健康服务与管理、中医养生学、中医康复学等专业,并将消防安全列为养老护理员岗前培训的重要内容,面向居家失能老年人照护者开展应急救护和照护技能培训等。培训内容不断细化,与时俱进,更加务实,有效帮助养老服务人才通过培训解决实际问题。

扶贫+养老服务人才培训。养老服务人才培养模式创新,在国家政府部门和地方政府层面也有很多有益的探索。例如,民政部社会福利中心倡议开展"扶贫聚力、扶智成才"养老服务人才百县千人培训计划,培训主题涉及养老服务标准化、信息化、老年人营养膳食和照护等,有助于提高贫困地区养老服务人才的专业素质和技能。

(四)养老服务人才培养标准逐步规范

养老服务人才队伍的标准化建设作为保障养老服务质量和效益的关键措施,对于推动养老市场振兴和产业发展具有重要意义。2014 年,民政部、国家标准委等部门联合出台的《关于加强养老服务标准化工作的指导意见》指出:"在养老服务专业人才建设方面,加紧制定养老服务从业人员基本要求、养老服务人员职业培训规范等标准。"2019 年,国务院颁布的《关于印发国家职业教育改革实施方案的通知》,提出"启动 1+X 证书制度试点工作";其中,老年照护职业技能等级证书成为首批参与试点的证书之一,使我国职业类院校得以开展老年照护职业教育以及技能等级证书的认定工作,为养老服务人才队伍的标准化建设提供了通道。同年,教育部办公厅等 7部门发布的《关于教育支持社会服务产业发展 提高紧缺人才培养培训质量的意见》提出:"持续更新并推进社会服务产业领域职业院校专业教学标准、顶岗实习标准、实训教学条件建设标准等的建设和实施。"

2019 年 8 月,国家卫健委会同财政部、人社部等部门印发《关于开展老年护理需求评估和规范服务工作的通知》《关于加强医疗护理员培训和规范管理有关工作的通知》,首次从国家层面出台标准,从谁照顾、照顾谁、在哪儿照顾、谁出钱来照顾等方面进一步规范老年护理工作。2019 年 9 月,民政部印发的《关于进一步扩大养老服务供给促进养老服务消费的实施意见》明确提出建设高素质、专业化养老服务人才队伍,并为养老护理员培养工作设定了目标,即到 2022 年要培养 200 万名养老护理员。2019 年 10 月,人力资源社会保障部、民政部联合颁布了《养老护理员国家职业技能标准(2019 年版)》,作为指导养老护理员培养培训、开展职业技能等级认定和规范养老护理职业行为的基本依据。以北京市为例,北京市非常重视养老服务人员的技能提升,在全市养老服务机构开展养老护理员职业技能培训,并对符合条件的人员给予职业培训补贴。培训的人员类型涉及养老护理员、养老培训师资、失能失智照护员、居家照护员、中高层管理人员等养老服务相关从业人员。

截至 2018 年底,北京市具备养老护理员培训资质的职业技能培训学校有 38 所,承担养老护理员免费培训的定点培训学校有 26 所,通过职业鉴定的养老护理员达 1

万余人。2019 年度,北京市培训初中高级养老护理员、失能失智照护员、老年人能力评估员、养老服务培训师资、医养结合专业技术人员等共 1 万余人。

四、养老服务人才使用评价和激励保障机制创新

养老服务人才队伍建设需要扩大规模、提升素质、优化结构,需要有效配置人才、公正评价人才、有效激活人才、有力保障人才。近 20 年来,我国养老服务人才在引进、评价、激励、保障等方面也采取了一系列行之有效的做法。

(一)以培养补贴和促进就业着力引进人才

人才培养的第一步是招生,人才使用的第一步是招工。20 年来,养老服务人才的缺口主要集中在养老护理人才方面,如何引导后备人才进入养老服务行业,一直是一项非常困难的课题,在国家政策方面,也为此做了不少的努力。一是培养补贴。出台养老服务从业人员培训费补贴、职业技能鉴定补贴等政策。落实学生资助政策。落实就业见习补贴政策,对见习期满留用率达到 50% 以上的见习单位,适当提高就业见习补贴标准。二是促进就业。鼓励退休护士从事失能老年人护理指导、培训和服务等工作;吸纳农村转移劳动力、城镇就业困难人员等从事养老服务,结合政府购买基层公共管理和社会服务,在基层特别是街道(乡镇)、社区(村)开发一批为老服务岗位,优先吸纳就业困难人员、建档立卡贫困人口和高校毕业生就业;加强从事养老服务的建档立卡贫困人口职业技能培训和就业指导服务,引导其在养老服务机构就业,吸纳建档立卡贫困人口就业的养老服务机构按规定享受创业就业税收优惠、职业培训补贴等支持政策;对养老服务机构招用就业困难人员、签订劳动合同并缴纳社会保险费的,按规定给予社会保险补贴;对符合小微企业标准的养老服务机构新招用毕业年度高校毕业生,签订 1 年以上劳动合同并缴纳社会保险费的,按规定给予社会保险补贴。三是大力发展志愿者队伍。2019 年,国务院《关于推进养老服务发展的意见》明确,大力培养养老志愿者队伍,加快建立志愿服务记录制度,积极探索"学生社区志愿服务计学分""时间银行"等做法,保护志愿者合法权益。

(二)以资格认证确保职业技能水平

养老服务人才尤其是养老护理人才的职业道德、基本素质和职业技能受到普遍关注。养老服务机构中从事医疗护理、康复治疗、消防管理等服务的专业技术人员,应当具备相关资格。一是建立完善养老护理员职业技能等级认定和教育培训制度。加强养老护理员岗前职业技能培训及岗位职业技能提升培训,积极开展养老护理员职业技能等级认定工作。二是组织编制养老护理员职业技能等级标准及大纲,开发

职业培训教材和职业培训包,2019 年 9 月底前制定实施养老护理员职业技能标准;制定长期照护专业人员职业技能标准;将养老护理员培训作为《职业技能提升行动方案(2019—2021 年)》的重要内容。三是开展养老护理员培养培训示范点建设。四是落实养老服务从业人员职业技能鉴定补贴等政策。五是坚持培训先行、人人持证,大规模、高质量开展康养服务人员职业技能培训。六是建设全国养老护理员信息和信用管理系统。

(三)以薪酬待遇和奖励表彰激励保障人才

一般来说,政府部门能够对养老服务人才直接实施的激励措施,有表彰奖励、技能大赛、关心关爱、社会关注等。与养老服务人才切身利益直接相关的劳动条件、薪酬待遇和安全保障等激励方式主要是用人单位的权限,政府只能发挥提倡、督促、监管等作用。例如,督促养老机构积极改善养老护理员工作条件,加强劳动保护和职业防护,依法缴纳养老保险费等社会保险费,建立健全体现职业技能等级等因素的薪酬制度等。

政府在养老服务激励机制建设上的作为,一是研究设立全国养老服务工作先进集体和先进个人评比达标表彰项目。二是组织开展国家养老护理员技能大赛,对获奖选手按规定授予"全国技术能手"荣誉称号,并晋升相应职业技能等级。三是开展养老护理员关爱活动,加强对养老护理员先进事迹与奉献精神的社会宣传,让养老护理员的劳动创造和社会价值在全社会得到尊重。四是对在养老机构就业的专业技术人员,执行与医疗机构和福利机构相同的执业资格、注册考核政策。五是推动各地保障和逐步提高养老服务从业人员薪酬待遇。

五、老年人才受到关注并形成良好开发势头

积极开发老龄人力资源,是积极对待人口老龄化、创造"长寿红利"的关键之举。我国老年人口基数大、占比高、增速快,蕴藏着巨大的劳动力财富和消费潜力,亟待开发。根据第四次中国城乡老年人生活状况抽样调查的数据,73%的老年人愿意帮助社区有困难的老年人;在有效数据中,90%的老年人愿意从事有收入的工作。2012年,《关于进一步加强老年文化建设的意见》提出,要发挥老党员和离退休老干部、老战士、老专家、老教师、老劳模等群体的先锋模范与带动辐射作用,做好新形势下老年人思想工作;推进"银龄行动",鼓励老年人继续参与经济社会发展;加强老年文化队伍和文化团体建设,构建一支结构合理、门类丰富、素质优良的文化人才队伍。

开发老年人才,要倡导终身发展理念,支持老年人力所能及地发光发热、老有所

为,积极参与经济社会活动,继续创造社会财富;要创造老有所为的就业环境,健全配套政策措施,支持有意愿和有能力的老龄人才就业创业。教育部在 2018 年开始实施《银龄讲学计划实施方案》,从 2018 年起,面向社会公开招募一批优秀退休校长、教研员、特级教师、高级教师等到农村义务教育学校讲学。2018—2020 年,招募 1 万名讲学教师,充分利用退休教师这一优势资源,加强新时代乡村教师队伍建设。2020 年实施《高校银龄教师支援西部计划实施方案》,2020 年遴选 120—140 名教师,2021—2022 学年选派 300—330 名教师。银龄教师申请年龄一般在 70(含)岁以下,具有副高级以上职称,以课程教学、教学指导、课题研究、团队建设指导为主,短期授课、远程教育、同步课堂、学术讲座为辅,采取传、帮、带的方式,把先进的教学方法和科研理念传授给受援高校教师。

六、发起和成立养老服务人才智库

养老人才发展专业委员会是中国老年学和老年医学学会领导下的全国性专业学术团体,是各相关领域从事老年教育理论与实践应用研究和实际工作者自愿参加的非营利性社会团体。其宗旨是:团结组织全国养老事业(产业)人才开发的高等教育、职业教育院校,以及科研机构、培训机构、养老企业及其他社会力量,共同搭建养老人才发展的政策研究、学术研究和实践交流平台,推动养老人才理论研究,促进养老人才体系的建设与完善,改善人口老龄化背景下的劳动力有效供给;团结组织全国老年教育的研究机构、教学组织、社会力量等,共同搭建老年教育的学术研究和实践交流平台,推动老年教育理论研究,推动我国老年教育体系的建设与完善,开发老年教育服务标准,开发老年教育课程产品,链接产业行业,促进我国老年教育领域的发展。主要职能和任务是:创建国际国内学术和实践交流平台,促进养老事业(产业)人才发展领域的国际国内交流与合作。开展养老人才发展的理论研究,推动现代人才发展体系的建立与完善。研究开发与养老人才发展相关的行业标准,推动标准化发展。研究开发相关的全生命周期培养课程,推动课程的标准化与产品化发展。建立养老人才发展及全生命周期师资培养计划及实践基地。整合资源,建立产业合作机制,促进人才要素多元化发展。

第二节　我国养老服务人才队伍建设的问题与挑战

20 年来,随着人口老龄化进程的不断加快,失能失智老年人、空巢老年人、高龄老年人不断增多,专业化、个性化养老需求日趋增加。但是,由于人才培养周期长、人力资源流动性大等特点,人才要素已经成为养老发展的痛中之痛。养老产业供求存在劳动力供给不足和需求快速攀升的规模性、结构性矛盾,养老供给质量不能满足老年人日益增长的需要,不均衡、不充分的基本矛盾较为突出。

一、养老服务人才数量不足、质量不佳

基层养老服务人才短缺,既缺乏技能型的养老服务人才,也缺乏管理型的养老服务人才。从数量上看,"截至 2018 年底,我国各类养老机构共有从业人员 58.3 万人,其中养老护理员 30 万人、专业技术人员 13 万人(其中,医师 25701 人、护士 40440人、康复师 9517 人、心理咨询师 5203 人、社会工作者 17016 人)、工勤人员 15.2 万人"[1]。现有养老服务人才远远难以满足人口加速老龄化所带来的养老服务需求。据民政部统计,我国当前失能半失能老年人有 4000 多万。如果按照国际标准——失能老年人与护理员 3∶1 的配置比例推算,我国养老服务人才的缺口将达 1000 万人以上。"从事老年科工作的医师仅有 1000 余名,且均来自其他专科,尚无人获得老年医学专科医师资质……需康复医师 5.8 万名、治疗师 11.6 万名,同时还需社区综合康复人员 90.2 万名,而现有康复人才不足十分之一"[2]。

从质量上看,我国养老服务人才整体素质不高、主要表现为:年龄结构偏大,整体受教育水平偏低。以养老服务人才整体质量较高的北京市为例,2020 年底,北京市在岗的养老护理员中,30 岁以下的占 14%,30—40 岁的占 24%,40—50 岁的占 44%,50 岁以上的占 18%[3]。这些养老护理人员中,具有高中以上文化水平且有持证上岗资格的护理人员比例非常低。为缓解养老护理人才短缺的矛盾,《养老护理员国家职业技能标准(2019 年版)》将从业人员的普通受教育程度由初中毕业调整为无学历要求。这一群体的基本知识不足,业务技能水平总体堪忧。

年龄结构的主要特征为"4050",即从事养老服务行业的人员年龄多为 40 至 50岁,且以女性群体为主。《我国典型地区养老服务机构一线从业人员服务能力调查项目》(2018)[4]发现,我国养老机构一线护理服务人员从业能力面临的挑战,一是护理服务人员规模缺口较大,年龄结构较为老化,性别结构失衡;二是文化水平总体偏

---

[1] 国家医疗保障局:《对十三届全国人大二次会议第 1686 号建议的答复》,2019 年 8 月 15 日。
[2] 冯运红等:《医养结合模式下中国养老服务人才培养策略》,《中国老年学杂志》2021 年第 11 期。
[3] 搜狐网:《央视〈新闻调查〉:失能失智老人最需要什么》。
[4] 中国人民大学社会保障研究所所长胡宏伟,于 2021 年 4 月 17 日在中国老年学和老年医学学会养老人才发展专业委员会成立大会上的发言。

低,专业水平普遍偏低;三是职业体系和通道尚不完善,职业培训尚不完备;四是工作
强度大,工资待遇相对较低;五是心理压力相对较大,队伍的稳定性相对较低;六是待
遇福利总体不完善,社会的理解、支持度相对较低。

图9—2 养老护理员的"三高三低"

专业化程度不高,复合型能力欠缺。老年服务要求具备跨学科的专业知识,具有
多种基本技能,需要基本了解食品、卫生、医保、住宿、护理、心理、社工、人力资源、物
业保障、工程维修等多种知识,需要一定的耐心和爱心,为工作投入一定的情感。而
养老机构管理者,要具备较强的管理能力,要懂老人、懂政策、懂管理、懂经营、懂风险
控制、懂成本管理,还要及时了解和把握相关政策,与民政、卫生、工商、公安、消防等
部门以及所在社区和街道保持良好的沟通。率先迈入老龄化社会的欧美、日、韩等国
家和地区的养老服务人才队伍建设经验表明,真正能够满足老年服务需求的大多是
复合型人才。我国当前的复合型养老服务人才少之又少,养老服务人才队伍建设任
重而道远。

二、养老服务人才供给不足、流失严重

养老服务人才可持续性供给,是保障养老产业渐续发展和推动养老服务效益提
升的关键措施。养老服务人才的来源,主要有学校教育、内部职业发展及外部流动
等。从我国目前养老护理技能人才的供给现状来看,学校招生难与机构招工难情况
并存。高职院校作为养老护理人才培养的供给方,如今最大的困难是招生。大量开
办老年服务专业的高职院校,招生量停留在个位数的情况较多,招生好的学校也不超
过100人。尽管开设老年服务专业的学校大幅增加,但招生人数增长缓慢,且学生毕
业之后留在养老领域的较少,流失率较高,养老服务技能领域的年轻人才供给能力明
显不足。民办养老机构招工难是一个具有普遍性的问题。国家统计局上海调查总队
在2015年对上海民办养老机构进行的调查显示,有92%的民办养老院遭遇招工
难题。

养老机构中高层管理人员存在很大的人才缺口。我国目前尚没有养老专业已经毕业的本科生源。养老服务的管理工作需要管理学、营养学、法律、心理学、护理学等多种学科知识,如果从护理员中培养管理人才,在学历、知识体系和整体素质等方面都会有所欠缺。养老机构当前缺乏比较明确的晋升体系和职业发展路径,对养老服务人才的吸引力严重不足。调查表明,目前"一半的养老机构没有明确的职位晋升体系。近 20% 机构的晋升路径不够顺畅,护理服务人员大多认为自身工作没有上升空间(51.82%)或上升空间不明显(37.21%)"①。养老机构在"育才、用才、惜才、爱才"方面不够到位,致使养老专业人才"不愿来、用不上、留不住"。晋升体系不健全、职业发展路径缺失,导致养老产业难以取得飞跃式发展,看似被社会、市场认同和看好的"朝阳产业",实际上难以取得比较理想的经济效益。很多养老机构还在依赖政府救济、补血,否则难以维系。养老服务人才看不到事业发展方向和自身发展空间,流失严重。

从外部引进人才需要养老机构具备人才认可的载体和平台,要吸引人才必须付出体现人才价值的投入。如今,养老机构的人才短缺情况并不清晰,缺少明确的人才引进支持政策,养老服务人才的引进尚未与各地区各行业的人才政策同频推进。

三、养老服务人才发展治理体系出现偏差

政府各部门之间的整合协调存在难度。在养老服务人才队伍建设的政府管理方面,政府各部门联合发文较多,联动实施较少,存在政策碎片化和政策执行不到位现象。养老服务人才发展制度设计的整体性和体系化不足,缺乏有机联动,人才底数不清,人才发展重点不够明确,人才引进的渠道路径不畅,人才培养与实际脱节,人才激励缺乏有效手段,人才发展缺乏有力保障,没有形成良好的人才发展环境。

市场主体和社会主体培育不足。市场主体的输血扶持和自我造血都存在不足。养老服务人才的发展主要依靠政府推动,政策措施与实际状况存在脱节现象,市场化的人才供给、人才价值体现、人才职业发展等机制尚未完全形成,养老服务人才相关人力资源市场的发育还不完全。社会主体培育不足,行业协会、学会、商会等社会组织的行政色彩较浓,政社分开不充分,社会主体的发展受到制约和管制较多,应对实际问题的能力不足,作用发挥受限,主动引导性、制度创新性和参与积极性难以得到充分调动。

---

① 搜狐网:《我国养老服务机构从业人员调查报告》。

公益化与市场化的二元属性冲突。养老服务作为公共服务的一种,自身具有天然的公益属性。随着社会主义市场经济体制的不断发展,由市场决定养老服务资源的配置渐成一种趋势,养老服务又具有了市场属性。养老服务的二元性,间接导致养老服务人才队伍建设需要在这两种属性之间进行合理而恰适的调和。换言之,养老服务在公益化和市场化之间存在资源挤占的现象,且市场化对公益化具有明显的影响和冲击。养老服务的公益属性要求养老服务人才在服务投递过程中具有一定的自愿性和无偿性,其行为更多兼顾老年人的养老需求和市场资源配置难以达到的领域,例如一些经济不发达的地区以及没有支付能力的老年群体。养老服务的市场属性不一样,市场本身就具有高流动性、价值与价格挂钩两大特点。养老服务市场化过程中,养老服务人才的行为本质上是出卖劳动力的商业行为,哪里的价格能够体现养老护理人才自身的价值,他们就流动到哪里,并为能够购买他们服务的主体提供服务。养老服务公益化与市场化的不同特点,在一定程度上导致市场化对公益化的挤占,造成养老服务人才配置的失衡。

四、养老服务人才教育课程与服务需求存在落差

按照养老服务所需的知识体系构建职业教育体系尚在起步阶段,更没有从知识体系转向技能等级资质,没有关注生活场景,教育培养课程固化,课程内容和培训教材缺少系统构建与按需施教,往往是头疼医头、脚痛医脚的应付式教学,难以适应现实需求。

从目前开展的养老服务人才职业教育来看,一些课程设置较为烦琐、冗杂,没有形成科学的课程体系,也没有充分考虑到学生的接受能力与实践能力。同时,部分院校缺乏充分的市场调查,没有弄清社会、用人单位,特别是养老服务的投递主体——老年人日益多元化、个性化的养老需求,致使看似追求服务标准化的人才培养最终可能在多元化的市场需求中失去优势和特色,无法真正解决人口老龄化过程中逐渐多元化的各类养老问题。

五、养老服务人才的社会地位与待遇水平难以提升

从社会地位来看,当前社会整体上缺乏对养老服务人才足够的社会认同。绝大多数社会公众,甚至包括一部分政策制定者,对养老服务的认知还不够全面,认为养老护理服务不过是简单的生活服务,养老护理人员也不过是家政人员的一种,主观意识上将养老服务人员等同于家政人员和保姆。这也在某种程度上造成了无论是在高

职院校接受了学历教育的学生,还是通过在职技能培训的从业人员,即使在工作岗位上经过了充分的实践,业务能力达到了专业水平,能够满足老年人的服务需求、保障老年人的养老权利,也会因为获得的社会认同不足、职业资格和职业技能标准体系缺失、职业水平评价制度未能建立等原因,在养老服务机构中难以获得晋级资格,能力水平无法获得认可,工资收入和地位难以提升。而单纯从收入待遇来看,养老服务行业仍然处于较低水平。"南京大学社会学院课题组的调查数据显示,家政工人内部的工资水平存在明显差距,同样是月嫂的收入最高,平均每月为 10311 元;养老护理员的收入最低,月收入仅有 3835 元,仅为月嫂收入的 37%"①。同时,养老服务人员的社会保险覆盖率也相当低,大多数机构只为从业人员提供养老保险,且福利待遇较差。

第三节　新时代我国养老服务人才队伍建设的重点任务

如今,我国处在人口老龄化向深度老龄化迈进的关键时期。在老龄化与少子化叠加的背景下,人口红利逐渐消失,人才是第一资源的重要性更加凸显。改善人口老龄化背景下的劳动力有效供给,尤其是加大人力资本投资,改革创新教育和培训体系,确保养老服务人才的有效供给,对于构建高质量的养老服务体系、强化应对人口老龄化的管理服务能力至关重要。要牢牢抓住养老服务人才队伍建设的战略机遇期,运用辩证思维的方法,遵循客观发展规律,发挥好政府主导作用和市场主体作用,实现顶层设计与问题导向的有机统一,深化养老服务人才体制机制改革,全方位激发养老服务人才的活力,优化养老服务人才队伍。

一、以加强能力建设为目标,实施养老服务人才优先发展战略

实施人才强国战略以来,我国已经成为人才总量超过 2 亿的世界人才大国,人才对经济发展的贡献率已经超过三分之一。未来 15 年,我国将建成世界人才强国,为基本实现现代化提供智力保障和人才支撑。实施积极应对人口老龄化国家战略,必须把养老服务人才优先发展摆在首位,加快形成以能力建设为目标的养老服务人才优先发展战略布局。

---

① 吴心越:《照料劳动与年龄困境:基于养老机构护理员的研究》,《妇女研究论丛》2021 年第 4 期。

未来 15 年,养老服务人才资源开发既要解决总量不足的短板问题,更要突出改善结构、提升质量的战略重点。养老服务人才优先发展,就是要实施人才资源的高质量开发,有效盘活现有人才存量,调整全社会人才配置结构,通过产业政策和财税政策的支持,充分调动养老服务人才的积极性和创造性。坚持人才以用为本的理念,全面提升养老服务的技术技能,推动职业化、专业化、智能化建设,开发人才的效能,增加产出,提升积极应对老龄化社会的贡献度。

(一)优先调整养老服务人才结构

加强养老服务人才的能力建设,当前的现实切入点是优先调整结构。我国养老服务人才结构的主要问题为:紧缺与浪费并存,培养与需求脱节,人才不够用、不适用、不会用的现象比较严重。养老服务领域急需的紧缺人才为:养老护理人才、长期照护人才、老年医疗卫生服务人才、促进老年健康与社会参与的人才、老年社会保障人才、养老教育培训和人力资源服务人才、养老金融服务人才、养老科技和智慧养老服务人才。养老服务人才的结构调整必须立足于积极应对人口老龄化国家战略,立足于各行业、各门类的人才战略,必须盘点养老服务人才存量,从增量上重点引进和培养上述急需紧缺人才,解决养老服务人才瓶颈问题。

由于家庭的养老照护功能相对弱化,我国目前群体庞大的失能及半失能老人的照护势必通过发展社会性养老资源来满足。在考虑家庭照护资源后,我国短期内仍存在超百万的养老护理员缺口。养老护理员队伍的规模和稳定性已成为制约中国养老服务发展的核心问题之一,亟待重点扶持政策和创新性方案予以破解。日本高千穗大学名誉教授、日本中高龄雇佣福祉协会原理事及监事梶原丰表示:"日本社会快速老龄化,为促使在企业等机构工作的劳动者尽早考虑自身退休后如何生活才能幸福,我们开发并着力普及激发行为动机的'生涯生活设计教育培训项目'(着眼老年生活幸福的退休准备教育)。在人力资源开发领域,中老年人才的再教育也是非常紧迫的课题。各个企业都进行这方面的努力,要对所有领域进行全面审视,相应的课题堆积如山。"应对人口老龄化,更重要的,不是等问题来了去解决问题,而是将关口前移,促使人们提早思考老年生活设计,做好迎接老年生活的准备。因此,国家层面、社会组织、用人单位要有前瞻思维,防患于未然,开展中老年人才退休准备与老年生活设计培训,促进自立、共生、互助,促进社会参与,防止失能和半失能,将老年服务问题解决在未发生或未萌芽状态。制定并实施有利于养老服务人才优先发展的人才政策、产业政策、教育政策、科技政策和投资政策,是实施积极应对人口老龄化国家战略的重大任务,也是优化养老服务人才队伍结构的必要举措。

（二）优先保证养老服务人才的人力资本投资

养老服务人才的本质特征是应用型、技能型、复合型、跨界型人才,因而,能力建设的任务绝不简单是学历教育或职业教育问题,而是以政府为主导、以企业为主体、以人才为本位、动员全社会参与的大规模人力资本投入新体制、新机制。养老服务人才开发既有基本公共服务的投资属性,也有市场服务的投资属性,但是,优先保证公共财政投资具有举足轻重的作用。实现政府公共财政的投资优先,就能为人才资源优先开发、人才结构优先调整、人才制度优先创新夯实根基。而优先保证人才投资,需要充分发挥财政、税收、金融政策的杠杆作用。

（三）抓紧制定养老服务人才的职业规范和培训体系

我国养老服务人力资源匮乏问题将是一个长期问题,养老服务人才队伍建设是一个漫长过程,不应为追求速度而忽视了质量和发展的合理性。政府和企业应当秉承建立标准、先行试点、查漏补缺、稳步推进的发展思路,确保养老服务人才队伍建设健康发展。

职业标准在整个国家职业资格体系中处于龙头位置,起着导向作用,引导着职业教育、职业培训、鉴定考核、技能竞赛等活动,其举足轻重的地位越来越清晰地呈现出来。从全球范围看,标准导向的改革已经成为世界性职业教育改革潮流的共同目标,并成为各国不约而同的行动纲领。

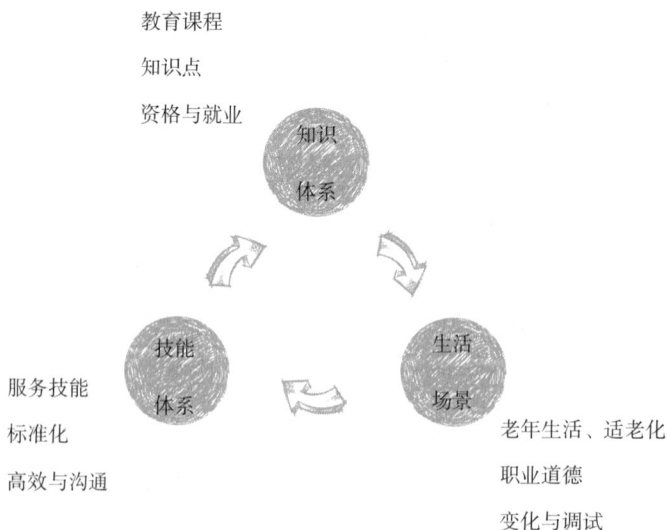

教育课程
知识点
资格与就业

知识体系

生活场景

技能体系

服务技能
标准化
高效与沟通

老年生活、适老化
职业道德
变化与调试

图9—3　养老服务人才素质模型基本思维

我国养老服务职业领域,最不适应的短板是作为改革方向的标准本身。有必要开展"医、养、护、健、社"相结合的新型养老服务人才职业标准和工作规范的制定。

有必要根据现有老年产业分类,编制出养老服务人才职业目录,建立包括国家、行业、企业不同层次的养老服务职业标准体系和职业规范。对专业技术要求高的职业,还需要建立健全养老服务人才职业资格认证制度,完善由政府监管指导、行业协会及社会专业机构参与的资格水平评价体系。健全养老服务新职业申报审批发布制度,开发和修订职业技能标准与考核题库,形成国家职业标准与题库开发同步和相互配套的机制。

按照就业导向、职业化特色和能力为本的要求,组织实施以师资培养、课程教改研究、标准与教材开发等为主要内容的能力建设基础工程。完善技工教育和职业培训的技术支持与服务体系。组织实施高技能人才师资培训示范项目,加大对师资培养的投入,加强师资培训基地建设。实施养老服务高技能人才培养创新项目,开展养老服务人才职业技能大赛,提高技能人才的培养质量。

(四)进一步调动养老服务人才的积极性

要坚持以用为本,健全人才激励保障机制,调动人才的积极性和创造性。要明确提出让养老服务人才政治上有地位、社会上受尊重、经济上得实惠。促进提高行业薪酬待遇水平,改革分配制度,真正制定一套"人才优先"的福利待遇政策。加大养老服务人员的激励力度,强化政府激励引导,通过政策补贴和奖励,支持企业提升从业人员经济待遇,增强职业吸引力。开展养老服务技能人才评选表彰,鼓励市场主体建立从业人员薪酬待遇和职业技能等级同服务内容、时间、难易等挂钩的机制,实现技高者多得、多劳者多得。政府和有关部门要加强对养老服务人员的职业指导、就业服务、创业支持、创新保护,维护其合法权益。

二、以健全养老服务体系为主线,构建养老服务人才发展治理体系

我国实施人才强国战略 20 年以来,基本建立起了符合中国国情的人才发展治理体系,在人才培养支持、引进使用、评价发现、流动配置、激励保障、权益维护等 6 个方面形成了比较完整的政策体系和改革框架。但是,也存在着行业间和地区间不平衡与不充分的突出矛盾,特别是养老产业正处在从规模到结构、从政策到市场的迅速变化之中,养老服务人才的体制机制改革还处在起步阶段,在人才治理体系和治理能力方面还有许多亟待改进的地方,在提高制度的系统性、规范性、竞争性和有效性等方面还需要下更大气力。

（一）培育市场主体和社会主体，促进养老服务人才管理体制创新

养老服务人才队伍建设既有公共管理属性，也有市场发展属性，几乎涉及公共事业的所有领域，同样也涉及从房地产业、金融业、制造业、信息技术大数据产业到基础设施等诸多行业。因此，人才发展的治理任务相当繁重和复杂。要进一步破除养老服务人才队伍建设中的体制性分割、部门性分割、市场化分割和条块化分割的障碍，通过深化人才发展体制机制改革，着力增强养老服务人才治理的战略构建能力、议程协同能力、治理整合能力。

合理界定政府、市场、社会等各主体的行为边界，形成三者既相互制约又相互支撑的治理框架，共同应对养老服务人才队伍建设中的政府失灵、市场失灵及组织失灵问题，共同创造共治共享的格局，构建养老服务人才治理新模式。发挥好养老行业协会、学会的中介服务作用，突出企业、高校在养老服务人才培养过程中的主体地位，并使其能够真正发挥主导作用。支持产学研人才合作向养老科技创新与智慧养老领域延伸。借助养老企业对应用技术研究的现实需求，促进高校、科研机构提升研发效率和知识生产速度，在面向养老服务需求的关键领域取得实质性研究成果。

发挥社会组织的作用。社会组织在建立人才职业标准、开展第三方评价、汇聚专业智慧建言献策、维护人才权益、表达人才诉求、调处矛盾纠纷等方面具有一定的优势。要充分发挥社会组织在人才发现、培养、鉴别、评价等方面的职能，适度承接政府转移职能，发挥养老服务人才发展行业规范、资源整合、信息管理、联络协调和交流服务等作用。

（二）构建更加积极、更加有效的养老服务人才政策体系

加快建设居家社区机构相协调、医养康养相结合的养老服务体系，需要国家和相关部委协同出台一系列政策推动养老服务人才队伍建设。目前在养老服务人才支持政策方面，整体表现为供给不足、配套不足、落实不足的突出问题。养老服务人才队伍建设，应按照"政府引导、分类培养、互通互认、规范管理"的思路，以推进养老服务人才专业化、职业化、社会化发展为目标，进一步建立健全养老服务人才培养支持、职业评价、终身教育、薪酬待遇、激励保障等政策体系，努力打造一支规模适度、结构合理、素质优良、尊老敬业的养老服务人才队伍，为养老行业快速发展奠定坚实人才基础。坚持以法治保障来完善和改革养老服务人才制度，适时出台单项人才法律法规和相关法律，推进立法进程，加大执法力度。

（三）营造更加开放、更加包容的养老服务人才发展治理社会环境

积极应对人口老龄化，牢固树立人才引领养老事业的战略定位，加强研究、积极

推动我国的养老服务人才发展治理体系建设。一是更加开放招揽养老服务人才。树立"大人才观",推动养老人才理论研究。"十四五"期间,中国将加强养老服务人才队伍建设,支持有条件的地区制定入职补贴、积分落户、免费培训、定向培养和工龄补贴等优惠政策。二是更加包容集聚养老服务人才。建设一支综合素质高、业务能力强的养老服务人才队伍。我国养老服务人才占比偏低,素质不高,人才严重匮乏。要广泛动员社会力量,积极推进养老服务人才的培养。做好职业发展规划,科学设计教育课程和实训计划,增强从业者的职业认同感、社会责任感和职业素养。结合老龄社会需要和人才市场需求,探索新职业,发展新技能,不断拓展人才培养新领域。比如近年上海、北京、苏州等地推出的"养老顾问员",就是为老年人科学规划养老生活的一种新兴职业,也是养老人才分类精细化的具体表现。三是更加协同培育养老服务人才。教以赋能,到2022年底,培养培训200万名养老护理员。研究开发养老服务人才的全生命周期培养课程;对接产业市场和用人单位,及时了解用人需求。积极推荐人才,注重培养规划与就业规划统筹考虑、同步设计、有序实施,注重为涉老企业和单位提供"订单式"人员培养。学以致用,形成完整的人才培养—使用链,培养适才适用的养老服务人才,注重养老服务人才的学历教育、职业教育,也应注重为从业者能力提升开展业务指导、短期培训,确保培养出来的人才有用武之地。培养高素质人才;研究开发与养老服务人才发展相关的行业标准,推动标准化发展;建立产学研合作机制,共同搭建养老服务人才的发展研究和实践交流平台。四是更加有效激励养老服务人才。人才只有投身行业实践,才能实现其真正价值。探索养老服务人才的职业发展路径、职业上升通道,建立养老服务人才的终身发展平台,提升养老服务人才的社会地位,使得更多的职业人才,尤其是年轻的人才,愿意进入养老行业、愿意以养老行业为终身职业。五是更加主动开发养老服务人才。我国是当今世界老年人数最多的国家,2019年底,已有60岁及以上老年人口2.54亿,预计在2025年将突破3亿,2033年将突破4亿,2053年将达到4.87亿的峰值。要维持和提升老年人的独立生活能力,减少他们对护理人员的需求。

（四）大力提升智慧养老产业人才培养和集聚能力

5G、物联网、大数据、人工智能等技术的发展及养老行业的数字化转型,给降低老年护理工作压力、提升照护效率、改进管理效能等方面带来新的可能性。养老行业的数字化转型正在3个方面改变传统意义上的老年照护,为弥补护理人员缺口提供了可行的解决方案。

首先是通过维持和提升独立生活能力,减少老人对护理人员的需求。例如,基于云技术设计的老年人健康管理设备,能定期辅助老人进行体检和自测,并根据结果提供个性化健康干预方案。同时,这些数据也可以同步上传到云端的个人健康档案,供签约的家庭医生参考,降低老人的失能风险。再比如,针对开始出现身体功能障碍的老人设计的辅具智能产品,如康复机器人、移动辅助机器人、智能电动训练车等,仅需少量的人力配合,就能帮助老人完成各项基本生活任务,并减缓身体机能的衰退,从而持续独立地生活在家庭和社区等熟悉的环境中。

其次,通过技术替代减少护理压力,并实现养老护理员离职率的下降和护理效率的提升。据了解,不少养老机构已引入污物智能处理系统、智能床垫、防走失和检测跌倒的智慧安防系统等,均可降低养老护理工作的苦、脏、累程度,而后者正是影响养老护理员队伍稳定性的重要因素。同时,这些技术产品及服务的使用,还能实现单位时间内护理老人数量及护理质量的提升。

再次,通过数据平台建设,提高包括护理人员在内的各项老年照护资源的管理效能。智能终端能够发挥作用的基础,是智慧养老大数据平台建设。笔者在上海的相关调研中发现,各区建设自己的智慧养老大数据平台,并与市级养老服务平台进行对接。如此,老人及其家人可在平台上搜索与自己适配的养老资讯;而对于政府和社会机构来说,既可以通过大数据平台提升护理人员的派单效率并实现质量控制,还可以通过详细追踪老人的大数据,让养老补贴资金及相关扶持政策的制定更加有的放矢。数字技术在助推解决养老护理人员紧缺难题过程中也面临不少挑战。不少技术在养老应用场景中尚不够精准和智能,反而加重了护理人员的工作负担。还有相当一部分老人和养老护理员面临数字鸿沟,需要通过降低智能设备操作难度、加强培训等助其跨越。此外,因缺乏统一的信息化标准及规范的管理机制,数据系统与平台建设水平参差不齐,存在资源共享难、数据安全难保等问题。

数字化转型仍是养老服务发展应坚持和明确的方向。它的根本目的并非完全替代人,而是帮助人:让老年长期照护过程更具可持续性,让养老护理人员能更加从容地提供个性化和有温度的照护服务。这也正是建设老年友好型社会的题中应有之义。

(五)实施更加积极、更加有效的老有所为政策,创新多样化的所为与所养结合的新模式

2021 年 8 月 24 日,习近平总书记在承德考察社区居家养老服务中心时指出:"要把老有所为同老有所养结合起来,研究完善政策措施,鼓励老年人继续发光发热,充分发挥年纪较轻的老年人作用,推动志愿者在社区治理中有更多作为。"①习近平总书记把老有所为同老有所养结合起来的指示精神,对建设养老服务人才队伍意义重大。积极应对人口老龄化国家战略,包括了从观念和政策上鼓励老年人积极进行社会参与,从事力所能及的社会活动,既可以增强老年人口融入社会的积极性,缩小老年人与社会的差距;也可以丰富我国现代化建设需要的人才资源,弥补人力资源的结构性短缺问题,特别是养老服务人才资源的巨大缺口。从老年人的年龄层级和健康程度来看,相对低龄和比较健康的老人具有较强的社会参与意愿和养老服务能力。借鉴发达国家的经验,我国各地已经普遍开展了互助养老、"时间银行"、志愿者服务等多种老有所为与老有所养结合的行动,取得了比较好的效果。实践证明,这是适合我国社区养老和居家养老服务的人才开发途径。

未来,需要从扶持老有所为政策和银龄人才队伍建设两个方面,开创老有所为与老有所养结合的新局面。应该看到,政府的相关政策法规直接影响着老年人的参与深度;在社会层面排斥老年人参与社会服务的传统观念以及相关配套设施不齐全等社会因素,也制约着老年人参与养老服务②。因此,需要以完善的制度和科学的手段对有能力的老年人参与养老服务给予鼓励支持,提高老年人参与养老服务的社会地位,积极促进老年人之间的互助合作,以低龄老人协助高龄老人、以健康老人照顾病弱老人,增强老龄文化的沟通交流,由老年人自身发挥主观能动性,解决养老服务人才的现实问题,降低社会成本。一是政府对互助养老组织如"时间银行"的合法性、相关模式运行中的费用保障机制、服务者与被服务者双方以及互助养老组织的权利及义务、纠纷的处理程序等作出规定。二是建立多元化的养老资金筹集方式。政府给予互助养老组织一定的资金支持,并吸引第三方的社会主体,如养老企业提供资金或技术支持,联合社会公益组织、个人的力量提供资金保障。三是利用互联网技术,建立互助养老机构信息管理平台,用于跨区域信息的共享或通存通兑。四是对有专业技术和组织管理经验的退休人才,要实施鼓励养老服务再就业政策和志愿者扶持政策。全社会要更加尊重老龄人才、更加尊重老龄劳动、更加尊重老龄创造,切实让老年人继续发光发热。

---

① 《人民日报》2021 年 8 月 26 日。

② 穆光宗:《老年发展论——21 世纪成功老龄化的战略的基本框架》,《人口研究》2002 年第 6 期。

三、以社会化、市场化为导向，培育养老服务专业人力资源服务业新动能

养老服务人才队伍建设的主体是养老服务的各类企业和社会组织，发挥好市场配置资源的决定性作用是关键问题。目前，我国养老服务专业人力资源服务业还处在起步阶段，产业规模小，技术含量低，业务范围窄，价值链尚未形成。如何加快培育养老服务专业人力资源服务业新动能，打通服务链、产业链、人才链、价值链之间的鸿沟，围绕养老产业发展聚焦各类人才，遵循人才成长规律，布局养老服务专业人力资源服务业的新业态，激发各个服务主体的积极性，形成整体合力，将是亟待解决的新课题。

（一）立足养老服务人才体系建设，拓宽养老服务专业人力资源服务对象和层次

应该说，养老产业的产业链、创新链、价值链是全方位、多层次、可持续的发展形态，其人才链的形成也需要打破传统思维模式，确立"聚天下英才而用之"的大人才理念。当前，迫切需要集聚养老产业的创新创业创意人才，充分发挥创新创业创意人才作为养老服务探路者、先行者的作用。要特别关注社区养老、居家养老和智慧养老等小微企业的创新创业创意人才需求，充分发挥投资者探索产业发展方向，评估和支持人才、项目、团队的作用，并发挥科技、教育、金融、会计、律师、文化等专业服务人员的作用，让其围绕养老产业人才创新创业创意提供专业服务，提高产业效益。养老服务专业人力资源服务既要抓住高级经营管理人员这些创业高端人才，也要重视各类技术技能人才的专业化服务，还要重点服务拥有养老专业学位或专业资格的青年人才，有效吸引、欢迎和稳住需要的青年人才，这决定着养老产业的创新创业创意活力。

（二）做强做大养老人力资源服务产业，构建产业化、专业化、智能化的服务体系

一是促进养老人力资源服务产业化发展，既要有规模，又要结构合理。需要集聚养老人力资源服务机构，通过重组兼并，扩大产业规模，使养老人力资源服务产业成为养老产业的支柱和基础产业。一方面，要突出"高大上"，即通过产业政策扶持吸引国内外知名度高、专业化服务好、高端服务能力强的人力资源服务机构和高端项目，培育养老人力资源服务产业"顶天立地"的企业集团，发挥龙头机构的示范带动作用；另一方面，也要关注"小青新"，即运用财税、金融、办公用房、创新扶持资金、政府采购等政策，精心培育中小养老人力资源服务机构，培育新进成长的机构，培育扶

持从事人力资源领域新技术、新业态、新模式、新流程研发和应用的机构,通过引入社会资本,以独资、合资、收购、参股、联营等多种形式和扶持政策,培育养老人力资源服务产业"铺天盖地"的企业发展,形成多层次、多元化的人力资源服务企业集群。产业化还需要加强养老人力资源服务与相关产业的协调发展、融合发展,比如智能制造、教育、医疗、科技、金融、信息、研发、知识产权、法律、会计等产业领域的融合,形成高质量的养老服务产业结构,更好地发挥有效作用。

产业化要重视养老人力资源服务产业内部的结构优化,围绕医养结合,对人力资源服务产业的服务产品、服务项目、服务结构作出相应调整,运用产业政策引导和支持鼓励人力资源服务机构,促进养老人力资源管理咨询、银龄人才资源开发、人力资源外包、素质测评、人力资源培训、高级人才寻访、人力资源信息网络服务等高端服务发展,逐步淘汰落后服务产能。

二是加快推进养老人力资源服务专业化发展。要加快养老人力资源服务业标准化建设。建立健全国家标准、行业标准、企业标准相衔接的标准体系,依托行业协会,研究制定人力资源服务机构的服务产品、服务行为、服务程序等标准,形成更加规范的行业标准。鼓励重点机构、重点企业自主制定养老企业标准、服务规范,对列入国家和地方服务业标准计划的人力资源服务业标准化项目,给予一定奖励。支持养老人力资源服务机构开展自主品牌建设。鼓励企业注册和使用自主人力资源服务商标,带动人力资源服务品牌推广,着力打造一批具有国际影响力的服务品牌。推动养老人力资源服务能力提升计划,支持实施养老人力资源服务行业人才知识更新计划,培养从业人员素质能力,大力提升从业人员的专业化、职业化水平。

三是推进养老人力资源服务智能化进程。智慧养老及养老科技创新的快速发展,需要人力资源服务业加强技术集成和服务模式创新,鼓励开展云计算和软件运营服务,促进养老人力资源服务产业技术升级。建设养老人力资源信息公共服务平台,推动云计算、大数据、"互联网+"等信息技术在人力资源服务行业运用,加快人力资源市场管理服务信息化建设。建立市场化的人才数据应用机制,鼓励政府与企业、社会机构开展合作,通过政府采购、服务外包、社会众包等多种方式,依托专业企业,建立养老服务人才大数据中心,积极开发大数据技术,挖掘人才资源价值,为人才开发、人才引进、绩效评估、动态跟踪提供科学服务。建立养老人力资源服务大数据应用机制,定期发布人才统计公报,编制人才供求目录,建立人力资源供求信息发布制度。

智慧养老产业是夕阳事业、朝阳产业。人力资源开发是伴随着数字化转型和智慧养老产业兴起而要有所作为的。智慧养老包括养老的智能化和智慧化建设。智能化系统是一个人机信息系统,它需要先解决如何保证人机界面友好、如何在更多的人机接口处注入更多智慧元素等问题。智慧养老要把各种养老服务模式整合在统一的智能化平台上,来指导配置更多的养老服务资源,来凝聚更多的养老服务人才,通过合作达到共赢的理想状态,为更多的老年人的个性化需求提供多样化的服务,要采取通过量身定制化增加服务的人情味、以"包容性智慧"提升服务的可及性,以及以顶层驱动和分层整合增强服务协同性的智慧化建设进路[①]。智慧养老的紧缺人才,一方面是多领域、多专业的复合型人才,需要鼓励更多的人从事健康养老工作,包括与健康管理、养老服务相关的研究;另一方面是顶层规划和综合管理人才,以及在理论探索和基础设计方面的高端人才,还需要职业技术学院培养大批能够掌握智能化系统技术的养老服务技能人才。此外,智慧养老需要准备多域基础条件、包容多元供需主体、整合多类服务模式,全面融合线下线上各种养老服务渠道和手段、功能和资源、服务过程及其成果、服务产出及其形式,构建多中心、一站式、专业化、整体性的养老服务平台,使之成为既有智能支撑又有智慧注入的、日常性和应急性兼具的、复合性生态综合体[②]。

(三)打造多样化的养老服务专业人力资源服务产业园区模式

养老人力资源服务业是一个供应链条长、服务范围广、客户多元化、产品多样化、新业态成长快的行业。从机构养老服务、社区养老服务到居家养老服务,从照护服务、医疗卫生服务、社会参与服务、教育培训服务、金融服务、科技服务,到老年用品及相关产品制造、老年用品及相关产品销售和租赁、养老设施建设等,都需要发挥人力资源服务机构的培育、孵化、展示、交易功能。因此,各地方政府主管部门要重视建立养老服务专业人力资源服务产业园区,搭建政府、社会、市场三方良性互动机制,整合现有存量资源,培育孵化创新资源,组织开展园区企业的综合性与专业性服务,评选和推广养老人力资源服务创新产品,延伸人力资源产业链条,促进人力资源服务业和科技、金融、专业服务业相互融合发展,促进行业集聚发展、创新发展。老龄化程度比较高的大中城市可以通过功能叠加,运用租金减免、贷款贴息、政府优先购买公共服务等手段,建立人力资源服务街区和基地等集聚区,努力形成资源共享、信息互通、优势互补、错位发展的业态,推动人力资源服务业集约化发展,推动人力资源服务更好服务于积极应对老龄化国家战略的实施。

---

① 张锐昕、张昊:《智慧养老助推养老服务体系优化:思路与进路》,《行政论坛》2020 年第 6 期。
② 张锐昕、张昊:《"互联网+养老"服务智能化建设的条件限度和优化逻辑》,《理论探讨》2021 年第 2 期。

第十章 老年宜居环境建设

习近平总书记指出："我们的人民热爱生活，期盼有更好的教育、更稳定的工作、更满意的收入、更可靠的社会保障、更高水平的医疗卫生服务、更舒适的居住条件、更优美的环境"①。人口老龄化是今后较长一个时期我国的基本国情。老年宜居环境建设既关乎当前，也关乎未来，既关乎老年人生活，也关乎经济社会发展，是顺应人口老龄化形势要求、满足全体公民老年期美好生活需要、培育老龄社会发展新动能的重要举措，也是我国积极应对人口老龄化的重大理念和实践创新成果。

当前，我国老年宜居环境建设在政策、实践、市场等方面取得了显著进展，吸引了全社会的广泛关注。本章首先介绍老年宜居环境的概念缘起，阐释老年宜居环境的概念内涵和基本特征，继而从政策发展、建设实践、市场发展、标准体系4个方面总结我国老年宜居环境的建设现状和取得的成绩，并分析未来我国老年宜居环境建设的总体发展趋势。整体而言，我国老年宜居环境建设仍然处于初级阶段，尚存在诸多突出问题，需要进一步采取有效措施，大力推动老年宜居环境建设融入国家发展战略，统筹推进城乡老年宜居环境建设，切实促进老年宜居市场健康发展，着力加强老年老友好型社区建设，加快构建老年宜居环境标准体系。

第一节 老年宜居环境的概念内涵和基本特征

老年宜居环境的理念发轫于国内外对宜居城市、人居环境的探讨，特别是国际社会对于老年友好型城市的积极推动。提出老年宜居环境的理念，旨在不断消除老年

---

① 《习近平谈治国理政》第一卷，外文出版社2018年版，第4页。

人融入社会、参与社会的障碍,打造形成一批各具特色的老年友好型城市、老年宜居社区,促进健康和积极的老龄化。

一、概念缘起

在全球人口老龄化背景下,世界卫生组织于 2002 年提出积极老龄化政策框架,意在推动老年人能按照自己的需求、愿望和能力参与社会,继续成为家庭和社会的有益资源。根植于积极老龄化的理念,世界卫生组织实施了阳光老年计划,通过优化健康条件、参与机会和安全环境,促进老年生活质量提高。阳光老年计划取决于同个人、家庭和国家相关的各种因素,城市环境和服务的许多方面反映了这些因素,成为老年友好型城市特征的一部分。

在阳光老年计划的基础上,2005 年,世界卫生组织首次推出老年友好城市建设项目,旨在推动各国建设老年友好型城市环境,帮助城市老年人保持健康与活力,消除参与家庭、城市和社会生活的障碍。2007 年,世界卫生组织对世界 22 个国家的 33 个城市开展了老年人城市生活调查以及询问,设计了便于城市进行自我评估和规划发展的指导性手册——《全球老年友好城市建设指南》。该建设指南涵盖了户外空间和建筑、交通、住房、社会参与、尊重和社会包容、公众参与和就业、交流和信息、社区支持和卫生保健服务等 8 个领域,以促进城市形态向年龄友好型发展。基于这个建设指南,世界卫生组织在 2010 年启动了全球老年友好城市和社区网络行动。加强老年友好型宜居城市和社区建设,已经成为世界各国应对人口老龄化和城镇化双重趋势的共同策略。从世界各地建设实践来看,不同国家和地区有着不同用语,但目的都在于创造老年友好型环境,优化老年人的健康条件、参与机会和安全保障,促进老年人继续融入社会,提高老年生活质量,使人们以积极态度面对老年。

响应国际社会号召,顺应我国人口老龄化形势新变化和老龄事业发展新要求,全国老龄办率先提出老年宜居环境的理念,并于 2009 年 9 月在全国范围内正式启动了老年宜居环境建设试点工作。

二、概念内涵

老年宜居环境是指适应包括老年人在内的各年龄人群、围绕居住和生活空间的各种环境的总和,狭义是指居住的实体环境,广义则还包括社会、经济和文化等综合环境。老年宜居环境建设的目标就在于适应人口老龄化形势的发展要求,促进社会生活环境从"成年型"向"全龄型"转变,着力发展有利于老年人保持健康、独立和自理,融入社会、参与社会的硬件设施环境和社会文化因素,为老年人平等参与社会生活提供必要条件,同时也为各年龄层的其他社会成员提供和谐共融的整体环境。

这一理念有两个重要内涵:一是全面友好。老年宜居环境的建设维度不仅包括适老空间环境,让老年人出得了楼、下得了楼、行得了路,有活动休闲场地,有邻里交流空间,还包括包容性的社会文化环境,弘扬敬老、养老、助老的社会风尚,营造老年社会参与支持环境。二是全龄友好。老年宜居环境并不是单单针对老年人,仅考虑老年人的身心特点和特殊要求,而是要面向所有人,适应人们不同生命阶段的生活能力与生活居住环境需求,让所有家庭、所有家庭成员,特别是老年人与儿童,都能感受到生活上的安全、便利和舒适,享有更好的家庭生活和宜居环境。

因此,从建设内容来看,老年宜居环境建设包括空间建设和社会建设两个方面。从建设单元来看,老年宜居环境可分为区域、城镇、社区 3 个层次,其中,社区宜居环境是老年宜居环境的微观基础①。

老年宜居环境建设和无障碍环境建设密切相关,但是,老年人不等于残疾人,老年人在适老化方面的需求与残疾人在无障碍方面的需求存在诸多差异。大多数老年人或者在老年期的大多数时间,他们的生活需求与其他年龄的人们并无太大差别。当然,人口老龄化也意味着身心功能逐渐衰退,老年人会不同程度地对设施和服务有着特殊需求。老年宜居环境建设的意义在于,通过提供援助性服务和支持性环境,对老年人的生理与心理健康衰退作出适应及补偿,让老年人能在日常生活中达到可能的最佳活动和参与水平②。这就需要统筹考虑和落实城乡社区规划、社区服务、社会福利和医疗保健等公共政策,创造适老化的生活环境,适应老年人的不同生命历程及身心状态变化,让老年人能够继续安心、安全地生活在自己熟悉的地方,并能促进身心健康和社会参与。

三、基本特征

可及性。一是住房可及性。居住条件的好坏是安全和健康的决定性因素之一。老年宜居环境建设需要保障老年人的基本住房需求,并根据老年人的特点和需求进行房屋设计与改造,提升老年人的居住满意度。二是交通可及性。能否在城市中自由活动是社会参与和利用城市公共服务的前提条件。老年友好型城市应为包括老年

---

① 伍小兰:《中国老年宜居环境建设奏响时代强音》,载于《中国老年宜居环境发展报告(2015)》,社会科学文献出版社 2016 年版。
② 于一凡、田菲:《面向老龄社会的科学应对》,科学出版社 2019 年版。

人在内的所有人安全便捷地到达各种场所,创造良好的出行环境。三是公共服务可及性。城市公共服务和设施的可及性,体现在服务的距离、时间、内容、方式、价格等方面是否便于老年人利用服务。

健康性。老年宜居环境建设应以人的健康为中心,促进老年人的功能发挥,能去想去的地方,能做想做的事。一是注重建成环境对健康的影响。通过住宅、绿地和公园、公交站、商业服务设施等建筑及场所的建设与改造,以及步行道、自行车道、机动车道的选址与设计,在增进老年人居住舒适感的基础上,促进老年人的体力活动和社会参与,从而增进老年人的身心健康。二是提供可负担的、协调良好的卫生保健和支持服务。以老年人群多层次需求为中心,提供公平可及、系统连续的预防、治疗、康复、健康促进等整合性健康服务。

包容性。老年人参与经济社会生活,既能发挥他们的专长和作用,还能继续保持或建立必要的社会交往关系。老年宜居环境的包容性体现在为老年人提供参与更多丰富多样活动的机会,同时,在老年宜居环境建设当中享有更多的影响力和话语权。

安全性。对老年人而言,环境安全是最基本也是最重要的要求。在老年宜居环境的规划建设中,要将安全性贯彻其中显得尤为重要。从室内到室外、从物理空间到社会心理空间、从硬件设施到信息软件技术,应尽量避免各种不安全因素及潜在性危险,为老年人日常生活和社会活动提供安全的环境①。

第二节 我国老年宜居环境建设取得的成就

党的十八大以来,我国积极应对人口老龄化工作不断取得新进展、新突破。我国老年宜居环境建设从单项突破到整体推进,形成了基本政策框架,在推动建设实践快速发展、吸引社会力量广泛参与、完善标准体系等方面也取得了显著成绩,积极探索具有中国特色的老年宜居环境建设道路。

一、政策体系不断完善

2009 年,全国老龄办在全国范围内启动的老年宜居环境建设试点工作引发了社会对"问题环境"的高度关注。2012 年,全国人大常委会修订的老年人权益保障法,

① 李小云:《面向原居安老的城市老年友好社区规划策略研究》,华南理工大学 2012 年博士学位论文。

新增宜居环境专章,就老年宜居环境建设的基本要求、工作重点、政府责任、社会参与等作出了全面规定和原则指引,成为当年修法的最大亮点和突破之一。老年宜居环境从提出理念到实现立法只用了短短 4 年时间,可见社会重视程度之高、政府推动力度之大。

2016 年,全国老龄办、国家发展改革委等 25 个部委共同制定出台了《关于推进老年宜居环境建设的指导意见》(以下简称《指导意见》)。这是我国第一个关于老年宜居环境建设的指导性文件,以"老年宜居环境建设"新理念为中心,完整提出了推进老年宜居环境建设工作的指导思想、基本原则、任务目标、保障措施等一整套内容,清晰描绘了老年宜居环境建设的时间表、路线图、任务书。此后,老年宜居环境成为国家重大老龄政策、养老服务政策普遍关注的一个重要方面。《"十三五"国家老龄事业发展和养老体系建设规划》将推进老年宜居环境建设列为专章。国务院办公厅相继印发的 3 个文件《关于全面放开养老服务市场提升养老服务质量的若干意见》《关于制定和实施老年人照顾服务项目的意见》《关于推进养老服务发展的意见》,均强调推进老年宜居社区建设,加强社区、家庭的适老化设施改造。

为积极应对人口老龄化,按照党的十九大的决策部署,2019 年 11 月,党中央、国务院印发了《国家积极应对人口老龄化中长期规划》,(以下简称《国家规划》)。这是一个到 21 世纪中叶我国积极应对人口老龄化的战略性、综合性、指导性文件。《国家规划》从人、财、物、科技和环境 5 个方面,提出了积极应对人口老龄化的政策框架。在加强老年宜居环境建设方面,明确提出,到 2022 年,建成一批示范性城乡老年友好型社区;到 2035 年,普遍建立老年友好型社区。《国家规划》按动了我国老年宜居环境建设的加速键。2020 年,国务院办公厅相继印发《关于全面推进城镇老旧小区改造工作的指导意见》《关于促进养老托育服务健康发展的意见》,民政部等 9 部门联合印发《关于加快实施老年人居家适老化改造工程的指导意见》,以政策"组合拳",推动老年宜居环境建设全面融入城市更新、消费升级的双循环新发展格局当中。

二、建设实践逐步深入

专项开展老年宜居环境理念倡导和建设试点。按照全国老龄办在 2009 年启动的老年宜居环境建设试点工作部署和要求,各试点城市(城区)结合自己本地实际,扎实推进老年友好型城市(城区)建设的试点工作,在工作机制、标准体系、宣传发动上都取得了良好的示范效应。不少城市逐渐将老年宜居环境建设作为推动城市环境和社会事业转型发展的重要突破口。2017 年,上海市率先发布实施地方标准《老年宜居社区建设细则》,推动该市老年宜居环境建设迈上一个新台阶。湖北省持续开展老年宜居社区创建活动,从设施配套齐全、服务功能完善、居住便捷舒适、环境优美整洁、人际友善和谐、社区机构健全 6 个方面推进创建工作。2021 年,为贯彻落实《国家规划》要求,国家卫生健康委(全国老龄办)印发《关于开展示范性全国老年友好型社区创建工作的通知》,并配套制定了《全国示范性城乡老年友好型社区标准》《全国示范性老年友好型社区评分细则(试行)》,在全国范围内掀起了新一轮的老年宜居环境建设高潮,将重点放在提升社区适老宜居水平上,并将建设范围扩大到农村,计划到"十四五"期末,在全国建成 5000 个示范性城乡老年友好型社区。

无障碍环境建设持续推进。党的十八大以来,无障碍环境建设立法进一步加强,法律法规和政策措施呈现明显增长的态势。截至 2018 年,全国省、地(市)、县共制定无障碍环境与管理的法规、规章等规范性文件 475 部[1]。城乡无障碍环境建设由点到面有序推进。全国所有直辖市、计划单列市、省会城市都开展了创建全国无障碍建设城市工作。残疾人家庭无障碍改造进度加快,越来越多的残疾人获得盲杖、助视器、假肢等各类辅具适配服务。

在城市更新和美丽乡村建设中提升居住环境的适老宜居性。一是在农村持续加大危旧房改造力度。截至 2020 年 6 月 30 日,有 1157 万户建档立卡贫困户通过实施农村危房改造、易地扶贫搬迁、农村集体公租房等多种形式保障了住房安全[2],老年人是主要的受益人群。在美丽乡村建设中,持续提升农村生产生活环境综合质量。二是把适老化改造作为城镇老旧小区改造的重要内容。充分考虑老年人的社会交往和日常需要,对城乡老旧社区、老旧楼房及生活服务、医疗卫生、文化设施、文化体育设施等进行适老化改造。2021 年,北京市住房城乡建设委发布《关于老旧小区综合整治实施适老化改造和无障碍环境建设的指导意见》,围绕着适老出行,推出 9 项必须改造的适老化内容。三是推动建设完整社区。人是城市的核心,社区是人最基本的生活场所。完整社区体现了人民城市为人民的新理念,强调以社区为基本单元,统筹配建幼儿园、老年服务站、社区卫生服务站、综合超市、慢行系统等设施,打造更美好的社区生活环境,就近满足居民基本的生活需求和服务需求,创造邻里共建共享的社区氛围。作为新冠肺炎疫情后重振规划内容之一,武汉市编制完成《完整社区建

---

① 国务院新闻办公室:《平等、参与、共享:新中国残疾人权益保障 70 年》白皮书,人民出版社 2019 年版,第 32 页。

② 《脱贫攻坚农村危房改造任务按时完成》,《经济日报》2020 年 9 月 24 日。

设专项规划》,重在以系统性思维推动老旧社区改造,打造 15 分钟生活圈,推进健康型街道及邻里中心两项示范项目。诸多城市亦纷纷开展完整社区建设试点工作,进一步融合提升老旧小区改造工作实效。

在养老服务体系建设中优化老年宜居环境。近年来,我国养老服务持续快速发展。截至 2021 年 3 月,我国已有 33 万余个养老服务机构和设施、817.2 万张养老服务床位,3290.2 万老年人享受高龄、护理等不同类型的老年补贴①。自 2019 年起,民政部针对农村敬老院的设施条件、设备配置和安全管理,实施了为期 3 年的改造提升工程。不少地区采取"成熟一个、改造一个"的方式,全面实施乡镇敬老院改造提升工程。大力推动医养结合深度融合发展,鼓励和促进社区养老服务、社区医疗卫生设施同址或邻近设置,支持乡镇卫生院和养老院"两院一体"发展。

加快推进居家适老化改造进程。一是实施特殊困难老年人家庭适老化改造工程。将居家适老化纳入政府的脱贫攻坚、兜底保障范围,对所有被纳入特困供养、建档立卡范围的高龄、失能、残疾老年人家庭给予最急需的适老化改造。杭州市依托浙江省适老化改造信息平台,实行困难老年人家庭适老化改造需求评估、方案制定、检查验收等全流程智慧监管,为每户老年人家庭生成专属改造二维码,改造内容和前后对比情况只需"扫一扫"即可一目了然。二是鼓励各地通过产业引导、业主众筹、政府补贴等改造模式,引导老年人家庭对住宅及家具设施等进行适老化改造,促进养老服务消费提升。上海市在居家环境适老化改造扩大试点工作中,探索建立补贴标准梯度化、工作流程标准化、服务平台智能化、改造清单精细化的四位一体项目平台,吸纳行业内相关优质企业参与适老化改造工作。

三、市场主体参与日益活跃

在市场需求及政策支持的双重拉动下,中国养老宜居市场的热度持续不减。2020 年 2 月 4 日,国家统计局以第 30 号令的形式正式发布了《养老产业统计分类(2020)》,将养老产业划分为 12 大领域。养老设施建设即为其一,主要包括养老设施建设、改造、装修、维修、适老化和无障碍改造活动。随着社会资本深度布局养老市场,养老宜居项目快速增长。在全国的养老服务设施中,民办养老机构的床位和数量均已突破 50%。大型保险公司纷纷发力建设养老社区,推动保险产品与康养服务相

---

① 国务院新闻办公室:《中国共产党尊重和保障人权的伟大实践》白皮书,人民出版社 2021 年版,第 35 页。

嫁接的运营模式。在老年人及其家庭更加注重满足刚性照护需求、更加注重提升康养生活品质的背景之下,养老宜居项目的类型更为丰富,涵盖综合性养老社区、医养结合型养老机构、旅居养老项目、社区嵌入式养老服务机构等。这些项目不管是新建,还是改扩建,也不管体量大小,都对适老宜居的环境品质提出了更专业化、精细化的要求。

城镇老旧小区改造以及"物业+养老"模式,激活了社会资本进入养老宜居市场的热情。一大批物业企业,以及提供养老、托育、家政、便民等专业服务的企业投入到养老宜居市场。目前,已初步形成了市场力量投入的 3 种方式:通过提供专业化物业服务方式,参与城镇老旧小区改造;通过"改造+运营+物业"方式,先投资改造,再获得小区公共空间和设施的经营权,提供物业服务和增值服务;通过"物业+养老"方式,为社区内的老年人提供助餐、助浴、助洁、助急、助行、助医、照料看护等养老服务,开展居民结对帮扶老年人志愿服务和代际沟通活动。

居家适老化改造市场活力不断增强。越来越多的建筑设计、装修装饰、家政服务、养老服务、物业、家电等相关领域的企业主体,主动拓展适老化改造业务。专注于老年生活空间的系统设计解决方案,以及适老设备、适老用品设计研发与集成服务的市场主体,亦正在快速成长。用供给创新挖掘潜在需求,推动居家适老化改造与信息化、智能化居家社区养老服务相结合,与智能家居、养老终端设备、康复辅助器具的适老化设计与开发相结合,已经成为养老宜居产业发展的重要方向。

四、标准体系更加健全

我国已初步建立起了从设施规划到建筑设计领域,针对老年人设施及老年人居住环境的,包含国家标准、行业标准、地方标准、团体标准在内的工程建设标准体系框架,为老年宜居环境建设提供了基本的依据(见表 10—1)。

表 10—1 我国现行与老年人居住环境相关的国家标准

标准编号	标准名称	适用范围	实施日期
JGJ450—2018	老年人照料设施建筑设计标准	新建、改建和扩建的设计总床位数或老年人总数不少于 20 床(人)的老年人照料设施	2018 年 10 月 1 日
GB50180—93	城市居住区规划设计规范	城市居住区的规划设计,并主要适用于新建区	2016 年 8 月 1 日

标准编号	标准名称	适用范围	实施日期
GB50763—2012	无障碍设计规范	全国城市新建、改建和扩建的城市道路、城市广场、城市绿地、居住区、居住建筑、公共建筑及历史文物保护建筑等	2012年9月1日
GB50096—2011	住宅设计规范	全国城镇新建、改建和扩建住宅的建筑设计	2012年8月1日
建标144—2010	老年养护院建设标准	老年养护院的新建、改建和扩建工程	2011年3月1日
建标143—2010	社区老年人日间照料中心建设标准	社区老年人日间照料中心的新建工程,改建和扩建工程项目可参照执行	2011年3月1日
GB50437—2007（修订中）	城镇老年人设施规划规范	城镇老年人设施的新建、扩建和改建规划	2008年6月1日

我国在2017年曾发布过一部国家标准《老年人居住建筑设计规范》,明确了居家环境下针对老年人的专项住宅(包括老年人住宅、老年人公寓)的设计标准,强调在符合安全、适用、卫生、经济、环保等要求的同时,满足老年人生理、心理及服务方面的特殊需求,集中体现了我国在居住建筑领域适老化研究方面取得的成果。与此同时,近年来,与老年宜居相关的地方标准、团体标准、企业标准日渐增多。比如,山东省发布《居家养老 家居适老化改造通用要求》。安徽省出台《居家适老化改造指南》《既有住宅适老化改造设计标准》。2020年4月,北京市规划和自然资源委员会发布《北京市既有住宅适老化改造设计指南》。上海市住建委和民政局于2021年5月联合印发《上海市既有住宅适老化改造技术导则》。以上标准成为适应大城市居家养老发展需要,提高当地既有住宅适老性,为老年人提供安心、舒适生活环境的重要技术依据。此外,《室外适老健康环境设计标准》《城市社区适老化性能评价标准》《老龄宜居社区智能化养老服务基本规范》《生态康养基地评定标准》等均已正式发布。

智能技术适老标准日益引起社会各界的高度关注,涉老国家标准、团体标准不断涌现。《移动终端适老化技术要求》《智能家用电器的适老化技术》等系列团体标准已经正式发布。2021年8月20日,国家市场监督管理总局、国家标准化管理委员会发布了《用于老年人生活辅助的智能家电系统架构模型》和《适用于老年人的家用电器通用技术要求》这两个适老家电国家标准,实施日期为2022年3月1日。

适老宜居标准体系的不断发展完善,也反映了我国基础研究的深化。例如,中国建筑设计研究院有限公司于 2014 年成立了我国首个关注老年人生活环境的人体工程学与环境行为学的适老建筑实验室,建立了我国本土的老年人体工程学数据库,直接服务于编制适老宜居环境相关标准,研发针对既有建筑的体系化改造技术、适老产品和建筑产品。为更好地落实老年宜居标准设计要求,普及基本理念和关键技术要点,指导地方建设实践,全国老龄办委托中国老龄科研中心老龄健康与宜居环境研究所,组织相关行业专家撰写《老年宜居环境建设知识读本》一书,于 2018 年出版发行。

第三节　我国老年宜居环境建设存在的主要问题

在人口老龄化快速发展的形势下,我国老年宜居环境建设取得了显著进展,但离老年人对美好生活的需求,离健康老龄化、积极老龄化对环境支撑的要求,还有很长的距离,并存在一些突出问题。

一、整体建设滞后于人口老龄化形势

东亚一些国家和地区虽较晚开始人口老龄化,却是全世界人口老龄化历程最短、速度最快的地区,进入超老龄社会的时间更短。最典型的是日本、韩国,中国也不例外。从老龄化社会发展到老龄社会,即 65 岁及以上人口比例从 7% 上升至 14%,中国只用了 21 年;从老龄社会到超老龄社会,即 65 岁及以上人口比例超过 20%,预计在 15 年左右。时间短、形势紧、建设任务重,可以说是老年宜居环境建设面临的迫切问题。与快速人口老龄化相伴的是城镇化的快速发展。2020 年,我国 60 岁及以上城市老年人口(1.43 亿)首次超过了农村老年人口(1.21 亿)。而且,人口老龄化城乡倒置现象进一步加剧。农村人口老龄化率高达 23.81%,高于城市的 15.82%,差距达到 7.99 个百分点①。我国城乡老年人的居住和生活环境都面临很多突出问题。特别是在新型城镇化过程中,人口将进一步向城镇、向都市圈快速集聚。这就要求新型城镇化建设必须融入老年宜居环境的理念,避免形成新的"问题环境",否则,改造起来时间长、难度大、成本高。

当前,我国老年宜居环境建设面临存量改造和增量建设两大任务。在已建成区域的老旧小区,需要通过更新改造,完善"一老一小"服务设施,提升建成区域的适老

---

① 杜鹏:《从"七普"数据看中国人口老龄化》,《南方都市报》2021 年 5 月 11 日。

宜居环境水平。在增量建设中,则需要结合城市更新、乡村振兴和县域经济发展,引导城乡老年宜居环境建设均衡高质量发展。然而,目前在城乡规划、建设和治理当中,我们仍习惯于年轻型社会的思维,缺少对正在到来的老龄社会和长寿时代形势要求的前瞻性考虑;依然倾向于效率优先的价值导向,缺乏对人本需求的整体关照,特别是老年人对居住生活环境的特殊需要。这也反映出全社会对老年宜居环境的认识还需进一步提升,尽早尽快改变当前老年宜居环境建设不连贯、不系统的"碎片化"状况。

二、建设发展不平衡、不充分

经济社会发展的区域不平衡也体现在老年宜居环境建设领域。由于长期形成的城乡发展鸿沟,农村基础设施和民生领域欠账较多,农村人居环境问题比较突出,主要表现为:基础设施陈旧,基本公共服务设施匮乏,生产生活中的环境污染问题日益突出,农村文化和农村景观退化等。在我国大多数农村地区,特别是中西部地区,由于缺乏科学规划和政府投入,农村人居环境和老年宜居环境建设整体落后,老年宜居环境建设的基础就更为薄弱,难度更大。即便是在研究层面,针对农村老年宜居环境的调查研究也比较少。不同城市地区的老年宜居环境建设存在明显区域差异。总体来说,经济发达地区的城市,城市发展理念更先进,老龄工作基础更好,老年宜居环境的建设水平要更高一些。老年宜居环境建设的区域不均衡性不仅体现在城乡之间,也体现在城市之间,甚至同一城市的不同城区之间。即使是在城市内部,城区和郊区、老城区和新城区,甚至不同类型的居住小区之间也存在较大差异。

老年友好既包含了硬件环境的建设要求,又包含了软性服务及公共政策的要求①。因此,从促进老年群体健康老龄化和积极老龄化的角度,我国老年宜居环境建设包括居住、出行、健康支持、生活服务、信息交流、敬老社会文化等多个方面,是一个交互影响的环境建设的连续统一体。但是,目前在建设实践中,老年宜居环境建设还存在认识不足等问题,在建设内容上缺乏长短结合、标本兼治的统筹安排。老年宜居环境建设不同于无障碍设施建设,也不能仅视为适老化改造或者便民助老项目,而是积极应对人口老龄化、打造适应未来超老龄社会整体环境保障的关键举措。所以,特

---

① 王海东:《积极应对人口老龄化,统筹推进,共建共享老年友好型社会》,《健康报》2021 年 7 月 26 日。

别需要统筹考虑老年宜居环境建设的各个维度,对于老年人的偏好及其对生活方方面面的需求作出预见,并将其充分地反映到城市规划建设中。

三、社区适老宜居水平亟待提升

老年人养老以居家为基础,大部分老年人生活在社区,老年人的大部分时间在社区度过。老年人的健康和需求状态具有多样性。多数老年人仍能自由行动,但值得注意的是,随着增龄过程中老年人身心功能不同程度的退化,可能并存不同程度且多重的障碍,例如视觉缺损、听觉缺损及行动不便等,虽不至达到失能程度,却处于多重不便的情况。需要相应的社区生活环境支持,才能减少环境压力,更好地保持健康、独立和自理。然而,当前我国社区的适老宜居性整体还处于较低水平,住房老旧、社区活动不便、社区设施不齐全、社区服务不完善是比较普遍的问题。

住宅不适老问题突出。2015 年第四次中国城乡老年人生活状况抽样调查数据显示,接近六成(58.7%)的城乡老年人认为住房存在不适老问题,超过三成(34.5%)的城市老年人住在 20 世纪 90 年代之前建成的老旧住房里。城市老旧小区正在普遍经历住房和居民的双重老化过程。老旧小区的人口老龄化水平往往较高,但受限于当时的建设理念和标准,老旧小区的居住建筑普遍存在居室空间适老性差、电梯、公共空间照明设施缺乏,楼栋出入口无障碍设计不足等问题,造成老年人生活安全风险大、日常出门不便。

社区户外环境适老性欠佳。随着"汽车时代"的到来,不少居住小区,人车混行,管理混乱。大量老旧小区内部道路存在人车交通交叉、人行道不连续等情况,同时,人行道路的宽度、坡度、路面材质不适应老人步态特点,造成老年人行路难。户外活动场地及休憩设施匮乏现象比较普遍,还有一些居住社区,虽然考虑到了居民的休闲活动需要,但在交通、照明、无障碍、舒适度等方面均存在很多不利于老年人使用的问题。社区道路和建筑物标识存在标志字体小、颜色对比不强烈等问题,容易造成老年人找路难、找楼难,易迷路。

社区健康养老服务设施配套不足。社区服务设施和健康养老服务设施普遍面临配套不足、资源基础薄弱等问题,难以满足老年人的就近养老需求。特别是在大城市,现有社区服务设施多利用旧建筑改、扩建而成,受到原有建筑空间和结构限制,导致设施适老性普遍较差、使用效率比较低。新冠肺炎疫情防控常态化,对设施的隔离条件、检测条件、物资储备条件提出更高要求,需要相应的空间改造和设备投入大量社区嵌入式的小微养老机构和社区养老服务设施,很难具备上述条件,面临很大挑战。

四、老年宜居环境建设共建共享机制尚未形成

老年宜居环境建设是一项系统工程,涉及面广,参与部门和单位多,需要各部门联动,协调推进。然而目前,我国老年宜居环境建设更多的还是依靠行政化力量推动,老年宜居环境建设整体推进的格局尚未形成。

首先,老年宜居环境建设分散在交通、住建、市政建设、园林绿化、文化体育、残联、卫健等多个部门,还没有形成部门联动、协调推进的工作机制。这也体现为我国老年宜居环境建设相关标准存在系统性不足的问题,对涉老公共设施功能缺乏统筹考虑,特别是不同行业、不同部门主编的标准缺乏沟通协调,存在理念和内容都不尽一致的地方。其次,基层社会治理还没有与老年宜居环境建设有序衔接,社区为老服务配套设施不能实现集约建设、集约使用、集约管理、资源共享,使得基本公共服务还未能及时跟进人口老龄化的形势发展,老年宜居环境缺少有效服务支撑。社区养老服务设施不配套、不适用、不规范的问题仍然比较突出,特别是在老旧小区。再次,社会参与的活力不够,在资金和人员投入上难以实现可持续。还需要进一步创新体制机制,加强投融资机制创新,深挖市场潜力,形成社会合力。最后,长期以来,我国社会治理习惯于自上而下的治理理念和模式,缺少包括老年人在内的公共参与治理机制,容易造成对老年群体真实需求了解不够或者判断有偏,社会、家庭和个人"共创共建、共融共享"的良好社会氛围还没有形成。

第四节　我国老年宜居环境建设的趋势展望

社会的最大损失不是为了促进功能发挥而产生的支出,而是如果我们未能进行适当改变和投资而可能失去的利益[1]。老年宜居环境建设的目标和价值就体现为是否能促进老年人实际的生活能力和功能发挥,特别是在社区这个对老年人来说最为重要的空间单元里。同时,老年宜居环境建设的提质升级,需要科技创新的引领和推动,实现新旧动能转换。

---

[1]　世界卫生组织:《关于老龄化与健康的全球报告》,2016年出版。

一、以促进健康老龄化为建设目标

2019 年,我国人口平均预期寿命已经达到 77.3 岁[①],预计在 2030 年将达到 79.0 岁[②],进入名副其实的长寿时代。在长寿时代,社会发展离不开老年人的参与和贡献,他们对健康安全、幸福安心、友善无碍、活力有为生活环境的需求日益凸显。尊重老年人的主体性,促进老年人功能发挥程度和生活质量的提升,成为国际社会健康老龄化战略的一个关注焦点。而这也正是健康中国战略的本质要求,就是把人民健康摆在优先发展的战略地位。

作为健康老龄化战略的提出者,世界卫生组织于 2015 年进一步更新和诠释了健康老龄化的概念内涵与政策导向,将健康老龄化定义为发展和维护老年健康生活所需功能发挥的过程。其中,功能发挥是指使个体能够按照自身观念及偏好来生活和行动的健康相关因素,由个人内在能力与相关环境特征以及两者之间的相互作用构成(见图 10—1)。可见,这一定义更多的是从老年人实际生活状况而非是否患病的角度去认定老年期的健康问题,并特别强调了外部环境对于老年人实际功能发挥的重要支持作用。这是因为,即便是对于能力衰退的老年人来说,良好的支持性环境也可以让他们去想去的地方、做想做的事情。而且,良好的社区户外建成环境还可以通过促进老年人的体力活动和社会交往,进而提升老年人的身心健康水平,实现主动健康。因此,应加强科学研究,基于循证策略,将老年宜居环境建设聚焦到促进老年人的健康生活上,聚焦到优化老年人的健康老龄化轨迹上,充分发挥内外环境的健康效应。

研究发现[③],促进老年人的健康是各国老年宜居环境建设的关键指标,同时也是老年宜居环境研究的核心焦点,所涉及的学科背景从医学、老年学,到社会学、经济学和空间科学等。在健康老龄化视野下,还应特别注重运用好康复辅具协助老年人实现生活再造。随着科技的日新月异,各种不同功能的辅助科技和产品随之蓬勃发展,有助于帮老年人增进生活功能或照护质量,过上独立、自主、自尊的生活,就有可能尽可能少地依赖他人照顾,完成原本做不到的事,并能参与更多的活动或与社会互动。

---

① 国家卫生健康委:《2019 年我国卫生健康事业发展统计公报》,2020 年 6 月。

② 中共中央、国务院:《"健康中国 2030"规划纲要》,《人民日报》2016 年 10 月 26 日。

③ 于一凡、王沁沁:《健康导向下的老年宜居环境建设——国际研究进展及其启示》,《城市建筑》2018 年第 7 期。

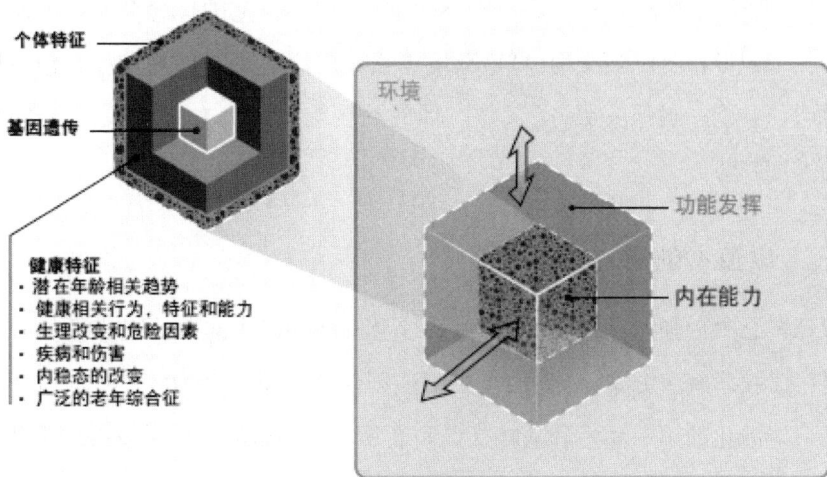

图 10—1　健康老龄化

资料来源:世界卫生组织:《关于老龄化与健康的全球报告》,2016 年出版,第 28 页。

二、以全龄友好型社区为建设重点

老年宜居环境是不分年龄、人人共享的,其规划建设要能满足人们不同生命阶段的生活能力与居住需求。因而,老年宜居环境建设要在通用宜居性含义基础上关注基于差异的环境适应性,既要强调居住环境对老年人身体机能的弥补支援以及维护促进需要,也要考虑其他行动不便的残障人士(如视力残疾人、听力残疾人和肢体残疾人等),以及暂时性障碍者(如孕妇、抱小孩的人、持重物的购物者、病人、幼童等)的需求。

老年友好型社区建设要让所有家庭、所有家庭成员(特别是老年人与儿童)都能感受到生活上的安全、便利和舒适,打造全龄友好型社区。这就要求全面加强城市居住区的规划建设,基于居民日常生活体验,就近满足居民基本的生活需求,提供便利的公共服务,营造邻里和谐的社区氛围。要完善配套设施建设,抓好社区养老托育服务设施"微基建",让人们拥有享受更好家庭生活的适老适幼的宜居环境。

老年友好型社区建设要建构具有永续性功能的社区生活圈及住宅,打造终生社区、终生住宅,满足人民从"有房住"向"住好房"发展的需求,满足人民原居安老的需求。为了改变建筑短寿化的局面,适应绿色可持续发展和老龄社会的需要,2018 年,中国工程建设标准化协会发布《百年住宅建筑设计与评价标准》,明确了百年住宅的基本理念,构建了中国百年住宅设计与评价标准。这个标准当中就体现了全生命周期、终生住宅的理念,通过采取适应性设计建造集成技术,结合未来居住的可能性进行适老化、适幼化套型研发。未来,把终生社区、百年住宅的理念全面纳入城市发展规划和住宅建设,在住房、交通、城市环境等领域广泛应用通用性设计和包容性设计技术,推行"住房—健康—服务"三位一体的社区综合解决方案,将是老年宜居环境建设的发展趋势。

三、以技术创新为建设引擎

习近平总书记强调:"现在,我国经济社会发展和民生改善比过去任何时候都更加需要科学技术解决方案,都更加需要增强创新这个第一动力。"①技术创新是积极应对人口老龄化的第一动力和战略支撑。老年宜居环境的高质量发展离不开科技支撑,以满足老年人的多元化、多层次需求,持续改善老年人的生活质量。随着人口老龄化的深入发展,必然要求充分利用区块链、云计算、大数据、物联网等新一代信息技术,打造智慧化居家社区生活空间,以更少人力、更低成本精准满足老年人的照料需求。特别是要适应新冠肺炎疫情防控常态化的要求,更多运用智慧建筑和家居的设计,更多使用物联化、互联化、智能化的技术,并且以技术应用场景的普及带动政策和资金的统筹,推动家庭养老床位和家庭适老化改造的融合发展。当然,科技创新的本质是实现更好的人文关怀。因此,跨越数字鸿沟,实现数字共生,推动智能技术和产品的适老化,广泛开展智能技术应用培训,建设适老信息交流环境,也是老年宜居环境的重要内容。

从适老宜居的角度来看,我国房地产业当前已经进入存量与增量并行的时代。要提升我国住宅产品的性能,打造能适应全生命周期需要的百年住宅,满足安全性、功能性、舒适性、友好性要求,不仅需要调整住宅设计建造思维,更需要通过科技创新提升技术手段,改变项目建成投入使用后缺少可改造性和未来适应性的局面。尤其在老旧小区改造过程中,亟待创新老旧住宅适老化改造技术体系,解决改造技术的瓶颈问题,使老旧住宅成为满足不同类型、不同家庭结构老年人需求的,安全、适老、健康、舒适、灵活可变、绿色环保的居家养老空间,实现住宅作为社会优良资产长久使用②。

德国在积极发展科技以支持老年人的独立性方面取得了积极进展。自 2008 年

---

① 习近平:《在科学家座谈会上的讲话》,人民出版社 2020 年版,第 4 页。
② 周静敏:《建立老旧住宅适老化改造新型技术体系》,《城市规划学刊》2021 年第 3 期。

以来,德国联邦家庭事务、老年公民、妇女和青年部同联邦教育和科研部合作,持续推动研发和建立环境辅助生活(AAL)系统。环境辅助生活系统,是指通过现代化的感应传输装置,使家里的各类仪器智能化,共同连通在一个具有扩展性的智能技术平台上,构建一个即时反应环境,对居家者的状态和环境对象进行分析,立即作出判断与反应,在保证老年人生活安全的同时,降低老年社会的看护成本。德国联邦教研部与德国电气工程师协会每年合办环境辅助生活大会,推进国际标准的制定,以在欧洲市场或更大范围执行。

第五节　推动我国老年宜居环境建设的政策建议

建设老年友好型社会、加强老年宜居环境建设,是实施积极应对人口老龄化国家战略的重要内容。目前,我国老年宜居环境建设的机遇同挑战并存,建设任务尤为艰巨,所以,有必要在新的历史方位上审时度势,提出推动我国老年宜居环境建设的发展方向与基本着力点。

一、全面融入国家发展战略

大力宣传老年宜居环境理念,优化老年宜居环境建设社会环境,推动各领域、各行业适老化转型升级。一是提高全社会对于老年宜居环境建设紧迫性和必要性的认识。高度重视提早规划、提前布局的重要性,针对未来的人口老龄化形势作出前瞻安排,以人为本,充分考虑老年群体的特殊需求,建设适合包括老年人在内的所有人的社会生活软硬件环境。抓住当前应对人口老龄化的有限窗口期和实施新型城镇化的推进加速期,尽早准备、合理规划,加快推进老年宜居环境建设工作。二是加强政策配套协作。充分发挥公共政策持久有效的作用,促进和协调各种不同系统共同发挥作用。在政策制定上,要整合跨领域老年宜居相关政策法规,达成硬件空间环境与软性社会环境、法令制度的相辅相成,避免政出多门、标准不一。在政策执行上,要统筹各方资源形成政策合力。比如,要着力推动老年友好型社区创建与老旧小区改造紧密结合,完善信息沟通和协调协作的机制,实现效率更高、投入更少、服务更精准。三是发挥好政策的"指挥棒"作用。主动适应人口老龄化形势,推进将老年宜居环境建设的内容纳入文明城市和美丽乡村测评体系,推动各领域、各行业在管理和服务等方面的适老化转型升级,建设适老城乡环境,推进老年友好型城市建设。

将老年宜居社区建设全面融入新型城镇化、乡村振兴的国家战略,建立与老龄社会相适应的城乡发展规划体系,统筹推进城乡老年宜居环境建设的快速发展和均衡发展,不断缩小老年宜居环境建设的区域差异和城乡差异。结合城镇现有空间体系,统筹城乡发展,逐级、均等配置公共服务设施。既要与城市养老服务设施体系做好衔接,又要与现行城市居住区规划设计标准做好衔接,按照 5 分钟、10 分钟和 15 分钟生活圈,"市级—片区级—街道级(镇级)—社区级(村级)—组团级"进行设施配建。重视农村养老服务设施建设,形成城乡全覆盖的养老服务设施体系。结合美丽乡村的提升与改造工程,打造田园式农村老年宜居社区。

二、着力推进老年友好型社区建设

建议整合各部门的社区建设资金,通过跨部门的沟通与合作,促进资源统筹,形成政策合力。例如,省级福利彩票公益金和体育彩票公益金按一定的比例,按照老年友好型社区标准,支持城乡社区开展试点示范工作,由点到面、逐步深入,扩大范围、全面展开。一是提升社区宜居水平。促进新建住房全龄友好,建设终生住宅,开展既有居住环境的适老化改造。二是优化社区户外建成环境。提供美观安全的户外环境与丰富多样的户外活动空间,促进居民的体育活动、人际交往和社区参与,强化住区无障碍通行,构建社区步行路网。三是强化社区医养康养功能。将住房、健康服务、社会服务三者紧密联系起来,就近就便为所有年龄阶段的居民提供高质量的生活支持服务和健康支持服务,打通政策落地的"最后一公里"。完善社区养老服务设施配置,提升适老化设计水平,推进居家生活及照护场所的辅具应用。四是浓厚社区敬老社会文化环境。增强代际文化融合,营造适老社会参与和信息交流环境。支持社区基层老年协会的发展,组织老年人投身于社区老年宜居环境建设的实践当中,实现人民城市人民共建、人民共享。

着力推进家庭适老化改造。突出安全性、便利性、舒适性、灵活性原则,缓解老年人因生理机能变化导致的不适应,让老年人居家养老更安全、更舒适、更有品质。这既是重要的民生实事,也能有力促进养老服务消费,带动适老宜居产业发展。一是实施困境老年人适老化改造计划。按一定标准,支持经济困难、重度失能、残疾老年人家庭进行居家适老化改造。二是实施适老化改造普惠计划。通过政府补贴、产业引导和家庭自负的方式,按照个性化定制、全屋改造的原则,提高居家环境适老化水平,提升改造满意度。鼓励更多的家庭开展居家环境适老化改造。三是建立老年人居家环境适老化改造机制。鼓励各地构建统一的适老化改造工作平台,优化服务流程,为老年人提供一站式改造服务。加强适老化改造标准支撑,根据老年人家庭环境适老化的需求,提炼出不同场景的适老化改造标准,形成不同类型的产品服务包,供老年人自主选择,并根据分类保障原则给予老年人差别化补贴。

多措并举,打通社区适老化改造的"神经末梢"。一是以"党建引领+社会化运作"的方式,推进老旧小区加装电梯。要注重发挥基层党组织的作用,同时采用社会化、专业化运作的方式加快推进老旧小区加装电梯。对于不具备加装电梯条件的老旧楼房,则应强化"设备+服务"的一体化助老服务,提供爬楼机服务。二是建立"专建+共享"的理念,让社区公共空间更适老。一方面,积极通过新建、改建和扩建,就近就便配置和丰富社区活动场地以及无障碍公共厕所等。另一方面,要建立社区"大党委"工作制度,鼓励辖区内机关和企事业单位开放内部食堂、活动场地等。鼓励驻区单位、沿街商铺,将其内设厕所共享,供老年人使用。在所有共享助老设施门前设置统一标识,易于老年人寻找、识别和使用。三是通过社区空间置换整合再利用,增加社区适老空间和养老服务设施。积极推进将社区闲置设施和场地,改造为老人、小孩喜欢的口袋公园、小微绿地与社区花园等,改造成家门口的社区养老托幼服务设施。五是通过聚人气、暖民心,浓厚社区孝亲敬老氛围。推动社区志愿服务、互助养老服务常态化发展,融洽邻里关系,共享美好家园。

三、建立健全老年宜居标准体系

老年宜居环境建设具有开创性、复杂性和系统性,需要逐步构建科学、实用、系统、全面、可扩展的规划与建筑相关标准体系,统一指导环境建设、改造与评价,从规范抓起,从标准抓起,避免形成新的"问题环境"。

在快速人口老龄化背景下,老年人已经成为主要的社会群体。应尽快推动将适老化设计纳入民用建筑和公共环境的设计通则,使新建、改建和扩建项目的适老化程度得到整体提升[1]。要主动适应人口老龄化形势,推进老年人持续参与社会并共享社会发展成果,加快对老年宜居相关标准规范的全面修订和完善工作,加快制订具有迫切需求的关键技术标准,弥补硬件实体空间和网络信息空间精细化设计标准的不足,并就新设施和新技术开展研究制定工作,全面建立适合老年人维持独立和社会参与的适老宜居环境。目前,日本已经建立起较为完善的涉老标准体系,标准范围涵盖

---

[1] 周燕珉、秦岭:《中国老年人居住环境特征及适老宜居设计对策研究报告》,载于《第四次中国城乡老年人生活状况抽样调查数据开发课题研究报告汇编》,华龄出版社2018年版。

了吃、穿、住、行、用各个方面,且充分考虑了老年人在视觉、听觉以及行动上的障碍问题。正因为有这些标准,日本很多领域都有专门为老年人特别设计的产品。比如,家电、相机等都有方便老年人使用的装置,新建住宅中的洗手间、厨房,包括台阶、门槛等细微之处都会特别为老年人着想。

重视老年宜居环境的评价标准研究。针对已经开展老年友好型城市、老年友好型社区创建的城市和社区进行摸底、评价与评估,对相关评价标准进行修正、细化与完善,从而更加规范地指导各类设施建设、空间布局等相关标准的制定。除此之外,还应结合乡村振兴与国土空间规划的编制,考虑农村地区老年宜居环境发展趋势,进行老年宜居城镇与农村友好社区的规划指标体系研究,提升小城镇和农村地区的老年宜居环境建设水平。同时,要进一步加强老年宜居基础研究。在更大范围内开展需求调查研究,使环境建设符合本土使用需求,建立老年宜居环境建设数据库。提升公共服务设施规划技术水平,破解服务设施配置均等化、标准化与多样化的矛盾。积极探索农村老年宜居环境的建设模式和技术体系。

四、搭建多主体参与的共建共享平台

老年宜居环境建设一方面需要政府自上而下的规划政策推动,另一方面也需要社区自下而上的参与支持。必须充分调动企事业单位、社会组织、社区居民等力量参与老年宜居环境建设的积极性,努力形成全社会参与的建设氛围。注重发挥中央企业在老年宜居环境建设中的作用。在社会转型以及深度人口老龄化的背景下,中央企业应将国土空间规划与适老宜居、全龄友好理念相结合,加强对老年宜居产业发展的战略性思考,在多规合一的基础上,通过国土空间规划实现国土空间的全面增值、保值。

鼓励社会资本参与老年宜居环境建设。完全靠政府,政府"包不住"。在当前财政增收面临下行压力的趋势下,应充分调动社会组织和民间资本的力量,有效激活市场活力[1]。一是坚持居民、市场、政府、资本多方共同出资原则,建立健全可持续资金筹措机制。二是政府发挥好保基本、强引导作用,发挥财政资金的撬动作用,支持社会资本通过"物业+养老"等多种方式参与到养老宜居市场发展中来,推动社区适老居住环境和适老服务环境同步发展。三是鼓励市场主体成为老年宜居环境建设的实施主体。政府可通过"投资+设计+施工+运营"一体化招标,确定老年宜居环境建设

① 黄石松:《我国老年友好宜居环境建设建什么、怎么建》,光明网理论频道 2020 年 1 月 22 日。

实施主体,既可作为单个小区的实施主体,也可通过大片区统筹、跨片区组合,作为多个小区及周边资源改造的统一实施主体。四是优化老年宜居产业发展环境。依法落实税收政策,统筹政府资金、社会资本、集体收入及产业基金等,鼓励社会资本参与老年宜居环境建设。鼓励金融机构面向老年宜居环境重点工程,开发相关金融产品和服务。五是积极培养适老环境建设产业人才,逐步引入适老环境建设的职业资格,如适老改造师等。正如研究者①指出的,要警惕无障碍变成新障碍。这几年,适老化改造发展起来后,普遍缺专业人员、缺设计规范,许多无障碍实际上成了新障碍。总的来说,要推动在老年宜居环境建设领域形成完善的产业链。这条产业链由不动产开发商、设备供应商、服务提供商等多种类型的企业构成,涉及建筑、家具、设施设备、辅具器械、医疗护理、机械工程、信息系统、运营管理等诸多行业,以培养良好市场环境,激发市场创新活力。

积极推动老年宜居产业多点式、特色化发展。在特色小镇实践的基础上,继续强化依靠区域特色产业,以创新带动产业升级,依靠产业聚集带动城镇和乡村经济增长,根据不同城镇的资源、环境、禀赋、承载能力、开发强度和发展潜力,统筹谋划周边区域人口分布、产业布局、国土利用和城镇化格局,打造符合当地客观条件的主题功能城镇,全面建设生态适老宜居主题功能城镇。

积极调动个人、家庭、社会组织的参与积极性。进一步畅通渠道、搭建平台,广泛收集民情民意,充分尊重老年人的意见,完善意见征求机制,建构自下而上的决策参与平台,让群众的好建议转化为好项目、好措施。在社区治理创新中推进老年宜居环境建设,形成老年宜居环境建设共同体,使政府、企业、社会组织、志愿者、老年人等都能发挥各自的积极性,多元化汇集社会力量和资本,实现共建共治共享,共同打造原居安老的生活家园和精神乐园,筑牢积极应对人口老龄化的微观基础。

---

① 吴玉韶:《积极应对人口老龄化上升为国家战略,当前要做好的六项工作》,在中国老年学和老年医学学会 2020 年学术大会上的发言。

第十一章　孝亲敬老的政策体系与社会环境

　　孝亲敬老是中华民族的传统美德,是社会主义核心价值观的思想来源,也是积极应对人口老龄化国家战略的重要保障。20 年来,我国的孝亲敬老传统美德被广泛弘扬,从精神文明建设和公民道德倡导,逐步落实为家庭养老和社会养老的价值依据。目前,我国已经基本形成以养老保障、养老服务、健康支持、宜居环境等为框架的老龄政策体系,而孝亲敬老是贯穿老龄政策体系的价值导引,是应对人口老龄化政策体系的社会环境要素。本章简要回顾孝观念的历史演变,梳理我国进入老龄化社会后孝亲敬老相关政策的发展,介绍孝亲敬老在全国范围和地方层面的社会实践,并就推进新时代孝亲敬老文化建设提出建议。

第一节　孝亲敬老的历史演变

一、孝观念的历史变迁

　　孝观念是优秀传统中国文化的重要组成部分。站在传统儒家的立场,孝乃万善之本,是一切伦理道德的基础和起点。在传统中国社会,孝是一个集伦理知识、道德实践、制度安排于一体,具有内在一致性的文化体系。在伦理知识层面,祭祀祖先、报本返始是孝的原始含义;子女善事父母,包括对父母物质上的"养"和精神上的"敬",是孝的基本含义;"孝以事君",即用孝心来侍奉君主,这是孝的基本内涵在政治领域的扩展和延伸,也是传统中国社会实施"以孝治天下"的理论基础①。在道德实践层

---

　　①　朱岚:《中国传统孝道七讲》,中国社会出版社 2008 年版,第 1—7 页。

面,孝是一个人立身处世的准则。从孝敬父母到为人处世的所有行为,都以此准则为根据来实践。这样的实践既是对父母、对祖先、对社会的道德责任和道德义务的体现,也是个人自我修养、道德完善的必要过程。在制度安排层面,孝道文化是社会秩序的规范基础,在传统社会治理中发挥重要作用。在家国同构的社会结构中,孝观念不仅主导着家庭制度的运行,还深刻影响着政治、经济、文化等其他社会制度的运行机制。

自先秦至明清,中国传统孝观念的产生和发展,大致经历了宗教信仰、道德哲学、政治伦理等几个阶段。及近世,由于急剧的社会文化变迁,传统孝道遭遇了前所未有的挑战,一度被视为封建专制统治的思想基础而遭到批判,并被视为中国民主、自由发展的阻碍。五四时期对传统孝道的批判,主要限于观念层面;在实践层面对孝的全面冲击和解构,发生在随后的历史时期。进入 21 世纪,人们开始重新认识和评价传统文化,孝道等传统观念的合理内核以及在当代社会的积极价值重获肯定。时至今日,人们对传统孝道极少再持全盘否定的态度。孝的基本含义回归到家庭伦理的层次,"亲情回报"被视为孝的本质属性[1]。相关研究也显示,孝在当代社会仍受到大部分中国人的重视。在目前我国以家庭养老为最主要养老模式的背景下,子女对父母的照顾责任仍根植于以孝为核心的传统价值理念[2]。

孝观念的培育对于构建和谐社会的作用,在当下中国也得到肯定。和谐是传统中国文化的核心价值。随着我国社会建设的不断推进,和谐社会建设被提上议事日程。2002 年,党的十六大提出在 21 世纪头 20 年全面建设小康社会的发展目标,"社会更加和谐"是其中一个重要内容。此后,中央领导人多次就构建和谐社会问题作出重要阐述。2006 年 10 月,《中共中央关于构建社会主义和谐社会若干重大问题的决定》审议通过。和谐社会建设必然要从中国传统文化中汲取营养,而孝文化正是和谐社会建设的重要资源之一。中国文化中的和谐大致可分为 3 个层次:人与自然的和谐,人与社会的和谐,以及个人内心的和谐。依照传统儒家的伦理政治哲学理念,个人道德的完善是家庭和睦、国家安定、天下太平的基础,即所谓"古之欲明明德于天下者,先治其国。欲治其国者,先齐其家。欲齐其家者,先修其身"(《礼记 ·大学》)。在这样的历史进程和社会背景下,主要基于家庭伦理的"孝亲"观念逐步扩展

---

① 李宝库:《一颗闪耀人伦之光的璀璨明珠》,《人民政协报》2006 年 3 月 8 日。

② 熊跃根:《成年子女对照顾老人的看法——焦点小组访问的定性资料分析》,《社会学研究》1998 年第 5 期;陈树强:《成年子女照顾老年父母日常生活的心路历程:以北京市 15 个案例为基础》,中国社会科学出版社 2003 年版;石金群:《转型期家庭代际关系流变:机制、逻辑与张力》,《社会学研究》2016 年第 6 期。

为全社会的"敬老"文化。

我国自 2000 年进入老龄化社会。我们所要构建的和谐社会,实际上是构建人口老龄化背景下的和谐社会,或者说是构建和谐的老龄社会①。"孝亲敬老"就成为构建和谐老龄社会的价值基础和导引。其基本内涵是,在尊重老年人自主性的基础上,建设给予老年人经济支持、生活照顾与精神慰藉等全面支持的文化氛围、制度安排和生活环境。过去 20 年来,在我国传统的家庭养老基础上,社会化养老加快推进,基本养老保障体系基本建立,养老服务体系逐步健全。孝的观念和实践已逐步从家庭范围扩展至更广阔的社会领域。我国始终强调家庭养老的基础作用,家庭成员负有赡养扶助老人的责任和义务。对于无法获得家庭赡养的老年人,政府给予兜底保障。由于计划生育政策的影响,加上现代社会人口迁移和流动加剧,独生子女家庭赡养父母的困难日益凸显,政府承担起更多的养老责任。国家法律法规对家庭成员的抚幼养老责任作出了规定,也明确了相应的国家责任。2017 年,党的十九大报告提出,要"积极应对人口老龄化,构建养老、孝老、敬老政策体系和社会环境,推进医养结合,加快老龄事业和产业发展"。此处所说的"养老、孝老、敬老政策体系",不仅是指直接提出孝亲敬老倡导或要求的社会政策,还包括与家庭养老和社会养老相关的其他政策,以及为此而营造的社会环境和氛围。

二、孝亲敬老的现代法律规定

中国古代有宽免老人刑罚的传统,也有治罪不孝行为的律例②,这一传统延续至今。以法律形式强化道德约束,可以更好地保障老年人的基本权利。从法律框架检视道德义务,可以梳理现代法律对孝亲敬老含义的基本界定。

《中华人民共和国宪法》对于子女赡养父母的责任和国家扶助老年公民的责任都作出了规定。第四十五条规定:"中华人民共和国公民在年老、疾病或者丧失劳动能力的情况下,有从国家和社会获得物质帮助的权利。国家发展为公民享受这些权利所需要的社会保险、社会救济和医疗卫生事业。"第四十九条规定:"父母有抚养教育未成年子女的义务,成年子女有赡养扶助父母的义务。禁止破坏婚姻自由,禁止虐待老人、妇女和儿童。"我国宪法明确规定了子女赡养父母的义务,以及国家和社会帮助老年公民的主体责任,为孝亲敬老在各个领域的应用和实践确立了宪法依据。

---

① 邬沧萍、杜鹏主编:《老龄社会与和谐社会》,中国人口出版社 2012 年版,第 18 页。
② 林闽钢、康镇:《建构中国养老、孝老、敬老社会政策体系》,《人口与社会》2018 年第 4 期。

《中华人民共和国婚姻法》对于婚姻家庭中夫妻、父母及子女间帮扶、抚育和赡养的责任作出了具体规定。第四条规定："夫妻应当互相忠实，互相尊重；家庭成员间应当敬老爱幼，互相帮助，维护平等、和睦、文明的婚姻家庭关系。"第二十一条规定："父母对子女有抚养教育的义务；子女对父母有赡养扶助的义务"，"子女不履行赡养义务时，无劳动能力的或生活困难的父母，有要求子女付给赡养费的权利"。

《中华人民共和国继承法》对于尽赡养义务者给予优先继承权作出规定。第十二条规定："丧偶儿媳对公、婆，丧偶女婿对岳父、岳母，尽了主要赡养义务的，作为第一顺序继承人。"第十三条规定："对被继承人尽了主要扶养义务或者与被继承人共同生活的继承人，分配遗产时，可以多分。有扶养能力和有扶养条件的继承人，不尽扶养义务的，分配遗产时，应当不分或者少分。"上述规定通过规定继承权鼓励人们赡养父母。

《中华人民共和国民法典》是新中国成立以来第一部以法典命名的法律。民法典自2021年1月1日起施行，《中华人民共和国婚姻法》和《中华人民共和国继承法》同时废止。民法典第五编为婚姻家庭，第六编为继承，其下的相关条例延续了原婚姻法和继承法的规定。民法典主要从家庭美德层面诠释敬老概念。第一千零四十三条规定："家庭应当树立优良家风，弘扬家庭美德，重视家庭文明建设"，"家庭成员应当敬老爱幼，互相帮助，维护平等、和睦、文明的婚姻家庭关系"。

《中华人民共和国刑法》对虐待和遗弃老人的处罚作出规定，以保障老年人的基本权利。第二百六十条规定："虐待家庭成员，情节恶劣的，处二年以下有期徒刑、拘役或者管制。犯前款罪，致使被害人重伤、死亡的，处二年以上七年以下有期徒刑"，"对未成年人、老年人、患病的人、残疾人等负有监护、看护职责的人虐待被监护、看护的人，情节恶劣的，处三年以下有期徒刑或者拘役"。第二百六十一条规定："对于年老、年幼、患病或者其他没有独立生活能力的人，负有扶养义务而拒绝扶养，情节恶劣的，处五年以下有期徒刑、拘役或者管制。"

《中华人民共和国老年人权益保障法》是我国唯一的一部老年专门法。该法总则的第一条就指出："为了保障老年人合法权益，发展老龄事业，弘扬中华民族敬老、养老、助老的美德，根据宪法，制定本法。"第三条规定："国家保障老年人依法享有的权益。老年人有从国家和社会获得物质帮助的权利，有享受社会服务和社会优待的权利，有参与社会发展和共享发展成果的权利。禁止歧视、侮辱、虐待或者遗弃老年人。"第八条规定："全社会应当广泛开展敬老、养老、助老宣传教育活动，树立尊重、关心、帮助老年人的社会风尚。"第十条要求："各级人民政府和有关部门对维护老年人合法权益和敬老、养老、助老成绩显著的组织、家庭或者个人,对参与社会发展做出突出贡献的老年人,按照国家有关规定给予表彰或者奖励。"

上述法律规定显示,孝亲敬老首先是一项家庭责任,是子女必须承担的赡养扶助父母的义务。其次,得到国家和社会帮助也是老年人的基本权利,孝亲敬老的社会风尚显示了国家和社会对老年人的尊重与关怀。

第二节 老龄化社会孝亲敬老的政策演进

一、前老龄社会:敬老爱老传统体现在老龄工作中

新中国成立初期,我国人均预期寿命在35岁左右,处于年轻型社会。从1949年至2000年我国进入老龄化社会的近50年,可以称为前老龄社会。孝亲敬老是中国优秀传统文化的基本内涵,其精神已经融入人民的日常生活和普遍的社会规范当中。因此,即使在前老龄社会阶段,敬老爱老传统在相关制度安排和老龄工作中都有鲜明的体现。

新中国成立初期,国家相继发布《中华人民共和国劳动保险条例》(1951年)、《关于全国各级人民政府、党派、团体及所属事业单位的国家工作人员实行公费医疗预防的指示》(1952年)、《国家机关工作人员退休处理暂行办法》(1955年)等政策法规,规定了干部职工的生育、养老、疾病、伤残、死亡等保险待遇,开始逐步建立养老保险制度和医疗保险制度。农村建立了合作医疗制度,在农村经济发展水平较低的情况下,基本解决了农民的就医问题。对于丧失劳动能力和没有家庭成员照顾的老年村民,《1956年到1967年全国农业发展纲要》规定,农业合作社对于缺乏劳动能力、生活没有依靠的鳏寡孤独社员,做到保吃、保穿、保烧(燃料)、保教(儿童和少年)、保葬。该纲要还规定,农业合作社应教育青壮年供养和尊敬父母,使年老丧失劳动能力者在生活上得到合理照顾、在精神上得到充分安慰。城市的社会福利院收养安置了大量无家可归、无依无靠、无生活来源的孤寡老人,是我国社会救济福利事业的开端。

1982年,中国政府组建代表团参加了在维也纳举办的联合国第一次老龄问题世界大会。作为参与此次国际会议的一项准备工作,会前,中国制定了《老龄问题活动计划要点》,提出10项工作计划。通过多种渠道和形式,向国内外宣传我国敬老爱老养老的优良传统、开展群众性的敬老爱老活动等,是其中的重要内容。通过参会,

中国政府认识到我国人口老龄化的趋势和未来对经济社会发展可能产生的重大影响，更加重视老年人问题。1984 年，全国首次老龄工作会议在北京召开。中共中央政治局委员王震出席会议并讲话，首次提出了"5 个老有"的老龄工作目标：老有所养、老有所医、老有所学、老有所为、老有所乐；明确提出了 7 项老龄工作主要任务，第五项任务为：发扬中华民族敬老爱老养老的优良传统，表扬各族人民群众中"老吾老以及人之老"的先进事迹，推动建立"五好"家庭，以及为老年人服务的各种群众性组织，树立社会主义新风尚。

1992 年，第 47 届联合国大会确定 1999 年为国际老年人年，宣传主题是"建立不分年龄人人共享的社会"。1998 年 9 月，《国务院办公厅转发民政部关于开展国际老年人年活动意见的通知》指出："做好国际老年人年的筹备工作，开展必要的活动，将有利于进一步提高我国在国际上的地位，扩大我国的国际影响；对于进一步唤起全社会对老龄问题的重视和关注，推动我国老龄工作的发展，体现党和政府对老龄事业和对亿万老年人的关怀，弘扬中华民族敬老传统美德，培养良好社会风气，促进社会主义精神文明建设，维护社会稳定，具有重要意义。"我国在国际老年人年举办了各种宣传和庆祝活动，积极弘扬尊老敬老爱老养老的传统美德，努力创建年龄平等的和谐共享社会。

二、老龄化社会第一个 10 年：孝亲敬老是精神文明建设和公民道德的重要内容

在我国进入老龄社会的第一个 10 年，从党中央、国务院、各部委及全国老龄办印发的相关重要规划及其他文件看，孝亲敬老主要作为精神文明建设和公民道德的组成部分被倡导。

2000 年 8 月，党中央、国务院《关于加强老龄工作的决定》是中央制定的第一个老龄工作文件，也是指导我国老龄工作的纲领性文件。这份文件指出："要大力弘扬中华民族传统美德，在全社会广泛开展敬老、养老、助老的道德教育，并与开展文明社区、文明村镇、文明家庭创建活动结合起来"，"要综合运用行政、法律和宣传、教育等手段，在全社会树立尊重、关心、帮助老年人的社会风尚"。该文件提出的"敬老、养老、助老"主题是这 10 年孝亲敬老活动的主要实践方式。

2001 年 8 月，国务院印发《中国老龄事业发展"十五"计划纲要（2001—2005年）》，这是国家颁布的第一个老龄事业五年规划。该纲要提出了 5 项任务：经济供养、医疗保健、照料服务、精神文化生活、权益保障。在精神文化生活的措施部分提

出："要把弘扬敬老、养老、助老美德作为社会主义精神文明建设的重要内容"。

2006年8月,全国老龄委关于印发《中国老龄事业发展"十一五"规划》的通知,在老年人权益保障部分,提出"形成法制教育和道德教育相结合的机制",一方面"加强《中华人民共和国老年人权益保障法》的宣传教育",另一方面"倡导敬老、养老、助老的社会文明之风"。

从上述文件可以看出,这一时期关于孝亲敬老的政策论述首先是将其作为一种道德教育,又更加侧重在家庭教育层面。随着老龄事业的发展,孝亲敬老的内容逐渐由虚入实,从社会主义精神文明建设,深入到更加具体的老年人精神文化生活和老年人合法权益维护。

21世纪初期,针对不良社会风气增多和公民道德水平滑坡等问题,国家提出加强公民道德建设。2001年9月,党中央关于印发《公民道德建设实施纲要》的通知提出："必须在加强社会主义法制建设、依法治国的同时,切实加强社会主义道德建设、以德治国";社会主义道德建设要"以社会公德、职业道德、家庭美德为着力点","通过家庭、学校、机关、企事业单位和社会各方面,坚持不懈地在全体公民中进行道德教育"。

社会道德滑坡的一个显著表现,是在家庭赡养扶助老年人方面出现了问题,子女不尽赡养义务甚至虐待遗弃父母的现象时有发生。造成这个问题的原因很多,如家庭子女数减少、人口流动和迁移加剧、传统家庭观念受到冲击等。尤其在农村地区,大量农村青壮年人口离开家乡到城市务工和定居,留下年老的父母独自生活在农村。这一时期,我国的社会保障制度和社会服务体系尚不健全,保障水平较低,社会服务有限,无论在经济支持、生活照顾上,还是在心理安慰上,大部分老年人仍主要依赖家庭和子女。正是在这一背景下,家庭养老得到强调,传统孝道的价值再次受到重视,孝被视为支撑家庭养老的观念基础。

三、老龄化社会第二个10年:孝亲敬老成为老龄政策体系的价值依据

21世纪的第二个10年,是我国老龄政策文件密集出台的一个时期。孝亲敬老在各类政策文件中的论述随之增多,与养老的关联性也明显加强。

首先,孝亲敬老是家庭养老的道德基础。2011年9月,国务院关于印发《中国老龄事业发展"十二五"规划》的通知,列出了11项主要任务:老年社会保障、老年医疗卫生保健、老年家庭建设、老龄服务、老年人生活环境、老龄产业、老年人精神文化生

活、老年社会管理、老年人权益保障、老龄科研、老龄国际交流与合作。在老年家庭建设任务中,"弘扬孝亲敬老传统美德"是其中一项内容,提出要"强化尊老敬老道德建设,提倡亲情互助,营造温馨和谐的家庭氛围,发挥家庭养老的基础作用"。

其次,孝亲敬老被视为社会养老服务体系建设的保障措施。2012 年 2 月,民政部印发《关于开展"社会养老服务体系建设推进年"活动暨启动"敬老爱老助老工程"的意见》。在主要任务之一"推进居家养老服务"中,提出"倡导敬老爱老助老传统美德,探索家庭照料者培训和支持工作,巩固家庭养老功能";并决定在"十二五"期间启动实施"敬老爱老助老工程",作为一项保障措施。2013 年 9 月,国务院《关于加快发展养老服务业的若干意见》,提出优化养老服务体系发展环境的目标,其具体内容包括:"全社会积极应对人口老龄化意识显著增强,支持和参与养老服务的氛围更加浓厚,养老志愿服务广泛开展,敬老、养老、助老的优良传统得到进一步弘扬。"2017 年 6 月,国务院办公厅《关于制定和实施老年人照顾服务项目的意见》提出:"大力弘扬敬老养老助老社会风尚,做好老年人照顾服务工作,提升老年人的获得感和幸福感,是社会主义制度优越性的具体体现,是社会主义核心价值观的内在要求,是实现脱贫攻坚、全面建成小康社会的重要任务,是积极应对人口老龄化,推动民生改善、促进社会和谐的实际举措。"

再次,孝亲敬老成为老年友好型社会环境和社会主义核心价值观的重要内容。2012 年 9 月,全国老龄办等 16 个部门印发的《关于进一步加强老年文化建设的意见》指出:"加强老年文化建设,有利于促进社会主义核心价值体系建设,坚定中国特色社会主义共同理想,在全社会形成敬老爱老助老的社会氛围";树立积极老龄化理念,"全社会要正确对待和积极接纳老年人,尊重老年人的社会价值,扩大老年人社会参与,弘扬中华民族传统美德,营造敬老爱老助老的良好氛围"。2014 年 6 月,全国老龄办等 10 个部门印发《关于培育和践行社会主义核心价值观加强老龄宣传教育工作的通知》。该通知将"全社会树立积极老龄观、营造尊老敬老社会氛围"作为主要目标,内容包括:开展人口老龄化基本国情宣传教育、开展尊老敬老传统美德宣传教育、开展敬老精神文明创建活动、开展为老志愿服务活动、充分发挥老年人的积极作用等。2016 年 11 月,全国老龄办、国家发展改革委等 25 个部委印发《关于推进老年宜居环境建设的指导意见》,"敬老社会文化环境"建设是重点任务之一,"弘扬敬老、养老、助老社会风尚"则是敬老社会文化环境建设任务的一项工作。2018 年 2 月,全国老龄办、中共中央组织部、中共中央宣传部等 14 个部门印发《关于开展人口老龄化国情教育的通知》,将"孝亲敬老文化教育"列为 5 项主要内容之一,提出要

"把弘扬孝亲敬老文化纳入社会主义核心价值观宣传教育,激励人们向上向善、孝老爱亲","重视家庭建设,教育引导人们自觉承担家庭责任,树立良好家风,实现家庭和睦、代际和顺,巩固家庭养老基础地位"。

最后,孝亲敬老风尚构成老龄政策体系的社会环境。2016 年 12 月,国务院关于印发《国家人口发展规划(2016—2030 年)》的通知提出:"加快构建以社会保障、养老服务、健康支持、宜居环境为核心的应对老龄化制度框架","完善家庭养老支持措施,建设无障碍的老年友好型社区和城市,营造良好社会氛围,形成敬老、养老、助老的社会风尚"。2017 年 3 月,国务院发出关于印发《"十三五"国家老龄事业发展和养老体系建设规划》的通知,在推进老年宜居环境建设一章,专列"弘扬敬老养老助老的社会风尚"一节,提出"把敬老养老助老纳入社会公德、职业道德、家庭美德、个人品德建设,纳入文明城市、文明村镇、文明单位、文明校园、文明家庭考评"。上述文件显示,随着孝亲敬老对于家庭养老和社会养老的支持性作用被社会所充分认识,从"十三五"开始,孝亲敬老的应用范围由家庭道德扩展至社会道德,由价值倡导发展为综合性的老龄政策导向,进一步凸显了孝亲敬老社会风尚在建设积极老龄化文化氛围和社会环境中的促进作用。

近年来,党中央高度重视老龄工作,习近平总书记多次强调做好老龄工作的重要性。2016 年 5 月 27 日,中共中央政治局就我国人口老龄化的形势和对策进行第三十二次集体学习。习近平总书记在讲话中分析了我国人口老龄化的特点、面临的挑战和机遇,对推进老龄事业全面协调可持续发展作出部署安排。习近平总书记指出:"敬老爱老是中华民族的传统美德。要把弘扬孝亲敬老纳入社会主义核心价值观宣传教育,建设具有民族特色、时代特征的孝亲敬老文化。"习近平总书记同时强调:"要在全社会开展人口老龄化国情教育、老龄政策法规教育,引导全社会增强接纳、尊重、帮助老年人的关爱意识和老年人自尊、自立、自强的自爱意识。"①总的看,孝亲敬老虽然发端于文化和观念层次,却渗透和贯穿在所有的老龄政策当中,成为制定和实施相关政策的价值基础。

第三节　孝亲敬老的社会实践

孝亲敬老是中华民族的传统美德,是贯彻以人民为中心发展思想的内在要求,是

---

① 《人民日报》2016 年 5 月 29 日。

培育和践行社会主义核心价值观的重要途径,也是积极应对人口老龄化国家战略的重要内容。近20年来,在全国范围和地方层面,开展了丰富多彩的孝亲敬老活动,对于促进代际共融、推动社会进步发挥了积极作用。

一、全国范围的实践

(一)九月初九老年节

1990年,第45届联合国大会通过决议,将每年的10月1日定为国际老年人节。世界上许多国家都结合本国传统文化习俗规定了老年人的节日。农历九月初九是中国的传统节日重阳节,也是中国传统的敬老节日。"九"在古数中既为"阳数",又为"极数"。九月初九,日与月皆逢九,故曰重九;同时,又是两个阳数合在一起,故称"重阳"。九九重阳,因为"九九"与"久久"同音,有长久、长寿之意;而且,秋季也是一年中收获的黄金季节。因此,自古以来,人们就对此节怀有特殊的感情。民间在该日有登高的风俗,所以,重阳节又称"登高节"。另外,还有重九节、茱萸节、菊花节等说法。

随着我国人口老龄化的快速发展,老龄问题逐渐被全社会所关注,各级政府出台了一系列政策维护老年人的权益。在此背景下,为了保障老年人合法权益,发展老龄事业,弘扬中华民族敬老、养老、助老的美德,《中华人民共和国老年人权益保障法》明确规定,每年农历九月初九为老年节。从此,中国老年人有了自己的法定节日。同年的重阳节也成为中国首个法定的老年节。

重阳节体现了中华民族优秀传统文化中尊老爱老孝老的文化精髓,老年节入法意味着这种文化精髓从政府层面得到肯定。法律是对社会行为的指导和规范。老年节入法,体现了老年人权益保护法对孝亲敬老社会实践的积极指导意义。将重阳节作为我国法定的老年节,体现了国家对老年人的尊重,也有利于引起全社会对老年人的广泛关注,对弘扬中华民族优秀传统文化和敬老美德具有重要意义。

(二)全国"敬老月"活动

自2010年起,为介绍中国人口老龄化的严峻形势和应对策略,增强全社会的老龄意识和敬老意识,全国老龄工作委员会每年在重阳节当月组织开展为期一个月的"敬老月"活动。这是一项全国性的爱老敬老社会活动。重阳节是中华民族传统的敬老节日,有深厚的文化底蕴和广泛的社会影响力。在重阳节前后开展"敬老月"活动,是弘扬和传承传统敬老文化、增强全社会老龄意识和敬老意识、营造尊老敬老社会氛围的有效形式。

　　"敬老月"活动以走访慰问、权益维护、文化活动、志愿服务、主题宣传等多种方式,广泛组织与动员政府有关部门、社会组织、企事业单位、家庭和个人为老年人办实事、做好事、献爱心。2010—2019 年的 10 年间,全国老龄委各成员单位和各地各部门组织开展了丰富多彩的敬老爱老助老主题活动。据不完全统计,"敬老月"活动共走访慰问贫困、空巢、高龄、失能等老年人近 1 亿人次,发放慰问金和各类物品的价值折合人民币 114 亿多元,组织开展各类为老志愿服务行动超过 1.6 亿人次,"敬老月"各类活动共惠及老年人 8000 多万人次①。

(三)"敬老文明号"创建活动

　　经全国评比达标表彰工作协调小组批准,全国老龄委从 2012 年起在全国开展"敬老文明号"创建活动。这是我国第一次在全国范围内开展以为老服务为主题的社会性、群众性精神文明创建活动。开展"敬老文明号"创建活动,旨在深入贯彻落实党中央、国务院关于老龄工作的重大决策部署,进一步弘扬尊老敬老的传统美德,广泛动员社会各界参与尊老敬老社会活动,落实老年优待政策,推动基层老龄工作,提高为老服务水平,提升社会各界的敬老意识。

　　2011 年 9 月 21 日,全国老龄委印发《关于开展"敬老文明号"创建活动的通知》,明确了指导思想、创建内容、创建要求,并发布《全国"敬老文明号"创建和管理办法》。2012 年 5 月 14 日,制定《全国"敬老文明号"创建活动实施方案》。"敬老文明号"是在经营、管理和服务等工作岗位上,积极开展优质为老服务工作的先进集体。创建活动面向全国涉老部门、为老服务社会组织、公共服务窗口单位,在全国、省(区、市)、市(地、州)、县(市、区)4 级开展。创建活动以落实各项惠老优待政策、创新为老服务方式方法、提高为老服务质量、推动社会主义精神文明建设为主要内容,每 3 年进行一次评比表彰,数量不超过 1300 个。

　　2013 年 9 月 26 日,全国老龄委发布《关于表彰第一届全国"敬老文明号"的决定》。2014 年后,各地广泛开展了以"关爱老人、构建和谐"为主题的第二届全国"敬老文明号"创建活动,以及各类养老孝老敬老主题教育活动。2017 年 3 月 23 日,全国老龄委下发了《关于表彰第二届全国"敬老文明号"和"全国敬老爱老助老模范人物"的决定》。2020 年 7 月 7 日,国家卫生健康委和全国老龄办下发《关于开展 2020 年全国敬老爱老助老活动评选表彰工作的通知》。经地方推荐、国家卫生健康委和中国老龄协会审核,最终授予 1287 个集体全国"敬老文明号"称号。

---

　　① 新华网:《我国"敬老月"活动十年惠及老年人 8000 多万人次》。

（四）孝亲敬老评选表彰活动

2003 年,为贯彻落实党中央下发的《公民道德建设实施纲要》,进一步加强青少年思想道德教育,大力弘扬中华民族敬老爱老助老的传统美德,全国老龄办、中宣部、教育部、共青团中央、全国妇联联合发起全国敬老爱老助老主题教育活动。全国敬老爱老助老主题教育活动从 2003 年到 2014 年,举办了 6 届,在全国范围内评选“中华孝亲敬老楷模”“全国孝亲敬老之星”和“全国敬老模范单位”。孝亲敬老模范人物的评选和表彰活动,大力弘扬了中华孝道,积极营造了敬老爱老助老的社会氛围,提高了人们的道德意识,促进了老龄事业的发展,得到了社会各界的赞赏,产生了巨大的示范效应。

2020 年,经全国评比达标表彰工作协调小组办公室批准,国家卫生健康委、全国老龄办决定开展 2020 年全国敬老爱老助老活动评选表彰工作。经地方推荐、国家卫生健康委和中国老龄协会审核,最终授予 1977 人“全国敬老爱老助老模范人物”称号。

（五）孝亲敬老重要学术会议

2014 年 11 月 19 日,由全国老龄办主办、中国老龄科学研究中心承办的首届全国敬老文化论坛在北京举行。论坛的主题是“传承中华美德,创新敬老文化”。来自全国各地的近 300 名专家学者和老龄工作者参会,就我国敬老文化的历史源流、敬老文化的地位作用、敬老文化的机遇挑战、敬老文化的创新发展等议题展开了广泛深入的研讨。与会者一致认为,敬老文化是中华优秀传统文化的重要组成部分,是社会主义核心价值观的重要思想来源,是我国积极应对人口老龄化的重要保障。传承和弘扬敬老文化,具有深远的历史意义和重大的现实意义。论坛发布了《北京宣言》,向全社会发出传承和弘扬敬老文化的倡议。

2019 年 12 月 7 日,由全国老龄办、中国老龄协会主办,中国老年学和老年医学学会、中国老龄事业发展基金会、陕西省汉中市政府承办的首届中华孝亲敬老文化传承与创新大会在汉中市举行。大会以“孝亲敬老,向上向善”为主题,旨在深入学习贯彻习近平新时代中国特色社会主义思想,传承与创新中华孝亲敬老优秀文化,增强全社会积极应对人口老龄化的思想观念。大会采取专题研讨、地方经验交流、圆桌对话等形式,围绕新时代孝亲敬老文化传承与创新的渊源、内涵、方向,以及面临的形势和典型实践经验,进行深入研讨和广泛交流。

2020 年 12 月 22 日,由全国老龄办、中国老龄协会主办,江西省赣州市政府承办的第二届中华孝老爱亲文化传承与创新大会在赣州市召开。这次会议是贯彻落实党的十九届五中全会精神,实施积极应对人口老龄化国家战略的重要行动。大会以"孝文化传承与法治建设"为主题,旨在传承与创新中华孝亲敬老优秀文化,推进老龄事业全面协调可持续发展。

二、地方层面的实践

(一)山东省曲阜市——弘扬孝德儒家文化,打造健康养老胜地

曲阜是孔子故里、东方圣城、儒家文化的发源地,在孝德文化建设方面具有得天独厚的优势,自古就有"儒孝之源"的美誉。2013年11月26日,习近平总书记考察曲阜,在座谈中对曲阜"彬彬有礼道德城市"建设,特别是孝德建设给予充分肯定,并提出了将孔子故里建成"首善之区"的殷切希望。近年来,曲阜植根儒家文化沃土,传承发展孝德文化,谋划开展系列教育实践活动。从"独善其身"到"兼善天下",用实际行动继承和弘扬中华优秀传统文化,努力打造"孝德之城"。

具体举措一是大力抓全民教育,巩固"孝德"城市形象。制定出台《建设"彬彬有礼道德城市"实施意见》,在全市农村、企业、机关挂牌成立"人人彬彬有礼"教育学校,组建专兼职教师队伍,大力弘扬传承中华民族爱老孝老敬老的传统美德,全方位推进"孝德之城"建设。二是强力抓舆论宣传,营造"孝德"文化氛围。坚持百姓学儒学、用儒学理念,连续举办6届"百姓儒学节",开展"百佳孝星""最美家庭"评选和敬老宴等主题活动。三是全力抓阵地建设,深化"孝德"建设成果。依托村委会和社区,建设日间照料中心、新时代幸福食堂,"老人乐和一家亲,同吃一锅饭"。开展"学校家庭联动尊老敬老"活动,坚持从娃娃、学生抓起,教育孩子尊老敬老。实施以"修学、修心、修礼、修德、修政、修廉"为内容的"干部修身计划"和《论语》"六进"工程,引导干部职工以孝养德、以德修身,培育孝敬父母、忠诚事业、报效国家的感恩情怀。四是合力抓政策落实,提升"孝德"社会内涵。曲阜市总工会支持企业设立孝心账户,为优秀员工的父母送生日蛋糕,引导员工树牢孝亲敬老意识。曲阜市妇联持续开展"新农村新生活培训"活动,提高妇女孝亲敬老意识和服务老人能力,提升家庭和睦敬老水平。

(二)湖北省孝感市——不负孝名,打造孝文化名城

孝感是一座以"孝"来命名的城市,一直以来都以孝文化而闻名。20世纪90年代末,孝感市委、市政府提出"弘扬孝文化、推进现代化"的建设目标。2002年,以"董永和七仙女"邮票首发式为契机,首届孝文化艺术节破茧而出。迄今,孝文化艺术节已举办16届。

截至 2018 年底，孝感市先后有 75 人获得"中国十大孝亲敬老楷模""全国敬老爱老助老模范人物"等国家级荣誉并荣登"中国好人榜"，涌现出在全国范围内具有重大影响的先进典型 40 余人。孝感市通过打造孝廉机关、孝德校园、孝亲社区（村）、孝诚企业、孝勇军营"五孝"品牌，让孝文化建设引起最大共鸣、凝聚最大共识。

随着时间的沉淀，孝文化的生命力和影响力越来越强。2006 年，孝感市第四次党代会把建设中华孝文化名城作为孝感的城市发展定位；2013 年，孝感市出台《大力推进文化跨越，加快建设中华孝文化名城纲要》；2018 年，孝感市委、市政府出台《关于加快推进中华孝文化名城建设的意见》。孝感成立了中华孝文化研究会，已成功举办 9 届湖北省或全国性的研讨会。

（三）江西省赣州市——崇真向善，打造具有地域特色的孝文化

赣州是国家历史文化名城，素有"江南宋城、客家摇篮"的美誉。全市人口 95% 以上是客家人，是客家民系的发祥地。赣州保留了"孝义巷社区"，传递着孝行节义的精神价值。有的村庄还自行建设了孝文化主题馆，在潜移默化中共筑孝老爱亲的精神家园。2020 年，赣州市共有 6 家单位被评为全国"敬老文明号"，有 10 人被评为"全国敬老爱老助老模范人物"。

赣州市养老孝老敬老的社会氛围越来越浓厚。通过五大活动（道德"红黑榜"评议、重阳节敬老、老年志愿者、"敬老月""敬老文明号"创建以及全市百岁贫困老人走访慰问）、六大评选（"十大寿星""十大孝亲敬老之星""十大健康高龄老人""十大敬老模范村""十大敬老模范社区""十大老有所为先进人物"），提倡孝老爱亲，倡导老吾老以及人之老，用实际行动传递孝老爱亲的正能量，营造"以孝为荣、不孝为耻"的孝德氛围，让养老孝老敬老成为文明风尚，成为共识共为。

（四）陕西省汉中市——与时俱进，积极传承创新孝亲敬老文化

汉中历史悠久，孝亲敬老文化丰富淳厚，历经传承与积淀，形成了一系列积极有效的做法，对于积极应对人口老龄化具有十分重要的现实意义和当代价值。一是注重以社区为载体，让孝亲敬老文化融入社会。社区开办了道德讲堂，通过讲家教、传家风、学模范、诵经典等，让孝亲敬老传统文化贴近群众生活、走进千家万户。二是深入开展人口老龄化国情省情教育，赋予孝亲敬老文化以新时代内涵。将人口老龄化国情省情教育与孝亲敬老文化有机结合，不断增强积极应对人口老龄化的思想观念。三是探索养老新模式。汉中市留坝县搭建孝老敬老爱心平台，设立"孝德"基金，资助全县 70 周岁以上老人，重点资助建档立卡贫困户中的 70 岁以上老人，形成尊老孝老的良好社会氛围。四是明确战略定位，打造"医养在汉中"的城市品牌。建设国内外知名的绿色康养胜地,解决汉中人民的医疗、养老、养生问题。"医养在汉中"的提出,是践行以人民为中心的发展思想、实施健康中国战略的具体举措,是对孝亲敬老文化的创新,具有良好的基础条件和美好的发展前景。

(五)浙江省常山县——增强文化自信,全力打造"孝老之城"

近年来,为深入贯彻党的十九大精神,常山县高度重视老年人工作,倾力打造"孝老之城",开展了一系列活动。2018年5月20日,常山举行了"5·20敬老日"启动仪式,是全国第一个专门设立敬老节日的县级市。2019年5月20日,常山举行了孝善文化馆开馆仪式,发布《常山孝经》。《常山孝经》从孝老家训、常山孝史、今之孝贤、今之孝行等4个方面,阐述常山从古至今的孝老敬老动人事例,宣扬常山老百姓的优良家风。

常山打造"孝老之城"的做法还包括:一是制定一套标准。围绕推动物质层面孝老尽责,结合经济条件、消费水平、老人需求3个实际,探索建立一套符合实际的孝老标准。二是办好10件实事。让老年人自己决定为老助老10件实事,并在此基础上,细化方案、倒排时序、责任到人。三是实施百村孝榜。把弘扬孝善文化作为提升乡风文明的重要引领,创新实施百村孝榜,让树家风、淳民风、正乡风从孝老开始。四是建设"常山孝眼"。开展暖心服务,建成智慧养老服务平台,为县域内老年人提供全方位的医、康、养、护服务。

第四节　推进新时代孝亲敬老文化建设

随着我国人口老龄化水平快速提高,老龄政策体系在国家公共政策体系中的重要性不断增强。2020年11月,党的十九届五中全会把积极应对人口老龄化上升为国家战略。2021年3月,《中华人民共和国国民经济和社会发展第十四个五年规划及2035年远景目标纲要》第四十五章"实施积极应对人口老龄化国家战略",提出"构建养老、孝老、敬老的社会环境,强化老年人权益保障"。孝亲敬老政策体系和社会环境建设是积极应对人口老龄化国家战略的重要内容,也是建构不分年龄、人人共享的和谐老龄社会的题中应有之意。

进入老龄化社会20年来,社会形成普遍共识:孝亲敬老既是个人德行的体现,又是家庭伦理的基础,还是社会昌明的表征。对孝亲敬老传统美德的宣传教育由家庭道德扩展至社会公德,并与依法治国及以德治国紧密结合,为今后我国老龄事业持续发展提供了强大的内在动力。各级政府把孝亲敬老列为文化建设和老龄工作的重要内容,使孝亲敬老的理念与实践结合得更加紧密,尊老敬老、养老孝老、爱老助老的社会风尚基本形成。以孝亲敬老为价值基础,我国的老龄政策体系框架基本建立,为实施积极应对人口老龄化国家战略奠定了必要的基础。

我国将于"十四五"时期进入中度老龄化社会,这对于完善老龄政策体系提出了更高要求。虽然过去20年,我国在应对人口老龄化问题上取得了不小的成就,积累了一定的经验,但未来人口年龄结构老化的形势将更加严峻,应对由此带来的诸多经济社会问题的任务也更加艰巨。尊老养老文化是我国制定老龄政策的重要文化依托,其变革反映了社会经济和老龄群体的变化,这就要求我国老龄政策的制定原则和理念要进行相应调整①。在此前20年成就及经验的基础上,继续推进新时代孝亲敬老文化建设,建构更加完善的老龄政策体系更为必要。虽然贯穿中国几千年历史的孝文化为我们解决人口老龄化问题提供了具有实践意义的对策,但人口老龄化给传统孝文化带来的冲击也是史无前例的。在新的历史时期,应在传承的基础上创新推进孝亲敬老文化建设,使传统孝文化焕发新的活力。

首先,应当对传统孝文化及孝亲敬老的现代内涵进行更加深入的研究。目前,我们对孝亲敬老的理解大多仍然套用家庭伦理,对于传统家庭伦理的现代转变和发展的研究仍显不足。汤一介曾从孝道内涵阐释其在现代社会的价值和意义。根据孔子的仁学,孝的本质属性是仁爱,因此,孝的核心理念"亲亲"(爱自己的亲人)就具有了普遍价值;由"亲亲"而"仁民"、而"爱物",所以,儒家的孝理念不仅有益于家庭和谐,对和谐社会建设同样具有意义②。在中华民族对自身文化传统更加自信的新时代背景下,孝亲敬老等中国传统美德被吸纳进社会主义核心价值观体系,成为新时代道德建设的组成部分。但目前,我国学术界和政策研究领域对于孝亲敬老的内涵、价值、实践及其彼此间的关系,尚缺乏较系统深入的探讨,尚未建立起文化价值与制度安排之间的实质性关联。随着对中华优秀传统文化再认识的加深,如何在存留传统孝文化合理内核的基础上建构其现代内涵,还须对孝亲敬老的基本含义、理论基础、实践应用等进行现代意义的再阐释。

其次,努力营造有利于新时代孝亲敬老文化建设的社会氛围。一是重视学校教育。立足于老龄社会的现实,深入挖掘和阐发中华优秀敬老传统文化蕴含的思想观念、人文精神、道德规范,将其纳入教育课程体系。以系统化的现代教育方式,让每个

---

① 姚远、范西莹:《从尊老养老文化内涵的变化看我国调整制定老龄政策基本原则的必要性》,《人口与发展》2009年第2期。

② 汤一介:《"孝"作为家庭伦理的意义》,《北京大学学报(哲学社会科学版)》2009年第4期。

学生都可以通过学习,将孝亲敬老文化内化于心,形成坚定的理念,进而转变为实际的行为。二是重视社会宣传。社会宣传对于正确引导社会舆论、营造尊老敬老社会氛围、构建孝亲敬老文化,具有至关重要的作用。要充分利用各种现代传播媒介,通过新闻舆论、文艺作品等引导社会培育和践行新时代的孝亲敬老理念,为新时代孝亲敬老文化的构建奠定良好社会基础。

再次,多途径践行新时代孝亲敬老文化。建设新时代的孝亲敬老文化,不仅体现在理论创新层面,更重要的是要把孝的理念践行于实际生活。孝亲敬老文化只有真正内化为人的主观行为并作用于人的生活,才能真正具备活力。党的十九大报告提出实施乡村振兴战略,明确要求"健全自治、法治、德治相结合的乡村治理体系"。孝亲敬老文化的传承和弘扬,是加强乡村德治的重要基础。应当在实施乡村振兴战略的过程中,加强社区层面的孝亲敬老文化实践。合理吸收中华优秀传统文化中的孝亲敬老理念,构建具有现代意义的村规民约体系,为乡村社会发展提供坚实的精神依托。

最后,明确新时代孝亲敬老文化中各个主体的责任定位。一是明确政府在孝亲敬老文化建设中的主体责任,包括:加强制度建设和法治建设,为孝亲敬老文化建设创造良好的制度环境和法治保障;研究并制定老龄文化长远发展规划;加强财政支持,提供更多公共文化产品和公共文化服务。二是发挥各类企事业单位、社会组织在孝亲敬老文化建设中的作用,包括:加强尊老敬老主题教育,弘扬中华民族尊老敬老传统美德,激励人们向上向善、孝老爱亲;开展为老志愿服务,引导集体和个人践行孝亲敬老文化,构建新的公序良俗;各类传媒肩负起正确引导社会舆论、传播孝亲敬老文化的责任。三是加强家庭建设,强化家庭养老功能。通过孝亲敬老文化的启迪,帮助年轻人树立敬老爱老助老的自觉意识;通过制度来保障家庭发展,增强家庭养老功能。四是促进老年人在孝亲敬老文化建设中发挥积极作用。老年人要树立终身发展理念,保持自尊自爱自立自强的精神风貌,积极面对老年生活,保持身心健康,参与社会发展。

有与之相匹配的价值基础,制度才可以稳定,实践才可能持久。孝亲敬老既是文化理念,亦是社会建设和政策实践。继续推进新时代孝亲敬老文化建设,完善加强家庭养老功能的社会支持政策,健全社会养老服务体系的政策法规,对于建构年龄平等、相互尊重的社会环境,提升整体社会福祉和全体人民的幸福感,具有长久影响和深远意义。

第十二章　智慧养老与智慧助老

老龄化、高龄化、空巢化、失能化、慢病化,上述"五化"合一将成为我国"养老新常态"。智慧养老期望合理地使用信息技术,并与社区居家养老或机构养老相结合,具有节约人力、提高效率、降低成本、克服时空约束等优势,可以缓解边富边老、无人养老、未备先老等压力,因此,在各地相继蓬勃发展起来。

第一节　智慧养老与智慧助老的提出和发展状况

与智慧养老最相关的概念是科技养老。科技养老主要是指在传统养老的基础上,借助机械或简单的电子设备,方便老年人的生活,减轻工作人员的劳动强度,使老年人有尊严地生活。市场上常见的辅助起床系统、辅助翻身系统、紧急呼叫器等,是这类养老模式的具体应用。科技养老广泛采用先进的技术手段,全面提高养老服务的质量和效率,拓展养老服务范围,为老年人提供高效专业的健康保障、生活照料、紧急救助等服务。信息技术支持养老是科技养老的最新表现形式,即智慧养老。

一、智慧养老与智慧助老概念的提出

智慧养老最早的起源可以追溯到 1987 年左右。那时,在美国诞生了一个新学科,即 Gerontechnology(老人福祉科技,是老年和技术这两个词的结合),是为了改善老年人生活而研究的新的技术领域。不过那个时候,还没有特别强调信息技术。但到了 2013 年召开第 20 届国际老年学大会的时候,当年大会的主题就叫"数字化老龄";核心的议题就是讨论如何利用信息技术,提高老年人的健康水平和生活质量。也是在 2013 年这一年,中国的全国智能化养老专家委员会成立,国内出现了"智能化养老"或"智能养老"的初步概念。

从 2011 年起,中国人民大学的左美云开始在全国各地宣传和主讲"智慧养老"的概念,并通过研究逐渐发展出智慧养老包括智慧助老、智慧用老和智慧孝老三方面的内容。目前公开报道中可以查证的是 2014 年 4 月 25 日,由中国人民大学信息学院和《中国信息界》杂志社共同举办的第一期中国新型城镇化与智慧城市沙龙(本次沙龙以"智慧养老产业发展的前景及模式"为主题)上①,中国人民大学信息学院副院长左美云发表了对智慧养老的看法,并对智慧助老、智慧用老、智慧孝老这三大研究主题进行了介绍。

2015 年 1 月,国内学术界第一个智慧养老研究所在中国人民大学信息学院成立。2016 年 1 月 23 日,中国人民大学智慧养老研究所在北京牵头设立了智慧养老50 人论坛,每个季度举办一次会议。后续,很多叫"智慧养老"的论坛或会议也陆续举办。

2018 年,左美云撰写的《智慧养老:内涵与模式》一书出版,明确给出了智慧养老的定义。由于养老地点不同,智慧养老也有很多不同的类型,如智慧养老的居家模式、智慧养老的社区模式、智慧养老的机构模式、智慧养老的虚拟模式等。

2018 年 6 月 9 日,央视知名节目《开讲啦》邀请中国人民大学副校长、中国人民大学老年学研究所所长杜鹏开讲"智慧养老"。在节目中,他通过分享生动的案例,为大家讲述了什么是真正的智慧养老和我们为何需要智慧养老,并指出"智慧养老可以让老年人有更多社会参与和独立自主的生活"。

2021 年,左美云撰写的《智慧养老:服务与运营》吸收了这个重要思想,对智慧养老的定义做了小的修正:"智慧养老,是指利用信息技术等现代科技技术(如互联网、社交网、物联网、5G、移动计算、大数据、云计算、人工智能、区块链、数字孪生等)……帮助老年人更多地实现社会参与,尽可能地增强独立性,最终使老年人过得更幸福、更有尊严、更有价值。"这个新的定义引入 5G 和数字孪生两种新技术,强调智慧养老的目的是"帮助老年人更多地实现社会参与,尽可能地增强独立性"。

尽管中国进入老龄化社会已经 20 年,但现在有据可查的、最早出现"智慧助老"4 个字的文献,来源于 2013 年:一个是北京市经济和信息化委员会编辑的《北京信息化年鉴 2013》写道:"年内,市经济和信息化委在北新桥街道三和老年公寓组织开展了智慧助老状态监测服务应用试点,推动了智慧养老模式创新,发挥了产业联盟智慧

---

① 参见《我院与〈中国信息界〉杂志社成功举办智慧养老沙龙》,2014 年 5 月 6 日,http://info.ruc.edu.cn/news_convert_detail.php? id=87。

助老信息化产品示范应用的集聚性效应"①。另一个是 2013 年 10 月 29 日《劳动报》刊载的文章《智慧社区的"福利"——上海电信智慧助老见闻》。这两个文献都提到了"智慧助老"这个名词,但未给出明确的定义。

2018 年,左美云在《智慧养老:内涵与模式》中第一次明确给出了智慧助老的含义,即:智慧助老,是用信息技术等现代科技帮助老年人,目的主要是 4 个:增、防、减、治。增,即增进老人的能力,如防抖勺可以帮助患帕金森症的老人自主进餐;防,即防止老人出现风险,如防跌鞋在感测老人可能跌倒时给老人足部一个反向的力,从而防止跌倒的风险;减,即减少老人的认知负担,如养老服务系统自动挑选值得信赖的服务商或服务人员介绍给老人,从而减少老人东挑西选、眼睛挑花了,也不一定能找到好的服务商或服务人员情况;治,即辅助老人治疗疾病,如最简单的服药提醒器,可以提醒老人按时服药。

在《智慧养老:内涵与模式》中,还对智慧养老 3 个方面(智慧助老、智慧用老和智慧孝老)的含义进行了图形化表达(见图 12—1)。图 12—1 的左边是 For Seniors,即为老;智慧助老主要是物质支持,智慧孝老主要是精神支持。右边是 By Seniors,即靠老,利用好老人的经验、知识和技能。《智慧养老内涵与模式》中,也分别给出了智慧孝老和智慧用老的定义。

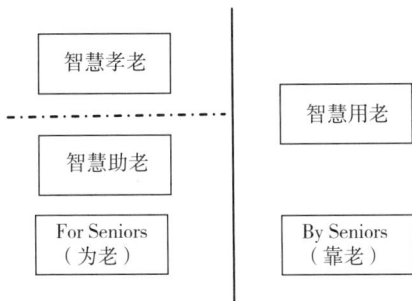

图 12—1 智慧养老的 3 个维度②

二、智慧养老的发展阶段分析

笔者对中央人民政府网站及其下属的国务院各部门网站在 2009—2020 年间发布的与养老有关的政策进行了爬取,总共得到 187 项养老政策。笔者利用社会网

---

① 北京市经济和信息化委员会:《北京信息化年鉴 2013》,电子工业出版社 2013 年版,第 304 页。
② 左美云:《智慧养老:内涵与模式》,清华大学出版社 2018 年版。

络分析工具,构建了以政策间的调用关系为基础的政策关系网络。笔者发现,政策关系网络中最重要的 3 个政策分别是:《国务院关于加快发展养老服务业的若干意见》《工业和信息化部、民政部、国家卫生计生委关于印发〈智慧健康养老产业发展行动计划(2017—2020 年)〉的通知》和《国务院办公厅关于推进养老服务发展的意见》。

被调用最多的政策为《国务院关于加快发展养老服务业的若干意见》,发布于 2013 年。该政策发布后,我国养老政策发布数量迅速增加。为了积极应对人口老龄化、推进经济持续健康发展、解决当时的养老服务业问题,该政策统筹规划了涉及养老服务业发展的城市、农村、居家、机构、消费和医疗等多方面内容[1]。其次是发布于 2017 年的《工业和信息化部、民政部、国家卫生计生委关于印发〈智慧健康养老产业发展行动计划(2017—2020 年)〉的通知》。作为 3 个关键政策中唯一与智慧健康养老相关的政策,它从技术产品、服务、平台、标准体系、网络安全等多方面考虑和规划了智慧健康养老产业近几年的发展,极大地促进了智慧健康养老产业的市场培育[2]。而《国务院办公厅关于推进养老服务发展的意见》发布于 2019 年,针对当前老年人对养老服务不满意、服务商赢利难和行业机制不完善的问题提出政策指导,进一步破解养老服务发展的痛点[3]。

2020 年新冠肺炎疫情出现以来,各地纷纷启用类似健康码这样的跟踪示警手机 App,给许多不会使用智能手机和相应 App 的老年人造成很多不便,甚至产生心理上的无助感和被时代抛弃的感觉。健康码的问题只是冰山一角。它引起社会广泛关注后,社会各界蓦然发现,其实老年人还面临在线支付和在线挂号等使用智能产品的诸多困难。为了有效解决老年人在运用智能技术方面遇到的困难,让广大老年人更好地适应并融入智慧社会,2020 年 11 月 15 日,国务院办公厅发布《关于切实解决老年人运用智能技术困难的实施方案》。

在这份文件基础上,2020 年 11 月,全国老龄办发出的《关于开展"智慧助老"行动的通知》决定,用 3 年时间开展"智慧助老"行动,动员社会各方力量共同努力,推动老龄社会信息无障碍建设,促进全社会推进适老化的改造和升级,提升老年人在运用智能技术方面的获得感、幸福感、安全感。这是"智慧助老"第一次正式出现在全国性的文件标题中,该文件给出了具体的"智慧助老"行动安排。这个通知中规定,

---

① 中国政府网:《国务院关于加快发展养老服务业的若干意见》。
② 中国政府网:《三部委关于印发〈智慧健康养老产业发展行动计划(2017—2020 年)〉的通知》。
③ 中国政府网:《国务院办公厅关于推进养老服务发展的意见》。

到 2022 年 12 月,要对"智慧助老"行动进行总结评估,将各地行动过程中形成的经验和做法在全国推广,并适时上升为国家政策①。因此说,国务院办公厅发布的《关于切实解决老年人运用智能技术困难的实施方案》开启了新阶段。

我们可以基于以上 4 个政策发布时点,将 2009—2020 年我国智慧养老政策发展分为 4 个阶段:启蒙 I 期(2009—2012 年)、启蒙 II 期(2013—2016 年)、探索 I 期(2017—2019 年)和探索 II 期(2020—2022 年)。

2009—2012 年可以查询到的养老政策数量较少,我们称之为启蒙 I 期。这个阶段,智慧养老的概念开始在学术界提出,但智慧养老政策尚处于酝酿阶段。此时,大多数政策关注的是养老金和政府提供养老保障问题,关于老年人养老和健康需求的政策很少,偶尔会提及养老信息化的内容。

2013 年的《国务院关于加快发展养老服务业的若干意见》从国家层面提出了完善养老服务的规划,养老服务业发展开始加快。2013—2016 年,我们称之为启蒙 II 期。该阶段,养老政策关注的内容增多。随着信息技术发展,智慧养老、医养结合、智慧健康养老、智慧健康和智慧医疗的概念逐渐被接受,相关政策也开始发布。

2017—2019 年,我们称之为探索 I 期。其间,政府发布了较多智慧健康养老相关政策。特别是发布于 2017 年的《工业和信息化部、民政部、国家卫生计生委关于印发〈智慧健康养老产业发展行动计划(2017—2020 年)〉的通知》,是一个关键政策,包括试点评选、服务和产品推广等,从多方面规划了智慧健康养老产业的发展②。这个阶段,探索了智慧健康养老的各种发展模式。

2020 年的《国务院办公厅印发关于切实解决老年人运用智能技术困难实施方案的通知》从老年人日常生活的 7 个场景出发,给出相应的智慧技术解决方案③,让老年人能够真正享受到智慧服务的便利,开启了智慧健康养老的新发展阶段,我们称之为探索 II 期。希望到 2022 年全国老龄办推动的"智慧助老"行动收关之年,能结束探索 II 期,进入成长期。

三、智慧养老产品的发展状况

老年人由于身体机能渐渐弱化,越来越多需要智慧手段协助。因而,智慧养老

---

① 国家卫生健康委员会老龄健康司:《全国老龄办关于开展"智慧助老"行动的通知》。
② 中国政府网:《三部委关于印发〈智慧健康养老产业发展行动计划(2017—2020 年)〉的通知》。
③ 中国政府网:《国务院办公厅印发关于切实解决老年人运用智能技术困难实施方案的通知》。

企业为居家养老的老人提供了智能家居这个解决方案。智能家居是以住宅为平台,利用综合布线技术、网络通信技术、安全防范技术、自动控制技术、音视频技术等,将与家居生活有关的设施集成,构建高效的住宅设施与老年人家庭日程事务管理系统,提升家居的安全性、便利性、舒适性、艺术性,并构建环保、节能的居住环境。

目前市场上主流的智能家居系统如图 12—2 所示,主要分为智能灯光控制、智能电器控制、安防监控系统、中心控制系统等几大系统。智能家居系统对于老年人来说,非常有帮助,可以说是智慧养老的典型应用。由于各器官功能逐渐走向衰弱,老年人对周围环境的感知能力日益减弱,主要表现在视力、听力、触觉、味觉、嗅觉等方面。在视力上,主要表现为老年人的视力逐渐模糊,辨色能力下降,即使很鲜艳的色彩,在老年人眼中也会渐渐变得灰暗;听力上的衰退主要体现在老年人对周围的声音不敏感,比如听不到水开的声音、门铃的声音等;而嗅觉功能的减弱,使老年人对空气中的异味不敏感;触觉的减弱则容易让他们被烫伤或灼伤。

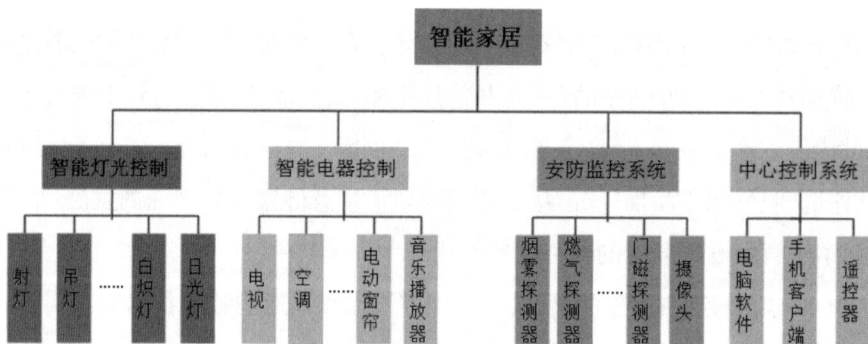

图 12—2 智能家居系统的主要构成①

与此同时,老年人由于器官功能退化等原因,对智能产品的操作会存在一定困难。因此,针对老年人的智能产品设计最基本的原则是操作界面设计极简化——使用尽可能大的功能按钮,按钮之间的颜色区分度要鲜明,尽可能多地采用声音控制、手势控制等简单易懂的操作方法等。智能家居产品是智慧养老的具体实现方式。表12—1 中是现有厂商已经开发的智能家居用品示例。

---

① 左美云:《智慧养老:内涵与模式》,清华大学出版社 2018 年版。

表 12—1 市场上已有智能居家养老用品举例①

位置	设备名称	设备功能
客厅	控制中心	对住宅内所有设备进行监控和指挥,接收和存储住宅内设备发来的数据,对紧急情况作出判断和处理。
	虹膜识别门	采用人体独一无二的虹膜进行匹配识别,方便、准确、安全,让记忆力衰退的老人免除忘带钥匙的烦恼。
	红外线摄像头	对进入住宅的人和住宅内情况进行实时监控,有异常情况及时报警。子女也可通过摄像头随时了解老人家中情况。
厨房	烟雾探测器	监测空气中烟雾浓度变化,对火灾报警,为嗅觉不敏感的老人提供安全保障。
	燃气探测器	监测空气中可燃性气体浓度,发生异常,自动报警,为嗅觉不敏感的老人提供安全保障。
卫生间	智能马桶	自动收集和分析老人的排泄数据,并将数据存入控制中心的健康档案,协助监控老人健康情况。
	红外线感知器	感应老人出入卫生间的时间,如果离开的时间超过平常设定时间,将会启动警示模式。
卧室	智能感知床	床上的感知器能感应到老人躺下或坐起,床上的健康监测系统能监控老人睡眠过程中各项身体指标的变化情况。数据记入控制中心的健康档案,监控老人健康情况。
	空气加湿器	实时监控卧室空气湿度,将卧室空气湿度控制在适宜水平。
整个住宅	一键报警器	老人感觉身体不适时按下。控制中心会向设定的号码拨打电话报警,让老人得到及时救助。
	电动窗、电动窗帘	根据控制中心指令自动开合。
	地板防跌倒传感器	能监控走在地板上的老人的步速、节奏、姿态等的变化,发现异常情况后及时报警,让摔倒的老人得到及时救助。
	触摸式控制面板	根据不同模式控制住宅内不同设备的开关,面板上不同功能的按钮采用区分度明显的颜色。按钮上显示的文字字数少、字号大,并配备语音提示。

---

① 左美云:《智慧养老:内涵与模式》,清华大学出版社 2018 年版。

四、智慧养老模式的发展状况

经过对国内外智慧养老发展状况进行分析,我们可以从养老服务的属性角度对智慧养老相关模式进行分类,如图 12—3 所示。

从服务方式来看,可以分为人—环境、人—人、人—机的交互方式;从服务内容来看,可以分为状态监测、辅助生活和精神娱乐;从服务对象来看,可以分为居家老人和护理人员。

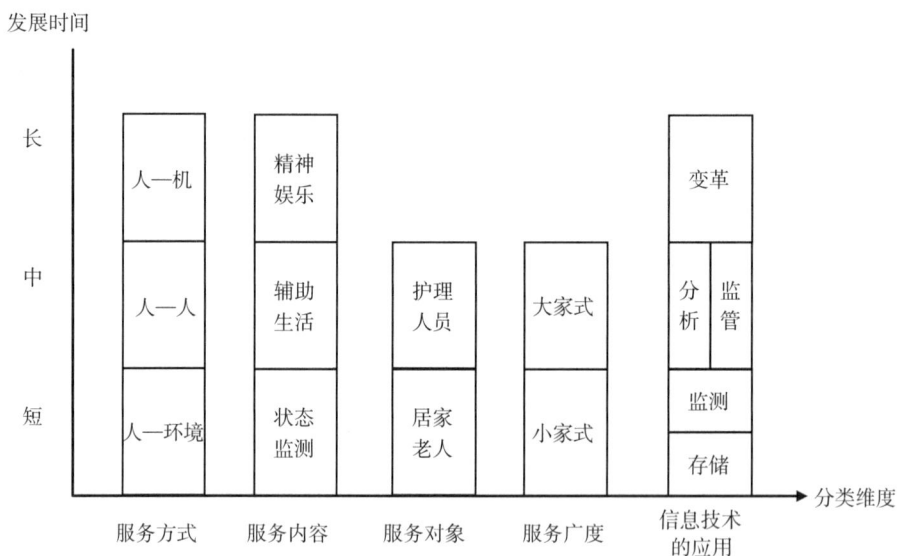

图 12—3 智慧养老模式分类维度汇总图①

从服务广度来看,可以分为小家式和大家式。例如有的模式,重点围绕老人的"小家庭"进行服务设置和支持;而有些模式,则重点围绕社区内的服务资源匹配问题,充分发挥社区这样"大家庭"养老的资源优势。

从信息技术在养老服务中的应用程度来看,可以分为存储、监测、分析、监管和变革。有的模式中,信息技术已经突破基础的数据层应用,扩展到业务层的应用中,改变了传统的养老业务流程,就像电子商务发展中信息技术所扮演的中介平台角色一样,对养老领域传统的业务流程进行了变革。

综合上述分析,可以看到,以上各个智慧养老模式均具有其特殊性和应用场景,

① 左美云:《智慧养老:内涵与模式》,清华大学出版社 2018 年版。

各个维度之间互相关联,同时还具备时间发展的先后顺序。针对不同的养老发展阶段,可以采取相适宜的智慧养老模式,包括对服务方式、服务内容、服务对象、服务广度、信息技术在养老服务中的应用程度等进行整合或选择。

第二节　智慧助老政策的出台与实施

为了有效解决老年人在运用智能技术方面遇到的困难,让广大老年人更好地适应并融入智慧社会,国务院办公厅于 2020 年 11 月 15 日印发了《关于切实解决老年人运用智能技术困难的实施方案》(以下简称《实施方案》)。《实施方案》提出了 20 项重点任务,帮助老年人跨越数字鸿沟。

我们以马斯洛需求层次理论为基础,将《实施方案》中的 20 项具体任务,分成了面向老年人生理需求、安全需求、情感需求、受尊重需求和自我实现需求的各项任务;并通过整理中央和有关政府部门的有关政策文件,分析"智慧助老"行动在全国范围的进展情况。

一、面向生理需求的智慧助老任务

《实施方案》对于老年人生理需求的智慧助老任务,主要集中在居家服务、出行服务和日常消费 3 个方面。

(一)居家服务相关任务及相关部门跟进情况

面向老年人的居家服务,《实施方案》中的第 2 项任务指出:"保障居家老年人基本服务需要……建设改造一批社区便民消费服务中心、老年服务站等设施,为居家老年人特别是高龄、空巢、失能、留守等重点群体,提供生活用品代购、餐饮外卖、家政预约、代收代缴、挂号取药、上门巡诊、精神慰藉等服务,满足基本生活需求。"[1]要求商务部、民政部、住房和城乡建设部、国家卫生健康委等相关部门按职责分工负责落实。

---

① 中国政府网:《国务院办公厅印发关于切实解决老年人运用智能技术困难实施方案的通知》。

表12—2　相关部门对于老年人居家服务的发文情况

部门	发文日期	政策名称	对应内容
住房和城乡建设部等	2020年12月4日	《住房和城乡建设部等部门关于推动物业服务企业加快发展线上线下生活服务的意见》	第13条提出,要发展智慧物业管理服务平台和居家养老服务,通过线上预约,为老年人提供助餐、助浴、保洁、送药等生活服务,同时对接医疗医保服务平台,并加强动态监测老人居家安全①。
商务部	2020年12月29日	《商务部办公厅关于促进社区消费,切实解决老年人运用智能技术困难的通知》	加快新建和改造一批城乡便民消费服务中心,加快发展社区品牌连锁便利店,便利老年人日常消费②。
民政部	2020年12月30日	《民政部办公厅关于落实〈关于切实解决老年人运用智能技术困难的实施方案〉的通知》	建立健全老年人群体走访探视和关爱服务机制,进一步组织、引导、便利城乡社区组织、机构和各类社会力量进社区、进家庭,因地制宜为新冠肺炎疫情防控中的居家老年人提供上门服务,满足他们的基本生活需求③。

表12—2展示了相关部门对于老年人居家服务的发文情况。就目前发布的文件来看,各相关部门紧紧围绕着《实施方案》中对老年人居家服务的要求,为居家老年人特别是高龄、空巢、失能、留守等重点群体,提供上门服务。尤其是在新冠肺炎疫情防控期间,充分考虑不方便出门、对使用智能设备不熟悉的老年人,为他们提供相关协助,以此保障他们的基本生活需求。

(二)出行服务相关任务及相关部门跟进情况

面向老年人的出行服务,《实施方案》中的第1项、第4—6项任务分别作了部署和安排。第1项任务要求:"完善'健康码'管理,便利老年人通行……简化操作以适合老年人使用,优化代办代查等服务,继续推行'健康码'全国互通互认,便利老年人跨省通行……在充分保障个人信息安全前提下,推进'健康码'与身份证、社保卡、老年卡、市民卡等互相关联,逐步实现'刷卡'或'刷脸'通行。"④

第4项任务要求:"优化老年人打车出行服务……引导网约车平台公司优化约车软件,增设'一键叫车'功能"。第5项任务要求:"便利老年人乘坐公共交通……

①　住房和城乡建设部:《住房和城乡建设部等部门关于推动物业服务企业加快发展线上线下生活服务的意见》。
②　商务部:《商务部办公厅关于促进社区消费,切实解决老年人运用智能技术困难的通知》。
③　民政部:《民政部办公厅关于落实〈关于切实解决老年人运用智能技术困难的实施方案〉的通知》。
④　中国政府网:《国务院办公厅印发关于切实解决老年人运用智能技术困难实施方案的通知》。

推进交通一卡通全国互通与便捷应用,支持具备条件的社保卡增加交通出行功能,鼓励有条件的地区推行老年人凭身份证、社保卡、老年卡等证件乘坐城市公共交通。"第6项任务要求:"提高客运场站人工服务质量……方便老年人现场购票、打印票证等。"

表12—3　相关部门对于老年人出行服务的发文情况

部门	发文日期	政策名称	对应内容
人力资源社会保障部	2020 年 12 月 25 日	《关于进一步优化人社公共服务切实解决老年人运用智能技术困难实施方案》	拓展社保卡的其他公共服务场景,推进社保卡(含电子社保卡)与"健康码"等互相关联,支持刷卡(码)通行①。
交通运输部等	2020 年 12 月 28 日	《关于切实解决老年人运用智能技术困难便利老年人日常交通出行的通知》	完善"健康码"管理,便利老年人通行;优化老年人打车出行服务;便利老年人乘坐公共交通;提高客运场站人工服务质量②。
工业和信息化部	2021 年 2 月 10 日	《关于切实解决老年人运用智能技术困难便利老年人使用智能化产品和服务的通知》	推广完善通信行程卡服务,为没有智能手机的老年人提供方便、快捷的行程验证服务③。
交通运输部	2021 年 3 月 19 日	《关于印发 2021 年工作要点和更贴近民生实事的通知》	推广巡游出租汽车电召服务,并推动主要网约车平台公司开通电话叫车服务。④

在"健康码"的升级改造中,国家政务服务平台提供了"老幼助查询"功能,实现了一键代办代查,便利了老年人这类不使用或不会操作智能手机的群体出行。2021年1月,广东在全国率先推出刷身份证进行出入管理及核验健康码的新型适老化服务系统⑤。老年人只需出示身份证,即可在 2 秒钟内完成出入登记管理及核验健康码服务。据中国新闻网报道,在 2021 年春运期间,广东省新型适老化的健康防疫核验服务系统方便了超过 47 万人次的 60 岁以上老年人。

---

①　人力资源社会保障部:《印发关于进一步优化人社公共服务切实解决老年人运用智能技术困难实施方案的通知》。

②　交通运输部:《交通运输部、人力资源社会保障部、国家卫生健康委、中国人民银行、国家铁路局、中国民用航空局、中国国家铁路集团有限公司关于切实解决老年人运用智能技术困难便利老年人日常交通出行的通知》。

③　工业和信息化部:《关于切实解决老年人运用智能技术困难便利老年人使用智能化产品和服务的通知》。

④　交通运输部:《关于印发 2021 年工作要点和更贴近民生实事的通知》。

⑤　中国新闻网:《粤适老化防疫核验系统春运期间服务老年人逾 47 万人次》,2021 年 3 月 15 日。

面向老年人的日常出行,据中国交通新闻网报道,2021 年 1—4 月,各主要网约车平台公司的"一键叫车"功能累计完成老年人乘客订单量达 300 余万单,各平台公司还在不断创新老年人约车服务方式①。

表 12—3 展示了相关部门对于老年人出行服务的发文情况。对于老年人的日常和远途出行服务,各相关部门的政策落实和实际运行情况良好,较好地考虑了老年人对智能手机使用不熟练或没有智能手机的情况。这些贴心、便捷的实践也应加强全国范围内的推广和宣传。在关注"老年人乘坐公交车时由于无法出示'健康码'而被劝阻乘车"的同时,各相关部门和平台企业作出的努力、取得的进步也值得重视。

(三)日常消费相关任务及相关部门跟进情况

面向老年人的日常消费,《实施方案》中的第 10 项和第 11 项任务作了智慧助老的安排。第 10 项任务要求:"保留传统金融服务方式……采用无人销售方式经营的场所应以适当方式满足消费者现金支付需求,提供现金支付渠道或转换手段。"②第 11 项任务要求:"提升网络消费便利化水平……打造大字版、语音版、民族语言版、简洁版等适老手机银行 App,提升手机银行产品的易用性和安全性,便利老年人进行网上购物、订餐、家政、生活缴费等日常消费。平台企业要提供技术措施,保障老年人网上支付安全。"以上任务分配给中国人民银行、市场监管总局、中国银保监会等相关部门按职责分工负责。

表 12—4 展示了相关部门对于老年人日常消费的发文情况。对于老年人的日常消费场景,无论是线下的传统消费场所,还是线上的手机银行 App,我国相关部门均给出了整改优化方案。主要体现在保留和改进传统线下服务,并推进线上服务适老化改造,给予老年人更多选择,便利日常生活消费。

表 12—4　相关部门对于老年人日常消费的发文情况

部门	发文日期	政策名称	对应内容
市场监管总局	2020 年 12 月 31 日	《关于优化服务切实保障老年人商事活动便利化有关工作的通知》	应保留必要的传统政务事项服务方式,设置必要的线下办事渠道,推广"一站式"服务,设立老年人办事专门通道③。

---

① 中国交通新闻网:《平台公司陆续开通"一键叫车"服务累计完成老年人订单 300 余万单》,2021 年 4 月 28 日。

② 中国政府网:《国务院办公厅印发关于切实解决老年人运用智能技术困难实施方案的通知》。

③ 市场监管总局:《要求优化服务切实保障老年人商事活动便利化有关工作的通知》。

部门	发文日期	政策名称	对应内容
中国银保监会	2021 年 3 月 30 日	《中国银保监会办公厅关于银行保险机构切实解决老年人运用智能技术困难的通知》	保留和改进传统金融服务方式,提升网络消费便利化水平,推进互联网应用适老化改造,加强教育宣传和培训,保障信息安全①。

二、面向安全需求的智慧助老任务

《实施方案》对于老年人安全需求的智慧助老任务,主要分为人身安全保障、日常疾病治疗和日常健康管理 3 个方面。

(一)人身安全保障相关任务及相关部门跟进情况

面向老年人的人身安全保障服务,《实施方案》中的第 3 项任务要求:"在突发事件处置中做好帮助老年人应对工作……要在应急预案中统筹考虑老年人需要,提供突发事件风险提醒、紧急避难场所提示、'一键呼叫'应急救援、受灾人群转移安置、救灾物资分配发放等线上线下相结合的应急救援和保障服务,切实解决在应急处置状态下老年人遇到的困难。"②

2021 年 1 月,公安部制定下发《关于切实加强和改进老年人公安服务管理工作的意见》。该意见对公安机关加强和改进老年人公安服务管理工作提出 6 方面 16 项具体措施,其中与老年人的人身安全保障相关的是:"发挥公安派出所密切联系群众的优势,做好突发事件处置中老年人救助服务工作。"③

正如该意见中所述,对于老年人的人身安全保障,全国各地的公安派出所应发挥优势与作用。尤其是在发生自然灾害、事故灾难、公共卫生事件、社会安全事件等突发事件时,要考虑老年人的特殊需要和实际困难。

当然,除了需要保障人身安全,老年人的财产安全,在智能手机和互联网飞速发展的现代,也极易受到侵害,同样需要保护。公安机关应严厉打击针对老年人的非法集资、网络传销、购买保健品诈骗、民族资产解冻类诈骗等违法犯罪,同时,加强网络

---

① 中国银保监会:《中国银保监会办公厅关于银行保险机构切实解决老年人运用智能技术困难的通知》。

② 中国政府网:《国务院办公厅印发关于切实解决老年人运用智能技术困难实施方案的通知》。

③ 中华人民共和国公安部:《公安部制定下发〈关于切实加强和改进老年人公安服务管理工作的意见〉》。

安全宣传,普及网络安全知识,提升老年人的识骗和防骗能力。

（二）日常疾病治疗相关任务及相关部门跟进情况

面向老年人的日常疾病治疗服务,《实施方案》中的第 7 项、第 8 项任务分别作了安排。第 7 项任务要求:"提供多渠道挂号等就诊服务。医疗机构、相关企业要完善电话、网络、现场等多种预约挂号方式,畅通家人、亲友、家庭签约医生等代老年人预约挂号的渠道……保留挂号、缴费、打印检验报告等人工服务窗口"。第 8 项任务要求:"优化老年人网上办理就医服务。简化网上办理就医服务流程,为老年人提供语音引导、人工咨询等服务……鼓励在就医场景中应用人脸识别等技术。"①

表 12—5 相关部门对于老年人日常疾病治疗的发文情况

部门	发文日期	政策名称	对应内容
国家医疗保障局	2020 年 12 月 29 日	《关于坚持传统服务方式与智能化服务创新并行,优化医疗保障服务工作的实施意见》	关于便利老年人就医发布具体任务,主要包括加快实现业务就近办理和提高线上服务适用性②。
国家卫生健康委	2021 年 1 月 8 日	《国家卫生健康委员会基层卫生健康司关于做好方便老年人在基层医疗卫生机构看病就医有关工作的通知》	完善健康码管理,提供人工查验登记;保留足量人工服务窗口,配备老年人就医引导员;提供多渠道挂号等服务,积极开展网上办理就医适老化改造③。

表 12—5 展示了相关部门对于老年人日常疾病治疗的发文情况。对于老年人的日常就医,各相关部门主要在拓宽老年人挂号、就医渠道上重点发力。目前,在年轻人已经熟悉网上预约挂号的同时,不能够完全取消线下挂号渠道,并应保留足够数量的人工服务窗口,在医院大厅配备服务老年人的就医引导员。对于那些想要学习或使用互联网络挂号的老年人,相关平台也在积极开展挂号就医功能适老化改造,以便利服务更多的老年人群。

（三）日常健康管理相关任务及相关部门跟进情况

面向老年人的日常健康管理,《实施方案》中的第 9 项任务要求:"完善老年人日常健

① 中国政府网:《国务院办公厅印发关于切实解决老年人运用智能技术困难实施方案的通知》。
② 国家医疗保障局:《关于坚持传统服务方式与智能化服务创新并行,优化医疗保障服务工作的实施意见》。
③ 国家卫生健康委员会基层卫生健康司:《关于做好方便老年人在基层医疗卫生机构看病就医有关工作的通知》。

康管理服务。搭建社区、家庭健康服务平台,由家庭签约医生、家人和有关市场主体等共同帮助老年人获得健康监测、咨询指导、药品配送等服务,满足居家老年人的健康需求。推进'互联网+医疗健康',提供老年人常见病、慢性病复诊以及随访管理等服务。"①

国家卫生健康委基层司于 2021 年 1 月 8 日下发的《关于做好方便老年人在基层医疗卫生机构看病就医有关工作的通知》中要求:"完善老年人日常健康服务,积极推广智能化健康监测终端产品"②。强调保留传统的签约渠道,确保老年人可以通过线下方式与家庭医生签约;家庭医生团队要引入二级以上医院的专科医生,加强对老年人病症的评估和干预,同时积极推广智能化健康终端设备监测老年人健康状况。

对于老年人的日常健康管理,相关部门主要从家庭医生入手,确保老年人在不会使用智能手机和不能出门的情况下,也能够享受到日常健康状况的监测和服务。

三、面向情感需求的智慧助老任务

对于老年人情感需求(或者称为社交需求)的智慧助老,《实施方案》中的第 12 项任务和第 13 项任务就便利老年人的文体活动作出了部署与安排。

《实施方案》中的第 12 项任务要求:"提高文体场所服务适老化程度。需要提前预约的公园、体育健身场馆、旅游景区、文化馆、图书馆、博物馆、美术馆等场所,应保留人工窗口和电话专线,为老年人保留一定数量的线下免预约进入或购票名额。"

《实施方案》中的第 13 项任务要求:"丰富老年人参加文体活动的智能化渠道。引导公共文化体育机构、文体和旅游类企业提供更多适老化智能产品和服务,同时开展丰富的传统文体活动。针对广场舞、群众歌咏等方面的普遍文化需求,开发设计适老智能应用,为老年人社交娱乐提供便利。探索通过虚拟现实、增强现实等技术,帮助老年人便捷享受在线游览、观赛观展、体感健身等智能化服务。"

2020 年 12 月 22 日,文化和旅游部办公厅与国家文物局办公室联合印发《关于落实〈关于切实解决老年人运用智能技术困难的实施方案〉的通知》。文化和旅游部、国家文物局为推动解决文化和旅游、文物领域老年人运用智能技术困难的问题,保障老年人基本文化权益,作出了整改工作有关安排:(1)保留传统预约方式;(2)允许他人代为预约;(3)保留免预约名额;(4)保留传统登记方式;(5)提供人工帮扶;(6)做好信息引导。此外还作了下一步工作安排:(1)面向老年人组织培训;(2)开

---

① 中国政府网:《国务院办公厅印发关于切实解决老年人运用智能技术困难实施方案的通知》。

② 国家卫生健康委员会基层司:《关于做好方便老年人在基层医疗卫生机构看病就医有关工作的通知》。

发适老智能应用;(3)扩展智能化渠道;(4)加强制度规范①。

该通知主要从两个方面便利和满足了老年人的情感需求(社交需求)。首先是对于老年人进入公共文体场所的方式进行了适老化改造,在提供线上预约入口的同时,保留传统线下的预约通道、窗口和名额。其次是丰富和智能化老年人在公共文体场所内参加文体活动的方式,可以帮助老年人逐渐熟悉并适应智能产品和服务,减少对数字化社会的抵触心理。公共文体场所是满足老年人情感需求(社交需求)的主要场所,便利老年人进出和进行文娱活动,有助于使他们保持愉悦的心情和良好的身体状态,有助于创建文明和谐的社会环境。

四、面向受尊重需求的智慧助老任务

对于老年人受尊重需求的智慧助老,《实施方案》中的第 14 项任务和第 15 项任务就便利老年人办事服务及老年人优先作出了部署与安排。

《实施方案》中的第 14 项任务要求:"优化'互联网+政务服务'应用……实现社会保险待遇资格认证、津贴补贴领取等老年人高频服务事项便捷办理,让老年人办事少跑腿。各级政务服务平台应具备授权代理、亲友代办等功能,方便不使用或不会操作智能手机的老年人网上办事。"②第 15 项任务要求:"设置必要的线下办事渠道……实体办事大厅和社区综合服务设施应合理布局,配备引导人员,设置现场接待窗口,优先接待老年人,推广'一站式'服务,进一步改善老年人办事体验。"

以上任务由相关部门及各地区按职责分工负责。比如,据报道,青海省西宁住房公积金管理中心为解决老年人等特殊群体在办理住房公积金业务中遇到的困难,出台了4 项工作措施:(1)开辟绿色服务通道,设置优先办理窗口,同时,为老年人配备引导人员;(2)优化业务办理流程,并允许亲友代办;(3)推进业务就近办理,并充分借助 12329服务热线、前台接待窗口等渠道进行上门预约,为有业务需求且行动不便的老年人等特殊群体提供上门服务;(4)针对老年人等特殊群体,设置爱心座椅,同时,配备老花镜、应急医药箱等便民设备③。这 4 项措施充分贯彻了《实施方案》中关于老年人受尊重需求的要求,对老年人办理日常社保、民政等事务提供了线下、代办、就近办理等便捷通道,让"老人被抬到银行做人脸识别"成为过去;同时,提高办事效能和提供便利化

---

① 文化和旅游部:《文化和旅游部办公厅、国家文物局办公室关于落实〈关于切实解决老年人运用智能技术困难的实施方案〉的通知》。
② 中国政府网:《国务院办公厅印发关于切实解决老年人运用智能技术困难实施方案的通知》。
③ 《西宁中心提供贴心服务方便老年等群体办事》,《中国建设报》2021 年 2 月 1 日。

服务设施设备,让老年人在办理事务的时候感受到社会的优待和尊重。

五、面向自我实现需求的智慧助老任务

针对老年人自我实现需求的智慧助老,《实施方案》中在第 7 部分进行了专门的安排。第 7 部分要求开发便利老年人使用智能化产品和服务的应用。这样,可以让老年人自己可以使用这些智能化产品和服务,实现自己的生活和工作愿望。第 7 部分包括第 16—20 条 5 项任务。

其中,《实施方案》的第 16 项任务要求:"扩大适老化智能终端产品供给。推动手机等智能终端产品适老化改造,使其具备大屏幕、大字体、大音量、大电池容量、操作简单等更多方便老年人使用的特点。"①第 17 项任务要求:"推进互联网应用适老化改造……重点推动与老年人日常生活密切相关的政务服务、社区服务、新闻媒体、社交通讯、生活购物、金融服务等互联网网站、移动互联网应用适老化改造"。第 18 项任务要求:"为老年人提供更优质的电信服务……加强偏远地区养老服务机构、老年活动中心等宽带网络覆盖。开展精准降费……推出更多老年人用得起的电信服务。"第 19 项任务要求:"加强应用培训。针对老年人在日常生活中的应用困难,组织行业培训机构和专家开展专题培训,提高老年人对智能化应用的操作能力。"第 20 项任务要求:"开展老年人智能技术教育。将加强老年人运用智能技术能力列为老年教育的重点内容,通过体验学习、尝试应用、经验交流、互助帮扶等,引导老年人了解新事物、体验新科技,积极融入智慧社会。"②

表 12—6　相关部门对于老年人自我实现的发文情况

部门	发文日期	政策名称	对应内容
全国老龄办	2020 年 11 月 30 日	《全国老龄办关于开展"智慧助老"行动的通知》	决定开展"智慧助老"行动,具体包括:(1)建立健全"智慧助老"的常态化工作机制;(2)广泛动员各方力量,为老年人提供志愿培训服务;(3)充分发挥老年大学在智能技术培训中的重要作用;(4)引导老年人正确认识网络信息和智能技术;(5)加强智能技术运用和防骗知识的科普宣传;(6)提倡家庭成员帮助老年人运用智能技术;(7)大力开展智能产品社会募捐活动③。

---

① 中国政府网:《国务院办公厅印发关于切实解决老年人运用智能技术困难实施方案的通知》。
② 中国政府网:《国务院办公厅印发关于切实解决老年人运用智能技术困难实施方案的通知》。
③ 国家卫生健康委员会老龄健康司:《全国老龄办关于开展"智慧助老"行动的通知》。

续表

部门	发文日期	政策名称	对应内容
民政部	2020 年 12 月 30 日	《民政部办公厅关于落实〈关于切实解决老年人运用智能技术困难的实施方案〉的通知》	及时优化民政系统的"互联网+政务服务"应用,进行适老化改造;加强老年人智能技术设备应用培训,养老机构要为入住的老年人使用相关智能技术提供协助①。
工业和信息化部	2020 年 12 月 24 日	《关于印发〈互联网应用适老化及无障碍改造专项行动方案〉的通知》	开展适老化及无障碍改造水平评测并纳入"企业信用评价"。根据适老化及无障碍建设水平评测结果,对符合要求的互联网网站、移动互联网应用(App),授予信息无障碍标识(♿)②。
工业和信息化部	2021 年 2 月 10 日	《关于切实解决老年人运用智能技术困难便利老年人使用智能化产品和服务的通知》	布置了 4 项重点任务:(1)为老年人提供更优质的电信服务;(2)开展互联网适老化及无障碍改造专项行动;(3)扩大适老化智能终端产品供给;(4)切实保障老年人安全使用智能化产品和服务。每一项大任务中又具体化了若干项可以实施的小任务,包括保留线下传统电信服务渠道、推动手机等智能终端产品适老化改造、开展智慧健康养老应用试点示范工作等③。

国家图书馆、国家开放大学老年大学等文化教育机构,也在自我实现的智慧助老方面做了许多工作。例如,据报道,国家图书馆为方便老年读者特别推出了多项行动:(1)设立老年读者绿色通道,为老年读者提供文献查找、预约提取等一站式服务,并配备人工咨询岗和人工办证处;(2)推出"关爱夕阳"老年课堂公益培训服务,通过线上直播课堂、线下集中培训和举办丰富多彩的活动等形式服务老年读者④。

表 12—6 展示了相关部门对于老年人自我实现的发文情况。总的来说,目前相关部门的工作和实践,已经涵盖了《实施方案》中对满足老年人自我实现需求的各项要求。这可以帮助老年人更好享有智能产品和服务,不断突破自己、挑战当前能力,逐渐融入数字化信息社会,完成以前做不到的事情。

---

① 民政部:《民政部办公厅关于落实〈关于切实解决老年人运用智能技术困难的实施方案〉的通知》。

② 工业和信息化部:《关于印发〈互联网应用适老化及无障碍改造专项行动方案〉的通知》。

③ 工业和信息化部:《关于切实解决老年人运用智能技术困难便利老年人使用智能化产品和服务的通知》。

④ 《国家图书馆:填平"数字鸿沟"让老年人不掉队》,《中国文化报》2021 年 1 月 8 日。

第三节　智慧养老当下的不足和未来的展望

在应用层面,居家养老、社区养老和机构养老不同的模式都在积极引入智慧养老技术。但是,智慧养老的发展还存在一些不足,因而,本节对智慧养老当下的不足和未来的展望进行分析。

一、智慧养老的"三喜"和"三忧"

"智慧养老"四字中,"智慧"固然重要,但最终的落脚点在于"养老"。如果智能产品无法带给老人以便利和优待,那么,"智慧"将失去意义。对于智慧养老的供给方,不能仅仅以赚钱、满足发展指标、追求政策导向为最终目的,而是需要时刻考虑服务的需求方——老年人。摆正观念,才能开发出真正便利老年人的好产品。我们可以把当前智慧养老的发展归纳为"三喜"和"三忧"。

(一)智慧养老的"三喜"

其一,智慧养老的概念深入人心,其概念和重要性已经被社会接受。现在,从国家政策到街道、为老服务企业,再到出现很多智慧养老企业,社会整体都逐渐接受了智慧养老的概念并开始应用。

其二,智慧养老的产品琳琅满目,我国与世界同步。很多企业都在研发适合老年人群的新产品,推动市场发展。许多国际、国内知名品牌开始研究老年人市场,让产品更符合老年人的需求;家居企业开始实践智慧养老家居,甚至灯具品牌都开始研究适合老年人使用的智能灯具;等等。更重要的特征是我们与世界同步,有些方面还处于略微领先位置。比如大数据分析、人工智能等方面,我们都处在比较先进的位置,有一定的话语权。

其三,智慧养老的应用全面开花,北京、上海、广州等人口老龄化程度深的地方都在大力推动智慧养老应用。对北京市 16 个城区及其下辖的 300 多个街道的调研发现,各层次、各区域的智慧养老都在全面开花,覆盖面不断扩大。比如,北京通养老助残卡是集社会优待、政策性津贴发放、金融借记账户、市政交通一卡通等多功能于一体的 IC 卡。由于该卡整合了原本分散在多个平台的功能,对老人来说更加方便,还可以享受多种福利政策,因此,老人们愿意用该卡消费。政府部门则可以借此采集老人的数据,进行数据分析,对养老产业有一个整体的把握和监管。又比如 2020 年,上海市民政局联合上海市经信委对外发布了四大类 12 个智慧养老应用场景①。这是一件非常有意义并且价值深远的好事,将引导和促使智慧养老企业提供更精准、更专业的养老服务。特别是在场景 11"老年人智能语音交流互动"中,要求"可将有关关爱通知信息自动转换为上海话,对老人上海话的语言识别率高"。这一条要求特别考虑到,最需要服务的上海市这代老人经常讲上海话,而不是普通话。这个考虑很贴心,也很精准。

(二)智慧养老的"三忧"

其一,智慧养老需求验证不充分。智慧养老产品的需求验证非常重要,需要企业用科学的方法付出时间和精力去了解老人的需求以及实际的应用场景。现在,也有一些智慧养老企业与养老机构合作,结合实际场景完善产品,但还不够。场景要尽可能的多元化,了解各种细颗粒度的需求。一家养老院的数据和 10 家养老院的数据、100 位老年人的反馈和 1000 位老年人的反馈相比,肯定是后者分析的结果更细致、更准确。

其二,智慧养老服务缺乏体系化运营。智慧养老需要建立一个良好的生态系统。智慧养老产品安在家里,服务是否跟得上? 如果没有后续服务,智慧养老就是伪命题。未来的智慧养老服务,必然是往体系化、品牌化、连锁化、规模化、套餐化的方向发展。

其三,智慧养老标准既不统一又有所欠缺。当前,各省市分别出台了智慧养老的省标、市标。比如,江苏省、山东省、上海市都已经或正在建立各自的标准;有些养老保险公司与国外知名养老运营公司合作,建立自己的企业标准;有些学术团体也在建立自己的团体标准。标准不统一对行业发展有制约作用,导致各种设备和系统之间不能互联互通、各自画地为牢,不能发挥 1+1>2 的集成效果。建议成立智慧养老标准联盟,大家一起推动其中智慧养老行业标准的建立。

另外,从目前各地已经试点或推广的智慧养老方案来看,相关项目大多聚焦的是独居老人的突发状况应对和身体健康管理,而对于老年人同样需要的心理疏导、业余爱好等方面的关注略显不足。从马斯洛的需求层次理论来看,生理需求、安全需求指的只是老年人最底层、最基础的需求。如何满足老年人的情感需求、受尊重需求和自我实现需求等高层次需求,也是接下来开展智慧养老行动需要重视的话题。

二、智慧养老当下存在的问题

智慧养老运营模式,是通过"前端应用 + 服务平台 + 服务资源 + 养老管家 + 服

---

① 参见上海市养老服务平台发布的《上海市智慧养老应用场景需求清单(2020 年版)》。

务监管"来提供养老服务的模式。

（一）前端应用

前端应用是指各类涉老主体（如老人、子女、照护人员、监管人员等）接入智慧养老平台的方式，如电话、有线电视、手机 App 应用、可穿戴设备等。当下存在的问题主要包括：

第一，完备性差：大多数前端应用是模块化产品，集成性差，难以独立提供服务。以智能手环为例，每天测得的数据给谁用、数据出现异常后谁来处理等问题没有得到很好的解决。

第二，兼容性差：不同的前端应用属于不同的厂家或主体，各类监测设备或软件的数据接口或业务规则不一致，导致互联互认存在困难。比如，老人的基本信息或健康数据重复采集，可穿戴设备监测到的数据不一定被医院认可。

第三，适老性差：不少新兴前端应用是原信息技术厂商转型开发得到的，存在很多影响老人使用的设计缺陷。比如，没有考虑到老人健忘对设备充电的影响，老人视力下降对界面颜色、字体大小、行间距的要求，智能语音助手很难识别老人常见的慢速、重复、犹豫等特殊的表达方式。

（二）服务平台

服务平台是指利用互联网等信息技术建设的软件系统，可以实现涉老信息管理、订单处理、服务推荐、服务评价、决策支持等功能。存在的问题主要包括：

第一，平台空心化：许多线上的智慧养老平台没有整合足够的线下服务资源，"一键呼"或呼叫中心接到服务请求后很难派出相应的人员进行服务，导致平台缺乏实质性的服务内容，即平台空心化。

第二，平台演示化：与平台空心化相关，但不完全相同。大多数平台只是完成了涉老信息的接入和统计，可以采用各种炫丽的图表进行演示（特别是有些单位热衷于"大屏展示"）。实际上，只解决了养老的"信息化"问题，离实现供需精准匹配以及提供个性化服务的"智慧化"还有很远的距离。

（三）服务资源

服务资源是指智慧养老平台可以调用的各种人员、设备、设施等资源。存在的问题主要包括：

第一，信息不对称严重：一方面，老人的个性化需求与服务人员自身的诉求和偏好没有得到平台的重视，导致老人和服务者的双向满意度普遍不高；另一方面，兼职养老服务人员与线上平台之间没有很好地互相发现和利用，导致养老服务人员严重短缺。

第二,服务不完整严重:目前的养老服务主要体现在生理需求和安全需求方面,而涉及精神层面的心理咨询、家庭问题协助、精神慰藉,以及帮助再就业等方面的服务开发得不够。

(四)养老管家

养老管家是指在智慧养老平台和老人之间的桥梁角色。养老管家通过评估老人的状态,识别老人各方面的需求,与平台对接,设计一套个性化的服务方案。当前,养老管家的角色不清晰,并且,这类复合型人才极度短缺,导致老人接入平台难、服务人员和老人双向不满意等问题。

(五)服务监管

服务监管是指政府、市场和行业协会对智慧养老平台提供的服务进行监管。目前的问题,主要是政府的监管角色发挥不充分、老人的隐私数据保护力度不够、部分补贴对应的养老业务真实性存疑等。市场和行业协会的监管还在发育中。

三、发展智慧养老的政策建议和未来展望

(一)发展智慧养老的政策建议

在前文的政策网络分析中,笔者发现《工业和信息化部、民政部、国家卫生计生委关于印发〈智慧健康养老产业发展行动计划(2017—2020 年)〉的通知》(以下简称《行动计划》),是被引用最多的 3 个关键政策之一,因而,我们对其进行专门分析。《行动计划》规划了 2017—2020 年发展智慧健康养老产业的主要任务,分别是:(1)推动关键技术产品研发;(2)推广智慧健康养老服务;(3)加强公共服务平台建设;(4)建立智慧健康养老标准体系;(5)加强智慧健康养老服务网络建设和网络安全保障[1]。

我们发现,2017 年以来的 18 个智慧健康养老政策中,有 15 个是与智慧健康养老服务推广任务相关的;此外,还有 2 个与标准体系建设相关的政策和 1 个与关键技术产品研发相关的政策。《行动计划》中的服务推广类政策出台数量最多,而针对标准体系建立和技术产品研发任务只有少量的政策出台,平台建设、网络建设和安全保障类则没有政策出台。这说明,在智慧健康养老领域的政策中,对于智慧健康养老服务推广的重视程度较高。

---

[1]　中国政府网:《三部委关于印发〈智慧健康养老产业发展行动计划(2017—2020 年)〉的通知》。

服务推广和标准体系建立方面，《行动计划》规划了两个指标：一是到2020年，我国将建立100个智慧健康养老应用示范基地；二是制定50项智慧健康养老产品和服务的标准。当前已完成的2017—2020年4届评选中，分别选出23个、10个、23个和17个智慧健康应用示范基地，总数为71个，约完成目标的七成。智慧健康养老产品和服务标准方面，根据在全国标准信息公共服务平台查询的结果，现行的养老相关标准仅有20项，其中国家标准14项、行业标准6项，还没有专门针对智慧健康养老的标准；相关政策虽然对智慧健康养老服务的收费及管理标准提出了一些规定，但目前也没有已成型的标准。由此可见，尽管在国家标准方面有一定数量政策出台，可从数量上看，还远远没有达到《行动计划》规定的目标。

总的来说，从《智慧健康养老产业发展行动计划（2017—2020年）》的完成情况来看，该计划提出的5项关键任务中，政府更重视提供服务，对于标准体系建设、平台建设、技术产品研发和网络基础的关注较少，但总的来说，各方面目标都没有完全实现。这说明，政府在下一阶段除了要继续开展服务推广工作之外，还需投入更多精力增大智慧健康养老平台建设和网络建设力度，鼓励关键技术产品的开发研究和智慧健康养老标准的发布，让老年人享受到更便利、周全的服务，最终提升老年人融入信息社会后的获得感、幸福感和安全感。

（二）智慧养老的体系化运营

我们从理念、老人、服务和数据这4个影响智慧养老体系化运营的关键因素出发，提出对未来发展的建议。

其一，理念先行。建议官方媒体（如中央电视台）面向全民开办新的栏目（而不是专门的老年栏目），大力提升全民对老龄社会的认知，同时提升老人的信息素养，营造老人对数字社会积极接纳的环境。引导各类媒体增设类似"老人与我"的栏目，宣传现代退休生活方式和养老方式。通过老人之间互动、老年人与年轻人（含子女、孙子女、青年志愿者等）互动，来示范普及健康养老、积极养老、智慧养老、全生命周期养老等理念，介绍老人防骗与合理理财的案例，从需求侧倡导针对养老服务的合理消费，为智慧养老的运营推广奠定一个良好的客户基础。

其二，以老为本。以老人为中心，建议各地行业协会开展养老管家的资质认定，大力发展养老管家队伍，委托第三方对智慧养老运营平台（项目）进行星级评估。对于不同星级提出明确的养老管家数量要求。养老管家与平台的交互作用，有助于消除服务人员和老人之间的信息不对称现象。评估内容主要包括平台的兼容性和适老化、提供养老服务的完整性以及涉老主体的满意度。政府和行业协会依据评估结果加强监管。在测评的基础上对各类养老服务组织进行星级评定,然后对高星级的养老服务组织进行扶持推广,从供给侧引导平台建设方克服重形象展示的问题,着力提升平台的实际运营效果。

其三,激活服务。建议国家相关部门发布重点扶持的智慧养老服务目录;以痛点服务为抓手,针对失能失智老人的助餐、助浴、助医、陪伴等痛点服务,实施按服务次数和质量进行奖励;发布《智慧养老服务优先支持目录》,引导开展老年人急需的智慧养老服务。鼓励采用区块链技术,将服务记录上链管理;同时,引导兼职服务人员和志愿者上链开展养老服务。此外,从"补砖头""补床头"和"补人头"的粗放式管理,逐步过渡到对区块链上不可篡改、不可伪造的服务记录有针对性地进行补贴(即"补服务")。积极采纳人工智能和大数据技术,实现基于老人个性化需求的精准匹配,从供给侧引导智慧养老健康发展。对于服务端的工作人员,要做好信息技术的培训工作,不能出现智能产品完备,但工作人员不理解、不会用这些科技产品和智能养老设备,从而降低智慧养老产品价值的问题。

其四,数据驱动。建议在国家相关部门组建涉老大数据治理委员会,以数据融合为抓手,发布智慧养老数据标准,建设养老基础数据国家开放平台,强化对数据驱动的监管。由于涉老部委众多,只有建立一个高级别委员会,涉老数据才有可能真正融合并发挥作用。制定医养数据互认制度和相应标准,鼓励医院按不同安全等级要求,开放老人健康监测数据的接口,从数据底层促进医养结合。鼓励智慧养老平台跨行政区提供服务,促进医保、养老金跨区结算,引导老人的合理流动和文化旅游消费。

第十三章　老年文化教育

随着我国老年人寿命日渐延长、健康水平逐渐提升,以及物质生活条件不断改善,老年人对充实精神生活、提高知识水平有了更强烈的要求。教育和学习,是老年人保持身心健康并实现老有所为的有效途径。伴随着人口老龄化的快速发展,人民群众对老年期的精神文化生活有了新期盼。发展老年文化教育对于促进老年人的身心健康,实现老有所学、老有所为具有重要意义。在新的发展阶段,应立足新时代老龄社会的全局,进一步重视发展老年文化教育的现实意义和价值,在实施积极应对人口老龄化国家战略的进程中繁荣老年文化教育,提高积极应对人口老龄化国家战略的软实力,促进社会主义文化的繁荣发展。

为了客观呈现 2000 年我国进入老龄化社会以来,在老年教育和文化领域的进展,探讨成就、挑战并寻求应对方案,本章利用全国人口普查数据、全国抽样调查数据等,对老年人文化教育的发展历程和现状进行描述,并对典型、关键的政策文本进行演进分析,探讨老年文化教育政策的进展和特点,总结、提炼我国在老年文化教育领域的主要成就和面临的主要挑战,进而在分析、借鉴国际经验的基础上,对建设中国特色老年文化教育体系提出对策建议。

第一节　老年文化教育的发展历程和现状

进入 21 世纪后,党中央、国务院以及教育部门等更加重视老年文化教育,明确提出繁荣老年文化,与老年文化教育直接或间接相关的政策措施也日益丰富。在老年文化教育政策的推动下,我国老年文化教育事业发展势头良好,取得多方面的成就[1]。但在

---

[1]　杜鹏、王菲:《"老有所为"在中国的发展:政策变迁和框架构建》,《人口与发展》2011 年第 6 期。

发展历程中,我国老年教育还存在着诸多不足和挑战,在实践过程中还面临种种现实困难和障碍。

一、老年文化教育的内涵和外延

老年教育是老年文化的核心组成部分①。我国对老年教育的认识,有一个伴随实践经历逐步深化的过程。老年教育对象由退休职工、干部到一般的老年人。对老年教育目标的认知也从改善老年人健康状况到提高社会参与度,再到实现老年人的价值,以达到人的全面发展。可见,我国对老年教育的认识在不断深化。老年教育是老年人在新的社会化过程中的自我完善。超越自我、有目的的学习活动,是老年人提高自身生命质量和生活质量、适应时代和社会需求的素质教育活动。这些老年教育理念均明确,以活动参与为目标,且专门针对老年人群开展。简单地说,就是提供非传统的、具有老年特色的终身教育活动②。

老年教育同终身教育的含义既有密切联系,也有一定差别。终身教育是指包括正规教育和非正规教育在内的人在整个生命过程中所接受各阶段教育的总和,它以发展社会与个体为目的③。老年教育则是终身教育的最后阶段,它在国际上也被称为第三年龄教育,主要以退休或低龄老年人为对象。老年教育的目的在于使老年人能够与其他年龄组的人一样,可以利用已有的一切与教育相关的设施来满足自身的学习需求,通过学习提高身心健康水平、更新知识,从而达到健康长寿,发挥余热、为经济社会发展继续作贡献的目的④。在本章,考虑到老年教育是终身教育不可或缺的组成部分,因此,政策文件中凡涉及终身教育和老年教育的内容均纳入本章的研究范围。

与老年教育相比,老年文化是更宽泛的概念。在以往的研究中,老年文化包括文化教育、思想道德教育、体育活动、伦理价值和精神生活等内容。具体而言,以往对老年文化概念的划分主要有 3 种:一是把老年人作为客体的老年文化,如老年人的价值、社会关于老年人的政策文件、社会为老年人开设的场所等⑤;二是把老年人作为

---

① 姚远:《丰富老年人精神文化生活》,《中国社会工作》2017 年第 23 期。
② 叶忠海:《老年教育若干基本理论问题》,《现代远程教育研究》2013 年第 6 期。
③ 高志敏等:《中国学习型社会与终身教育体系建设:"知"与"行"的重温与再探》,《开放教育研究》2017 年第 4 期。
④ 欧阳忠明等:《全球视野下第三年龄大学发展研究》,《中国远程教育》2018 年第 6 期。
⑤ 姚远:《关于中国老年文化的几个理论问题》,《市场与人口分析》2000 年第 2 期。

主体的老年人生存文化,如老年人的社会参与模式、养老模式等①;三是把老年人作为主体的老年人文化生活,如老年人参加文体娱乐活动、上老年大学等②。本章的老年人文化教育政策研究涵盖以上 3 种情况。

二、中国老年人的教育文化程度变化

文化教育水平是老年人受教育程度的反映,也是老年人在人生中接受教育的最终结果和体现。本章主要通过全国人口普查数据和全国抽样调查数据,来分析我国近些年来老年人教育文化程度的变化情况及现状。

一般来说,人口的受教育水平总是随时间的延伸逐渐提高。同时期的不同年龄人口中,老年人的受教育水平通常低于中青年人。2010 年第六次全国人口普查数据显示,2010 年,中国 60 岁以上老年人中未上过学的占 22.5%,小学文化程度的占49.72%,初中文化程度的占 187%,高中文化程度的占 5.83%,大专及以上文化程度的占 3.26%。与第三、四、五次全国人口普查结果相比,2010 年,中国老年人的教育文化水平显著提高(见图 13—1)。

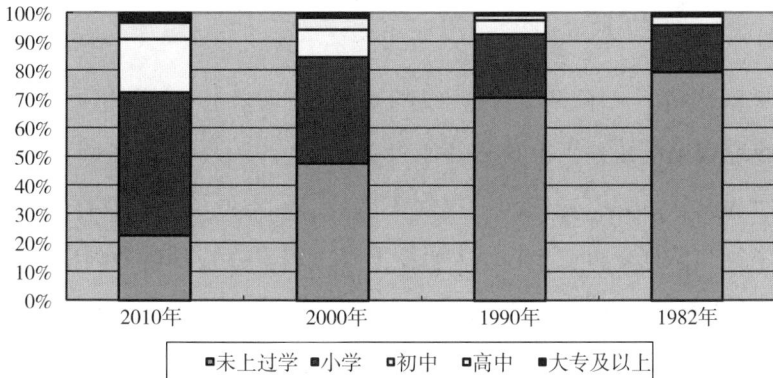

图 13—1 1982—2010 年中国老年人的教育文化程度构成

资料来源:第三、四、五、六次全国人口普查汇总数据。

与过去相比,未上过学的老年人比例大幅度下降,接受过小学及以上教育的老年人比例明显上升,但小学文化程度的老年人是主体,几乎一半的老年人为小学文化程度。2010 年,初中以上文化程度老年人的比例达到 27.79%,即 1/4 左右老年人的教

---

① 李东光:《丰富老年人精神文化生活是文化大繁荣不可忽视的组成部分》,《中央民族大学学报(哲学社会科学版)》2013 年第 2 期。
② 郭莲纯:《老年教育发展问题的实践探索》,《继续教育研究》2011 年第 9 期。

育程度在初中以上。图13—1说明,中国老年人的教育文化程度提高很快,达到高中、大专及以上教育程度的老人数量越来越大。

老年人口的受教育程度会受到不同时期教育发展程度的显著影响。当前处于老年期的人群是出生于20世纪60年代以前的群体,而文化程度通常在人们进入中年期后相对稳定,因而,本章采用2010年第六次全国人口普查数据中分出生队列的人口受教育程度数据,来反映目前我国老年人口的受教育情况。表13—1汇总了到我国1969年之前年份出生的各人口队列的受教育程度构成情况。

表13—1 中国不同队列人口的受教育程度构成(%)

年龄	出生队列	未上过学	小学	初中	高中	大学专科	大学本科	研究生
41—50 岁	1960—1969 年	2.32	24.31	50.72	15.52	4.40	2.47	0.26
51—60 岁	1950—1959 年	6.68	41.28	35.50	12.40	2.98	1.07	0.08
61—70 岁	1940—1949 年	14.61	52.03	22.92	6.93	2.27	1.21	0.03
71—80 岁	1930—1939 年	31.15	48.78	12.11	4.66	1.77	1.50	0.03
81 岁+	1929 年以前	48.73	39.55	7.36	2.66	0.82	0.84	0.03

资料来源:第三、四、五、六次全国人口普查汇总数据。

总的来看,随着人口队列变得越来越年轻,老年人未上过学的比重迅速下降。比如,从1929年以前的队列到1960—1969年的队列(2020年的51—60岁年龄组),未上过学的比重从接近50%急剧降至不到3%。类似的,低层次受教育程度的老年人比重也随着人口队列变得更年轻而大幅度下降。1929年以前的队列中,小学学历的占近40%,而1960—1969年的队列降至25%左右。受初中层次教育的老年人比重随着人口队列变得更年轻而持续上升,并大体稳定在50%。受高中及更高层次教育的老年人比重也随着人口队列变得更年轻而持续上升,且幅度明显。可以预见,仅仅在10年之后,老年人口受教育程度相比于现在将会有一个长足的提升。

三、我国主要的老年文化教育形式及发展概况

老年人的文化教育具有与义务教育、成人教育等不同的特点,在形式上体现出多样性和灵活性。就相对规范的老年文化教育形式而言,主要有老年大学(学校)、社区老年文化教育和近年来逐渐兴起的老年远程文化教育3种模式①。

----

① 王中华等:《我国老年教育的回顾、反思与展望》,《现代教育管理》2020年第12期。

（一）老年大学

老年大学是针对老年人的一种非学历正规教育,是中国老年文化教育的主要形式。在中国,老年大学一般是通过固定的场所和规范化的课程为老年人提供系统知识的传授,一般学制为 1—2 年。2017 年民政部社会发展统计公报的数据显示,截至2017 年底,我国有老年学校 4.9 万个、在校学习人员 704.0 万人,老年大学入学率也由 2008 年的 2.46% 显著提高。中国老年文化教育已经形成了一个全方位、多层次、多学科、多功能、开放式的教育、教学体系。

老年大学尽管发展迅速,但还是难以满足我国庞大的老年人群体的需要。2018年中国老年社会追踪调查(CLASS2018)询问了被调查老年人过去一年中"上老年大学或者参加培训课程"的情况①,表 13—2 呈现了统计结果②,仅 2.39% 的老年人上过老年大学或者参加过培训课程。值得注意的是,那些参加过学习的老年人中,有超过一半(59.4%)的表示每月至少参加一次学习或频率更高。这意味着,上老年大学或参加培训的老年人在学习教育行为方面呈现出持续、稳定的特征。

表 13—2　老年大学或培训课程的老年人参与情况

	频数（个）	比例（%）
没有参加	9348	97.61
参加	229	2.39
一年几次	93	40.61
每月至少一次	37	16.16
每周至少一次	79	34.50
几乎每天	20	8.73
合计	9806	100

资料来源:2018 年中国老年社会追踪调查(CLASS2018)调查数据。

根据 2018 年中国老年社会追踪调查结果,老年人参与老年大学存在明显的地区差异,一方面反映为东部、中部和西部地区之间存在分化,另一方面反映为城乡之间也存在分化。就前者而言,数据表明,西部地区老年人有参与行为的比重最高,为3.82%;东部地区老年人次之,为 2.54%;而中部地区老年人最低,仅为 0.83%。就后者而言,城镇地区老年人中参与老年大学的比重达 3.21%,明显高于农村地区(为

---

① 该调查项目中的调查对象为年满 60 周岁的老年人。
② 2018 年的被调查对象有 11418 名老年人,但本题中 1841 名老年人未填答。

1.57%）。可见，即使是在老年文化教育中作为主导者的老年大学，覆盖面依然很有限。特别是由于老年大学一般在县及县以上城镇设立，农村的老年人极少能就近参加老年大学。老年教育的覆盖面窄应该是中国老年文化教育面临的一个重大问题。

我国老年文化教育的内容以满足老年人的兴趣爱好为主，也有部分外语、计算机等技能性课程。而社区、公园等公共场所开展的知识讲座、培训活动等，多以传授健康、保健养生知识为主。从事老年文化教育的老师绝大部分是外聘兼职教师，占97%。这些兼职教师的来源主要是各级各类学校，以及企事业单位、专业社团、党政机关等，其中以退休教师居多，并且以文体艺术类教师为主体。

（二）社区老年文化教育

社区是老年人获取文化教育资源的主要平台。社区为老年提供的文化教育资源情况以及利用情况，反映了老年人就近的文化教育资源覆盖程度及质量。近些年，中国城市老年人住家附近拥有老年文化教育机构或设施的状况有了很大发展。2017年，我国各类老年活动室达到35.0万个，但住家附近拥有老年活动室和老年活动中心的比例仍不是很高。特别在农村，社区中的老年文化教育机构极少。

2018年中国老年社会追踪调查，曾询问了被调查老年人所在社区老年活动室、健身室、棋牌室、图书室、室外活动场地等文化教育资源的建设情况，表13—3呈现了社区老年文化教育设施的统计结果。

表13—3　社区老年文化教育设施的建设情况

文化教育设施	数量（个）	比例（%）
老年活动室	4724	41.37
健身室	1898	16.62
棋牌室	3450	30.22
图书室	2150	18.83
室外活动场地	5807	50.86

资料来源：2018年中国老年社会追踪调查（CLASS2018）调查数据。

可见，社区老年文化教育设施的建设水平仍然偏低。相对于社区内其他的老年人可获得的资源，老年文化教育资源较少，大多未过半数，参加者也仅为极少数。比如，认为社区有老年活动室、健身室、棋牌室、图书室和室外活动场地的老人仅分别占41.37%、16.62%、30.22%、18.83%和50.86%，32.45%的老年人生活在没有任何老年文化教育资源的社区中。这反映出我国社区文化教育设施的建设水平还很低，老年活动中心、社区图书室等老年人能够就近获得的文化教育资源覆盖程度在全国范围内都比较低。另外,许多社区老年文化教育资源的利用率不高,存在阅览室和活动室被挪作他用的现象,如何使已有的设施、场地发挥作用是值得探索的重要问题。

(三)远程老年文化教育

随着电脑和互联网的普及,网络为老年人的文化教育提供了便捷条件,老年远程文化教育在网络社会中也逐渐发展成为老年文化教育的新形式。利用信息化传媒技术实现远距离教学的远程教育是一种非常适合老年人的教学方式,使老年人足不出户就可以获得各种知识信息。2016 年,国务院办公厅印发的《老年教育发展规划(2016—2020)》提出:"运用互联网等科技手段开展老年教育,为全体老年人创造学习条件、提供学习机会、做好学习服务。"老年远程文化教育作为"互联网+教育"在老年文化教育领域的重要体现,是老年人积极融入社会、参与社会的新途径,是老年群体老有所为的重要手段。

在相关政策推动下,老年远程文化教育蓬勃发展。尤其自 2020 年以来,突如其来的新冠肺炎疫情对教育行业提出考验,原本以线下教学为主的课堂教学模式纷纷向线上教学模式转变,老年文化教育也不例外。老年远程文化教育利用远程教育教师与老年学员处于时空分离状态的特点,在这一特殊时期发挥了重要的作用。通过采用线上课程、App、抖音直播等形式向老年人开展教育教学活动,让更多的老年人拥有参与优质老年文化教育的机会,拓展了老年文化教育的获得渠道,丰富了各地老年人的文化生活。

第二节　我国老年文化教育政策的进展

我国在老龄和教育等方面的相关制度及政策是推动老年文化教育发展的基础。本节梳理我国进入 21 世纪以来的相关政策,对老年文化教育的政策内容和方向展开分析。新中国成立以来,依据发展的阶段性特征以及顺应重大政策颁布的时间,我国老年文化教育政策的变迁过程可以划分为起步阶段(1949—1981 年)、探索阶段(1982—2000 年)、拓展阶段(2001—2011 年)、提升阶段(2012 年至今)4 个阶段。本节主要聚焦 2000 年以来的政策进展进行分析。

新中国成立初期,历经潮起潮落,新生的政权在曲折探索中逐渐成长起来,恢复经济、巩固政权、保障人民基本生活需求是此阶段党和政府的工作重心,老年人文化教育政策也在这个基础上得到孕育。1982 年,我国首次派代表参加老龄问题世界大会,老龄工作受到重视,老年文化教育也相应得到有力推动。在 1982—2000 年间出台了一系列保障老年人参与文化教育活动权利、专门针对老年人文化教育工作的政策,相关政策不仅数量明显增多,内容比过去也更加丰富。

进入 2000 年以后,我国老年文化教育进入拓展阶段和提升阶段,这 20 年来在政策方面取得了突破性进展。

一、拓展阶段(2001—2011 年)

2000 年,我国正式步入了老龄化社会,且随着改革开放深入、科技进步,进入了全面建成小康社会的新阶段。经过新中国成立后 50 年的努力,我国老年人口素质也有了整体的提高,文盲和半文盲的数量明显减少,加之老年人的生活条件不断上升,身体健康状况日益改善,老年人学习和接受文化教育的需求更加突显。自 2001 年起至 2011 年,随着基层老年文化建设、老年教育的全面铺开,老年教育成为我国终身教育体系的重要组成部分,我国的老年人文化教育政策蓬勃发展,开始呈现普及化、具体化和系统化的发展趋势。

在这一阶段,我国与老年人文化教育相关的主要政策文本共有 41 项,关键节点的政策主要有以下 13 项。

表 13—4 2001—2011 年我国与老年人文化教育相关的政策文本

政策名称	颁布时间	颁布单位	重点内容
《关于做好老年教育工作的通知》	2001 年	中组部、文化部、教育部、民政部、全国老龄委	依托群众文化设施,多渠道、多层次地发展老年教育事业;鼓励社会各界积极兴办老年教育事业,在 21 世纪前 10 年建立健全具有中国特色的老年教育事业体系;各部门密切配合开展老年教育工作。
《中国老龄事业发展"十五"计划纲要(2001—2005)》	2001 年	国务院	总目标:进一步丰富老年人的精神文化生活。任务:大力发展老年教育,增加一倍在校老年学员数量。
《全国教育事业第十个五年计划》	2001 年	教育部	第一次在国家教育发展规划中明确提出要起草终身教育法。
《关于进一步加强基层文化建设的指导意见》	2002 年	文化部、国家计委、财政部	开辟老年文化活动场所,建设老年文化活动中心、老年大学;民政部实行"星光计划",落实资金。
《关于进一步加强农村成人教育的若干意见》	2002 年	教育部	农村成人教育是我国教育的重要组成部分,是构建终身教育体系、建设学习化社会的重要内容。
《教育部 2004 年工作要点》	2004 年	教育部	继续将推动终身学习立法作为年度工作要点。

续表

政策名称	颁布时间	颁布单位	重点内容
《关于加强基层老龄工作的意见》	2006 年	全国老龄委	完善为老服务设施,有计划地兴建老年活动中心、老年大学,组织开展老年文化、教育、体育活动。
《中国老龄事业发展"十一五"规划》	2006 年	全国老龄委	增加资金投入,建设好与老年人日常生活密切相关的文化公共设施,增加免费或者优惠的老年人服务项目;动员社会力量;因地制宜办好老年电视大学、老年网上学校,倡导社区办学;将老年文化纳入全民文化发展规划,引导社会力量投入老年文化体育事业;文化部门要积极开展老年文艺活动,丰富社区、农村老年人的精神文化生活。
《国家"十一五"时期文化发展规划纲要》	2006 年	中共中央、国务院	保障和实现老年人的基本文化生活需求,国有博物馆、美术馆等公共文化设施免费或优惠向残疾人、老年人等群体开放。
《人口发展"十一五"和 2020 年规划》	2006 年	国务院	加强农村敬老院、老年活动中心和综合性老年福利中心建设,发展社区的老年活动场所和服务设施。
《国家教育事业发展"十一五"规划纲要》	2007 年	教育部	充分发挥各级各类学校在终身学习中的作用。
《国家中长期教育改革和发展规划纲要(2010—2020 年)》	2010 年	中共中央、国务院	加快发展继续教育,重视老年教育,基本形成全民学习、终身学习的学习型社会,推动建设并完善终身教育体系。
《中国老龄事业发展"十二五"规划》	2011 年	国务院	增加设施,扩大老年大学规模,开展老年健康教育,加强老年文化工作。

表 13—4 是对我国 2001—2011 年老年人文化教育主要政策进行梳理的结果。在此阶段,随着我国正式步入老龄化社会,老年人文化教育工作已成为我国中长期发展工作的重点。我国老年文化教育政策在进入 21 世纪后进入蓬勃发展阶段,相关政策内容具体化,目标更加明确,任务更加具体,措施更为可行,多部门合作日益普遍。

首先,体现为内容的细化。2001 年,我国进入老龄事业的"十五"计划阶段。"进一步丰富老年人的精神文化生活、提升老年人生活质量"是此阶段的总目标之一,在老年人的精神文化方面需要加强活动设施建设,建立起老年教育网络并开展活动,以此来提高老年人的精神文化生活质量。分部门来看,文化部联合多部门发布了《关于做好老年教育工作的通知》,对我国各地老年教育事业的目标、经费来源渠道、办学模式、办学主体等进行说明。这是我国首次就老年教育问题发布的文本,它使我国的老年人文化教育政策开始走向具体化。

其次,加快了农村老年人精神文明建设的步伐。在 2002 年文化部、国家计委、财政部 3 部委首次专门就基层文化建设问题颁布的《关于进一步加强基层文化建设的指导意见》中，农村文化建设问题占了较大的篇幅，要求加强农村文化基础设施建设、普及网络知识、丰富农村老年人的文化生活。而教育部也针对农村成人教育工作提出了意见，强调农村成人教育是我国教育事业不可或缺的一部分，发展农村的成人教育有利于我国学习型社会的建设。

此外，在这一阶段，老年教育成为终身教育体系的重要组成部分。我国步入老龄化社会后，终身教育政策在我国的政策发展体系中得到进一步拓展，向着立法的方向完善。首当其冲的就是终身教育体系的构建。在教育事业的"十五"计划中，继续教育作为终身教育的一个重要组成部分被纳入其中。2010 年,《国家中长期教育改革和发展规划纲要(2010—2020 年)》发布。文件中多处涉及终身教育，确定了构建完备的终身教育体系的教育改革发展战略目标。继续教育作为与学前教育、义务教育、职业教育、高等教育、特殊教育、民族教育占同等地位的教育阶段，内容之一便是老年教育。至此，"重视老年教育"首次在国家的教育中长期规划中出现，表明老年教育的地位进一步提升。

二、提升阶段(2012 年至今)

2012 年，伴随党的十八大的召开，中央和地方对老年文化教育更加重视，相关政策伴随着实践的丰富更加多样。我国的老年人文化教育政策快速发展，并逐渐走向系统化。在这一阶段，我国与老年人文化教育相关的政策文本共有 12 项。

表 13—5　2012 年至今我国与老年人文化教育相关的政策文本

政策名称	颁布时间	颁布单位	重点内容
《关于加强基层老年协会建设的意见》	2012 年	全国老龄工作委员会	组织老年人开展有益于身心健康的文体活动,丰富老年人精神文化生活。
《国家教育事业发展第十二个五年规划》	2012 年	教育部	办好老年教育机构,形成覆盖城乡的继续教育网络。
《关于进一步加强老年文化建设的意见》	2012 年	全国老龄工作委员会	充分发挥公共服务为老服务的功能,切实保障老年人的基本文化权益;深入开展老年特色文化活动;推动老年文化产品创作和产业发展,加快文化体制改革创新。
《中华人民共和国老年人权益保障法》	2012 年	第十一届全国人大常委会	加强设施建设,把老年教育纳入终身教育体系,鼓励社会办好各类老年学校,开展适合老年人的群众性文化、体育、娱乐活动。

续表

政策名称	颁布时间	颁布单位	重点内容
《关于加快发展生活性服务业促进消费结构升级的指导意见》	2015 年	国务院办公厅	大力发展老年教育,支持各类老年大学等教育机构发展,促进养教结合;建立家庭、养老、健康、社区教育、老年教育等生活性服务示范性培训基地或体验基地。
《中华人民共和国国民经济和社会发展第十三个五年规划纲要》	2016 年	中共中央、国务院	加快学习型社会建设,构建惠及全民的终身教育培训体系。
《老年教育发展规划(2016—2020 年)》	2016 年	国务院	老年教育是我国教育事业和老龄事业的重要组成部分,明确 2016—2020 年我国老年教育发展的总体要求、主要任务、重点推进计划以及保障措施。
《国家教育事业发展"十三五"规划》	2017 年	国务院	推进老年教育机构逐步纳入地方公共服务体系;完善老年人学习服务体系,办好老年大学,有效扩大老年教育资源供给。
《国家积极应对人口老龄化中长期规划》	2019 年	国务院	积极推进健康中国建设,建立和完善包括健康教育、预防保健、疾病诊治、康复护理、长期照护、安宁疗护的,综合、连续的老年健康服务体系。
《中国教育现代化2035》	2019 年	中共中央、国务院	扩大社区教育资源供给,加快发展城乡社区老年教育,推动各类学习型组织建设。
《印发关于切实解决老年人运用智能技术困难实施方案的通知》	2020 年	国务院办公厅	将加强老年人运用智能技术的能力列为老年教育的重点内容,通过体验学习、尝试应用、经验交流、互助帮扶等,引导老年人了解新事物,积极融入智慧社会。
《关于促进养老托育服务健康发展的意见》	2020 年	国务院办公厅	支持在社区综合服务设施开辟空间用于"一老一小"服务,探索允许空置公租房免费提供给社会力量供其在社区为老年人开展老年教育等服务;支持各类机构举办老年大学、参与老年教育,推动举办老年开放大学、网上老年大学,搭建全国老年教育资源共享和公共服务平台。

表 13—5 是对我国自 2012 年至今老年人文化教育主要政策的梳理结果。在此阶段,随着 2012 年党的十八大的召开,老年人文化教育工作蒸蒸日上,呈现崭新的面貌。整体上看,我国老年文化教育政策在党的十八大之后进入提升阶段,政策内容进一步具体化;多部门合作更加普遍,民政、教育、文化、老龄等多部门共同参与;各部门发挥自身所长,以共同促进我国老年人文化教育事业的发展。

首先,2012 年之后的老年文化教育政策延续了拓展阶段的内容具体化、对象普及化的发展趋势。《老年教育发展规划(2016—2020 年)》中首次明确指出,老年教育是我国教育事业和老龄事业不可或缺的部分。该规划给出了更为具体的措施,如提升老年教育机构的设施、师资,整合社会各方的学习资源,加快远程老年文化教育建设等,并提供了相关的保障措施。这是我国首个专门针对老年教育制定的规划纲要,其中内容的细化是我国老年教育工作有效开展的重要保证。

其次,在老龄工作方面的意见和规划纲要中,也顾及了农村的老年文化教育工作,推动当地政府向老年文化体育活动、老年教育等工作加大投入,同时引导社会力量参与,增加举办基层文化体育活动的频率。2016 年出台的《老年教育发展规划(2016—2020 年)》更是明确指出,老年教育增量的重点应放在基层和农村。相关政策对于农村老年人精神文明建设的关注,使得我国的老年人文化教育政策变得更加全面,并渐成系统。除关注农村外,在《中国教育现代化 2035》中关注社区老年文化教育,在《印发关于切实解决老年人运用智能技术困难实施方案的通知》中关注对老年人运用智能技术能力的教育。这些具体目标和方案的提出,昭示我国的老年文化教育工作进入全方位的提升阶段。

此外,《老年教育发展规划(2016—2020 年)》是我国历史上第一个专门为老年教育制定并颁布的纲领性文件,使老年教育有了顶层设计,为老年文化教育的发展明确了方向,提出了"到 2020 年,基本形成覆盖广泛、灵活多样、特色鲜明、规范有序的老年教育新格局"的主要目标。各省市自治区在该文件的引领下,纷纷制定相关规划、实施意见等文件。例如,北京市政府在 2019 年颁布《关于加快发展老年教育的实施意见》,明确培育 100 个市级老年学习示范校(点)及一大批区级老年学习示范校(点)、建成 3—5 所市级养老服务人才培训院校,提出"以各种形式经常性参与教育活动的老年人占老年人口总数的比例达到 40% 左右"的目标,并在 16 个区的社区学院建老年大学,鼓励普通高校和职业院校参与,支持社会力量通过政府购买服务参与老年教育,完善覆盖市、区、街(乡镇)、居(村)的 4 级老年教育服务体系,从明确目标任务、完善服务体系、提升服务能力、积极开发老年人力资源、完善政策保障 5 个方面,加快发展北京市的老年文化教育事业。因此,在《老年教育发展规划(2016—2020 年)》的引导下,我国老年教育事业得到了飞快的发展,对于积极应对人口老龄化挑战、推动老年教育创新发展、大力发展老龄服务事业等,都具有十分重要和深远的意义。

第三节　我国老年文化教育的主要成就与挑战

进入 21 世纪以来,中国老年文化教育的发展取得了巨大成就,在短期内实现了数量、规模、覆盖面的腾飞。老年人的受教育水平不断提升,受教育年限延长,文盲率下降。老年文化生活也更加丰富,我国老年人的休闲娱乐和自我发展需要得到进一步满足。根据相关数据以及对调研材料和文献资料的分析,可将我国进入 21 世纪以来 20 余年的老年文化教育成就总结为以下三方面:一是基本建立形式多样、内容丰富、渠道多元的多层级老年文化教育体系;二是国家规范与地方推动共同发力推动实践,价值取向趋于以人为本;三是形成老有所学、老有所为、老有所乐的社会风尚,老年文化教育繁荣发展。

但是,中国老年文化教育的发展仍在重视程度和供给质量、制度保障和资金渠道、供给规范化建设以及供需的地区差异上,面临更大的挑战。

一、我国老年文化教育的主要成就

(一)基本建立形式多样、内容丰富、渠道多元的多层级老年文化教育体系

尽管我国老年教育起步相对较晚,但发展速度很快。政府和社会力量相结合,形成了政府主导、多方参与的特点。在党和政府的重视与积极推进下,通过出台法规政策、加大财政支持、引导社会力量等方面的措施,充分利用社区基础设施和技术力量,保障了老年文化教育事业的发展。与此同时,通过各方社会力量协同、市场调节及老年群体主动参与,共同促进了老年文化教育事业的迅速发展。

如今,老年人通过多种方式参与到老年文化教育中。而老年大学是最重要的形式,已逐渐形成基本覆盖各省、市、地区,层次多级、内容丰富、功能多样和开放合作的网络体系。以上海市为例,在民政、教育、文化、工会等多部门协作推进的努力下,推动了市级老年大学分校系统、区老年大学、街镇老年大学以及居村委学习点的蓬勃发展,构建起链接市级—区级—街镇—居村委的 4 级老年文化教育网络。老年学校教育的机构数、教职工总数、专兼职教师数、班级数和学员数均大幅度增长。

除依托老年大学和社区开展老年文化教育事业外,通过电视、网络手段为老年人提供远程文化教育服务也取得突破性发展。比如,由上海远程老年大学打造、上海教育电视台摄制播出的"银龄课堂"节目,在上海全市设置了 6000 多个学习收视点,每周有 60 多万名注册老年学员收看。此外,上海市也积极开展适合老年人使用的互联

网服务。以上海老年人学习网为例,该网站现有科学技术、自然科学、文化教育、综合百科、社会人文、医疗卫生、文学艺术、信息服务共计八大类 1932 门视频课程,总计10016 课时。全国各省区、市甚至海外的老年学员均可登录网站,进行远程免费学习。上海还推出了"指尖上的老年教育"微信公众号,里面有适合老年人学习的文章、信息及视频课程等,老年人通过手机可以实现"人人、时时、处处"远程学习①。由上海市的实践成果可看出,我国在经济发达的城市地区,正在形成形式多样、内容丰富、渠道多元的多层级老年文化教育新格局。

(二)国家规范与地方推动共同发力,价值取向更趋以人为本

从政策逻辑的变迁上来归纳我国老年文化教育的成就,主要体现在两方面:一是逐渐呈现强制性制度变迁与激励性制度变迁互补的态势,地方推动与国家规范共同发力;二是更加强调以人为本的政策价值取向。

改革开放以来,发展老年文化教育的主要责任部门,经历了从最初的中央集中统一管理到地方分权的责任下移,再到管理中心逐级上升的演变过程。现阶段老年人文化教育政策的变迁呈现出强制性制度变迁与激励性制度变迁互补的态势,多以地方推动与国家规范的方式指导共同促进。

此外,自进入老龄化社会以来,我国老年文化教育的价值取向更趋于以人为本。之前老年文化教育政策面向的对象大多为离退休干部,体现出强烈的福利保障色彩,对于更广泛老年群体对规范、正式的文化教育的需求重视不足。进入老龄化社会之后,老年文化教育的对象不断拓展,以人为本的价值取向进一步凸显,使各种形式的老年教育逐渐惠及各级各类老年群体。近年来,国家不断深化、细化有关政策来满足老年人对教育文化的多元需求,促使教育个性化、人本化,开始改变原来只重视物质保障功能的做法,也开始关注到个体发展需求。

(三)形成老有所学、老有所为、老有所乐的社会风尚,老年文化教育繁荣发展

近 20 年来历次相关政策的出台,都为我国老年文化教育事业描绘了新的发展蓝图,提供了制度、资金、人力资源等方面的充分保障,引领全国各地方的老年文化教育创新发展。老年文化教育在各地逐渐展开,参与的老年人群日益扩大,终身学习思想深入人心,形成了发展老年文化教育的社会共识。"老有所为、老有所学、老有所乐"这三个"老有"也成为风靡一时的社会风气。"活到老,学到老""学无止境"的终身

---

① 叶忠海主编:《中国当代老年教育发展研究》,华东师范大学出版社 2019 年版。

学习思想广为人知,成为一种新的生活方式。

在老有所学、老有所为、老有所乐的社会风尚熏陶下,敬老爱老助老的良好社会氛围不言而喻,良好的氛围和社会环境引导并加快了老年文化教育的发展步伐。老年文化教育理念也体现了对老年人的尊重与人文关怀。老年文化教育在发展过程中与积极老龄化的理念相互正向影响,一定程度上改变了以往视老年人为社会包袱的偏见以及消极养老的模式,老年文化教育成为维护老年人基本权益与挖掘可持续发展资源的重要手段。此外,教养相结合的老年文化教育模式,也预示着活到老,学到老,以学养老,学有所用,老有所为。不是消极地在退化中老去,而是以乐观积极的心态对待衰老,为充分保障老年人的尊严与生命质量提供条件。

二、我国老年文化教育面对的主要挑战

(一)起步较晚,现有供给质量有限

首先,我国老年文化教育起步较晚,相对于义务教育、职业教育等其他年龄段的教育,受重视程度较低,发展较慢,呈现边缘化特征。而且,老年群体本身受教育程度偏低。尤其在新兴技术高速发展的信息社会,老年群体由于生理衰老和心理抗拒更易陷入数字鸿沟,进一步加大了与其他年龄群体的差距,这将给未来的老年文化教育带来更加严峻的挑战。

其次,老年文化教育的现有供给质量有限,且在各类机构和组织以及各地区都存在显著差别。有研究指出,合适的内容对提高老年人的学习兴趣和素质具有重要意义,主要涉及文化教育的组织、结构及内容。当前,受各种因素的影响,我国老年大学以及各社区组织在供给的适切性方面仍有待加强。具体而言,在种类选择方面,大多以艺术修养、文化素养、养生保健等为主,主要发挥休闲娱乐功能,难以适应老年群体日益增长的精神健康需要及参与社会的自我发展需要;在组织方面,尤其是老年大学,未能全面兼顾学科整合以及跨学科等问题,导致开设的课程不尽科学合理,无法实现预期的教学效果;在结构方面,不同学习层次之间也缺乏规范性与系统性,致使老年学员难以适应,在一定程度上消减了学习热情;在内容方面,多数机构和组织未能深入调查区域内老年群体的实际需求,因而,文化教育供给的内容涉及面较广,造成一些热门内容"一座难求"、"冷门"内容乏人问津的现象,在浪费文化教育资源的同时,也对供给的适切性产生了不利影响。

(二)制度保障不充分,资金渠道单一化

首先,老年文化教育是系统工程,涉及人、财、物的投入和体制机制建设等诸多方

面。要使老年文化教育这个系统运转顺利并发挥最大效应,立法保障和政策统筹的多方支持必不可少。虽然我国有关于终身教育、成人教育的提法,但目前尚未颁布老年教育法。已有的相关政策文件尽管强调了发展老年文化教育对于应对老龄化社会与促进人的完善的重要意义,也擘画了一定时期内老年文化教育事业的发展方向,但对于如何具体开展老年文化教育工作没有明确的规定。这就使其在层次水平、经费投入、监督评价等方面缺乏更有效的约束或标注,进而影响到服务质量与效果。

其次,从资金渠道来看,老年文化教育主要由政府主导,社会力量的参与尚不充分,这将大大影响老年文化教育的长期可持续发展。以老年大学为例,中国老年大学协会在2016年授予176所老年大学"全国示范老年大学"称号,但社会投资办学的热情并不高。原因在于:一是老年教育是公共产品,投资回报率低;二是政府的政策不健全,缺少相应的财政税费等配套支持政策①。而且,由于老年教育一直独立于正规的教育系统之外,教育部门涉及较少,导致相关的教育办学机构尤其是高校服务于老年教育的意识和理念缺失,多数高校的资源并未面向老年群体开放,处于封闭状态。

(三)地区间供给质量参差不齐,规范化难以保证

规范化的标准体系既是监督、评价的重要参考,也是指导、统筹的重要前提。如果听任"摸着石头过河"这种状况长期存在,系统、科学、全面的统筹体系就无法建立,老年文化教育的规范化和科学化发展也无从谈起。在我国,老年文化教育的发展虽然欣欣向荣,但至今也只有不到40年的历史。其在诞生之初,无论是中央还是地方政府,都是"摸着石头过河",对老年文化教育的内涵都无法统一认识,老年文化教育的规范标准建设任重道远。

目前,已有部分城市先行,在结合自身人口老龄化进程的基础上,从现实供给和潜在需求出发,着手制定了老年文化教育的相关建设、认可及评估标准。以上海市为例,近年颁布了《上海市区级老年大学内涵建设标准》《上海市老年学校建设指导标准》《上海市养老机构养教结合标准化学习点建设指导标准》《上海市多元社会主体参与老年教育认可标准》《上海市老年教育居村委学习点建设指导标准》《上海老年教育慕课建设标准》等10多个老年文化教育建设标准,从组织管理、条件保障、队伍建设、教育教学、学习资源、服务能力、工作成效等方面,明确了各级政府、各级各类机构的责任和义务,为上海市老年文化教育的规范化发展提供了政策保障,显著提高了老年文化教育的规模和质量,并为全国老年文化教育发展提供了有益的参考和借鉴。

---

① 丁红玲、宋谱:《困厄与超越:我国老年教育发展的思考》,《职教论坛》2018年第10期。

但是与上海市相比,全国多数地区的老年文化教育建设仍不理想,既无准确认识,更无制度保障、资金主体、机构建设、监督机制等各方面的规范标准,离系统化、科学化尚有一段距离。

（四）供给需求错位,地区差距明显

《老年教育发展规划(2016—2020 年)》明确地将"扩大老年文化教育资源供给"作为主要任务,旨在提高老年文化教育的可及性。结合各地具体实践,与老年群体促进身心健康、维持或改善生活质量、适应社会变化及角色转变,以及服务他人、贡献社会等真切需求相比,可以发现当前老年大学、社区及互联网提供的老年文化教育供给,仍然存在不平衡、不充分的现象。

首先,相关设施配置错位。据中国老年大学协会统计,目前全国建有 6 万余个老年文化教育机构。以老年文化教育体系发展相对成熟的上海市为例,已在全市构建起多层级、多功能的 4 级网络,不同类别机构和组织的发展极大满足了老年群体的精神生活需要,但"一座难求""老面孔"等现象仍屡见不鲜。此外,老年大学分布不均且较集中于城区中心,社区组织对社区居委会和村委会的组织能力有较高要求,导致许多老年人因交通不便而无法享受其提供的文化教育资源。而且,各类机构和组织的服务设施、应急医疗设施等不完备,也在一定程度上影响了那些高龄、身体素质欠佳的老年人接受文化教育的热情。

其次,人才资源配置不足。受经费投入有限,以及缺少社会工作专业人才和老年教育师资培养渠道的影响,当前老年大学的师资来源主要以外聘兼职教师为主,相关社区组织的管理者也较少是专业的社会工作人才。由于兼职教师和非相关专业人才比较缺乏老年文化教育的教学理论研究与教学经验积累,并且流动性较大,故而很难适应老年学员的特点,也无法及时有效地解决他们的各种问题,以及关照他们特殊的精神文化需要。

最后,城乡发展差距较大。以我国的实际情况看,地区间与城乡间存在的老年文化教育设施和人才配置失衡、不同社会阶层和社会群体间配置水平的异化趋势,都将成为城乡社会和谐发展面临的严峻挑战,值得高度关注。

第四节　老年教育文化的国际实践经验

国外关于老年文化教育的研究和实践已形成丰富的成果与经验,介绍其他国家的先进经验,对于进一步发展我国老年文化教育大有裨益。本节在概览的基础上重点选取美国、英国、日本等国家比较成功的经验进行总结。

一、国际实践概况

国际上很多国家对老年教育的定位是把它看作终身教育的重要组成部分。一直以来,老年教育的主要目标是丰富老年人的生活,满足老年人对精神文化的需要(比如中国的老年教育)。而在老有所为的研究框架中,老年教育被进一步提升为开发老年人力资源、更好地贡献社会的主要途径。

美国、法国等国家是最早开展老年教育理论研究和实践的国家。虽然各国在老年教育办学模式方面的侧重不同,但很多国家对老年教育都采取了多元化的办学模式。政府、非政府组织、非营利机构、个人等都可以创办老年教育,大大拓宽了老年教育的资金来源和受教育老人的覆盖面。老年教育的资金来源不仅得到了政府的充分保障(如美国通过立法为老年教育提供资金保障),更重要的是,通过各种激励和支持措施,使非政府组织、社区、慈善机构、民间组织等各种力量加入到资助老龄教育发展的队伍中。

在教学方式上,多样化是大多数国家老年教育发展的普遍趋势。在传统课堂教学的基础上,电视教学、网络教学、专题讨论、自学等多种多样的教学方式为老年教育的普及提供了更有利的条件。而教学内容越来越丰富,更是很多国家老年教育发展的突出特点。不仅有适合老年人兴趣爱好的各种技艺、知识,也有老年人关注的健康、营养、健身等课程,还有提升老年人技能的计算机、外语、税收、法律等专业技能培训。

二、国际经验总结

老年阶段的教育和学习可以帮助人们保持智力水平、防止认知功能下降,并通过加强老年人的活动和社会交往促进躯体健康。通过对国内外终身学习政策和项目的分析,对发展中国的老年文化教育有如下几点建议。

(一)利用已有的大学和学校资源发展老年教育

在利用大学和学院的资源开展终身教育方面,美国、英国等国家提供了值得参考的模式和案例。以美国为例,美国早在 20 世纪 50 年代就开始在社区开展成人教育活动。60 年代以来,以老年人为对象的教育项目迅速发展:大学和学院为老年人开设了免费的课程;社区学院与老年中心合作,到老年中心讲课;高等教育学院开办了退休学习学院(Institutes for Learning in Retirement,ILR),全美的大学和学院已有 800

多个退休学习学院;还有以校园为基础创办的老年旅舍(Elderhostel),每年吸纳超过16万的老年人参加①。

概括来说,美国老年人参加学习的主要途径有:社区学院或专科学校。老年人可以向年轻人学习,一起探讨终身学习项目或第三龄学习者项目。这种项目针对所有成年人而不仅仅是老年人。对于老年人来说,更适合满足持续学习需要的是通过互联网学习。越来越多的老年人更倾向于在网上学习,觉得更加方便。

特别值得思考的是,与大学相结合的老年教育模式和形式可以更加灵活多样、不拘一格。既可以有以获得学位、证书为目的的学历教育,也可以是没有学历、学分要求的课程学习、讲座、讨论组,甚至是围绕兴趣爱好开展的学习讨论等②。

(二)依托家庭和社区发展老年文化教育

社区是老年人获得各种资源的重要平台,也是提供老年文化教育的主要载体。在很多国家,社区已经取得了很多经验。社区中的老年大学、老年学校及老年人兴趣班为老年人提供了知识和技能培训,老年人可以在这种离家最近的环境中学习知识、加强交流,有利于老年文化教育的持续性和稳定性。社区老年文化教育的发展除了要有资金保障外,加大老年人、非政府组织的作用以及整合利用社区中的资源,也是众多国家发展老年文化教育的经验。

提高老年人在文化教育中的自主性。老年群体中蕴藏着无尽的资源。从美国、日本、加拿大、英国等国家的社区老年文化教育经验来看,依托社区以老年人自我管理为主是一种行之有效的文化教育模式。由社区中的老年人自发成立老年文化教育组织或社团,老人们自己规划设计学习内容、担任教师、组织学习活动等。

非政府组织和机构可以积极推动社区老年文化教育的发展。非政府组织、民间机构拥有广泛的资源,社区如果能调动这些组织、机构的积极性,将会极大推动老年文化教育的发展。例如在英国和澳大利亚,一些老年学校的房屋租金、设备及主要活动经费都来自慈善彩票事业的捐赠。总之,发展社区老年文化教育要由老年人自身来规划、设计、管理,而政府和各种有关机构、组织、志愿者则主要扮演协调者、资助者与支持者的角色。

(三)充分体现远程教育的优势

广播、电视、互联网等现代化传媒手段为普及老年文化教育提供了无限机会,是

---

① Thomas, D W., Butts F B., "Assessing leisure motivators and satisfaction of international elderhostel participants", Journal of Travel & Tourism Marketing, Vol. 7, Issue 1, 1997.

② 孙鹃娟等:《老年学与老有所为:国际视野》,中国人民大学出版社2014年版。

值得大力推广的教育途径。特别是对于行动不便、附近没有老年文化教育资源的老年人来说，这些传媒手段更是必要的，因为它们不受时间、空间的限制，能够最大限度地扩大覆盖面，使老年人以快捷的速度和方便的形式参加学习。早在20世纪末，世界各国就已经开始积极推动老年远程教育的发展。例如美国的 Senior Net 非营利组织，致力于为50岁以上的中老年人提供计算机和网络教育，自1986年成立以来，已通过学习中心和在线社区向100多万老年学习者分享网络世界。澳大利亚于1998年成立世界第一所网络第三龄大学——在线第三龄大学(U3A Online)，依托该大学，一方面为澳大利亚的第三龄大学提供文化教育资源，另一方面为无法参加线下课程的老年人提供在线课程，满足了不同地区和不同受教育程度老年人的多样学习需求。进入21世纪，计算机网络技术的普及，为老年人便捷地获取各种资源提供了可能，我国使用互联网的老年人大量增加。也就是说，很多老年人已经拥有利用互联网的设备和条件。下一步就应该考虑如何借鉴国际经验，丰富互联网等远程教育的文化教育资源，设置老年人喜闻乐见的课程内容，使他们时时处处都可以学习，随时随地丰富老年人的精神生活。

（四）通过文化教育开发利用老年人力资源

老年文化教育和终身学习的目标，常常被人们理解为丰富老年人的生活，以娱乐休闲为主要内容。这种理解使得老年文化教育和终身学习的深刻内涵大打折扣，局限了教育对于老年人生活质量的改善作用。在老有所为的视野下，学习和教育是提升老年人能力及人力资本的必经途径。只有老年人的人力资本提高了，才能使老年人积极、有尊严地参与到经济社会发展中，改变很多人对老年人消极、过时、弱势、需要照顾的刻板印象，充分开发利用老年人力资源。日本是世界上人口老龄化速度最快的国家之一。基于国情，日本政府早在五六十年前就开始关注老年人力资源开发，用积极老龄化的政策思维，从健全社会养老基本制度、保障老龄劳动者基本权利、推动老龄劳动者职业能力开发3个方面入手，切实推进老年人力资源开发，营造了有利于老年人发挥作用的良好社会氛围。日本的经验表明，如果能够把文化教育同开发老年人力资源结合起来思考，各种文化教育政策与项目就能大大拓展视野，不仅仅满足于娱乐休闲内容，还能够同个人、家庭、社会发展所需的知识与技能挂钩，开展各种实用的、形式多样的课程学习、讲座、培训、手把手教授等。例如，老年人通过学习基础的医疗护理知识，不但使自己受益，也会使家人、被照顾的人受益；老年人学习电脑、网络的操作技能，就可以实现在家工作；老年人通过参加培训能够胜任许多志愿服务的需要，既丰富自己的生活，又贡献他人。

第五节 建设中国特色的老年文化教育体系

我国老年文化教育经过以往20年的发展已取得显著成果,但还存在不少问题和挑战。中国的老年文化教育如何进一步扩大覆盖面、提升教学质量,已经成为现实提出的重要课题。在人口老龄化程度快速提升的背景下,在实施积极应对人口老龄化国家战略过程中,切实推进老年文化教育的发展,满足老年人对文化教育日益突显的需求,一方面可借鉴国际先进经验,另一方面也必须结合国情,探索建设中国特色的老年文化教育体系。

一、挖掘已有资源,拓展老年文化教育的途径和内容

老年大学、老年学校是中国老年教育的主要形式,对老年教育的发展重点也主要放在发展老年大学和老年学校上。这虽然能够直接推动老年教育发展,但也使得一些已有的可利用资源被忽视或浪费。例如,我国高等教育在改革开放后发展迅速,特别是高等教育改革后,各地高校的数量、规模迅速扩大,但各种高等院校的教育资源没有得到老年群体的充分使用。尽管近年来有极少量的老年人通过参加高考、旁听等形式也参与到大学学习中,惠及更多老年人的老年教育却依然没有系统地建立起来。

实际上,利用各地区学校已有资源满足老年群体的文化教育需要,不但能够避免重复建设老年大学,也能减少部分利用率不高的高校人力、物力、硬件和软件设施的闲置与浪费,缓解政府办老年大学的压力。我国在地区、市一级往往就有高等学校,其广泛的分布能够满足老年人就近学习的需要。而高校系统、全面、高端的师资资源,更有利于提升老年文化教育的质量和内容。

二、让远程教育在老年文化教育中充分地推广应用

首先,各地要大力推动老年远程教育的基础设施建设和系统合作,扩大老年远程教育资源供给,缩小城乡差距,让更多老年人享受均等的教育机会。此外,要挖掘不同主体的资源合力。例如,广播电视大学负责线上学习的服务与管理,老年大学协会负责线下管理,协同推进形成老年远程教育新格局。从其他相关机构组织的角度看,老年福利机构、老年基金会等,都可以结合各自特色,为推动老年教育信息化进程提供支持。老年福利院可考虑添置计算机供老年人日常使用,老年基金会、老年大学等

可以尝试开设老年信息技术培训班。

其次,在大力发展老年远程教育的同时,也要关注老年群体的需要和特点。要充分考虑老年人群的社会生活属性与学习特点,既要满足老年人社会交往的需要,也要满足其自我提升的需求。在开展老年远程教育教学时,要考虑老年人的身体状况,设计好课程的时间,尽量避开老年人接送孙辈上下学等时间段,让老年人有参与远程学习的时间自由与身体自由,扩大老年远程教育覆盖面。而且,在建设老年远程教育教学平台时,要充分考虑到老年人的思维惯性与行为惯性,确保设计的简洁化和操作的便捷化,让老年人一目了然,轻松使用远程学习平台。

三、鼓励多方社会资本在老年文化教育中的资金保障作用

为了适应需求的快速增长,充足的资金支持是老年教育供给全面发展的根本保障。美国的政策规定,针对老年人的服务和文化、教育机构运作的主要费用由地方政府、基金会扶持,联邦政府与各州政府也会定期下放经费到各机构。而我国老年人文化教育工作的经费来源较为单一,多依靠政府财政拨款,且经费发放的随意性较大,一直以来缺乏有力的保障。社会力量缺位也严重制约相关工作的开展。

虽然近年我国政府加大了对老年人文化教育事业的经费投入,但尚不能满足老年人对精神生活日益增长的需求。政府一方面应该建立专项财政资金支持老年文化教育的发展,并借鉴发达国家经验,制定统一的经费投入及支出规划;另一方面,更应致力于拓宽筹资渠道,鼓励多方社会资本参与,支持社会力量开展老年人文化学习活动,明确管理主体,为民办机构参与老年文化教育提供保障和空间,促进老年人活动开展、老年教育办学主体的多元性,为老年人提供更为多样的选择空间。

四、提升老年文化教育的赋权增能功能

在现有的老年文化教育运行体系下,相关的制度、机制、环境和心理都尚未充分赋权于老年人,亟须通过适当机制,将社会资本引入老年文化教育供给,在提量的同时抓质,关注教师队伍水平的提升与教学内容的完善,从培养老年人的生活能力、适应能力以及参与能力 3 个方向入手,为老年人赋权增能。

首先,老年文化教育应做到培养老年人的生活能力。要培养老年人的自主意识和主动选择、安排生活的能力[1],也要完善代际互动文化教育,弥合代际沟壑,使家庭

---

① 曹海涛等:《代际文化传播:老年教育的新视角》,《成人教育》2018 年第 5 期。

成员成为改善老年人生活质量的重要资源。其次,必须增强老年人的适应能力。开展衰老认知文化教育和生命价值文化教育,帮助老年人认同自我,正确认识生理衰老,形成对生命价值的正确认知,积极开发生命的潜能;还要开展社会适应文化教育,帮助老年人形成积极应对的意识和态度。最后,提升老年人的参与能力也是关键内容。亟须开展社区认知文化教育,倡导老年人参与社区组织的文化教育活动,参与社区服务与管理;此外,鼓励开展社会公益服务文化教育,鼓励老年人参加社区内外的志愿者服务活动,为老年人的自我发展拓宽更广阔的空间。

五、重点推动农村老年文化教育建设

老年教育走进农村也是老年文化教育的重要发展方向。老年教育是乡村振兴战略的重要一环①,也是提升农村老年群体精神生活质量的关键方面。推进老年教育走进农村十分必要。针对农村老年人学习内容与形式日益多样化的要求,应该建立更加完善的农村老年教育供给体系。从农村老年人学习需要的 3 种类型出发,通过学历学位证书教育、单科专项教育、各类培训教育,构建完善的三位一体农村老年教育体系,在不同教育形式间实现有机的互联互通,形成多元化的农村老年教育供给路径。同时,农村老年文化教育应该加强对老年学员的学情分析,必须从农村老年人的生理、心理特点出发,构建切合实际的农村老年文化教育教学组织形式。此外,学习内容必须有适切性,要能够适应农村老年人立足现实的、真实的、多样化的需要。因此,应该建立完善的协作机制,根据学习目的、年龄特点、身体条件等,对农村老年学习者进行群体类别与学习阶段划分,为不同类别农村老年学员提供不同的学习内容与教学组织形式。

---

① 国卉男、游赛红:《乡村振兴背景下农村老年教育的困境与突破》,《职教论坛》2019 年第 12 期。

第十四章　老年社会参与

老年社会参与是积极老龄化的三大支柱之一,与健康、保障状况一样,都是反映老年人生活质量的主要内容。积极的社会参与,对于老年人自身及其家庭、社区和社会发展具有重要的现实意义,对于促进我国老龄事业发展和积极应对人口老龄化具有重要的战略意义。本章利用中国老年社会追踪调查(CLASS)等数据,对老年人在劳动与就业、基层治理、志愿活动和网络活动等领域的社会参与现状及变化进行分析,并对中国老年人社会参与的相关政策演进作了回顾与梳理;在此基础上,总结出我国老年社会参与的主要成就、面临的主要问题与挑战;最后,结合国际社会运用老年社会参与应对人口老龄化的经验,对我国进一步发展老年社会参与提出对策建议。

第一节　我国老年社会参与的基本情况

本节主要基于中国老年社会追踪调查(CLASS)在 2018 年的数据,对我国老年人在就业、基层治理、志愿服务和互联网等多个方面的参与现状进行分析,并结合 2016 年与 2014 年的数据对比考察老年社会参与的变化情况;此外,还结合历次全国人口普查、人口抽样调查、中国城乡老年人生活调查等数据加以说明。

一、老年社会参与的现状与变化

(一)劳动参与

在劳动参与方面,老年人继续劳动或者再就业是积极老龄化的重要表现,也是老年人参与社会的主要途径之一。老年就业人口,是指从事一定社会劳动并取得劳动报酬或经营收入的老年人口①。本章将老年就业人口定义为从事有收入的工作或活动的老年人。

根据历次全国人口普查和 2015 年全国 1% 人口抽样调查数据，与 1990 年相比，2015 年，60 岁及以上老年在业人口增加了 3188.6 万人，65 岁及以上老年在业人口也增加了 1395.4 万人。与 2010 年相比，2015 年，中国 60 岁及以上老年在业人口、65 岁及以上老年在业人口总数分别增加了 584.4 万人、118.8 万人，5 年间分别增长 10.9%、4.8%；60—64 岁年龄组的低龄老年在业人口 5 年间也增加了 465.6 万人，增长 16.2%②。而根据中国老年社会追踪调查中"目前您是否参与有收入的工作/活动"这一问题，界定老年人的就业或在业状态，总体来看（见表 14—1），2018 年，参与就业的 60 岁及以上老年人占调查人口的 24.68%，与 2014 年和 2016 年相比有明显提高。分性别来看，男性老年人口的就业数量和比例要显著高于女性老年人口，但女性老年人口与男性老年人口就业率的差距在缩小。2018 年，女性老年人口的就业率为 21.48%，男性老年人口为 27.86%，相差 6.38 个百分点，比 4 年前的差距缩小了 4 个百分点。低龄组（60—69 岁）老年就业人口是中国老年就业人口的主体力量，该年龄段的老年人在就业数量和比例上都远大于中龄组（70—79 岁）及高龄组（80 岁及以上）。随着年龄的增加，老年人口的就业率迅速下降，这主要还是与老年人的体力和健康水平下降有关。

从城乡差别来看，3 期调查结果都是农村高于城市。但 2014 年，城市老年人的劳动参与率为 10.87%，农村为 31.17%，农村远高于城市，差距大概是 20 个百分点。到 2016 年，城乡差距明显缩小。城市老年人的劳动参与率为 11.42%，农村为 13.42%，差距缩小到 2 个百分点。而在 2018 年，城乡差距再次扩大，城市老年人口劳动参与率减少至 8.61%，农村却增加至 36.72%，两者相差 28 个百分点%。农村老年人的劳动参与率高于城市老年人，一方面可能是因为相比城市老年人，农村老年人经济水平较差，所以，需要继续劳动作为经济来源。另一方面，农村老年人从事农业劳动的可能性很大，不会受到强制退休政策的限制；而城市老年人往往到了 50—60 岁就必须退休。

---

① 邬沧萍等：《中国人口老龄化：变化和挑战》，中国人口出版社 2006 年版，第 78 页。
② 彭青云：《中国城乡老年人在业状况及其趋势分析》，《老龄科学研究》2018 年第 5 期。

表 14—1　中国老年社会追踪调查中就业老年人口的比例(%)

年份	年龄	总体	男性	女性	城市	农村
2018	60—69 岁	32.31	36.19	28.23	11.36	47.86
	70—79 岁	20.01	22.06	17.99	6.64	29.44
	80 岁+	11.97	14.35	9.76	4.89	18.18
	合计	24.68	27.86	21.48	8.61	36.72
2016	60—69 岁	16.57	19.32	13.55	13.99	18.82
	70—79 岁	8.44	9.78	7.11	9.13	7.80
	80 岁+	5.81	6.16	5.49	7.22	4.31
	合计	12.47	14.61	11.40	11.42	13.42
2014	60—69 岁	28.79	35.22	21.75	17.19	45.31
	70—79 岁	10.80	13.71	8.38	4.73	20.07
	80 岁+	3.77	5.01	2.84	2.98	5.04
	合计	19.00	24.42	13.99	10.87	31.17

资料来源:中国老年社会追踪调查(CLASS)2014 年、2016 年、2018 年的调查数据。

　　从健康水平的角度来看,无论城市还是农村,老年人口的就业率都与健康水平呈现明显的正相关关系,即健康状况越好的老年人的劳动参与率越高。总体来看,自评身体很健康和很不健康的老年人的劳动参与率分别为 31.33%、15.25%,差异非常明显。同时,我们可以看到,还有 15.25%自评为很不健康的老年人依然处于工作状态。这可能是因为这部分老年人经济状况十分低下,参加经济活动实属无奈之举。从健康水平与老年人就业的情况可以看出,身体素质是决定老年人能否参与劳动的关键因素。老年人想要保持积极的社会参与,就必须关注健康,积极锻炼、治疗等。同时,从图 14—1 可以发现,在各个健康水平的老年人中,农村老年人的劳动参与率都高于城市,这与上述城乡老年人劳动参与率的差异是一致的。

　　分教育水平来看(见图 14—2),中国老年人口的就业率并非随着文化程度的升高而升高。具体来说,不识字的老年人口就业率最高,为 29.36%;其次是小学文化水平的老年人,就业率为 27.34%;劳动参与率最低的是大专及以上文化程度的老年人,为 12.55%。这主要是因为农村就业老年人的数量较大,而农村老人的文化程度普遍较低,所以,就业率最高的并不是受教育水平最高的群体。不识字的老年人接受的信息十分有限,就业的选择机会十分狭窄,只能从事最基本的、门槛较低的体力劳动。而受教育程度高的老年人却可能因为退休制度的安排,无法继续参与经济活动。

就业率

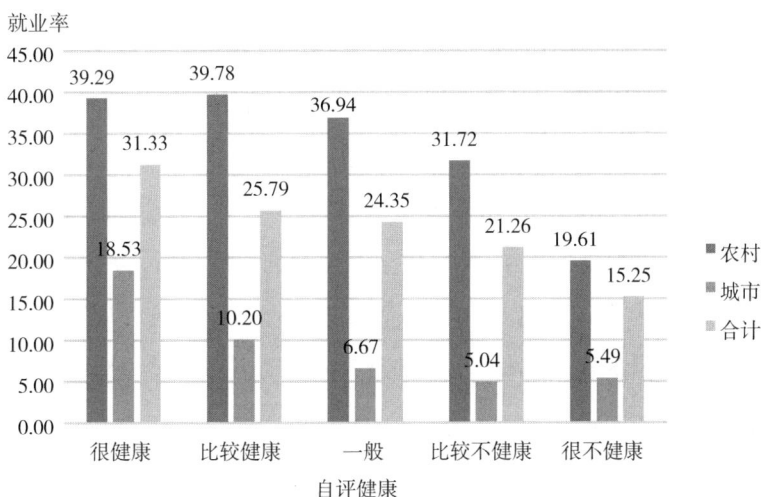

图 14—1 2018 年中国城乡就业老年人口的健康差异(%)

资料来源:中国老年社会追踪调查(CLASS)2018 年调查数据。

就业率

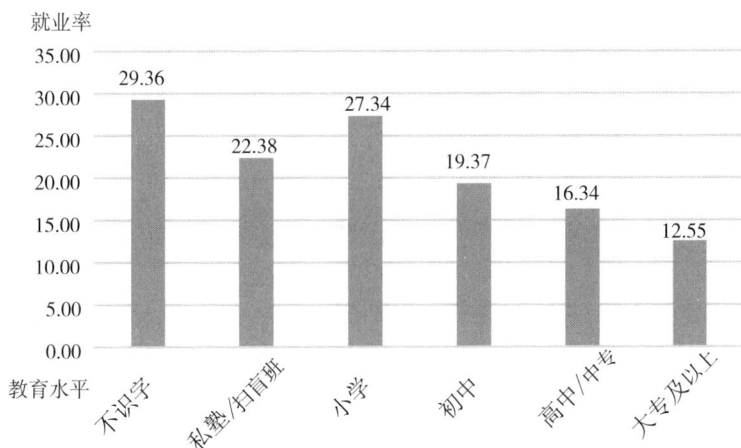

图 14—2 2018 年中国各受教育水平老年人的就业率(%)

资料来源:中国老年社会追踪调查(CLASS)2018 年调查数据。

从在业老年人的工作种类来看(见表 14—2),我国老年人主要从事农、牧、渔类的农业生产劳动,比例高达 78.11%;其次为个体户、自由职业者占比为 9.51%;再次为商业、服务业、制造业的一般职工,占比为 7.10%;而担任国家、企事业单位领导人员,以及专业技术人员、办公室一般工作人员中的老年人比例较低,只有 1.95%;特别是专业技术人员中的老年人比例最低,仅为 1.21%。与分教育水平的老年人就业率分布类似,农村老年人的就业数量比城市老年人大,而农村老年人基本集中在农、牧、渔业,个体户和自由职业者类别,以及商业、服务业、制造业的一般职工。而工作种类为国家、企事业单位领导人员,以及专业技术人员和办公室一般工作人员的多为城市老年人,且这些工作岗位有退休年龄要求,因此,老年人从事这些工作的比例较低。分城乡来看,城市老年人从事个体户、自由职业者工作的比例最高,为 29.69%;其次是商业、服务业、制造业,为 24.70%;再次是农、牧、渔民,为 21.62%;城市老年人从事国家、企事业单位领导和办公室一般工作人员的比例比较接近,分别是9.98% 和 9.26%。农村老年人中,从事农、牧、渔业的比例最高,为 88.03%;其次是个体户、自由职业者,为 5.97%;作为国家、企事业单位领导人员,以及专业技术人员、办公室一般工作人员的比例都非常低,仅为 2%。

表 14—2 2018 年中国城乡各工作种类在业老年人占比(%)

工作种类	城市	农村	总体
国家、企事业单位领导人员	9.98	0.54	1.95
专业技术人员	4.75	0.58	1.21
办公室一般工作人员	9.26	0.88	2.13
商业、服务业、制造业一般职工	24.70	4.01	7.10
个体户、自由职业者	29.69	5.97	9.51
农、牧、渔民	21.62	88.03	78.11
总计	100.00	100.00	100.00

资料来源:中国老年社会追踪调查(CLASS)2018 年调查数据。

与上述工作种类相对应,在业老年人所在单位类型中(见表 14—3),占比最高达80.16% 的就业老年人并不在具体单位从事劳动,可能是因为从事农业劳动是个人或者家庭的行为,不属于单位统一组织。占第二位的是个体工商户和私营企业主,占比为 6.25%;占第三位的是自办、合办私营企业,占比为 3.62%,与上述个体户、自由职业者相对应。再次为事业单位、国有及国有控股企业。在业老年人所在单位类型比例最低的是党政机关,占比仅为 0.43%,这是因为党政机关往往实行严格、规范的退休制度。从在业老年人在单位中所处的位置来看,超过半数的老年人在单位中为普通职工;随着位置的提升,老年人的比例越来越小。

分城乡来看,城市在业老年人无单位的占比最高,为 28.5%;其次是自办、合办私营企业,占比 14.25%。老年人创业,慢慢为老人所接受并发挥作用。农村在业老年人中,不在任何单位从事劳动的占比最高,达 89.24%,而这与前面提到的农村特点相关;其次是个体工商户、私营企业主,占比为 4.96%。

表 14—3　2018 年中国城乡各单位类型在业老年人占比（%）

单位类型	农村	城市	总计
党政机关	0.33	0.95	0.43
事业单位	0.75	12.59	2.52
国有及国有控股企业	0.46	13.78	2.45
集体企业	0.58	3.56	1.03
私企/外企	1.08	8.55	2.2
自办\与他人合办私营企业	1.75	14.25	3.62
个体工商户（含个体经营、自雇）、私营企业主	4.96	13.54	6.25
社会团体、民办组织（民办非企业组织、协会）	0.79	4.04	1.28
军队	0.04	0.24	0.07
无单位	89.24	28.5	80.16
合计	100	100	100

资料来源：中国老年社会追踪调查（CLASS）2018 年调查数据。

（二）基层治理参与

随着人口老龄化进程的不断推进，老年群体在政治生活中扮演的角色也越来越重要。老年人参与政治活动有利于维系并增强社区共同体的认同感，提升村庄或社区凝聚力①，也有利于构建老年友好型社会。在基层政治参与方面，本章主要根据2018 年中国老年社会追踪调查中的"近三年您是否参加过本地居民委员会/ 村民委员会的投票选举？"这一问题，来衡量老年人是否参与基层治理活动。调查结果显示（见图 14—3），有 40.96% 的老年人参与了社区或村委会选举。其中，男性参加选举的比例为 41.65%，高于女性的 40.26%；农村地区老人参加选举的比例为 42.83%，比城市地区高约 4 个百分点。大约有 31.98% 的老年人表示，知道有选举活动，但由于各种原因没有参加。其中，男性依然高于女性，而城市地区未参加选举但知道的老人比例（34.14%）高于农村地区（30.36%）。

从文化程度来看（见图 14—4），私塾/扫盲班、初中学历与高中/中专学历的老人，参加社区选举的比例基本相当。其中，私塾/扫盲的比例最高，为 43.51%；而初中和高中/中专学历的老人比例略低，分别是 43.44% 和 43.34%。小学和大专及以上学历老人的比例略高于 40%，分别是 40.42% 和 40.59%；不识字的老人参加社区选举的比例最低，为 38.48%。整体来看，参加社区选举的概率并没有随着文化程度

---

① 杨华、欧阳爱权：《浙江农村老年群体政治参与现状解析》，《浙江学刊》2014 年第 4 期。

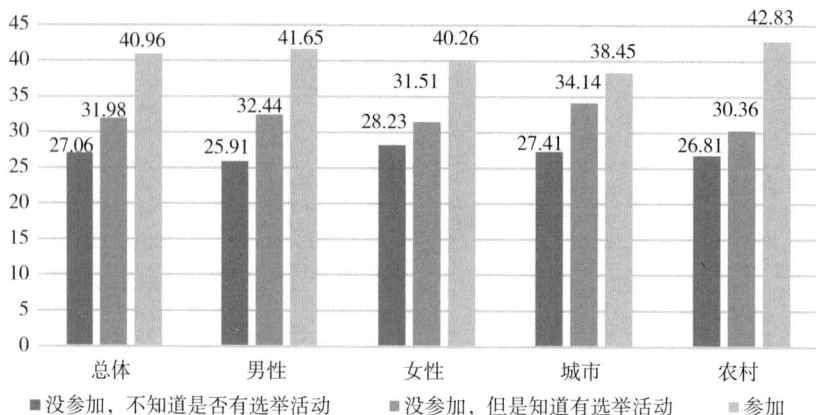

图 14—3　老年人参与社区选举概况(%)

资料来源:中国老年社会追踪调查(CLASS)2018 年调查数据。

的提高而增加,内部差异并不大。

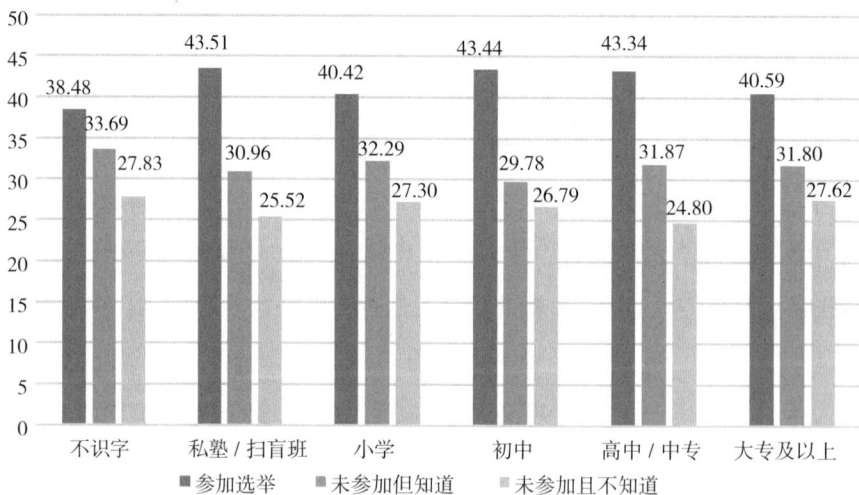

图 14—4　不同文化程度老年人参与社区投票选举的情况(%)

资料来源:中国老年社会追踪调查(CLASS)2018 年调查数据。

2010 年的中国综合社会调查(CGSS)数据显示,我国 60 岁及以上人口近 3 年来参与过村/居委会选举投票的比例为 57.2%[①]。而通过对比 2014 年、2016 年、2018 年 3 年的中国老年社会追踪调查可以发现(见表 14—4),总体上,我国老年人政治参与的比例呈先上升、后下降趋势,从 2014 年的 45.84%增加到了 2016 年的 50.85%,

——————

①　董亭月:《中国老年人的政治参与及其影响因素研究——基于 2010 年 CGSS 调查数据的实证分析》,《人口与发展》2016 年第 5 期。

再下降至 2018 年的 40.96%，而这一趋势在分性别、分城乡和分年龄的调查中也基本相同。

　　分城乡来看，在 2014 年和 2016 年两年间，农村老年人的政治参与率基本没有变化，维持在 50% 左右，但 2018 年下降至 42.83%；城市老年人的政治参与率由 2014 年的 42.44%，上升至 2016 年的 47.31%，2018 年又下降至 38.45%。值得注意的是，这 3 次调查中，农村老年人的政治参与率均高于城市老年人。分性别来看，男女两性老年人的政治参与率延续了先增加、后减少的趋势，但男女两性的差距逐渐缩小。2014 年，男性比女性高 6.56 个百分点。至 2016 年迅速减少到只高出 2.50 个百分点，2018 年继续减少至仅高出 1.39 个百分点，说明男女间的政治参与性别差异逐渐平等化。

表 14—4　2014—2018 年老年人政治参与变化情况

（单位：%）

年份	总体	农村	城市	男性	女性
2014	45.84	50.94	42.44	49.27	42.71
2016	50.85	50.07	47.31	52.07	49.57
2018	40.96	42.83	38.45	41.65	40.26

资料来源：中国老年社会追踪调查（CLASS）2014 年、2016 年、2018 年调查数据。

　　从年龄来看（见图 14—5），随着年龄的增长，老年人参加基层选举的比例呈逐步下降趋势。其中 2018 年，60—64 岁年龄组中，45.29% 的老年人参与过社区选举；

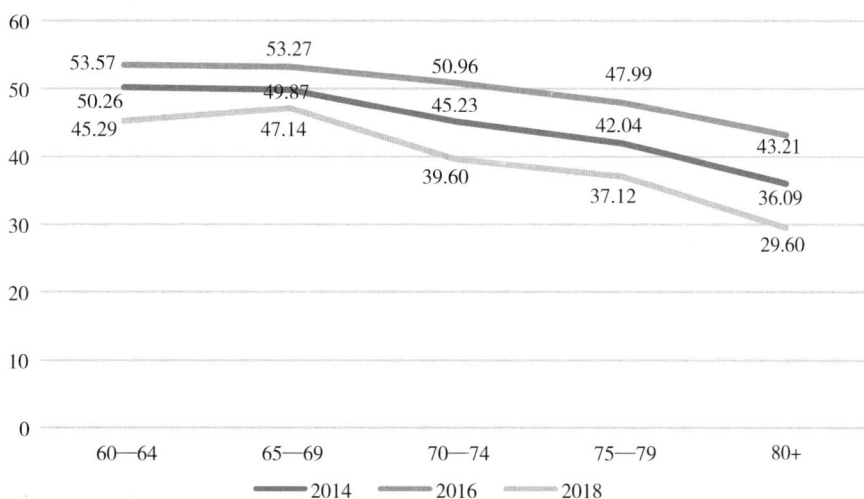

图 14—5　2014—2018 年分年龄的老年人政治参与情况（%）

资料来源：中国老年社会追踪调查（CLASS）2014 年、2016 年、2018 年调查数据。

65—69 岁年龄组的比例略微上升至 47.14%;而 70—74 岁年龄组,这一比例迅速下降到 39.60%,最高龄的 80 岁及以上年龄组的参与率则下降到 29.60%。2014 年和 2016 年的数据显示,各个年龄组参加基层选举的比例均存在下降态势,且高龄组下降的趋势大于低龄组。例如,60—64 岁年龄组由 2014 年的 50.26% 下降至 2018 年的 45.29%,减少了近 5 个百分点;而 80 岁及以上年龄组则由 2014 年的 36.09% 下降至 2018 年的 29.60%,减少了 6.49 个百分点。

(三)志愿活动参与

随着老年人社会参与需求的增加,在进入正式劳动力市场困难的情况下,参与志愿服务成为越来越多老年人进行社会参与的另一种形式。从广义上讲,志愿服务是利他行为的一种形式,目的是为他人、团体、机构、某项事业或者整个社会提供帮助而不求物质回报。有学者进一步将志愿服务区分为正式和非正式两种类型:正式志愿服务(Formal Volunteering)是指个人为了帮助他人,有计划地贡献自己的时间和精力而提供的服务,这类活动往往由正式的机构组织开展;非正式志愿服务(Informal Volunteering)是指个人不经由组织,自行为朋友、邻居等提供帮助的活动,一般是通过个人的社会网络提供服务。

在本章中,正式志愿活动根据中国老年社会追踪调查问卷中"在过去三个月内,您是否参加过社区治安巡逻活动/环境卫生保护活动/需要专业技术的志愿服务(如义诊)?"进行操作化。若被访者回答至少参与其中任何一项活动则定义为参与,否则为没有参与。非正式志愿活动则根据"在过去三个月内,您是否参加过照料其他老人/小孩(如帮助购物、起居照料等)/调解纠纷/陪同聊天/关心教育下一代(不包括自己的孙子女)?"进行操作化。与正式志愿活动类似,若被访者回答至少参与其中任何一项活动则定义为参与,否则为没有参与。

表 14—5 展示了老年人参与志愿活动的现状。整体而言,全国有 35.92% 的老年人参与了正式或者非正式的志愿活动。其中,参与正式志愿活动的比例为 21.83%,为他人提供过非正式助人活动的比例为 20.56%,参加正式志愿活动的老年人比提供非正式帮助的老年人多。

城市老年人参与志愿活动的比例明显高于农村地区。有 41.21% 的城市老年人参与到各种类型的志愿活动中,而农村的该比例为 31.95%,比城市地区低了将近 10%。城乡差异主要体现在正式志愿活动的参与率上。参加正式志愿活动的城市老年人的比例为 31.54%,比农村高出 8.93 个百分点,而两地区在非正式助人活动参与率方面只相差不到 4.56 个百分点。与男性老年人相比,女性老年人参加志愿活动的比例略低。无论是参与非正式助人活动还是正式志愿活动,男性老年人的参与率均高于女性老年人,但是差异并不大。

表14—5　老年人参与志愿活动的情况

（单位:%）

	全国	城市	农村	男性	女性
正式志愿活动	21.83	31.54	22.61	26.76	26.10
非正式助人活动	20.56	34.44	29.89	32.04	31.63
合计	35.92	41.21	31.95	35.86	35.98

资料来源:中国老年社会追踪调查(CLASS)2018年调查数据。

从年龄来看,低龄老年人参加志愿活动更积极(见表14—6)。60—64岁年龄组的老年人中,有39.90%参加过正式志愿活动或者非正式助人活动。该比例随着年龄的提高而下降,到80岁及以上的高龄组下降至32.75%,相比低龄老年人组几乎下降了7个百分点。这一趋势在参与正式志愿活动方面同样基本存在。例如,60—64岁的低龄老年人参加正式志愿活动的比例为29.17%,但在80岁及以上的高龄组下降为26.06%。

表14—6　分年龄老年人参与志愿活动的情况

（单位:%）

	60—64岁	65—69岁	70—74岁	75—79岁	80岁+
正式志愿活动	29.17	27.26	23.84	25.46	26.06
非正式助人活动	32.86	32.15	29.87	33.09	31.56
合计	39.90	37.62	32.82	35.41	32.75

资料来源:中国老年社会追踪调查(CLASS)2018年调查数据。

从受教育水平来看(见表14—7),随着学历的提高,老年人参与志愿活动的比例呈"✓"型分布趋势。总体来看,不识字的老年人参与志愿活动的比例为34.58%,在不识字到私塾/扫盲班之间略有下降,而从小学到初中有一个大幅度的提高,在高中/中专组达到最高值46.35%,之后,大专及以上学历老年人参加志愿活动的比例继续增加至46.44%。不同受教育程度的老年人参与正式志愿活动和非正式助人活动的比例,与总体情况非常相似,先是在不识字和私塾/扫盲班之间略有回落,然后都随着学历的提高而增加。

表 14—7 分受教育程度老年人参与志愿活动的情况

（单位：%）

	正式志愿活动	非正式助人活动	合计
不识字	23.21	32.86	34.58
私塾/扫盲班/小学	22.87	28.32	31.33
初中	31.56	34.17	41.17
高中/中专	36.96	38.35	46.35
大专及以上	41.84	38.08	46.44

资料来源：中国老年社会追踪调查（CLASS）2018 年调查数据。

对比 3 年数据可以发现（见表 14—8），尽管在 2016 年出现不同程度的降低，但我国老年人参与志愿活动或社区社会活动的比例整体呈上升趋势，在正式和非正式的志愿活动中均如此，且参与正式志愿活动的比例提高得比参与非正式助人活动多。正式志愿活动的参与率由 2014 年的 5.34% 上升至 2018 年的 21.83%，提高了 16.49 个百分点；非正式助人活动的参与率从 2014 年的 14.84% 上升至 2018 年的 20.56%，提高了 5.72 个百分点。

表 14—8 2014—2018 年老年人参与志愿活动的变化情况

（单位：%）

年份	合计	正式志愿活动	非正式助人活动
2014	18.11	5.34	14.84
2016	10.20	4.95	6.80
2018	35.92	21.83	20.56

资料来源：中国老年社会追踪调查（CLASS）2014 年、2016 年、2018 年调查数据。

此外，2010 年和 2015 年中国城乡老年人生活状况调查显示（见表 14—9），5 年间，我国老年人参与公益活动或社区社会活动的比例有所提高，由 2010 年的 41.39% 提高至 45.63%。从全国来看，近一半的老年人参加了公益活动，包括维护社区社会治安、协助调解邻里纠纷、维护社区卫生环境、帮助邻里、关心教育下一代和参加文化科技推广活动。其中，以邻里、社区活动为主，超过五成的老人参与。参与率排名前三的活动分别为：帮助邻里、维护社区卫生环境、协助调解邻里纠纷。

表 14—9　2010—2015 年我国老年人参与公益活动变化　　（单位:%）

年份	维护社区社会治安	协助调解邻里纠纷	维护社区卫生环境	帮助邻里	关心教育下一代	参加文化科技推广活动	都没有
2010	7.72	14.26	14.67	31.42	5.62	—	58.61
2015	8.63	16.98	20.68	34.39	13.15	2.34	54.37

资料来源:2010 年、2015 年中国城乡老年人生活状况调查数据。

(四)网络参与

现代社会,互联网已经成为与日常生活息息相关的事物。离开互联网,在社会中几乎寸步难行。网络社会作为一种新的、高级的社会形态,在为我们应对人口老龄化创造机遇的同时,也对老年人个体与老年人群体的发展提出了挑战。换而言之,在日渐加深的人口老龄化背景下,建立并完善智慧养老体系成为迫切的现实之举①。同样,智慧养老的顺利推行也离不开老年人想用、能用和会用互联网。限于教育、收入和其他方面的制约,老年人上网的频率很低,八成以上的老年人几乎从不上网(见图14—6)。每天都上互联网的老年人占比仅为 12.37%,4.18% 的老年人每周至少上一次网,而每月至少上一次网和每年上几次网的老年人比例均不足 1%。老年人极低的上网频率反映出他们未能跟上信息社会的潮流,这给他们的日常生活造成了极大影响。

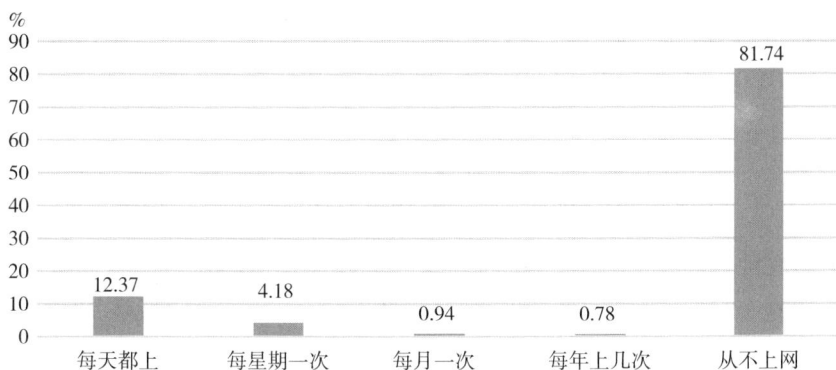

图 14—6　老年人互联网使用频率(%)

资料来源:中国老年社会追踪调查(CLASS)2018 年调查数据。

因老年人互联网使用频率呈现出明显的偏态分布,本章将老年人互联网使用频率合并为两项,即是否使用互联网。如图 14—7 所示,从性别来看,男性老年人和女

---

①　王永梅:《网络社会与老龄问题:机遇与挑战》,《学术交流》2014 年第 8 期。

性老年人的上网频率存在微小差异,女性老年人的上网频率略低于男性老年人 1.53 个百分点。年龄越大,老年人上网的频率就越低。年龄往往与健康状况、经济条件、受教育水平等资源禀赋密切相关,故而也是影响老年人上网频率的重要因素。仅有 3.75% 的高龄老年人使用互联网,低于低龄老年人约 26 个百分点。老年人使用互联网在城乡之间也存在明显的差异,农村老年人上网的比例仅为 9.56%,与城市相差约 20 个百分点。老年人的受教育水平不仅是其学习能力的反映,也影响着老年人的思想观念和经济状况。老年人上网的频率随着受教育程度的提高而渐次升高。在不识字的老年人中,仅有 4.89% 使用互联网;而初中及以上受教育程度老年人的这一数字为 37.06%。健康状况作为重要的人力资本,与老年人的上网频率显著相关:身体相对健康的老年人上网更加频繁,使用互联网的比例为 19.53%,明显高于身体欠佳的老年人。收入水平也是反映老年人资源禀赋的重要因素,仅有 7.5% 的低收入老年人使用互联网,远低于中等收入和高收入老年人。

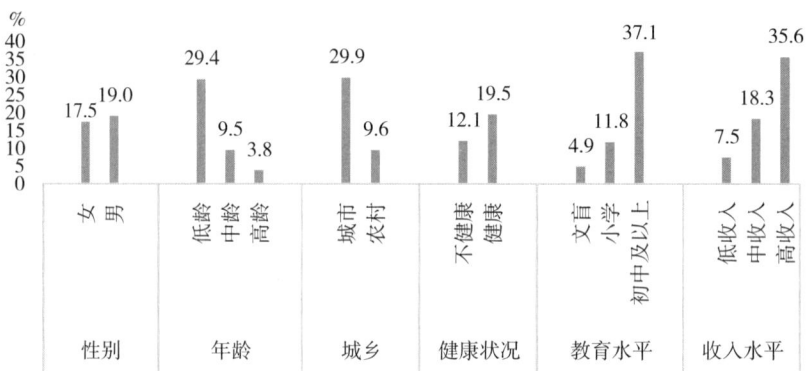

图 14—7　老年人互联网使用频率的社会人口特征(%)

资料来源:中国老年社会追踪调查(CLASS)2018 年调查数据。

　　不过,伴随移动互联网飞速发展,以及新冠肺炎疫情加速推动全社会数字化建设,老年人越来越被互联网浪潮裹挟,一大批老年网民就此成长起来。根据中国互联网络信息中心发布的《中国互联网络发展状况统计报告》,截至 2021 年 6 月,我国网民总体规模达 10.11 亿,60 岁及以上老年网民占比 12.2%[1],比 2015 年的 6.88 亿网民总数、老年网民占比 3.9%[2]有了大幅度上升。网络给老年人的生活带来了翻天覆地的变化。通过网络,老年人能更便利地开展日常社交娱乐,获取所需信息、服务,安

---

[1]　中国互联网络信息中心:《第 48 次中国互联网络发展状况统计报告》。
[2]　中国互联网络信息中心:《第 37 次中国互联网网络发展状况统计报告》。

排日常购物、出行等。此外,不少老年人由此踏上了再就业的新征程,借助各大短视频平台,或直播带货,或传递知识,或分享生活,成了"银发网红"。老年人一改过去"保守、固执、落后"的形象,日益成为推动我国互联网事业发展的重要的活跃力量。

二、老年社会参与政策的 20 年演进

进入 21 世纪以来,我国老年人社会参与政策渐成系统。中央出台的几个纲领性文件全面系统地指导我国老龄工作,起了重要的推动作用;几个具体政策的出台,也各有侧重地将老年人社会参与制度推向前进。2000 年,《中共中央、国务院关于加强老龄工作的决定》提出重视发挥老年人的作用,坚持自愿量力、社会需求同个人志趣相结合的原则,鼓励老年人从事关心教育下一代、传授科学文化知识、开展咨询服务、参与社会公益事业和社区精神文明建设等活动。2003 年,全国老龄工作委员会(以下简称"全国老龄委")颁发了《组织开展老年知识分子援助西部大开发行动试点方案》,决定在全国组织开展老年知识分子援助西部大开发行动,即"银龄行动",积极开发老年人才智力资源,倡导并组织以东部地区为主的全国大中城市离退休老年知识分子,以各种形式向西部地区开展智力援助行动,内容包括农业、文化、教育、科技等各领域。10 多年来,已覆盖全国多个地方,参加人数之多、影响之大,成为我国老年人社会参与的成功案例。2005 年,《关于进一步发挥离退休专业技术人员作用的意见》提出,在加快推进社会主义现代化的新时期,鼓励离退休专业技术人员为全面建设小康社会贡献经验、才智和力量。

自 2001 年国务院印发《中国老龄事业发展"十五"计划纲要》起,我国出台了若干规划性的纲领性文件。其中,《中国老龄事业发展"十五"计划纲要》提出,要重视老年人的价值,发挥老年人的作用,引导老年人自立自强、积极向上。鼓励老年人继续参与社会发展,根据社会需要和自愿量力的原则,创造条件,积极发挥老年人在两个文明建设中的作用。2006 年,全国老龄委发布《中国老龄事业发展"十一五"规划》,明确指出要鼓励和支持老年人继续参与经济社会发展,积极开发老年人才市场,根据市场需求和老年人的志愿,搭建老年人才服务平台,开拓老年人才参与社会的渠道。2006 年,《国务院办公厅关于印发人口发展"十一五"和 2020 年规划的通知》也提出要积极应对人口老龄化,积极发展适合老年人特点的知识和经验密集型服务业,为老年人提供力所能及参与社会的机会。2011 年,《国务院关于印发中国老龄事业发展"十二五"规划的通知》进一步提出扩大老年人社会参与,注重开发老年人力资源,支持老年人以适当方式参与经济发展和社会公益活动;并特别指出要不断

探索老有所为的新形式,积极做好"银龄行动"组织工作,广泛开展老年志愿服务活动,老年志愿者数量要达到老年人口的 10% 以上。2013 年,《国务院关于加快发展养老服务业的若干意见》倡导支持老年群众组织开展自我管理、自我服务和服务社会活动,探索建立健康老人参与志愿互助服务的工作机制。2013 年,全国老龄工作委员会办公室(以下简称"全国老龄办")等 24 个部门联合下发了《关于进一步加强老年人优待工作的意见》,要求政府有关部门完善老年人社会参与方面的支持政策,充分发挥老年人参与社会发展的积极性和创造性,改进老年人在日常生活和社会参与等方面遇到的不适老、不宜居等问题。

自党的十八大以来,我国对老年社会参与的定位逐步由实现个人的积极老龄化上升为实施积极应对人口老龄化国家战略的重要举措之一。2016 年,《国务院关于印发国家人口发展规划(2016—2030 年)的通知》中提出,要积极开发老年人力资源,实施渐进式延迟退休年龄政策,有效挖掘开发老年人力资源。鼓励老年人积极参与家庭发展、互助养老、社区治理、社会公益等活动,继续发挥余热并实现个人价值。2016 年,全国老龄办发布《关于推进老年宜居环境建设的指导意见》,要求促进老年人融入社会、不断消除他们参与社会的障碍。

2017 年,国务院印发的《"十三五"国家老龄事业发展和养老体系建设规划》专门列出一章,以前所未有的篇幅强调"扩大老年人社会参与",提出培育积极老龄观,引导全社会大力支持老年人参与社会发展,加强老年人力资源开发和老年志愿服务发展;还特别指出,要引导基层老年社会组织规范发展,促进老年人通过社会组织实现自我管理、自我教育、自我服务。

2019 年,《国家积极应对人口老龄化中长期规划》的具体工作任务中强调,要构建养老孝老敬老的社会环境,保障老年人合法权益,建设老年友好型社会,这将更有利于老年人进行社会参与。2020 年 10 月,党的十九届五中全会通过了《中共中央关于制定国民经济和社会发展第十四个五年规划和二〇三五年远景目标的建议》,其中特别强调实施积极应对人口老龄化国家战略,积极开发老龄人力资源、发展银发经济。这是党的文件首次将积极应对人口老龄化上升到国家战略层面,而"老年人的参与"被称为未来我国应对人口老龄化的重要举措之一。2021 年 3 月,《中华人民共和国国民经济和社会发展第十四个五年规划和 2035 年远景目标纲要》明确提出,按照小步调整、弹性实施、分类推进、统筹兼顾等原则,逐步延迟法定退休年龄。这为促进老年人参与经济活动明确了目标和实施原则,未来老年人进行劳动参与的时间和机会将会更多。

第二节 我国老年社会参与的主要成就

2000年,我国正式步入老龄化社会。为了促进老年人社会参与、提高老年人生活质量,也为了我国后续的发展,此后的20年间,我国不断优化顶层设计,深入微观层面,多途径、多角度地群策发力,以期为老年人的社会参与创造更加优越、适宜的环境,并取得了一系列成效。本节主要从老年人社会参与状况变化、相关保障及组织建设等方面,总结我国老年社会参与取得的主要成就。

一、参与主体不断扩大

从参与主体来看,我国老年社会参与的主体不断扩大,从离退休老干部不断扩展到全体老年人。1978年,国务院颁发《关于安置老弱病残干部的暂行办法》,鼓励离退休老干部继续参与社会、发挥才能。1983年,《关于高级专家离休退休若干问题的暂行规定》和《关于延长部分骨干教师、医生、科技人员退休年龄的通知》,将老年人社会参与主体的范围进一步扩大到老年专家、科技人员、教师、医生、工人等广泛群体。而1996年颁布的《中华人民共和国老年人权益保障法》,规定了所有60岁以上老年公民的社会参与权利。此后,多数有关老年社会参与的政策文件都将全体老年人作为参与主体。国家对于老年社会参与主体的认识不断深入,体现了应对人口老龄化国家战略的发展和转变,更加积极地应对人口老龄化,对老年人的认识也更加积极。

二、参与内容多样化

从参与内容来看,老年人进行社会参与的领域不断扩大、内容更加丰富。老年人社会参与不仅向全民参与发展,更向全面参与发展。相关的政策法律对于老年人社会参与的内容不断明晰。从最初笼统的"根据特长做些力所能及的工作",到鼓励老年人参与基层社区治理、社会公益事业、文化生活,再到开发老年人力资源、实施渐进式延迟退休年龄政策,我国老年人实现老有所为的领域不断扩展,为社会经济发展贡献更多价值。

三、国家重视程度扩大化

从重视程度来看,国家对于老年人社会参与的重视程度和支持力度不断增大。

1996 年颁布的老年人权益保障法,第一次对全体老年人的参与权利和参与内容以立法形式进行规定 2017 年印发的《"十三五"国家老龄事业发展和养老体系建设规划》。从培育积极老龄观、加强老年人力资源开发、发展老年志愿服务和引导基层老年社会组织规范发展 4 个方面,对老年人的社会参与作出指导。

四、参与权利保障规范化

我国从中央到地方都对老年人社会参与进行了相关立法,对于老年人的社会参与权起到了切实的保障作用。老年人权益保障法对老年人社会参与进行了规定。它是我国第一部专门保障老年人权益的法律,在老龄事业中具有十分重要的意义。积极老龄化精神贯穿其中,而实现积极老龄化,老年人社会参与是重要途径。老年人权益保障法总则中就明确了国家对老年人社会参与的支持与鼓励。第七章《参与社会发展》专门对老年人社会参与进行了规定,显示出其重要性。

除此之外,在教育法、妇女权益保障法、残疾人保障法等单行法律中也有与老年人社会参与相关的规定。比如,教育法第四十二条规定:"国家鼓励学校及其他教育机构、社会组织采取措施,为公民接受终身教育创造条件。"

五、协助组织深入化

1999 年,党中央、国务院决定成立全国老龄工作委员会,作为专门机构来研究、制定老龄事业发展政策,协调和推动实施老龄事业发展规划,加强对老龄工作的宏观指导和综合管理。2005 年 8 月,经中央编委批准,全国老龄工作委员会办公室与中国老龄协会实行合署办公。

在城乡基层社区中,建立了大量的老年协会,为老年人参与基层社会治理提供平台。2012 年,全国老龄办下发了《关于加强基层老年协会建设的意见》,对加强基层老年协会建设工作进行了全面部署,界定了基层老年协会的性质和主要职责。《中国老龄事业发展"十二五"规划》提出,"十二五"期间,成立老年协会的城镇社区达到95% 以上,农村社区(行政村)达到 80% 以上。《"十三五"国家老龄事业发展和养老体系建设规划》要求,城乡社区基层老年协会覆盖率达到 90% 以上。2015 年,全国老龄办、民政部发布《关于进一步加强城乡社区老年协会建设的通知》,就提高覆盖率、做好登记管理、加强设施建设、加大扶持力度、鼓励社会力量参与、开展业务培训、优化发展环境和加强组织领导 8 个方面提出具体措施与要求,推动城乡社区老年协会有序发展,引导它们在社区治理中发挥积极作用。2017 年,党中央、国务院发布《关于加强和完善城乡社区治理的意见》,提出鼓励和支持建立社区老年协会,搭建老年人参与社区治理的平台,推动城乡社区治理体系形成。2018 年,民政部《关于大力培育发展社区社会组织的意见》强调,重点培育为包括老年人在内的特定群体服务的社区社会组织,加大了对包括老年协会的社区社会组织的培育扶持力度。

第三节　老年社会参与的不足与面临的挑战

推动老年社会参与的发展过程中,由于我国国情的复杂性,以及老年群体本身的异质性突出,导致有些老年人未能及时、有效、充分地捍卫自己的社会参与权,从而使得我国老年社会参与仍存在很大的改进和发展空间。本节结合相关数据,着重阐述老年社会参与面临的困境与挑战。

一、参与现状存在的不足

(一)整体参与不充分

当前,我国的老年社会参与仍存在诸多问题。首先,我国老年人整体的社会参与程度较低,整体参与率有待提高。以上述 2018 年中国老年社会追踪调查数据为例,60 岁以上老年人参与劳动和再就业的比例仅为 24.68%;三到四成左右的老年人分别参与正式或非正式志愿活动(35.92%)和基层选举(40.96%);而参与网络活动的老年人比例不到一成,从不使用网络的老年人比例高达 81.74%。总体而言,我国老年人在各个领域的参与度不高。

(二)参与发展不平衡

我国老年人社会参与的发展不平衡,不同特征老年人的参与现状存在很大差距。第一,我国老年人社会参与存在明显的城乡差异。2018 年中国老年社会追踪调查数据显示,我国农村老年人在劳动与再就业、基层选举领域的参与率比城市老年人更高,而城市老年人在公益活动和网络参与方面比农村老年人的参与率高。这主要与农村和城市在社会经济发展水平、城乡基层文化、社会保障制度和家庭结构等方面的差异相关。此外,我国老年人参与志愿服务活动的城乡差异主要体现在正式志愿活动的参与率上。参加正式志愿活动的城市老年人的比例为 31.54%,比农村高出8.93 个百分点。这是由于城市老年人可以依托社区和正式志愿服务组织、机构参与更多的公益活动,而多数农村老年人缺乏参与正式志愿活动的组织和渠道。

第二,我国老年人社会参与存在一定的性别差异。根据全国抽样调查数据,男性老年人在劳动与再就业、正式志愿活动、非正式助人活动、政治活动和网络参与方面的参与率高于女性老年人,而女性老年人则在家庭照料方面比男性老年人的参与比例更高。这背后涉及女性的受教育水平提升、劳动市场上男女平等、女性从家务劳动中获得解放等一系列问题,值得我们关注。

第三,不同受教育程度的老年人的参与率存在很大差异。在劳动和再就业活动中,老年人的就业率总体上随着教育程度的提高而下降,文化程度越低的老年人反而劳动参与率越高。这可能是由于文化程度较低的老年人的养老金等养老保障较少,迫于生存的压力,需要继续劳动来维系生活,而且大多人只能从事最基本的、门槛较低的体力劳动;而受教育程度高的老年人由于经济状况更好,加之退休制度的安排,其劳动参与率相对较低。在志愿服务活动中,总体趋势则是参与率随着教育程度的提高而上升,具有大专及以上学历的老年人参加志愿活动的比例达到 46.44%。同样,老年人使用互联网的频率也随着受教育程度的提高而渐次升高。在不识字的老年人中,仅有 4.89% 使用互联网;而初中及以上受教育程度的老年人的这一数字为37.06%。这反映了老年人的受教育水平会影响其经济状况、学习能力和思想观念,进而影响其社会参与状况。

二、深入发展面临的挑战

(一)参与环境尚需优化

首先,现存制度环境仍不完善,需要进一步完善相关政策法律。我国尚未出台有关老年人社会参与的专项政策法律,所有政策法律中有关老年人社会参与的内容大多是作为其中的一个部分,所占篇幅较小,内容也比较简略。现存的制度环境中,对于老年人参与社会发展具体途径的可操作性政策措施也非常缺乏,使得有些政策制度流于形式,并没有起到实质性的作用,老年人社会参与的渠道仍然匮乏。

其次,我国的社会文化环境中也存在诸多阻碍老年人社会参与的因素,亟须树立积极的老龄观、转变对待老年群体的态度。受传统文化观念影响,在对待老年人的态度方面,我国仍存在着以下误区:一是忽视老年人的能动性、积极性和创造性,将老年人群仅仅视为被关怀和照顾的对象;二是忽视老年人老有所为的精神需求,单纯地将老年人的需求看作是老有所养问题①。对于老年人评价的舆论环境也需要进一步加

---

① 穆光宗:《成功老龄化之关键:以"老年获得"平衡"老年丧失"》,《西南民族大学学报(人文社科版)》2016 年第 11 期。

强引导。许多人对于老年人仍有着较深的刻板印象,对老年人存在年龄歧视,忽视了老年人的社会价值和社会参与权利。

此外,老年人参与社会发展需要环境设施的完善,为老年人提供安全、便利和舒适的参与环境。而目前我国对于老年人社会的无障碍设施建设和适老化改造需要进一步加强,与之相关的老年友好型公共基础设施、生活设施、卫生设施和文化体育设施等公共服务建设需要在数量与质量上进一步提升,特别是在工程建设标准方面要加强规范,力争为老年人创造无障碍的参与环境。

(二)老年人力资源开发有待突破

当前的政策法律对于老年人再就业的权益保障不足,现有的劳动法并不适用于老年人再就业,老年人就业缺乏法律制度层面的保障。许多再就业的老年人并未与用人单位签订正式劳动合同,导致合法权益得不到保护,产生劳资纠纷。

另一个重要的阻碍是缺乏专门机构或组织来管理和指导老年人再就业。老年人缺乏再就业渠道和平台,就业信息和就业机会相对匮乏。这加剧了老年人力资源开发和利用的难度,也使得老年人再就业难以规范化。不仅如此,老年教育发展滞后也使得老年人的职业培训相对欠缺。现有的老年教育形式和内容比较单一,缺少契合老年人再就业需求的内容,使许多老年人不能适应当前多数就业岗位的技能要求。因此,老年人实现再就业的一大重要支持就是职业培训,培训时间短且技能性强的职业教育对于老年人就业或者创业都将起到很大作用。

(三)基层老年组织亟待发展

目前,老年人参与基层社会治理仍存在很多问题。以基层老年协会为例,从全国看,各省区市老年人协会的发展极不平衡,东部地区一些省市的老年协会发展较快,中部和西部地区省区市的老年协会发展相对较慢。

值得注意的是,由于老年协会的性质和法律地位不明确,有的地方把老年协会归于民间自治组织,单独在民政部门登记注册;有的地方则把它归为地方老龄委的下属机构,由离退休的地方官员担任领导;还有的地方将其作为二级协会,由上级协会进行管理①。一方面,由于性质不明确,一些村(居)老年协会无法通过在民政部门注册来取得合法地位,缺少活动场地和日常经费来源;另一方面,一些地方的老年协会则带有行政化色彩,为政府执行行政事务,没有发挥基层群众自治组织应有的职责。

---

① 刘颂:《积极老龄化框架下老年社会参与的难点及对策》,《南京人口管理干部学院学报》2006 年第 4 期。

（四）老年志愿服务发育受阻

老年人志愿活动的发展也面临着诸多挑战。我国多数老年人有组织或单位依赖情结，对由政府、街道、社区及一些合法组织、机构开展的活动更有参与的热情和积极性①。由于我国的正式志愿服务组织，特别是针对老年人为参与主体的志愿服务组织尚在发展完善阶段，相对于组织机构健全、项目内容丰富、制度保障完善的青年志愿服务体系，老年志愿服务尚未形成体系。现有的社区组织、公益机构也大多将老年人视为服务对象而不是服务者。因为缺少相关的志愿团体和组织，适合老年人参与的志愿服务项目有限，再加上多数老年人的信息较为匮乏，老年人参与正式志愿服务的比例相对较低。即使有意愿参与正式志愿服务，也碍于没有参与的机会和渠道，更多的老年人只能选择参与一些非正式助人活动。

（五）数字鸿沟消弭不易

网络参与作为老年人进行社会参与的一种新兴形式，有独特的便捷性，但同时也面临着如何弥合老年人数字鸿沟的巨大挑战。首先，许多电子设备、软件的设计过于复杂，很多手机、电脑设备的性能和功能更倾向于迎合年轻人的需求，对于老年人的使用并不友好。第二，网络虚假信息和网络诈骗加大了老年人网络参与的风险。第三，网络舆论环境对老年人不够友好。由于老年网民群体的规模和所占比例比其他年龄段的网民低，且现代大众传媒和社会价值观崇尚青春、活力，加之代际之间缺少沟通和交流，导致在网络社会中对老年人更是带有刻板印象和年龄歧视，老年人在网络参与中缺少话语权。

第四节　促进老年社会参与的国际社会经验

落实积极应对人口老龄化的国家战略，不仅需要我国国民的共同努力，还需集思广益，广泛参考、借鉴国际经验。因此，本节介绍了相关国际组织、国家在应对人口老龄化、促进老年社会参与方面的倡议和具体措施。

一、联合国的力量

人口老龄化是在世界各国普遍存在的、不可回避的重大问题。人口老龄化不断加重、人口抚养比逐渐上升的趋势下，如何利用老年人力资源、减轻社会经济压力、保

---

① 王莉莉：《中国老年人社会参与的理论、实证与政策研究综述》，《人口与发展》2011 年第 3 期。

障老年人生活权益、提高老年人生活质量,成为各国政府需要共同思索的课题。鼓励老年人社会参与可以充分发掘其人力资源优势,不论是应对发达国家劳动力不足的问题,还是针对我国等国家未富先老、未备先老的情况,都能在一定程度上缓解人口老龄化给社会经济和国家财政带来的压力。

为引起各国对人口老龄化问题的重视,联合国于1982年在维也纳举行了第一次老龄问题世界大会。在会上通过的《老龄问题国际行动计划》明确指出:"老年人在精神、文化和社会——经济方面对社会所作的贡献是宝贵的,应当加以承认,并应进一步加以促进。"1991年12月通过的《联合国老年人原则》,进一步对老年人的参与原则作出明确界定。

"不分年龄人人共享的社会"这一概念,源于1995年在哥本哈根通过的《社会发展问题世界首脑会议行动纲领》。1999年国际老年人年主题定为"不分年龄人人共享的社会",这表明老年人不再只被视为领取退休金的人,而是社会发展进步的主体和受益人。该主题的确认,提高了全世界对老年人参与社会发展的认识。2002年,在马德里召开的联合国第二次老龄问题世界大会,通过了《2002年老龄问题国际行动计划》(以下简称《马德里行动计划》)。该计划将促进"老年人与发展"作为首要优先方向,通过推动老年人积极参与社会发展,使老年人能够"通过赚取收入工作和志愿工作,充分和有效地参与其社会的经济、政治和社会生活"。

2007—2008年,联合国对《马德里行动计划》进行了第一次周期审查评估。审查发现,自从第二次老龄问题世界大会以后,政府和民间社会提出了越来越多鼓励老年人参与社会发展的倡议。一些国家的老年人参与到政府老龄政策和方案的决策中,一些国家成立了老龄问题协调机构并吸收老年人参与主体协调工作。为了增进老年工人在劳动力市场上的生产能力,大多数欧洲国家都进行了劳动力市场的改革,其目标是增加就业率和延长职业生涯。联合国欧洲经济委员会的部分成员国实施了逐步退休计划,以抬高退休年龄。中国香港、日本和新加坡优先为老年工人提供进修教育,设法挽留已超过法定退休年龄的有经验的劳动者。萨尔瓦多、洪都拉斯、墨西哥、秘鲁等国家通过提供小额信贷和补助金等方式,激励老年人自主创业。为了鼓励老有所为,以埃及和卡塔尔为主的西亚地区的一些国家启动老年志愿服务项目。比如,让老年人为年轻学生提供相关领域的培训,一方面使老年人继续有所作为,另一方面也可以加强不同代际之间的互动。

表 14—10　联合国应对全球人口老龄化的时间发展脉络

时间	主要成果	主要内涵
1982 年	联合国第一次老龄问题世界大会通过《老龄问题国际行动计划》	老年人在精神、文化和社会——经济方面对社会所作的贡献是宝贵的,应当加以承认,并应进一步加以促进。
1991 年	《联合国老年人原则》	(1)老年人应始终融合于社会,积极参与制定和执行直接影响其福祉的政策,并将其知识和技能传给子孙后辈;(2)老年人应能寻求和发展为社会服务的机会,并以志愿工作者的身份担任与其兴趣和能力相称的职务;(3)老年人应能组织老年人运动或协会。
1995 年	《社会发展问题世界首脑会议行动纲领》	不分年龄、人人共享的社会
1999 年	国际老年人年主题定为"不分年龄人人共享的社会"	强调老年人不再只被视为领取退休金的人,而是社会发展进步的主体和受益人。
1999 年	世界卫生组织提出"积极老龄化"的口号	老年社会参与不仅仅是指身体具备活动能力或参加体力劳动,还包括不断参与社会、经济、文化和公民事务。
2001 年	世界卫生组织编写《积极老龄化:政策框架》	明确将社会参与作为积极老龄化的三大重要支柱之一。
2002 年	联合国第二届世界老龄大会通过《2002 年老龄问题国际行动计划》(简称《马德里行动计划》)	把"积极老龄化"写进《政治宣言》,将促进"老年人与发展"作为行动计划的首要优先方向,通过推动老年人积极参与社会发展,使老年人能够"通过赚取收入工作和志愿工作,充分和有效地参与其社会的经济、政治和社会生活"。

二、积极老龄化与老年社会参与

1999 年是联合国国际老年人年。在这一年,世界卫生组织提出了"积极老龄化"的口号。2001 年,世界卫生组织编写的《积极老龄化:政策框架》指出:积极老龄化是指在老年时为了提高生活质量,使健康、参与和保障的机会尽可能获得最佳机会的过程。依照世界卫生组织的倡导,老年人应提高生活质量,延长预期寿命,健康、积极地参与社会活动。

2002 年,"积极老龄化"被联合国第二次老龄问题世界大会接受并写进《政治宣言》,成为应对 21 世纪人口老龄化的政策框架。构成这一发展战略政策框架的三要素是健康、参与和保障,这三者相互促进、相互制约而形成一个循环体系。其中,参与是关键节点,是指在劳动力市场、就业、教育、健康、社会政策以及计划都支持老年人充分参与社会经济、文化和精神生活的条件下,人们年老时能按照他们的基本人权、能力、需要和爱好,继续以有偿和无偿两种方式为社会作贡献。只有实现老年人的有效参与,才能使这个循环成为相互促进的良性循环,进而实现积极老龄化。

积极老龄化是对以往老龄观的革命性变革,它肯定老年人的社会价值,"承认人们在增龄过程中,他们在生活的各个方面都享有机会平等的权利",强调应努力创造条件让老年人回归社会,重返"不仅仅是体力活动和劳动",更包括"社会、经济、文化、精神和公益事务"在内的各个实践领域,参与所在社会的经济、社会、文化和政治生活,充分发挥技能、经验和智慧,从而使"老龄化对社会经济的压力转化为促进可持续发展的动力"。这样,老年人就从社会的依赖者变为社会的创造者,从社会财富的耗费者变为财富的创造者,从对社会经济的压力变为促进社会发展的动力,由此获得与中青年人同样的地位与权利。

第五节 促进老年社会参与的对策建议

促进老年社会参与,充分激发老年人参与经济、政治、文化、社会等活动的活力,抓住并利用人口老龄化带来的机遇,不仅对当下,而且对未来都具有深远的意义。然而,结合我国国情来看,老年人社会参与仍存在一定的局限,相关制度、技术壁垒并未被打破。因此,本节在以上各节的分析基础之上,提出了促进老年社会参与的相关建议,以供参考。

一、推进相关政策制定,完善制度设计

完善老年人社会参与方面的法律法规与政策体系,是促进老年人社会参与的根本保障。积极老龄化框架中,将健康、保障和参与作为提高老年人生活质量的三大支柱。相比医疗保障政策和社会保障政策,我国有关社会参与的相关政策还不够完善。目前法律和政策中有关老年人社会参与的内容,多是原则性和倡导性的。例如,老年人权益保障法鼓励老年人依法从事经营和生产活动、参加志愿服务等,但这些内容过于简单,可操作性不强;同时,没有相关配套的政策法规,来详细规定老年人参与这些社会活动的权责以及相关的权益保障。所以,在今后的政策制定过程中,需要进一步明确老年人社会参与的权利和内容,加强保护老年人的权利,禁止以年龄歧视侵犯老年人的社会参与权。此外,需要推出更多老年人参与社会发展的具体途径、有可操作性的政策措施,用具体可行的政策引导老年人参与社会发展。最后,既要有更多针对

全体老年人群的、使其在更大范围内参与社会的政策；也要注意老年群体的差异性，根据不同特征的老年人制定不同的政策措施，鼓励老年人选择与自身情况相符的社会参与途径和活动。

二、建立积极老龄观，更新老年人形象

首先，要在全社会树立积极老龄观，正确认识老年人的价值。积极老龄观要求承认并保障老年人的参与权利，从"需求为基础"的政策和计划的观点，转变为"权利为基础"的观点。所以，需要进一步加强老年人的权利和权益保障，保证老年人参与社会发展的权利，将老年人由被动养老向积极利用其价值转变。其次，要正确认识老年群体，树立正面的老年人形象。这需要消除老年歧视，转变对老年人的传统刻板印象，认识到新时代老年人的受教育程度、经济状况和健康素质在不断提高，在进入老年期后仍然有参与社会建设的能力和价值。因此，社会、政府和媒体应该正确认识、认可并重视老年人的价值，广泛宣传积极应对人口老龄化的典型经验、案例、做法和成效，树立积极的老龄年人形象，努力使全社会关心和支持老年社会参与的氛围更加浓厚。充分调动老年人参与社会的积极性和主动性，帮助老年人树立积极的老龄化态度，使老年社会参与成为增进老年人福祉的重要内容。

三、加强老年友好型环境建设，创造参与条件

适于老年人出行和生活的环境，可以鼓励老年人更加积极地参与社会生活。因而，需要围绕老年人居住环境、出行环境、健康支持环境、生活服务环境中的突出困难和障碍，完善升级社区养老的基础设施和家庭适老化改造，优化提升养老服务环境。

首先，加快老年宜居社区建设统筹规划，加强法律法规的执行力度，将老年宜居社区建设切实纳入城乡统筹规划中，确保社区周边有服务网点齐全的生活服务圈，逐步完善老年人的体育、文化和娱乐等活动场所。有效整合社区服务资源，建立综合为老服务平台，扶持专业居家养老服务组织，向有需求的老年人提供相应的居家养老服务。加强公共设施无障碍改造，对便民网点、图书馆、影剧院、博物馆、公园等与老年人日常生活密切相关的公共设施进行无障碍设计与改造，使公共设施更适合老年人使用。全面推进宜居社区建设，为老年人参与社区活动提供安全、便利和舒适的环境。打造无障碍的社区环境，重点对楼梯、电梯、坡道等公共建筑进行改造，为老年人开展活动提供必要的场所和设备。充分利用社区中的老年活动中心、运动场所、图书馆等空间开展志愿活动、文化娱乐活动，相关工作人员应协助老年人使用相关的设

备,避免物资的闲置浪费。

其次,大力支持家庭适老化改造,对老年人的住宅进行安全隐患排查和改造。针对特殊困难家庭提供适当补助,进行家庭无障碍改造。开发老年宜居住宅,鼓励子女同老年人就近居住或共同居住。

四、因势利导社会力量,推动老年社会参与

推动社会力量共同参与老年友好型社会建设,吸引多方力量推动老年人社会参与。一方面,政府应该发挥责任主体的作用,加强制度保障,完善配套的政策体系,加强相应的公共设施建设,加大正面的舆论宣传力度,为老年人营造良好的社会参与氛围。另一方面,要鼓励社会力量广泛介入,发挥市场和社会组织等多方作用,促进社会资源整合。发挥市场配置资源的决定性作用,鼓励企业发展相关的养老服务和老年福利事业,提供更加多样化的服务,解决政府在发展老年人社会参与过程中资源不足的问题。此外,要重视社会组织在促进老年社会参与过程中的重要地位,进一步发挥社会组织和机构的作用,鼓励其扩大服务对象覆盖面、丰富服务内容,吸引更多老年人参与到更多的活动中,加强老年人社会参与专业平台和组织建设,拓展老年人社会参与渠道。

五、积极开发老年人力资源,促进老年再就业

首先,国家和政府要完善制度规范,加快健全老年人再就业的法律法规,同时逐步推进延迟退休年龄政策,在制度上让老年人继续进行劳动参与有法可依,以激励老年人再就业,加强老年人力资源开发。例如,鼓励企业雇佣老年人,在税收方面予以优惠;支持老年人创业,将老年人创业纳入"双创"政策体系,给予老年人贷款和税收等方面的支持;发挥政府及相关机构的协调作用,成立专门针对老年人力资源开发的管理机构,统一管理和指导老年人再就业。其次,可以鼓励一些社会组织或机构发展针对老年人再就业的中介服务,为有就业意向的老年人提供就业信息,弥补老年人信息的匮乏;同时,登记并收集老年人的就业需求和意向、技能特长,以此帮助老年人寻找合适的工作岗位。另外,还应该加强老年人的再就业培训。一方面,政府可以支持在老年大学中开设相关的课程,鼓励社区和社会组织参与老年人的教育培训,拓宽老年人学习的渠道;也可以与专门的机构合作,来开展老年人的职业培训。另一方面,用人单位也应该有专门针对老年雇员的入职培训和指导,帮助老年人增强再就业的能力。

六、强化基层组织建设，鼓励老年人参与治理

老年协会作为基层老年群众组织，是老年人参与基层社会治理的重要平台，因此，需要大力发展完善基层老年协会，将基层老年协会建设与基层党组织建设、和谐社区建设、新农村建设结合起来。首先，明确老年协会的性质、地位和运行机制，厘清与政府、老龄办和其他社会组织的关系、权责等，以建立健全相关的规章制度，加快制定有关老年协会的法律政策，规范老年协会的行为。其次，扩大老年人的参与率，不仅仅是精英老年群体参与，而且是全体老年人共同参与，鼓励广大老年群众通过加入老年社会组织来参与社会、服务社会。此外，国家需要为老年协会增能赋权，加强老年协会的能力建设。政府要加快职能转变，将老龄工作中的部分职能下放到基层老年协会，赋予老年协会在老龄工作中更多的权力和职责。最后，要重视农村老年协会的发展。基层老年协会是农村社区建设的重要主体，但由于政策和资金等原因，目前农村老年协会的发展并不规范和完善，覆盖率有待提高。因而，一方面需要在制度上加强农村老年协会的管理和规范，如登记管理制度等。另一方面，要加大对农村老年协会的财政政策倾斜，拓展经费来源，解决农村老年协会经费、场地和设施不足等问题。

七、加强老年志愿服务体系建设，开创志愿参与新局面

首先，当前的老年志愿服务需要明确牵头机构。类似于共青团组织对青年志愿活动发展的重要支持，老年志愿服务同样需要有牵头的组织或单位。因此，可以加强全国老龄办和各地老年协会的组织协调作用，大力开展老年志愿和公益活动。其次，加强老年志愿服务组织的建立工作，为老年志愿服务提供组织保障。以社会组织为依托，加强其专业能力和组织能力，将老年志愿者组织起来开展更多的正式志愿活动，支持引导老年志愿服务向专业化和规范化的方向发展。同时，相关研究发现，社区制度、组织[1]、社区文化等对老年人的社会参与将产生重要影响。对社区的归属感越强，老年人参与志愿服务的可能性就越高[2]。所以，要发挥基层社区的作用，以老年人生活的社区为平台，将社区服务项目与老年志愿活动结合起来，拓展老年志愿服务参与社区服务的新模式。最后，开展志愿服务活动过程中要充分考虑到老年人个

---

[1] 李芹：《城市社区老年志愿服务研究——以济南为例》，《社会科学》2010 年第 6 期。

[2] Okun M. A. & Michel J., "Sense of Community and Being a Volunteer Among the Young-Old", Journal of Applied Gerontology, Vol. 25, No. 2(April 2006), pp. 173-188.

体的差异性和需求的多样性,使老年志愿服务可以吸引更多元化的老年群体,包含更多样化的志愿服务项目,扩大老年志愿服务的参与主体,提高老年人志愿活动的参与率。

八、弥合数字鸿沟,促进老年人的数字融入

首先,需要加强宣传,提高老年人的参与意识,加强网络安全建设,净化网络环境,严厉打击电信网络诈骗等违法行为,切实保障老年人安全使用智能化产品、享受智能化服务,为老年人提供更加安全、友好的网络环境。其次,要为弱势老年群体提供支持,为经济状况较差的老人提供补贴优惠,让他们有机会融入互联网社会。另外,还要为老年人提供更多的硬件支持,扩大适老化智能终端产品供给,推动手机等智能终端产品适老化改造,提升适老产品设计和研发能力。同时,在互联网应用方面,新媒体应发挥推动老年人社会融合的作用,注重网络媒体内容和呈现形式的适老化改造,开发适合老年人需要的信息内容,重点推动与老年人日常生活密切相关的政务服务、社区服务、新闻媒体、社交通信、生活购物、金融服务等互联网网站、移动互联网应用适老化改造,使其更便于老年人获取信息和服务。再次,要大力开展老年人智能技术教育,将加强老年人运用智能技术能力列为老年教育的重点内容,创新老年教育形式,提升老年人的数字认识和能力,促进老年人适应智慧养老等发展趋势。此外,要依托"互联网+",为老年人提供灵活多样的参与方式。可以搭建老年人才信息平台,实现供求信息对接、适时更新人才服务信息,为老年人创造提供社会服务的机会,更好地实现老有所为。最后,要积极引导社会舆论,肯定老年人的参与权利,消除网络社会中对老年人的年龄歧视和刻板印象,促进老年人的数字融入。

第十五章 国际交流合作

人口老龄化已经成为发达国家和发展中国家共同面对的挑战。中国拥有世界上最为庞大的老年人口规模,人口老龄化成为 21 世纪的基本国情,积极应对人口老龄化也成为中国的一项长期战略任务。在全球人口老龄化的背景下,就如何应对人口老龄化进行国际交流,借鉴经验,分享创新实践,不仅对于探索应对人口老龄化的中国方案具有重大而深远的意义,也将为世界各国应对人口老龄化、着力构建人类老龄社会应对共同体,贡献中国智慧。

第一节 全球背景下的中国人口老龄化

在人口平均寿命普遍延长、生育水平持续下降的双重作用下,人口老龄化已成为世界人口发展的基本趋势。作为世界上最大的发展中国家,中国也不可避免地进入全球人口老龄化浪潮中。

一、世界人口老龄化趋势

随着生育率和死亡率的持续下降,各国将陆续迈入人口老龄化社会。1950 年,全球 60 岁及以上的人口占 8%;到 2000 年,这一比例增加到 10%,全球开始进入人口老龄化时代;预计 2045 年,60 岁及以上的人口比重将达到 20%,全球步入中度老龄化社会;21 世纪中期,60 岁及以上的人口规模将突破 20 亿大关,老年比重为 21.4%;到 21 世纪末,这一比例将增加 6.8 个百分点,达到 28.2%[①]。全球人口老龄化发展

[①] 如无特殊说明,老年人口数据主要来源于联合国经济和社会事务部提供的 2019 年世界人口展望数据,见 http://esa.un.org/unpd/wpp/Download/Standard/Population。

水平呈现明显的地区差异。一方面,发达国家较早地自发完成了人口再生产类型的现代化转变,陆续迈入老龄化社会①。1950 年,发达国家和地区的总人口中,60 岁及以上的人口比重已达到 11.5%;2005 年,进入中度老龄化社会;此后,预计将用 30 年的时间进入重度老龄化社会;到 21 世纪末,60 岁及以上的人口占比为 35.4%,老年人口规模将突破 4.4 亿。另一方面,1950—2100 年间,世界上人口最多的发展中地区的老龄化发展水平一直低于世界平均水平。1950—2020 年间,发展中地区 60 岁及以上的人口比重由 6.3% 上升到 11.1%;从 2015 年进入老龄化社会开始,该地区将用 40 年时间进入中度老龄化社会。人口老龄化是"一场静悄悄的革命"。这一革命对发展中国家冲击更大,发展中国家必须提前做好准备。

二、中国的人口老龄化

(一)中国的人口老龄化发展趋势

作为世界上人口最多的发展中大国,中国在全球人口老龄化进程中扮演着举足轻重的角色。尽管中国进入人口老龄化社会的时间较短,但人口老龄化发展速度迅猛。新中国成立以来,中国用半个世纪左右的时间完成了从年轻型人口到成年型人口,最后到老年型人口的转变。从 20 世纪 70 年代开始实行计划生育政策以后,中国的生育率发生急速转变,人口年龄结构出现老龄化迹象②。在 2000 年第五次全国人口普查时,中国 60 岁及以上人口比重为 10.33%,开始步入老龄化国家行列;截至2020 年,中国 60 岁及以上人口为 2.64 亿,老年占比为 18.7%,人口老龄化程度进一步加深。21 世纪上半叶,中国人口老龄化高速发展,中国总人口中 60 岁及以上人口的比重从 10% 增长到 20% 大约需要用 25 年时间,从 20% 增至 30% 预计仅需要 15 年时间③。

(二)中国与其他国家和地区的人口老龄化发展过程比较

虽然中国的老年人口规模高居世界首位,但人口的老龄化程度并不突出。2000年全球人口老龄化程度最高的 10 个国家,分别是意大利、德国、日本、瑞典、保加利亚、希腊、比利时、克罗地亚、葡萄牙、西班牙。这些国家 60 岁及以上人口占比均已超过 20%,处于中度老龄化阶段。这一时期,中国老年人口占比达到 10%,刚刚进入老龄化社会。作为目前世界上人口老龄化速度最快的发达国家,早在 2005 年,日本就

① 李建新:《人口转变新论》,《人口学刊》1994 年第 6 期。
② 陈卫:《国际视野下的中国人口老龄化》,《北京大学学报(哲学社会科学版)》2016 年第 6 期。
③ 中国的数据不包括香港特别行政区、澳门特别行政区和台湾地区的数据。

已超过意大利,成为世界上人口老龄化水平最高的国家。2019 年的世界人口展望数据表明,2020 年,日本的人口老龄化程度与其他国家的差距愈加明显,60 岁及以上人口占比为 34.3%,超出第二名意大利 4.5 个百分点,比中国多 16.9 个百分点。中国将成为继日本之后又一个人口老龄化快速发展的国家。1970 年,日本 60 岁及以上人口占比为 10.4%,2010 年已经超过 30%,其间仅用 40 年时间就进入重度老龄化社会。中国老年人口占比从 2000 年的 10% 到 2040 年的 29.9%,花费相同的时间迈入重度老龄化社会,远远快于其他国家。

三、21 世纪中国的国际地位变化情况

进入 21 世纪以来,随着社会经济的不断发展,中国在国际社会中的地位和话语权不断得到提升,对外政策和国际交往方面也作出了相应调整,这种改变亦反映在应对人口老龄化的国际交流与合作工作方面。

(一)国际经济地位

中国的人口老龄化是在经济发展水平较低情况下出现的。2000 年,中国的人均国内生产总值[①]为 959.37 美元,远远低于世界人均国内生产总值(5487.89 美元),社会经济发展水平处于低位。这一年,中国开始进入老年型国家行列,面临未富先老的严峻挑战。随后,中国政府抓住人口红利期,大力发展经济,夯实应对人口老龄化的物资储备,人均国内生产总值逐年增长,增长率远高于世界平均水平(见图 15—1),经济总量排名大幅前进。2010 年,中国的经济规模超过日本,成为世界第二大经济体[②]。2018 年,中国人均国内生产总值为 9976.68 美元,超过中高等收入国家人均国内生产总值(9588.19 美元),进入中高收入国家行列。近年来,中国对世界经济增长作出了巨大贡献,应对人口老龄化的经济基础不断增强。

(二)国际社会中的地位和话语权

20 世纪 80 年代以来,中国推行以经济建设为中心的发展策略,经济实力稳步提升。在邓小平提出的“韬光养晦”“决不当头、有所作为”方针指导下,中国对外继续保持低调谨慎的话语作风,避免卷入国际纷争。进入 21 世纪以来,中国在全球的经济地位大幅上升。在新形势下,中国不断调整对外政策,化被动为主动,将经济资本

---

① 人均国内生产总值是国内生产总值除以年中人口数。国内生产总值是一个经济体内所有居民生产者创造的增加值的总和加上产品税并减去不包括在产品价值中的补贴,计算时未扣除资产折旧或自然资源损耗和退化,数据按现价美元计。

② 竺彩华:《东亚经济合作何去何从?——从中美日经济实力消长谈起》,《外交评论(外交学院学报)》2012 年第 1 期。

转变为话语资本,不断提高国际话语权。党的十八大以来,开启中国特色大国外交的新时代,拓展国际交流平台,与世界主要经济体开展合作,发出"一带一路"战略倡议,成立金砖国家新开发银行,推动建立亚洲基础设施投资银行,全力开展包括金砖国家峰会、二十国集团领导人峰会、上合组织峰会、博鳌亚洲论坛等重要国际会议在内的主场外交,在国际规则制定中的话语权明显增强①。

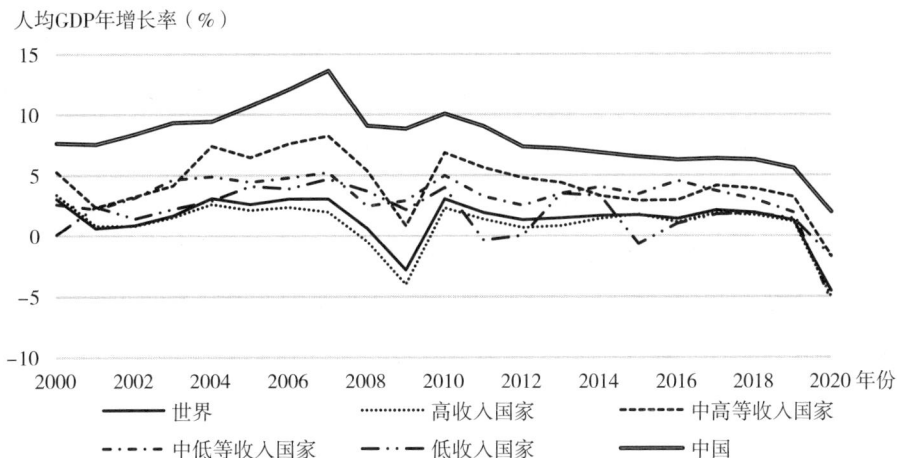

图15—1　2000—2020 年全球人均国内生产总值年增长率与中国的比较

数据来源:联合国世界银行的国民经济核算数据,2021 年 6 月 30 日。

(三)外交政策变化对老龄国际交流合作的影响

中国经济实力和话语权的提升离不开外交政策的影响,同时,变化的外交政策对中国参与老龄领域国际交流合作活动具有重要指引作用,也凸显中国在国际老龄领域的话语权变化情况。

1948 年,阿根廷向联合国大会提交的《老年人权利宣言的决议草案》提案,首次提议把老龄问题列入联合国议事日程②。此后,老龄问题日益凸显,人口老龄化问题得到国际社会的重视。同时期的中国人口年龄结构处于年轻型,老年人口问题尚未引起政府关注。20 世纪后期,西方国家从经济、政治和国家形象等方面对中国进行封锁、孤立和"制裁",中国面临严峻的外部挑战。政府工作重心开始转移到经济建设上来,对外实行独立自主、和平发展、互不干涉的外交政策③。这一时期,中国的人

---

① 张新平、庄宏韬:《中国国际话语权:历程、挑战及提升策略》,《南开学报(哲学社会科学版)》2017 年第 6 期。

② 曹茗:《当今老龄化:沿革、趋势与新界定》,《辽宁大学学报(哲学社会科学版)》2017 年第 6 期。

③ 孙吉胜:《中国国际话语权的塑造与提升路径——以党的十八大以来的中国外交实践为例》,《世界经济与政治》2019 年第 3 期。

口老龄化逐渐显现,开始对人口老龄化进行探索与认识,低调参与老龄领域的国际交流合作活动,在国际社会支持下对人口老龄化现象进行研究。

世纪之交,中国开始迈入老龄化国家行列,然而,人均国内生产总值远低于世界水平,经济基础薄弱,应对人口老龄化面临严峻的挑战。中国更加关注人口老龄化产生的问题,通过参与老龄领域国际交流合作活动,学习借鉴国际社会应对人口老龄化的先进理论和实践经验。2008 年国际金融危机以后,中国外交采取更加积极主动的策略,"积极开展多边外交、推动重大热点问题和全球性问题的妥善解决"[1],国际战略开始向更加积极、更加主动方向转变,有意识地推动解决包括人口老龄化在内的重大热点问题。党的十八大以来,以习近平同志为核心的党中央提出了中国特色大国外交系列理念,向世界"讲好中国故事,传播好中国声音",不仅积极开展主场外交和首脑外交,还积极参与现有多边机制互动,推动建立双边或多边的合作机制,推进与世界各国各领域的务实合作[2]。这一时期,中国人口老龄化处于快速发展时期。政府以更加积极主动的态度开展老龄领域国际行动,准确出击,寻求应对人口老龄化问题的有效方案,为世界应对人口老龄化贡献中国智慧,积极推动国际老龄社会治理工作的开展。

第二节　老龄问题国际交流合作活动

随着人口老龄化的加剧,中国政府和社会各界对于应对人口老龄化的国际经验与支持给予了更多的关注。在此过程中,中国政府、非政府组织机构积极参与老龄问题国际行动,重视加强与其他国家和有关国际组织间的多边及双边合作,致力于探索老龄领域信息交流和技术合作的可能性。

一、中国参与国际交流合作的发展历程

中国在老龄领域开展国际交流合作活动,大致可以分为以下 3 个发展阶段。

第一阶段(1982—1999 年):对人口老龄化的探索与认识时期。这一时期的合作主要集中在研究领域,探索如何科学、全面地认识和评价人口老龄化现象。中国老龄领域的国际交流始于同联合国人口基金的合作。1979 年,联合国人口基金重返中

---

① 《人民日报》2008 年 3 月 20 日。
② 孙吉胜:《中国国际话语权的塑造与提升路径——以党的十八大以来的中国外交实践为例》,《世界经济与政治》2019 年第 3 期。

国,时值联合国第一届老龄问题世界大会筹备期。在这次会议的推动下,1982 年,联合国人口基金首次资助中国政府开展老龄问题研究。由邬沧萍领头完成对中国人口老龄化的分析报告,这亦是中国关于人口老龄化的第一项研究。该报告从认识上澄清了对于人口老龄化认识的误区,阐明了中国也会出现人口老龄化问题的事实。同年,中国参加联合国第一次老龄问题世界大会。出席此次大会的中国代表团向国务院报送《关于出席老龄问题世界大会的报告》,建议把老龄问题提上议事日程,开展与之相关的科学研究,做好老年人的工作。会议之后,老龄问题世界大会中国委员会改名为中国老龄问题全国委员会。中国开始积极响应《老龄问题国际行动计划》,正视人口老龄化问题。

第二个阶段(2000—2016 年):全面合作时期。这一时期的国际交流合作除了学术研究之外,还涉及老龄政策和社会实践等方面,帮助中国进行应对人口老龄化的能力建设。2000 年步入老龄化社会之后,中国更加重视人口老龄化问题带来的影响,以更加积极的态度参与国际老龄问题交流合作活动。国际社会也对中国的人口老龄化给予更多关注。联合国人口基金会、联合国国际老龄问题研究所、世界卫生组织(以下简称"世卫组织")、联合国社会发展委员会、亚洲及太平洋经济社会委员会(以下简称"亚太经社")、国际助老会等组织,纷纷帮助中国开展应对人口老龄化的工作,提供智力支持和物质帮助。联合国人口基金在此期间,加大了对老龄问题的人力、经费等资源投入。中国老龄工作委员会与联合国人口基金建立了长期的友好关系,先后组织完成联合国人口基金的多个老龄合作项目。在这个时期,中国的国际合作与交流仍延续了改革开放初期的模式,借助于联合国等国际社会组织提供的平台,进行多边合作交流,广泛学习和借鉴国际上发达国家应对人口老龄化的理论成果与实践经验。

第三个阶段(2017 年之后):进入主动出击的国际合作交流阶段。近年来,随着中国社会经济的快速发展,国际地位得到明显提升,拥有了更多的话语权。早在2012 年,中国就开始借助上海合作组织、金砖五国等不同的国际合作组织积极主动寻求合作,并通过开创性地建立"一带一路",发展与沿线其他国家的合作伙伴关系。对于应对人口老龄化,中国政府提出要推动老龄工作向主动应对转变,结合中国的国情和人口老龄化发展趋势,有针对性地展开双边交流和合作。因此,在这一时期,中国依靠各种多边和双边机制,借助区域合作平台,如金砖五国、东亚和东北亚合作机制等,积极搭建老龄领域国际交流平台,老龄工作取得长足进步。同时,鉴于中国经济实力的提升,联合国人口基金大幅度压缩对中国项目的资金支持,更多地转向技术和信息支持。以联合国人口基金为代表的国际组织,开始向其他发展中国家介绍中国应对人口老龄化的成功经验。

二、积极参与联合国老龄事务

联合国在 1956 年发布的《人口老龄化及其社会经济后果》一书中指出,发达国家和发展中国家都会出现人口老龄化现象,人口老龄化已然成为一个全球性问题①。作为当前世界上老年人口数量最多的发展中国家,中国广泛参与联合国老龄事务,积极务实地履行联合国有关老龄问题的决议。

(一)老龄问题世界大会

1982 年,联合国第一次老龄问题世界大会②在奥地利维也纳召开。中国代表团就中国老龄问题和老龄工作状况作大会发言,并建议联合国对发展中国家给予更多的关注③。这次大会上,124 个国家和地区互通情况、交流经验并研究讨论,最终通过《老龄问题国际行动计划》。大会结束后,中国代表团向国务院提交《关于出席老龄问题世界大会的报告》,并提出 4 点建议④。此后,中国政府积极回应《老龄问题国际行动计划》,关注老龄工作。

2002 年,联合国在西班牙马德里召开第二次老龄问题世界大会,158 个国家派代表团出席会议。这次大会确定了 21 世纪老龄行动的指导思想和战略目标,对 21 世纪各国特别是发展中国家老龄工作的开展具有重要指导意义。中国政府代表团团长司马义·艾买提在大会上发言,阐明了中国老龄工作 20 年间取得的重大成就和中国对老龄问题的基本立场,并介绍中国的老龄事业方针、"六个老有"的长期目标⑤。此外,中国代表团积极参加大会讨论,与七十七国集团密切合作,更多反映发展中国家的诉求,为《2002 年老龄问题国际行动计划》(以下简称《马德里行动计划》)和《政治宣言》的最后通过作出积极贡献⑥。会后,代表团将会议成果带回中国,在联合国各

① 邬沧萍、姜向群主编:《老年学概论》,中国人民大学出版社 2015 年版,第 38—39 页。

② 老龄问题世界大会及其后续行动中涉及资料,部分来自联合国老龄化议题网站,见 https://www.un.org/chinese/esa/ageing/actionplan1.htm。

③ 《中国代表团团长于光汉在老龄问题世界大会上的发言》,载白桦主编:《中国老龄工作年鉴》,华龄出版社 1982—2002 年版,第 414—416 页。

④ 《国务院领导同志对〈关于出席老龄问题世界大会的报告〉的指示》,载白桦主编:《中国老龄工作年鉴》,华龄出版社 1982—2002 年版,第 6—7 页。

⑤ 《司马义·艾买提国务委员在第二次老龄问题世界大会上的发言》,载白桦主编:《中国老龄工作年鉴》,华龄出版社 1982—2002 年版,第 447—448 页。

⑥ 《中国政府代表团出席第二次老龄问题世界大会的报告》,载白桦主编:《中国老龄工作年鉴》,华龄出版社 1982—2002 年版,第 449—450 页。

组织的支持下,积极参与国际老龄事务,响应联合国老龄问题决议,加强老龄工作对外宣传,扩大国际影响。

(二)老龄问题世界大会的后续行动

长期以来,中国与联合国人口基金、世卫组织、国际劳工组织及亚太经社会等国际组织保持密切联系,积极参加国际老龄事务活动,从中学习借鉴国际经验,以国外先进理念和方法引导中国老龄学术研究,指导老龄政策的制定实施。

自联合国人口基金重返中国后,中国老龄工作委员会与联合国人口基金合作完成 6 个周期的老龄合作项目,主要围绕中国老龄事业发展规划的制定和评估开展政策干预项目,对各级政府官员提供提升制定政策和行动计划能力的培训。先后合作开展了家庭养老支持政策、城乡老年妇女社会支持和社会参与的社区干预研究等老龄相关问题研究项目,以及汶川震后老年社会心理支持项目和农村老年协会的能力建设等干预性试点项目,并就中国老年人权益保障法的执行情况,开展参与式审查和评估。中国政府还与世卫组织合作开展促进综合保健系统发展的项目,并为提高初级保健部门和社区应对老龄问题的能力,参加世卫组织的能力建设行动,制订关爱老龄城市准则[1]。2007 年、2012 年、2017 年,中国参加联合国社会发展委员会开展的 3 轮《马德里行动计划》区域和全球审议评估;并且,中国老龄协会每年都派代表出席联合国社会发展委员会会议,参与涉老议题发言讨论。在落实《马德里行动计划》方面,国际劳工组织更注重为老龄人口提供就业机会。作为国际劳工组织成员国,中国积极参与自 2003 年起国际劳工组织大会特别讨论的老龄劳动者就业问题[2]。此外,亚太经社会与中国老龄协会于 2002 年 9 月在上海召开联合国第二次老龄问题世界大会亚太地区后续行动会议,会议一致通过《上海实施战略》,即《亚太地区执行〈老龄问题国际行动计划〉实施战略》[3]。国际劳工组织还与中国政府合作进行了几项国家级的实地研究,制定政策评估工具,并以此来评价政策和方案对农村社区的影响。中国政府又邀请亚太经社会举办国家讲习班,帮助训练从事老龄工作的专业人员和实践者[4]。

---

①　联合国大会第六十一届会议:《第二次老龄问题世界大会的后续行动秘书长的报告》,2006 年。

②　刘文、焦佩:《国际视野中的积极老龄化研究》,《中山大学学报(社会科学版)》2015 年第 1 期。

③　肖才伟:《中国老龄事业的国际交流与合作》,载陈杰昌主编:《中国民政年鉴》,中国社会出版社 2002 年版,第 367—368 页。

④　联合国大会第六十届会议:《第二次老龄问题世界大会的后续行动秘书长的报告》,2005 年。

三、重视加强政府间老龄事务交流合作

中国政府历来关心和重视老龄事业,积极开展政府间的老龄事务交流合作活动,已与 90 多个国家和地区建立老龄工作联系①,并针对老龄工作短板,加强多边和双边的交流合作。老龄领域外事工作取得良好进展。

(一)搭建区域老龄交流平台

中国政府借助区域合作平台,如金砖五国、东亚和东北亚合作机制等,搭建区域老龄交流平台。第一,建立金砖国家老龄合作机制。2017 年 12 月,在北京召开以"凝聚共识、共同应对"为主题的首届金砖国家老龄会议,研讨老龄合作机制建立等问题,提出金砖各国要确保老年人平等地从社会经济发展中受益②。第二,东亚地区探讨科技助力养老。2019 年 11 月,在北京召开东亚和东北亚老龄科技国际研讨会。来自中国、日本、韩国、蒙古国等国家和国际组织的代表,探讨东亚和东北亚的老龄科技政策框架、老龄科技的应用等问题,并对各国利用科技增进老年人福祉的经验展开交流③。第三,东盟各国交流养老经验。在中国政府主办的、以"探索东亚及东南亚社会福利发展道路——居家养老为基础、社区照顾为依托"为主题的"东盟 10+3 老年问题论坛"上,来自东盟 9 个国家的代表,就有关养老问题的国家政策和先进经验进行交流,探讨开展区域合作的可能性④。

(二)促进老龄热点问题合作

针对老龄领域的国际热点问题,中国政府积极促进与发达国家的交流合作。一方面,与法国加强银色经济领域合作,签署《中法关于在银色经济领域合作的谅解备忘录》,成立银色经济合作指导委员会,搭建两国在银色经济领域的政策沟通和专家互访交流平台,鼓励中法企业开展银色经济领域的贸易投资合作⑤。另一方面,中日韩三国推动积极健康老龄化。中日韩领导人会议通过《中日韩积极健康老龄化合作联合宣言》,鼓励中日韩三国就促进积极健康老龄化进一步加强政策对话,交流经验,建立长效合作机制⑥。

---

① 国务院新闻办公室网站:《中国老龄事业的发展》白皮书,2006 年 12 月 12 日。
② 中国民政部官网:《金砖国家老龄会议在北京举行拓展老龄领域制度合作》,2017 年 12 月 7 日。
③ 中国日报网:《2019 东亚和东北亚老龄科技国际研讨会在北京召开》,2019 年 11 月 14 日。
④ 《中国民政年鉴》,中国社会出版社 2006 年版,第 435 页。
⑤ 中国日报网:《中国和法国签署关于银色经济合作的谅解备忘录》,2018 年 1 月 10 日。
⑥ 中国老龄协会官网:《中日韩积极健康老龄化合作联合宣言(全文)》,2019 年 12 月 25 日。

（三）加强对国外老龄工作的调研

围绕老龄事业的中心任务,中国政府努力扩大对外交流,学习和借鉴国外老龄领域的先进经验。其间开展的国外老龄工作调研包括:2003 年,中国老龄工作者考察巴西和古巴的社会保障及老龄工作,走访美国的老年福利、社会为老服务和老龄工作机构,调研澳大利亚和新西兰的人口老龄化状况、相关养老政策、养老设施建设与管理、养老服务等①。中国政府还应邀于 2007 年赴英法考察老龄工作和社区养老情况,参观当地的助老热线、养老院和日间照料中心,交流社区养老实践经验②。此外,中国老龄工作者在 2012 年赴日本、韩国,就两国护理保险和机构养老服务进行专题考察③。

四、广泛开展非政府组织间的交流合作

中国先后加入国际老年学学会、国际第三年龄大学协会、国际老龄协会、国际助老会、国际老龄联合会、国际老年服务及住房协会等多个国际性老龄组织,与非政府组织开展各类项目合作④。

（一）参与国际老年学学术交流

国际社会对人口老龄化现象的认识逐渐加深。相继成立的国际老年学学会、国际老龄协会等研究机构和学术组织,对推动人口老龄化研究的深入和老龄事业的发展具有重要意义。

一方面,尽管中国加入国际老年学学会的时间较晚,但对国际老年学学术发展也作出了积极贡献。1950 年 7 月 9 日,国际老年学学会在法国列日正式成立。35 年后,即 1985 年,7 名中国内地学者参加在纽约召开的第 13 届国际老年学学会;1986年,成立中国老年学学会,并正式加入国际老年学学会;同年,中国老年学学会与美国老年学学会在北京联合主办老龄问题国际讨论会⑤。在 2002 年举办的联合国第二次老龄问题世界大会期间,中国老年学学术代表团出席由国际老年学学会与联合国

① 苏京华、尹文辉:《老龄领域的对外交流与合作》,载陈杰昌主编:《中国民政年鉴》,中国社会出版社 2003 年版,第 330—331 页。
② 吴玉韶、艾向东等:《赴英法考察老龄工作和社区养老情况的报告》,载吴玉韶主编:《中国老龄工作年鉴》,华龄出版社 2007 年版,第 461—465 页。
③ 吴玉韶、常振国等:《关于日本养老护理保险情况的考察报告》,载吴玉韶主编:《中国老龄工作年鉴》,华龄出版社 2013 年版,第 529—533 页。
④ 国务院新闻办公室网站:《中国老龄事业的发展》白皮书,2006 年 12 月 12 日。
⑤ 曲海波、宋玉华:《老龄问题国际讨论会在北京召开》,《老年学杂志》1986 年第 3 期。

有关机构合作发起的老年学论坛①。此外,在中国政府的支持下,中国老年学学会积极组织包括第 8 届亚洲大洋洲地区老年学和老年医学大会在内的国际老龄会议,逐步扩大中国老年学研究在世界范围内的影响力,受到了国际社会的充分肯定和重视②。另一方面,20 世纪 90 年代初,联合国在马耳他建立国际老龄问题研究所。此后,中国开始与该研究所开展老龄领域的交流与合作,参与该研究所组织的针对发展中国家老龄工作人员及老龄科研人员的培训。此外,在联合国、世卫组织和欧洲联盟等国际组织的资助及协调下,中国同国际学术界积极进行交流与互动合作,开展包括中澳两国老年人社会保障制度对比研究③、在迅速变迁的社会中进入老年中澳续接研究项目、中美双方合作的中国城乡老年人口健康和卫生保健状况研究④等在内的国际老龄合作研究项目。

(二)拓展养老服务领域的合作与交流

发达国家进入老龄社会的时间比较早,在养老服务方面积累了较多可借鉴的经验。一方面,关注失能失智老年人群的养老需求。中国老龄专家积极参加老年人长期照护国际研讨会⑤和世界华人地区长期照护会议⑥等国际会议,与国外学者分析探讨国际国内长期照护的先进经验和发展趋势,总结经验教训,为推动中国在长期照护领域的发展提供理论依据和实践支撑。另一方面,积极组织参与国际养老服务相关的各项活动,搭建国际养老服务交流平台。2012 年在上海举行的首届中国国际养老服务业博览会⑦,不仅是向世界介绍展示中国养老服务业发展动态的平台,也是了解国际养老服务业最新发展的重要窗口,至今为止已成功举办 8 届,为各国交流养老服务最新产品、技术和信息提供平台。

---

① 肖才伟:《中国老龄事业的国际交流与合作》,载陈杰昌主编:《中国民政年鉴》,中国社会出版社 2002 年版,第 367—368 页。

② 《老龄领域的对外交流与合作》,载《中国民政年鉴》,中国社会出版社 2007 年版,第 595—603 页。

③ 《老龄科学研究》,载陈杰昌主编:《中国民政年鉴》,中国社会出版社 2003 年版,第 321—368 页。

④ 《老龄科学研究》,载《中国民政年鉴》,中国社会出版社 2006 年版,第 434 页。

⑤ 《"老年人长期照护国际研讨会"在京召开》,《中国社会工作》2015 年第 35 期。

⑥ 本刊编辑部:《"第十三届世界华人地区长期照护研讨会"在京成功举办》,《社会福利(理论版)》2016 年第 11 期。

⑦ 中华人民共和国中央人民政府网站:《首届中国国际养老服务业博览会在上海举办》,2012 年 5 月 17 日。

第三节 国际交流合作活动中的经验借鉴

在与联合国组织、各国政府和非政府机构等的交流合作中,中国借鉴国际社会积极老龄化、健康老龄化等先进理念,以及积极应对人口老龄化的实践经验,加快推进老龄事业快速发展,老龄事业成绩斐然。

一、理论:学习老龄社会形态的新理念

国际社会一直致力于探索应对人口老龄化的科学理念,其中认知度与接受度最高的是健康老龄化和积极老龄化。

(一)健康老龄化

1990 年,世卫组织在哥本哈根世界老龄大会上提出健康老龄化的发展战略,关注老年人的生命质量,缩短其带病生存期。1993 年,以"科学要为健康的老龄化服务"为主题的第 15 届国际老年学学会在布达佩斯召开,邬沧萍带领中国代表团参会。同年,邬沧萍在北京召开的健康老龄化学术研讨会上首次向中国学术界介绍和诠释健康老龄化的理论[①]。此后,国际社会在这方面的研究更加活跃。2015 年 10 月,世卫组织发布《关于老龄化与健康的全球报告》,进一步拓展和完善健康老龄化的理念,倡导从医疗卫生系统、长期照护体系和创建老年人关爱世界三方面构建综合性的老龄健康服务体系[②]。

20 世纪 90 年代,邬沧萍将健康老龄化理论介绍到国内[③],中国学术界开始探讨健康老龄化及其在中国的适应性和应用实践,政府部门也将健康老龄化纳入国家整体的战略布局。在制度设计层面,贯彻健康老龄化的核心要义,作出关注全生命周期、提高老年人群健康水平和生命质量的战略部署[④]。此外,国家卫健委专门成立老龄健康司,为老年健康服务体系建设提供强有力的组织保障。《健康中国 2030 规划纲要》《国家养老服务体系建设中长期规划》等国家纲领性文件,更是明确提出推动老龄健康服务体系建设等举措,以促进健康老龄化。

---

① 宋全成、崔瑞宁:《人口高速老龄化的理论应对——从健康老龄化到积极老龄化》,《山东社会科学》2013 年第 4 期。
② 联合国世界卫生组织:《关于老龄化和健康的全球报告》2016 年版。
③ 邬沧萍:《为实现健康的老龄化而努力》,《中国老年学杂志》1994 年第 2 期。
④ 中国计划生育协会:《关于印发"十三五"健康老龄化规划的通知》,2017 年 3 月 17 日。

（二）积极老龄化

1997 年,西方七国集团丹佛首脑会议首次提出积极老龄化的概念。自联合国第二次老龄问题世界大会以后,积极老龄化开始被纳入到世界各国的发展框架中,这一理论逐渐成为 21 世纪应对人口老龄化问题的新理论、新的发展战略。在过去几十年里,积极老龄化已成为国内外老年学、社会学、人口学等学科共同关注的重要研究领域,各国家、地区、组织机构开始逐渐认识到积极老龄化的重要意义。近年来,中国将国际社会的先进老龄理念与中国的社会制度和基本国情相结合,开创性地提出积极应对人口老龄化的中国方案,倡导要积极看待老龄社会、老年人和老年生活,以积极的态度、积极的政策、积极的行动应对人口老龄化。习近平总书记在党的十九大报告中提出,要"积极应对人口老龄化,构建养老、孝老、敬老政策体系和社会环境,推进医养结合,加快老事业和产业发展"①。党的十九届五中全会更进一步将积极应对人口老龄化上升为国家战略②。

二、实践:借鉴别国应对人口老龄化的成功经验

自第二次老龄问题世界大会召开以来,各国政府依据《马德里行动计划》行动建议的 3 个优先方向,采取了系统而广泛的措施来应对人口老龄化带来的各种转变。

（一）老年人和发展

当前,各国不仅要保持社会和经济的可持续发展,还要应对人口老龄化给社会经济发展造成的影响。老龄社会是人类历史上前所未有的体验,它要求世界各国必须采取相应的行动,改变长期以来形成的适应成年型社会的发展模式,促进老龄社会中的人口、社会、经济协调和可持续发展。

1. 鼓励人口增长

人口老龄化对社会运行产生冲击的最根本原因是人口年龄结构的变化,出生率下降导致年轻人口数量减少,而预期寿命延长导致老年人口数量不断累积。生育率的提升可以在一定程度上降低人口老龄化的速度。许多已经进入低生育率模式的国家和地区纷纷出台各种鼓励人口增长的政策,以此提高生育率、延缓人口老龄化趋势。这些政策包括财政补助和住房补贴等经济激励型政策、产假政策和照料服务政

---

① 习近平:《决胜全面建成小康社会,夺取新时代中国特色社会主义伟大胜利——在中国共产党第十九次全国代表大会上的报告》,人民出版社 2017 年版,第 48 页。
② 中华人民共和国中央人民政府网站:《中共中央关于制定国民经济和社会发展第十四个五年规划和二〇三五年远景目标的建议》,2020 年 11 月 3 日。

策等工作家庭冲突调节型政策,以及荣誉称号激励等宣传性政策①。然而,尽管这些国家和地区在鼓励生育政策上投入了大量的人力、物力,但成效并不显著,鼓励生育政策未能挽救已陷入低生育率陷阱的国家和地区。

为改善中国人口年龄结构、提高生育率,政府不断放松生育限制,2013年实施单独两孩政策②,2015年实施全面两孩政策③,并于2021年进一步优化生育政策,增强生育政策包容性,实施一对夫妻可以生育三个子女的政策及配套支持措施④。可是,发达国家的经验表明,生育政策的调整只能延缓人口老龄化的速度,无法改变人口老龄化程度继续加深的总体趋势⑤。由此,中国政府在调整生育政策的同时,一方面努力借鉴丹麦、瑞典、法国等西方发达国家的经验⑥,探索建立0—3岁幼儿托育制度⑦,降低抚养成本,提振年轻人的生育意愿;另一方面,也在推进延迟退休制度改革⑧,积极探索开发老龄人力资源的有效途径,以缓解人口老龄化带来的劳动力资源不足。

2. 开发老龄人力资源

人口老龄化将导致劳动年龄人口减少、劳动力资源不足。为缓解劳动力资源匮乏、社会抚养负担过重的问题,国际社会倡导开发利用老龄人力资源,具体途径包括延长工作年限、鼓励老年人就业等措施。这些措施不仅可以开发老龄人力资源,继续创造社会财富;还可以缓解政府财政压力,减少养老金支出。其中,经济合作与发展组织成员国建议最终废除所有的强制退休政策⑨。1978年,美国对反就业年龄歧视法进行修订,将法定退休年龄提高到70岁⑩。此外,英国通过就业平等条例,允许

①　翟振武等:《人口老龄化:现状、趋势与应对》,《河南教育学院学报(哲学社会科学版)》2019年第6期。

②　国务院新闻办公室网站:《中共中央关于全面深化改革若干重大问题的决定》,2013年11月15日。

③　中华人民共和国中央人民政府网站:《中共中央、国务院关于实施全面两孩政策改革完善计划生育服务管理的决定》,2015年12月31日。

④　中华人民共和国中央人民政府网站:《中共中央、国务院关于优化生育政策促进人口长期均衡发展的决定》,2021年7月20日。

⑤　翟振武等:《人口老龄化:现状、趋势与应对》,《河南教育学院学报(哲学社会科学版)》2019年第6期。

⑥　和建花:《部分发达国家0—3岁托幼公共服务经验及启示》,《中华女子学院学报》2018年第5期。

⑦　中华人民共和国中央人民政府网站:《国务院办公厅关于促进3岁以下婴幼儿照护服务发展的指导意见》,2019年5月9日。

⑧　中华人民共和国中央人民政府网站:《中共中央关于制定国民经济和社会发展第十四个五年规划和二〇三五年远景目标的建议》,2020年11月3日。

⑨　联合国世界卫生组织:《关于老龄化和健康的全球报告》2016年版,第182页。

⑩　张文娟:《老龄工作管理》,中国人民大学出版社2016年版,第128页。

老年人在身体许可条件下可延长工作年限,不得受到年龄歧视。日本设立银色人才中心,出台支持老年人参与工作的法规,鼓励老年人就业①。与通过提振生育率缓解人口老龄化相比,老龄人力资源开发挑战了既有的老年人划分标准,将会从根本上改变人们对老年期的传统认知,因此,可以更好地适应老龄社会中预期寿命延长对个体生命周期的改变。

此外,中国政府还将按照小步调整、弹性实施、分类推进、统筹兼顾等原则,逐步延迟法定退休年龄。对中国而言,采取渐进式延迟退休制度,一方面可以充分开发老龄人力资源,增加劳动力人口数量;另一方面,也可减轻中国养老金支付体系压力,为中国养老金制度由现收现付制向基金积累制转变赢得时间。

3. 发展老年教育

人口老龄化进程超前的发达国家在老年教育方面积累了相当丰富的经验,主要包括:(1)普遍出台老年教育领域的法律法规。美国政府颁布的免费老年教育法案和韩国的老年福祉法、终身教育法等,为老年教育工作提供了法律保障。(2)充分利用高等教育资源。世界上首个老年型国家——法国设立第三年龄大学,瑞典取消大学的入学年龄条件,探索老年教育同正式教育相融合的模式,让老年人和年轻人共享高等教育资源。(3)重视发挥社区教育和民间组织的作用。美国的社区老人中心和社区学院面向社区老年人提供教育服务;丹麦通过政府购买老年教育服务的形式来发展老年教育;日本设立老年人才中心,为老年人提供公益性岗位介绍服务,发展老龄产业和银色经济②。

从发达国家的经验来看,老年教育发展模式与本国的文化传统和国家教育体制高度相关。在干部制度改革驱动影响下,中国的老年教育先于老龄化社会到来而提前发展。1982 年发布的《中共中央关于建立老干部离退休制度的决定》,适时提出包括老有所学、老有所乐在内的"五个老有"老龄工作方针。自 1983 年山东开办中国第一所老年大学以后,中国老年教育不断发展,在借鉴国外先进老年教育经验的基础上,积极探寻中国特色老年教育模式③。中国政府还通过老年人权益保护法和教育法等一系列法律法规,确认老年人接受教育的权利,并明确提出发展老年教育的 5 项任务,形成覆盖广泛、灵活多样、特色鲜明、规范有序的老年教育新格局。

---

① 陆杰华等:《从理念到实践:国际应对人口老龄化的经验与启示》,《中国党政干部论坛》2020 年第 1 期。
② 卢德生等:《人口老龄化背景下的老年教育:国际经验与启示》,《中国成人教育》2017 年第 7 期。
③ 马丽华、叶忠海:《中国老年教育的嬗变逻辑与未来走向》,《南京社会科学》2018 年第 9 期。

4. 改革养老金制度

人口老龄化的快速发展,使得现收现付的养老金制度逐渐陷入支付危机。改革养老金制度,已成为国际老龄社会关注的焦点。各国的养老金保障体系逐步由单一支柱向多支柱体系转变,其中,世界银行于1994年提出的三支柱养老保险体系成为养老保险制度改革的主要方向。2005年,在增加基本支柱和第四支柱的基础上,世界银行又提出五支柱养老保险体系①。改革开放以来,中国国民经济持续快速发展,同时,社会保障制度发生重大变化。借鉴国际社会的多支柱养老金保障体系,中国政府加快养老保险体系的改革步伐,形成包括基本养老保险、补充养老保险和个人储蓄性商业养老保险的多层次养老保险体系,推动国家、单位和个人三方共同承担养老责任,保障老年人的基本养老生活,并推动实现养老金可持续发展。然而,中国养老保险以第一层次基本养老金为主,出现一支独大的局面,第二层次和第三层次养老保险制度发展滞后,规模较小,不利于养老金可持续发展,仍需进一步健全多层次养老保险体系②。

(二)促进老年人的健康和福祉

国际社会高度重视老年人的健康和福祉,确保充分实现所有老年人的权利和自由,让人们以健康和幸福的状态进入老年,享受社会经济发展成果。

1. 长期照护的全球共识

在老年人口规模不断扩大、高龄化程度不断加深的过程中,失能老年人口的数量大幅上升,亟须一项满足老年人口长期照料需求的有效举措。为实现老年人的基本权利、基本自由和人权,国际社会提出维护老年人功能发挥的长期照护系统③,世界卫生组织积极倡导各国达成关于长期照护的共识④。在此背景下,各国探索建立长期照护体系,保障老年人的照护需求。其中,德国、日本、韩国等国家先后建立长期照护保险,既减轻失能老年人家庭的照料压力,提高老年人的生活质量,又因其多元化的筹资机制表现出较高的可持续性,也成为诸多国家的选择。早在1995年,中国就已经开始关注国际社会在长期照护制度方面的建设,并结合各国的实践经验,就未来中国长期照护制度的发展道路展开讨论⑤。2009年,温家宝在中日韩领导人会议上倡议在三国间建立司局级官员的老龄问题沟通机制,日韩的照护保

---

① 冼青华:《多支柱养老保险体系理论研究综述》,《西部论坛》2011年第3期。
② 陈天红:《中国多层次养老保险体系发展的现状、问题及对策研究》,《岭南学刊》2021年第2期。
③ 联合国世界卫生组织:《关于老龄化和健康的全球报告》2016年版,第31—32页。
④ 联合国世界卫生组织:《建立老年人长期照护政策的国际共识》2000年版。
⑤ 张笑天等:《城市老年人长期照护保障体制探讨》,《中国卫生事业管理》1995年第9期。

险制度建设成为一项重要的交流内容。从 2016 年起,中国开始开展长期护理保险制度试点①,试点项目的制度设计和实施框架均不同程度地借鉴了日本、韩国及德国的实践操作。

2. 建立老年医疗保障

相较于其他年龄群体,老年人群的健康、医疗需求更高。同时,老年人口较高的慢性疾病患病率,也对既有的以成年人为主要目标人群的医疗卫生服务和保障体系提出了挑战,迫切需要重建与老龄社会相适应的医疗保障制度。发达国家在老年医疗保障制度建设方面起步较早,积累了丰富经验,主要表现在:一是政府在老年医疗保障制度建设和服务中起主导作用。比如,在美国的医疗保险和医疗补助保险中,政府是主要的组织者和筹资者;德国则从法律层面保障老年人的医疗保险。二是强调社区和家庭在老年医疗保障方面发挥作用,包含老年人的日常生活护理和医疗护理。三是建立专门的老年人健康护理制度。例如,澳大利亚建立了包括院所护理、社区护理和家庭护理在内的护理服务体系②。

随着中国人口老龄化的加重,医疗负担也日益沉重。目前,中国大约有 33% 的疾病负担归因于老年人的健康问题③。改革开放以来,中国经济发展取得举世瞩目的成绩,但日益增长的老年人口医疗需求并没有得到满足,在 2000 年仅有 33.2% 的 60 岁及以上人口享有医疗保险④。此后,中国启动新一轮医改工作,致力于建立一个广泛覆盖、可及性高且公平的、提供预防及支持服务的公共卫生系统。结合老年人口基数大的国情,借鉴英国卫生服务体系中的家庭医生(GP)制度,中国加强建设全科医生队伍,探索分级诊疗制度,强化社会卫生服务体系;参考日本的医疗卫生服务模式改革,由单一的基础医疗服务,向提供保健、医疗、福祉一体化的综合服务模式转变;借鉴美国的健康管理经验,推动建立中国特色健康管理制度。

(三)建立有利的支助性环境

《马德里行动计划》倡导各国不分男女老少,为所有人创造一个具有包容性和凝聚力的社会;老年人无论处于何种境况,都有权利生活在能增进能力的环境中,并确保为其建立有利的支助性环境。

---

① 中华人民共和国中央人民政府网站:《人力资源社会保障部办公厅关于开展长期护理保险制度试点的指导意见》,2016 年 7 月 8 日。
② 申曙光等:《老年医疗保障的国际经验与中国道路》,《中国社会保障》2014 年第 3 期。
③ 联合国世界卫生组织:《中国老龄与健康评估报告》2015 年版,第 19 页。
④ 联合国世界卫生组织:《中国老龄与健康评估报告》2015 年版,第 24 页。

1. 建设老年友好型城市

目前,老年人生活的社会环境中存在着阻碍健康和抑制参与性的因素。老年人所处环境的各个要素共同发挥作用,帮助他们进入身体、精神与社会环境相互适应的完美状态,才能实现健康老龄化①。早在 20 世纪五六十年代,美、英、日等发达国家就尝试对老年人进行集中式管理,为第二次世界大战中失去家庭支持的老年人建造一个适宜居住的环境,并高度重视建设老年公共设施。在意识到人口老龄化不可避免后,中国开始学习借鉴西方的应对经验,在 1999 年制定的《老年人建筑设计规范》中,明确规定了老年人专属公共建筑规范②。自 2005 年提出老年友好型城市的概念以来,世界卫生组织开始探索老年友好型城市的实践工作,于 2006 年与加拿大政府合作开展相关项目,在对全球 33 个城市实地调研的基础上,于 2007 年出版《全球老年友好型城市建设指南》,并在 2010 年启动全球关爱老人城市和社区网络的全球性行动。

依据国际社会特别是世卫组织建设老年友好型城市的经验,中国政府于 2009 年在包括上海市黄浦区和黑龙江省齐齐哈尔市等在内的 6 个省份 9 个城市,开展老年宜居社区和老年友好型城市试点工作。长期以来,中国政府在世卫组织的指导和支持下,进行老年友好型城市的建设实践,效果显著。截至 2017 年,中国的上海市、山东省青岛市和新泰市、黑龙江省齐齐哈尔市等 13 个城市,都已开展老年友好型城市建设试点工作③。

2. 消除年龄歧视

全球范围内,每 2 人中就有 1 人对老年人存在偏见,年龄歧视已然成为老龄社会的一个常态化现象。大众对老年人的歧视,主要源于老年人群的生物学衰退和思想观念老旧。然而,这将对老年人的自我效能造成消极影响,不利于支助性环境的建立。对此,国际社会将反对年龄歧视看作是应对人口老龄化的核心工作,提倡保护老年人的合法权益。《关于年龄歧视的全球报告》提出,政策法律、教育干预、代际接触干预是减少年龄歧视的 3 项有效策略④。在政策法律方面,欧盟颁布实施的就业与职业平等框架指令和美国通过的就业年龄歧视法案,明令禁止对老年人歧视、剥夺和

---

① 联合国世界卫生组织:《关于老龄化和健康的全球报告》2016 年版,第 17 页。
② 胡庭浩、沈山:《老年友好型城市研究进展与建设实践》,《现代城市研究》2014 年第 9 期。
③ 樊士帅等:《国际城市应对人口老龄化的行动经验及启示》,《西南交通大学学报(社会科学版)》2017 年第 2 期。
④ 联合国世界卫生组织:《关于年龄歧视的全球报告》2021 年版,第 16—17 页。

虐待①，为中国制定和修订老年人权益保障法提供了思路。在教育干预和代际接触干预方面，联合国将 1999 年定为"国际老年人年"，并把每年的 10 月 1 日定为"国际老年人日"，向全社会宣传介绍老年人的正面形象，促进不同年代的人相互理解与合作。

西方发达国家对年龄歧视问题的认识早于中国，在解决年龄歧视举措方面积累的成果较为丰富，对中国老龄工作有着借鉴意义。但是，与西方个人主义不同的是，中国具有以孝文化、家文化为基础的优秀文化，在大力弘扬敬老传统美德、倡导爱老新风尚的基础上，借鉴国外的一些做法，比如通过媒体对老年人的形象进行积极宣传，倡导全社会树立积极老龄观，积极看待老龄社会，积极看待老年人和老年生活。

第四节　应对人口老龄化的中国特色和创新性发展

党的十八大以来，以习近平同志为核心的党中央高度重视应对人口老龄化，将积极应对人口老龄化确定为国家的一项长期战略任务。老龄工作的理论、制度、实践不断创新，取得了历史性成就，为世界应对人口老龄化问题贡献中国智慧、提供中国方案。

一、应对人口老龄化的中国特色

人口老龄化现象是人类历史上前所未有的体验，系统应对人口老龄化的挑战是一个全球亟待解决的议题，先期人口老龄化国家确有许多成功经验可为中国所借鉴，然而，包括老龄在内的社会政策安排均有鲜明的国家特征。作为世界上人口最多的发展中国家，中国的老龄工作体现了如下的中国特色：其一是中国人口转变模式的特殊性。与发达国家内生型的人口转变相比，包括中国在内的广大发展中国家完成人口转变的时间更短，导致他们在应对人口老龄化方面的物资储备和制度准备并不充分。由于中国的人口转变早于社会经济的发展，人口与社会经济发展脱节，因而，中国应对人口转变不能够简单地照搬国外的理论和实践经验。其二是中国人口的特殊性。中国的人口规模长期稳居世界第一，在人口、经济、社会发展等方面存在广泛的区域差异。这要求中国借鉴和考量国外应对人口老龄化的措施时，必须充分考虑到制度的灵活性和普适性。而在这一背景下形成的实施积极应对人口老龄化国家战略

---

① 联合国世界卫生组织：《关于老龄化和健康的全球报告》2016 年版，第 181 页。

的行动框架,将会为缩小地区差异、促进社会公平提供强有力的支撑,也将对广大发展中国家具有高度的普适性。其三是中国社会制度的特殊性。社会主义制度决定了中国以人民为中心的社会发展目标,也决定了中国应对人口老龄化挑战的原则和目标是注重社会公平,均衡和普惠至关重要;同时,以人民为中心积极应对人口老龄化,也决定了借鉴国外经验时要注重政策效果评价原则。

在上述背景下,应对人口老龄化毋庸置疑是一项艰难的任务,中国将面临更严峻的考验,而发达国家的理论和实践经验,对发展中国家面对的这项挑战又缺乏足够的适用性。因此,中国应对人口老龄化的方案必须从中国的国情出发,探索具有中国特色的老龄化治理的中国方案。中国积极应对人口老龄化的理论探索和社会实践,将为世界上众多未富先老的发展中国家应对人口老龄化,提供具有高度适应性的中国方案。

二、理念创新——从积极老龄化到积极应对人口老龄化

结合中国的国情,以及应对人口老龄化挑战面临的具体问题,借鉴参与国际老龄交流合作活动中所获得的经验成果,中国创造性地提出积极应对人口老龄化的战略理念,并将之付诸实施。

(一)积极应对人口老龄化的提出

世界卫生组织提出积极老龄化的政策框架,强调健康、参与、保障三大支柱[1],将其作为新的老龄工作理念推荐给各国政府。近年来,随着中国人口老龄化的加剧,这一理念也逐渐受到国内老龄研究领域和实践领域的关注。他们对积极老龄化的理论成果、国际实践经验以及对中国的适用性进行探讨,并付之于实践。然而,作为世界上老年人口最多的发展中国家,在独特的社会制度和文化背景下,中国应对人口老龄化的方案亟须结合本国社会的实际情况进行创新。积极应对人口老龄化就是中国在积极老龄化基础上,结合中国实际提出的理论创新。

积极应对人口老龄化在中国经历了十余年的政策演变、斟酌与探索,最终在2020年召开的党的十九届五中全会上,上升为国家战略。在积极应对人口老龄化的工作方针和原则方面,习近平总书记提出积极应对人口老龄化要坚持"三个结合",即坚持党委领导、政府主导、社会参与、全民行动相结合,坚持应对人口老龄化和促进

---

[1] 联合国世界卫生组织:《积极老龄化:政策框架》,华龄出版社2003年版。

经济社会发展相结合,坚持满足老年人需求和解决人口老龄化问题相结合①,为积极应对人口老龄化国家战略的实施策略提供了根本指引。

(二)积极应对人口老龄化的意义

建立与老龄社会相适应的社会发展和经济运行模式的关键,是适应并消除人口老龄化带来的主体人群特征的变化对社会和经济的影响,以此来维持社会的稳定、和谐与可持续发展。中国政府创造性地提出以积极应对人口老龄化的理念指导社会和经济发展,营造年龄友好的社会发展环境,推动体制、机制和技术的变革,不仅注重激发老年人参与社会建设的积极性和主动性,还重视充分发掘老年人、老龄社会的潜力,寻求新的发展机遇。这些都是对既往人口老龄化治理方式的创新,将有效地增强老龄社会治理方案的客观性、科学性。

积极应对人口老龄化的理念凸显了以人民为中心的中国式发展思路,也打破了以往通过解决老年人问题应对人口老龄化挑战的传统方式,需要从国家战略的高度进行全局性谋划、整体性布局。积极应对人口老龄化国家战略是中国共产党和中国政府对人口老龄化作出的整体应对,也是人类史上规模最大、级别最高的应对人口老龄化的群体行动,凸显了中国作为社会主义国家和发展中国家在应对人口老龄化挑战方面的特色。在世界上人口最多的发展中大国推动这一战略的实施,既要满足人民对美好生活的向往,使亿万老年人共享社会发展成果,还要推动社会经济可持续发展,建成社会主义现代化强国,是一项巨大的挑战。总体而言,将应对人口老龄化行动上升为国家战略,无论在中国还是在全球都是首次。这一国家战略将在整个"十四五"时期以及其后相当长的时间内指导中国的发展、建设,推动社会发展和经济运行模式向老龄社会全面转型。

三、实践突破——积极应对人口老龄化的社会行动

纵观中国老龄事业发展史可以发现,中国老龄事业的发展步伐与国际社会的主流理念和策略基本保持一致。自第一次老龄问题世界大会后,中国政府开始重视老龄事业发展,逐步完善相关的政策制度等;联合国第二次老龄问题世界大会以后,中国也开始向国际社会提供应对人口老龄化的中国方案。在积极应对人口老龄化战略思想形成过程中,中国政府务实履行联合国有关决议,积极参与老龄领域国际交流合作活动,从中学习借鉴应对人口老龄化问题的实践经验;同时,也结合中国国情和中

---

① 《人民日报》2016 年 5 月 29 日。

国老龄社会特色,提出了适用于中国的老龄社会发展方案,以积极应对人口老龄化的理念指导中国老龄事业的发展,并取得突破性进展。

(一)推进健康老龄化

自健康老龄化的概念被引入国内以后,国家开始陆续出台与健康老龄化相关的政策文件,开展健康老龄化在中国的实践。世卫组织在《关于老龄化和健康的全球报告》中提出了维持老年人健康功能的健康老龄化新范式,将关爱老年友好环境这一因素加入健康老龄化的概念模式,确定健康老龄化的综合性公共卫生行动[1];世界卫生大会通过的《老龄化与健康全球战略和行动计划草案》,则明确了促进健康老龄化的公共卫生行动框架[2]。这两个文件对中国推进健康老龄化具有很强的借鉴意义。

结合国际社会的健康老龄化理念,中国政府坚持以人民为中心的发展思想,在健康老龄化的中国实践中取得了一定突破。世卫组织从生命历程视角出发,构建了促进健康老龄化的公共卫生体系[3],确定了包括"发展关爱老人的环境、建立可持续和公平的系统以提供长期照护"在内的 5 项战略目标。响应这一倡导,中国制定了《"十三五"健康老龄化规划》,对健康老龄化进行了中国规划和中国阐述,将以治病为中心转变为以人民健康为中心,并将以提高老年疾病诊疗能力为主,向以生命全周期、健康服务全覆盖为主进行转变[4]。中国政府立足全人群和全生命周期这两个着力点,把人民健康放在优先发展的战略地位,确定"以人民为中心,以健康为根本"的健康观,面向全人群提供覆盖全生命周期的、连续的健康服务。党的十九届五中全会进一步明确全面推进健康中国建设。在"十四五"时期,中国将建立和完善包括健康教育、预防保健、疾病诊治、康复护理、长期照护、安宁疗护的老年健康服务体系,实现健康老龄化[5]。

(二)建设社会保障制度

与发达国家不同的是,中国步入老龄社会时,具有鲜明的未富先老、未备先老特征。联合国估计,中国的老年人口抚养比在 2015 年已经超过世界平均水平,并将在

---

① 联合国世界卫生组织:《关于老龄化和健康的全球报告》2016 年版。

② 联合国世界卫生组织:《2016—2020 年老龄化与健康全球战略和行动计划:建设每个人都能健康长寿的世界》,2016 年 5 月 28 日。

③ 杜鹏、董亭月:《促进健康老龄化:理念变革与政策创新——对世界卫生组织〈关于老龄化和健康的全球报告〉的解读》,《老龄科学研究》2015 年第 3 期。

④ 中国计划生育协会:《关于印发"十三五"健康老龄化规划的通知》,2017 年 3 月 17 日。

⑤ 黄石松等:《"十四五"时期中国老年健康服务体系建设的路径优化》,《新疆师范大学学报(哲学社会科学版)》2021 年第 5 期。

2055 年超过发达国家。日益增大的老年人口扶养负担加剧了政府的财政支出压力，亟须完善的社会保障制度以减轻社会的养老负担。

新中国成立以来，中国的社会保障制度从无到有，保障体系不断完善，保障能力日益提高。在参与老龄领域国际交流合作过程中，中国政府不断学习国际社会为应对人口老龄化而推进的社会保障制度发展和改革的实践经验，探索如何在人口老龄化不断加剧的情况下提高制度的社会公平性、有效性和可持续性等。在国外多支柱养老保险体系的基础上，中国政府坚持广覆盖、保基本、可持续的发展方向，建立并完善由基本养老保险、企业补充养老保险、个人储蓄性养老保险和商业养老保险共同参与的三支柱社会养老保险体系。总体而言，进入 21 世纪以来，党中央坚持以人民为中心的发展思想，高度重视建设社会保障体系，实行新农合、城乡医疗保障制度、长期护理保险制度试点、医养结合、鼓励商业保险等一系列改革措施，不断扩大基本养老、基本医疗保障的覆盖面，已经建成世界上规模最大的社会保障体系，基本医疗保险覆盖超过 13 亿人，基本养老保险覆盖近 10 亿人[①]。

（三）建设社会养老服务体系

先期发展的人口老龄化国家的养老服务体系较为完善，为应对人口老龄化而设计的社会养老服务体系不断发展，在老年群体各类服务的提供和管理方面取得不错的成效。其中，德国的长期照护保险、英国的社区社会照料和临终关怀、日本的嵌入式社区照料、美国的持续照护退休社区和喘息照护等，都对中国社会养老服务体系建设与发展具有重要的参考和借鉴价值。这些社会政策安排在实施过程中凸显了鲜明的国家特色，例如英国和日本注重福利化养老服务覆盖广泛、美国和德国注重养老服务市场化[②]。作为世界上人口最多的社会主义国家，中国不能照搬这些国家的经验，必须探索建立中国特色社会养老服务体系。多层次养老服务体系是中国积极应对人口老龄化、做到老有所养的重要基础工程。自 2000 年以来，中国政府主导养老服务体系化建设，集中出台一系列养老服务政策，提出"以居家养老为基础、社区养老为依托、机构养老为支撑"的养老服务机制。党的十八大以来，以习近平同志为核心的党中央进一步关注老龄工作，创新养老服务供给方式，提高养老服务质量。国家大力推进居家社区机构养老服务协调配合、融合发展，构建居家社区机构相协调、医养康

---

① 中华人民共和国中央人民政府网站：《中共中央关于制定国民经济和社会发展第十四个五年规划和二〇三五年远景目标的建议》，2020 年 11 月 3 日。

② 赵万里、李谊群：《中国多元养老服务模式研究——基于中外养老服务模式的比较分析》，《天津师范大学学报（社会科学版）》2019 年第 2 期。

养相结合的养老服务体系,积极探索公建民营、政府购买服务、农村互助幸福院和"时间银行"等养老服务,持续改善老年人健康养老服务,满足老年人对养老服务和医疗健康服务的综合需求。同时,充分利用中国传统的孝文化和家文化等优秀文化资源,以居家养老为基础,重视和强化家庭养老功能,倡导弘扬孝文化,鼓励成年子女与老年父母就近居住或共同生活,履行赡养义务,承担照料责任。

(四)发展老龄产业

中国规模庞大的老年群体中蕴藏着巨大的消费潜力,老龄用品及养老服务的刚性需求不断扩大。把服务亿万老年人的"夕阳红事业"打造成蓬勃发展的"朝阳产业",有利于同时获得社会效益和经济效益。美国、英国、法国、日本等国家向来重视养老服务产业,已形成的养老服务产业发展计划,可为中国老龄社会产业结构调整提供实践和理论指导。例如,美国佛罗里达的"太阳城中心"为海南发展"候鸟式"养老产业提供了实践启示①,日本的"银色产业"同样为中国发展"朝阳产业"提供了经验参考。

早在21世纪初中国刚进入老龄社会时,中国政府就已注意到"朝阳产业"这一特殊产业,2000年印发的《关于加强老龄工作的决定》提出"发展老年服务业"的要求。然而,当时中国的经济发展水平与老龄化程度不匹配,面临着未富先老和老龄社会情况下产业结构调整的困境。在此背景下,中国政府强调积极看待老龄社会,明确人口老龄化进程会加快影响产业结构调整升级,产业结构必须适应老龄社会发展,鼓励培育老龄产业新增长点,努力挖掘人口老龄化给国家发展带来的活力和机遇。此外,将老龄产业作为经济发展的新引擎,发挥政府在老龄产业发展上的主导作用,实现养老事业和产业的协同发展;市场在资源配置中起决定性作用,在政府的引导、扶持和监督下,激发老年市场活力。总之,老龄社会到来,对于中国经济发展来说,机遇大于挑战。要发展新时代中国特色社会主义老龄经济,确保老龄社会带来的巨大潜能变现。

(五)开发老年人力资源

参与、健康和保障是实现积极老龄化的三大支柱。老年人的社会参与不仅可以有效缓解劳动力短缺问题,减轻社会养老负担;还可以促进社会消费,满足老年人获得尊重、实现自我价值的需要。第二次老龄问题世界大会召开以后,国际社会开始关注老年人的社会参与。各国通过改革退休制度、实施终身教育、提供老年就业机会等

---

① 班晓娜、葛稣:《国外发展养老服务产业的做法及其启示》,《大连海事大学学报(社会科学版)》2013年第3期。

途径提高老年人的社会参与,实现积极老龄化。其中,国际劳工组织就老年人力资源开发问题通过《人力资源开发:教育、培训和终身学习》的建议,为世界各国开发老龄人力资源提供技术支持①。

中国已经意识到,超大规模的老年人口中蕴藏着巨大的人力资源开发潜力。在联合国实现积极老龄化的号召下,中国明确提出改善劳动力有效供给、推进老年人力资源开发利用、建立共建共享机制的应对策略。习近平总书记多次提到要树立和培育积极老龄观,倡导积极老龄化和健康老龄化理念,创造老有所为的就业环境,消除对老年人再就业的歧视现象。一方面,借鉴西方国家退休制度改革的实践经验,实施渐进式延迟法定退休年龄。另一方面,学习先进的终身教育理念,大力发展老年教育,拓展老年人教育培训的内容,提升老年大学课程质量,进而提升老龄人力资源的整体质量;并充分鼓励低龄老年人参与就业创业,提高老年人的经济社会参与率。这也是建立"不分年龄,人人参与、人人共建、人人共享社会",支持老年人老有所为、继续创造社会财富的有效途径。

(六)构建养老、孝老和敬老的社会环境

自 2002 年联合国确定积极老龄化国际行动框架以来,积极老龄化已成为国际社会应对 21 世纪老龄问题的新理论、新政策和新的发展战略。世卫组织提出的老年友好型城市,是回应积极老龄化理念中的"保障"维度的实践行动。在积极老龄化理念的基础上,中国政府提出构建养老、孝老、敬老的社会环境,成为积极应对人口老龄化理念在中国的实践。

老年友好型城市得到全球广泛响应,也为中国建设年龄友好环境,构建养老、孝老和敬老的社会环境提供了理论基础。依据世卫组织发布的《全球老年友好型城市建设指南》,中国发布了《全国老年宜居社区行动指南》和《全国老年友好型城市行动指南》,为各省区市创建老年友好型社会提供行动指导。加入全球关爱老人城市和社区网络的黑龙江省齐齐哈尔市,也提供了老年友好型城市建设的国际模板。尽管西方国家对老龄问题的认识先于中国,但中国从优秀文化传统中汲取的养老资源比西方国家更为广泛,也更加注重实现老年人共享社会发展成果,并致力于构建养老、孝老和敬老的政策体系和社会环境。总之,坚守中华传统孝文化,走出一条从文化上适应老龄社会的中国道路,是中国对国际老龄社会和文化发展的新贡献。

---

① 联合国大会第五十九届会议:《第二次老龄问题世界大会的后续行动秘书长的报告》2004 年版,第 9—10 页。

后　　记

　　本书是中国老年学和老年医学学会《积极应对人口老龄化国情报告》第四本报告,也是我国进入老龄化社会以来,第一次系统全面总结我国老龄化社会 20 年发展的历程、取得的成就和面临的挑战,并在此基础上概括出我国积极应对人口老龄化战略的探索过程和有中国特色的理论、实践及方案。

　　党的十九届五中全会正式将积极应对人口老龄化上升为国家战略,2021 年 5 月 31 日召开的中共中央政治局会议再次强调要积极应对人口老龄化,这些都凸显了中共中央对人口老龄化形势严峻性和紧迫性的高度重视。今年是我国开启全面建成社会主义现代化强国新征程、向第二个百年奋斗目标进军的开局之年。在此之际,我们对过去 20 年我国积极应对人口老龄化历程中的探索、成就、挑战进行总结,对实施好积极应对人口老龄化国家战略提出对策建议,具有重大意义。

　　本书围绕老龄事业与老龄产业发展的各个方面进行了回顾与分析,总结成就,分析问题,并在汇集专家意见的基础上提出对策建议。本书由 1 个总报告和 15 个子报告构成,各部分参与写作的人员如下。

　　总报告《中国老龄化社会 20 年:成就、挑战与展望》由中国老年学和老年医学学会副会长、中国人民大学副校长、中国人民大学老年学研究所所长杜鹏,以及中国人民大学老年学研究所博士研究生王东京、韦煜堃、韩文婷、吴赐霖共同撰写。

　　第一章《老龄理论和思想研究》由中国老龄协会政策研究部主任李志宏撰写。

　　第二章《老龄政策法律发展及展望》由全国老龄办党组成员、中国老龄协会副会长吴玉韶和北京大学人口研究所博士生赵新阳共同撰写。

　　第三章《老龄社会治理》由北京大学社会学系教授陆杰华及研究生李芊、刘旋、卢梓玉和张宇昕共同撰写。

　　第四章《老龄经济》由中国老龄科学研究中心副研究员杨晓奇、中国老龄科学研究中心副主任党俊武,以及中国老龄科学研究中心老龄经济与产业研究所副所长王莉莉共同撰写。

第五章《养老保障制度安排与体系建设》由清华大学公共管理学院教授杨燕绥、博士研究生秦勤和研究助理袁慎雨共同撰写。

第六章《养老服务体系建设》由北京大学人口研究所所长、老年学研究所所长陈功及研究生赵新阳、索浩宇、刘尚君和叶徐婧子共同撰写。

第七章《老龄健康》由南开大学经济学院教授、南开大学老龄发展战略研究中心主任原新,博士研究生王丽晶、张圣健和硕士研究生吴京燕共同撰写。

第八章《区域养老模式》由中国人民大学副校长、中国人民大学老年学研究所所长杜鹏和博士研究生安瑞霞共同撰写。

第九章《养老服务人才队伍建设》由中国老年学和老年医学学会养老人才发展专业委员会主任委员吴江撰写。

第十章《老年宜居环境建设》由中国老年学和老年医学学会会长刘维林、中国老龄科研中心研究员伍小兰,以及中国建筑技术集团有限公司生态宜居建设研究中心主任李慧共同撰写。

第十一章《孝亲敬老的政策体系与社会环境》由中国老龄科学研究中心老龄社会与文化研究所所长李晶、中国老龄科学研究中心《老龄科学研究》编辑部副主任魏彦彦共同撰写。

第十二章《智慧养老与智慧助老》由中国人民大学信息学院副院长、中国人民大学智慧养老研究所所长左美云,中国人民大学信息学院数字社会管理与工程实验室硕士研究生赵子妤共同撰写。

第十三章《老年文化教育》由中国人民大学老年学研究所教授孙鹃娟和博士研究生田佳音共同撰写。

第十四章《老年社会参与》由中国人民大学人口与发展研究中心、老年学研究所副教授谢立黎和硕士研究生王飞共同撰写。

第十五章《国际交流合作》由中国人民大学人口与发展研究中心、老年学研究所教授张文娟撰写。

最后,我和刘维林会长负责全书的审校工作,姚远副会长负责全书编写、出版的协调、联络和落实工作,谢立黎和我的博士研究生王东京、韦煜堃、吴赐霖也参与了部分校对工作。感谢本书的各位作者,他们都是在相应领域有过多年专门研究并取得丰硕成果的学者和实务工作者,相信他们的努力与付出能够为实施积极应对人口老龄化国家战略提供有益的参考和启示。当然,老龄化社会所涉及的领域是方方面面的,我们很难在一本书中将之穷尽,难免有疏漏和不足之处。希望广大读者批评指正,一起为建设一个更美好的老龄化社会而努力。

杜　鹏

2021 年 11 月 25 日